KB137069

인물과 사건으로 보는

中國上下오천년사 2

中華上下五千年
ⓒ 2004 by 馮國超
Original Chinese language edition published by Zhongguo wenshi chubanshe, China.

Korean Translation Copyright ⓒ 2005 by Shinwon Publishing
This Korean edition is published by arrangement with Zhongguo wenshi chubanshe.

이 책의 한국어판 저작권은 中國文史出版社와의 독점 계약으로
도서출판 신원문화사가 소유합니다. 저작권법에 의해 한국 내에서
보호를 받는 저작물이므로 무단전재와 무단복제를 금합니다.

인물과 사건으로 보는

中國上下오천년사 2

풍국초 지음 | 이원길 옮김

좋은 책 좋은 독자를 만드는 —
(주)신원문화사

인물과 사건으로 보는 中國上下오천년사 2

초판 1쇄 발행 2005년 11월 1일
초판 3쇄 발행 2015년 11월 5일
지은이 풍국초
옮긴이 이원길
펴낸이 신원영
펴낸곳 (주)신원문화사
책임 편집 최광희, 박은희
주소 서울시 영등포구 당산동 121-245 신원빌딩 3층
전화 3664-2131~4
팩스 3664-2130
출판등록 1976년 9월 16일 제5-68호

* 파본은 본사나 서점에서 교환해 드립니다.

ISBN 89-359-1288-3 04910
ISBN 89-359-1286-7(세트)

옮긴이의 말

한중 수교 이후 한국과 중국 간의 경제 · 문화적 교류가 나날이 늘어나고 있다. 한국은 중국의 최대 무역통상국 중 하나가 되었으며 한국의 삼성, 엘지, 현대 등 대기업을 비롯하여 수많은 중소기업들이 중국으로 진출하고 있다. 북경을 비롯한 천진, 상해, 청도, 심양, 장춘, 광주 등 중국의 대도시에는 '코리안 타운' 들이 생겨났으며, 한국에서도 중국어 열풍이 불어 중문학과가 없는 대학이 드물다. 그럼에도 불구하고 많은 한국인들에게 중국은 가까우면서도 멀고, 알면서도 모르는 존재이다. 더욱이 한국의 미래를 짊어지고 나갈 젊은이들은 이웃나라 중국에 대해 인구가 많고, 땅이 넓으며, 빠르게 발전하고 있는 나라라는 피상적인 정보만을 갖고 있다.

중국과의 상호 교류와 발전을 추진시키고 그 과정에서 자신의 삶의 의미를 찾으려는 한국의 젊은이라면 지금부터 중국을 좀더 깊이 이해하기 위한 준비를 갖출 필요가 있다. 지정학적인 원인과 역사적인 원인으로 인해 중국과 한국은 동북아문화권에서 서로 밀접한 관계를 맺고 있으며, 서로 영향을 받으며 발전해왔고, 또 앞으로도 그럴 것이기 때문이다.

어제를 모르면 오늘을 모르고 어제와 오늘을 모르면 내일을 모른다는 말이 있다. 한 나라를 알려면 그 나라의 역사를 알아야 한다.

중국은 어떤 나라인가? 중국 문명을 왜 세계 4대 문명 중 하나라고 하는가? 황하를 왜 중국 문명의 발원지라고 하는가? 중국은 왜 국토가 그렇게 커졌는가? 중국은 어떻게 세계에서 인구가 가장 많은 나라가 되었는가? 한족은 다른 민족을 침략하는 민족인가, 다른 민족의 침략을 받아온 민족인가? 중국은 왜 한국처럼 단일민족이 아니고 수십 민족이 통합되어 있는가? 중국은 왜 북방과 남방의 성격, 기질, 음식, 언어 등을 비롯한 문화적 차이가 그렇게 뚜렷한가? 중국의 서북과 북방은 왜 남방보다 경제적으로 낙후되어 있는가? 중국의 지역 심리는 어떻게 이루어졌는가? 중국의 정치제도와 행정구역은 어떤 역사적인 연원淵源 관계가 있는가? 실크로드는 어떻게 이루어졌으며 정화鄭和의 서양 대원정은 어떤 역사적 의미가 있는가? 공자의 유교는 중국의 통일과 봉건제도의 존속에 어떤 영향을 미쳤으며 지금은 어떤 긍정적인 역할과 부정적인 역할을 하고 있는가? 시경詩經, 당시唐詩, 송사宋詞, 그리고 『삼국지三國志』, 『수호지水滸誌』, 『서유기西遊記』, 『홍루몽紅樓夢』 등 세계적인 명작에 속하는 이 장편 거작들은 어떻게 창작되었으며 이 대작들은 중국인의 문화에 어떤 영향을 주었는가? 중국인의 문화는 어떤 특징이 있는가? 중국과 한국은 어떤 공통점이 있으며 또 어떤 차이점이 있는가? 이런 문화적인 것들에 대한 깊은 이해를 가지려면 우선 중국의 역사를 알아야 한다. 역사는 한 나라의 문화를 깊이 있게 이해하는 기초이다.

이 책은 젊은이들이 중국의 역사를 이해하는 데 ABC, 즉 기초의 기초가 되는 책이다.

중국의 반만년 역사를 중국에서는 '상하오천년' 이라고 말한다. 따라서 중국에서 '상하오천년' 은 젊은이들이 읽기 좋게 엮은 대중적인 역사책의 대명사로 불리고 있다. 이런 식의 대중적인 역사책은 중국에서 수천만 권이나 팔린 베스트셀러이며 지금도 젊은이들에게 애독되고 있다. 그리고 그 판본도 여러 가지이다. 무릇 중국의 중고등학생들이라면 이런 대중적인 역사책을 읽어보지 않은 학생들이 없는 상황이다.

그러나 이번에 번역 출간되는 이 책은 이전에 출판된 책들과는 다른 고유한 특색을 갖고 있다.

이 책은 젊은이들이 중국의 5천 년 역사를 한눈에 알기 쉽도록 한결 더 간결하고 평이하게 엮어졌다. 순서는 연대별로 되어 있지만 역사적 인물을 중심으로 '인물로 보는 중국사', '구수하고 재미있는 이야기를 통해 보는 중국사' 가 되게끔 만들었다. 그리고 구체적이고 사실적인 역사 이야기로 역사의 발전을 생동감 있게 묘사했다. 이와 유사한 책들의 지루하고 피상적인, 그리고 교유敎諭적인 역사 기술과는 많이 다르다.

그러면서도 이 책은 각각의 역사적 사건들을 역사 순위에 맞게 정연하게 연결시켜서 중국 역사의 맥락을 아주 선명하게 보여주고 있다. 독자들은 이 책을 통해서 반만년 중국 역사의 맥락을 아주 선명하게 알 수 있을 것이다.

그리고 이 책의 가장 큰 특징은 1천5백여 점이나 되는 진귀한 문화재들의 사진들을 정선해서 실었다는 점이다. 역사적 인물의 초상부터 당시의 경제 · 문화적 발달상과 전쟁 상황을 말해 주는 조각, 농기구, 무기, 장신구, 의상, 능묘, 지도 등등 없는 것이 없다. 더구나 그 중 적지 않은 것은 새롭게 발굴한 문화재들이다. 중국 '역사의 사진 책' 이라고 할 수 있을 정도로 이 책에는 역사 문물에 관한 사진과 역사적 인물에 관한 그림들이 많다. 이렇게 많은 역사 문물에 관한 사신이 실린 책은 이 책이 처음이다. 이런 생동한 사진들은 흘러간 중국의 5천 년 역사를 직접 눈으로 보는 듯 실감나게 해줌으로써, 이성적뿐만 아니라 감성적으로, 평면적이 아니라 입체적으로 중국 역사와 중국 문화를 이해하는 데 많은 도움이 된다.

이처럼 이 책은 사진, 그림과 글을 유기적으로 조화롭게 결합시켜 중국 역사와 문화의 정수를 재현시킨, 젊은이들의 취향에 맞는 알기 쉽고 재미있는 중국 역사책이다.

필자는 한국의 젊은이들이 이 책을 읽으면서 중국 역사의 발전 과정을 직관적으로 이해하고 중국 문화의 발전 맥락을 전면적으로 파악하는 동시에 상상적 공간과 문화적인 시야를 더욱 넓히면서 고색창연한 역사의 흐름에서 심미적 향수를 느끼기를 기대한다. 또한 중국 역사에 대한 이해를 바탕으로 앞으로 중국과 한국 간의 문화 · 경제적 교류와 상호 촉진에 더욱 큰 기여를 하기를 기대한다.

그런 기대를 갖고 이 책을 한국어로 옮기게 된 것을 기쁘게 생각한다. 그리고 이 책을 펴낸 신원문화사의 신원영 사장께 감사드린다.

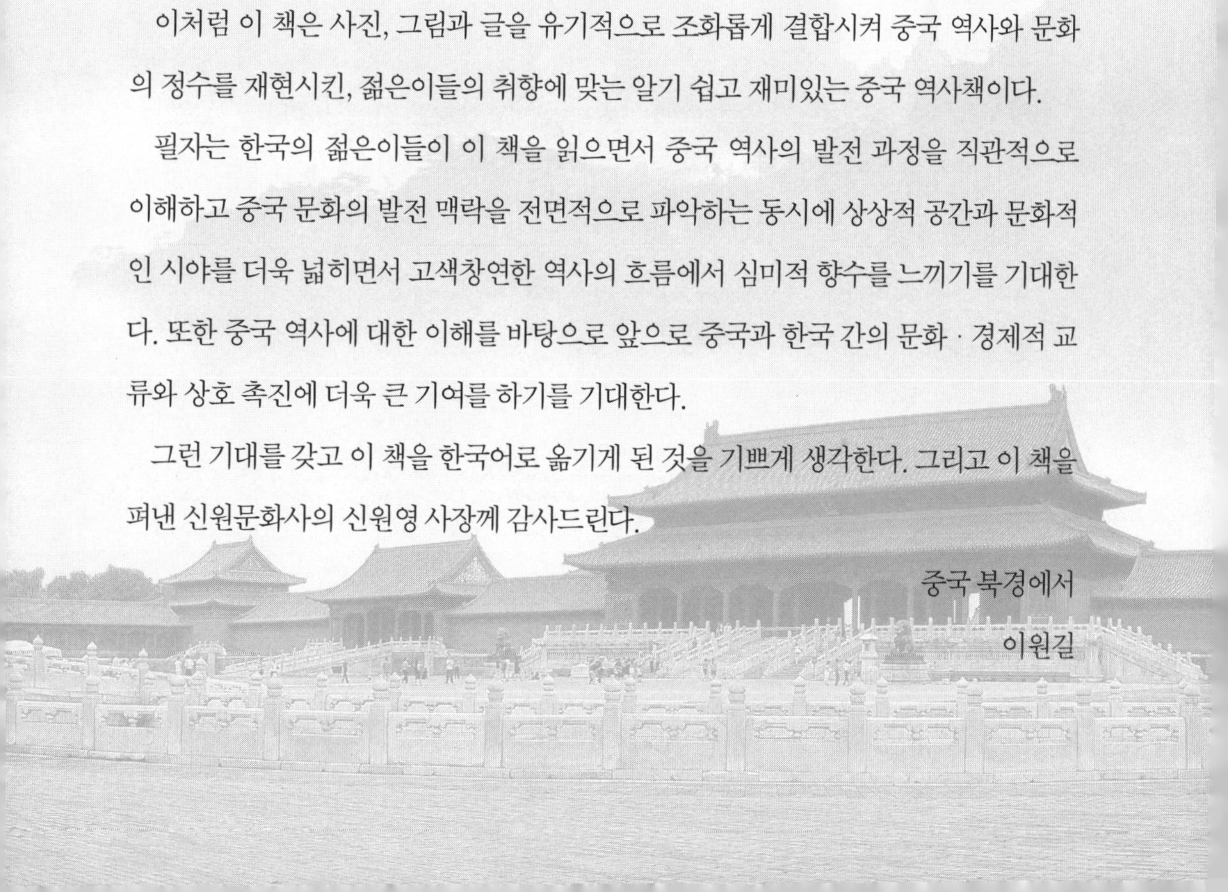

중국 북경에서

이원길

차례

효문제의 개혁

孝文帝改革

문리용文吏俑 (남북조시대)
북위의 효문제는 개혁을 단행하여 관리들로 하여금 한족의 옷을 입게 하고 한족의 말을 쓰게 했다. 두 손을 맞잡고 단정하게 서 있는 이 인형은 북위 관리를 형상화한 것이다.

북위의 태무제가 환관들에게 살해당한 후 북위의 정치는 날로 부패해졌으며 북방 사람들의 항거가 끊이질 않았다. 471년에 즉위한 효문제孝文帝 탁발굉拓跋宏은 역사적 조류에 순응하여 일련의 한화漢化정책을 실시했다.

493년, 효문제 탁발굉은 문무백관들을 모아놓고 북위의 군사력을 총동원하여 남방의 남제를 공격할 것을 제의했다. 그러자 많은 대신들의 반대가 심했다. 효문제의 숙부이자 조정에서 명망이 높은 임성왕任城王 탁발징拓跋澄도 국가의 이익을 위해 남제를 치는 것을 결사적으로 반대했다. 자신의 뜻을 따르는 사람이 없자 대노한 효문제는 조회를 파하고 들어가 버렸다. 그러고는 숙부 임성왕을 따로 불러 속마음을 털어놓았다.

"내가 정말로 남정南征을 하려는 것으로 생각합니까. 그런게 아닙니다. 남정은 하나의 구실에 불과합니다. 이를 구실로 도성을 낙양으로 옮기려는 것이 내 본뜻입니다. 여기서는 큰일을 할 수 없습니다. 정치 개혁도 할 수 없고 낡은 풍속도 뜯어

고칠 수 없습니다. 우리의 낡은 풍속을 고치려면 반드시 도성을 낙양으로 옮겨야 합니다. 그래서 그런 주장을 한 건데 모두들 반대만 하니, 이제는 죽이 되든 밥이 되든 밀고 나가는 수밖에 없습니다."

석관石棺 받침대 〔남북조시대〕 남북조시대에는 불교가 성행하였으며 이는 장례에도 많은 영향을 주었다. 이 받침대에는 불교와 관련된 것들이 많이 새겨져 있으며, 다리에는 연꽃 무늬가 있다.

임성왕 탁발징은 그제야 크게 깨닫는 바가 있어 효문제의 영명한 결단에 깊이 감복하고 그 결정에 찬성하였다.

임성왕 탁발징의 지지를 받은 효문제는 꿋꿋하게 자신의 계획대로 밀고 나갔다. 그 해에 북위는 도성을 낙양으로 옮겼고, 효문제는 대대적인 개혁을 단행했다.

그런데 이러한 개혁이 자신들에게 불리하다고 생각한 목태穆泰 등의 원로대신들은 태자 탁발순拓跋恂이 예전 도성인 평성에 미련이 많다는 것을 알고 태자를 부추겨서 효문제를 설득시키려고 했다. 태자가 평성으로 돌아가려 한다는 것을 알게 된 효문제는 그냥 놔두었다가는 자신이 죽은 후에 개혁이 중단될 수 있다는 생각에 태자를 폐하였다. 뿐만 아니라 태자와 원로

평민들의 장례 그림(좌) 〔남북조시대〕 소가 장례 수레를 끌고 있으며, 수레 위에는 흰 장막이 드리워져 있다. 장막 아래에는 순장품들이 있으며, 수레 앞에는 제반祭盤을 이고 가는 사람이 있을 뿐 뒤따르는 조객은 하나도 없다.

선비의 귀족 원현준元顯儁의 묘비(우) 효문제는 선비족과 한족의 동화를 위해 귀족들의 성을 한족의 성으로 바꾸게 했다. 그리고 낙양으로 이주해 온 선비족의 장례를 평성에서 치르는 것을 금했다.

대신들의 내왕이 빈번하다는 밀고를 받고 나서는 후환을 없애기 위해 아예 태자를 독살해 버렸다.

개혁을 위해 효문제가 태자 탁발순을 죽인 그 해에 목태 등은 동릉왕 탁발사예拓跋思譽, 대군代郡 태수 탁발진拓跋珍, 양평후 하뢰두賀賴頭 등과 연합하여 평성에서 반란을 일으켰다. 효문제는 신속히 임성왕 탁발징에게 명해 반란을 진압하게 하고 자신은 어림군御林軍을 지휘하여 조정 내부의 반대파를 숙청함으로써 반개혁 세력을 한꺼번에 제거해 버렸다.

그리고 나서 효문제는 일련의 개혁을 단행했다. 우선 선비족의 성을 모두 한족의 성으로 고치게 했으며, 자신의 성인 '탁발'을 '원元'으로 고쳤다. 또한 한어漢語를 쓰게 했는데 먼저 30세 이하인 사람들과 조정 관원들부터 한어로 말하도록 했다. 그리고 복장도 한족의 복장으로 바꿨으며 한족과의 통혼을 장려했다. 정치제도도 한족의 봉건제도를 채택했다.

효문제가 과감하게 한화정책을 추진한 결과, 선비족과 한족의 대융합이 촉진되었을 뿐만 아니라 정치와 경제가 모두 새로워졌다.

양나라 무제가 출가하다

북위에 내란이 일어난 틈을 이용해 양나라는 여러 차례 북위를 공격했으나 어찌된 영문인지 사상자만 늘어날 뿐 좀처럼 이길 수가 없었다. 그러다가 결국 두 나라 모두 군사력이 약해져서 더 이상 싸울 수 없게 되었다.

양 무제梁武帝 소연蕭衍은 황제가 되기 전에는 백성과 군사들을 아꼈으나, 황제가 된 후에는 태도가 일변하여 황실의 내외척에게는 너그러운 은혜를 베풀고 백성들에게는 갖은 수탈을 서슴지 않았다. 황제가 그러하니 신하들의 탐욕은 더 이상 말할 것도 없었다.

여래입상 (남북조시대)

그러던 어느 날 누군가가 양 무제의 동생 소굉蕭宏이 역모를 꾀한다고 고해 바쳤다. 소굉의 창고에 무기들이 가득 쌓여 있는 것을 봤다는 것이다. 그 말에 놀란 무제는 직접 사람들을 데리고 소굉의 집을 수색하러 갔다. 그런데 소굉의 창고에는 무기 대신 포목과 비단, 명주, 솜 등이 가득했으며 수억만 전錢이 쌓여 있었다. 그것을 본 무제는 동생의 역모가 사실 무근이라고 마음을 놓으면서 동생에게 이렇게 말했다.

"자네 재산이 보통으로 많은 것이 아닐세."

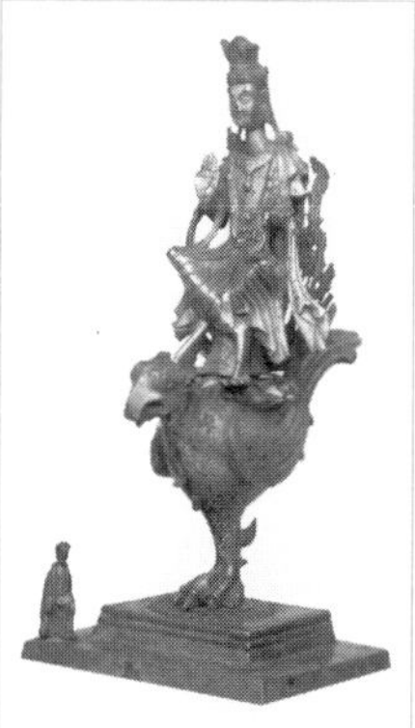
보살교각상 (남북조시대)

이 이야기를 들은 귀족들은 무제가 그런 일을 전혀 개의치

양 무제 소연(좌)

소주蘇州의 한산사寒山寺(우)
이 사원은 무제 천감天監 연간에 건립되었다.

않는다는 것을 알고 백성들의 피와 땀을 더욱더 수탈했다.

무제는 만년에 이르러 불교를 숭상하기 시작했는데 불교의 이름을 빌어 백성들을 우롱하고 재산을 수탈했다. 그는 자신의 참배를 위해 동태사同泰寺라는 거대하고 화려한 사원을 지었으며, 고행승처럼 꾸미고 아침저녁으로 사원에 가서 예불을 올렸다.

그러더니 하루는 황위에서 물러나 불교에 귀의하겠다고 말하고는 동태사로 들어갔다. 일국의 황제가 승려가 되겠다니, 대신들은 변고가 났다며 동태사로 몰려가서 어서 궁으로 돌아가자고 간청했다. 그리고 사원에다 거액의 돈을 내고 무제를 데리고 나왔다.

무제는 그런 장난 같은 희극을 네 번이나 벌였는데, 그때마다 대신들이 그를 데려오느라고 동태사에 바친 돈이 모두 4억 전이나 된다. 물론 이 돈은 나중에 백성들한테서 갈취했다.

그리고 더욱 한심한 것은 무제가 네 번째로 궁에 돌아온 그날 밤에 사람을 보내서 동태사에 불을 지른 것이다. 그러고는 마귀가 놓은 불이라고 하면서 마귀를 짓누른다고 그 자리에다

조상造像(좌) [남북조시대]

하남 등봉숭악사탑(우) 하남 등봉숭악사탑登封嵩岳寺塔은 북위 정광正光 원년에 세운 탑으로, 지금 중국에 남아 있는 벽돌탑들 중에서 가장 오래된 탑이다.

몇 장丈 높이의 탑을 세웠다. 이 탑을 세우는 경비도 물론 백성들이 감당해야 했다.

그 결과 양나라는 날이 갈수록 쇠약해지고 부패해졌다. 마치 겉은 멀쩡하지만 속은 몽땅 썩어서, 한번 살짝 밟기만 해도 여지없이 문드러지는 썩은 사과와 같았다.

반복무상한 후경

侯景反復無常

금귀고리 북위 귀족들의 장신구로서, 그 당시에 금은 기물을 만드는 기술이 상당히 발달했음을 알 수 있다.

황색 유칠釉漆에 녹색 무늬가 있는 장경병長頸甁 〔남북조시대〕

어느 날 밤에 양 무제는 북조北朝의 자사刺史, 태수들이 양나라로 찾아와 투항하는 꿈을 꾸었다. 물론 그 꿈은 그가 밤낮 없이 그런 공상을 하기 때문에 꾸게 된 것이었다.

그런데 이십여 일 후에 서위西魏의 대장 후경侯景이 사람을 보내왔다. 후경은 동위東魏, 서위 두 나라 모두와 사이가 좋지 않아 남량南梁으로 투항하려고 하며, 더불어 자신의 세력하에 있는 13개 주를 모두 남량에 바치겠다는 뜻을 표했다.

후경은 원래 동위의 승상 고환高歡의 수하에 있던 장수로, 고환의 명을 받아 황하 이남 지역을 지켰다. 그런데 후경이 반란을 일으킬까 봐 염려하던 고환은 임종 전에 그에게 낙양으로 돌아오라는 명을 내렸다. 낙양으로 돌아가면 목숨이 위태롭다는 것을 안 후경은 이 명령을 따르지 않고 서위로 가서 투항했다.

그런데 서위의 승상인 우문태宇文泰도 후경을 믿지 못한 나머지 병권을 빼앗으려고 하자, 후경은 남량에 투항하려고 했던 것이다. 무제는 후경을 받아들여 대장군 겸 하남왕으로 봉하기로 하고, 조카인 소연명蕭淵明에게 군사 5만을 거느리고 가서 그를 영접하게 했다.

그런데 소연명은 북으로 올라가다가 동위의 기습을 받게 되었다. 오랫동안 싸움을 하지 않았던 남량의 군사들은 우왕좌왕하다가 거의 전멸하다시피 했으며, 소연명은 포로가 되고 말았다.

동위의 군대는 이어서 후경의 군대를 공격했다. 싸움에서 크게 패한 후경은 8백 명을 이끌고 남량 경내에 있는 수양壽陽으로 도망쳤다.

동위는 사신을 남량에 보내 화의를 청하면서 소연명을 돌려보내겠다고 했다. 이를 안 후경은 상황이 자신에게 매우 불리하다고 생각하고 반역을 일으켰다.

소년 〔남북조시대〕 소년이 입은 호인 복장이 매우 특색 있다. 소털로 짠 둥근 전모를 쓰고, 깃이 둥글고 소매가 좁은 긴 두루마기를 입었으며, 소털로 짠 앞이 둥근 전화를 신었다. 늘씬한 키에 손을 소매에 넣고 서 있는 소년의 모습은 천진하면서도 총명하고 소박해 보인다.

후경은 군대를 이끌고 장강 북안을 신속히 쳐내려갔다. 다급해진 무제는 조카 소정덕蕭正德에게 명해 장강에 방어진을 쳤다. 그러자 후경은 몰래 사람을 보내어 소정덕을 설득했다. 무제를 물리치면 그를 황제로 세우겠다고 한 것이다. 탐욕에 눈이 어두워진 소정덕은 비밀리에 배 수십 척을 보내서 후경의 군대가 장강을 건너게끔 한 다음에 직접 후경의 군대를 인도해서 진회하를 건넜다. 이렇게 해서 순조롭게 건강建康으로 들어온 후경의 군대는 무제가 있는 태성台城을 포위했다.

연꽃 무늬 은사발 〔남북조시대〕 동위의 식기이다. 바닥이 볼록하게 튀어나왔으며 그 위에 아름다운 연꽃이 돋쳐져 있다. 이 사발에 술을 담으면 빛의 굴절로 인해 잔물결이 일렁이는 것처럼 보인다.

태성의 백성과 병사들은 필사적으로 후경의 군대에 대항했다. 130여 일 동안 격전을 벌인 끝에 대부분이 전사하거나 병사하고 4천 명만이 남게 되었다.

태성으로 들어온 반란군은 무제를 사로잡았으며, 후경은 대도독大都督이 되

용과 봉황 모양의 옥패 〔남북조시대〕

어 조정의 대권을 틀어쥐었다. 그리고 황제가 되기 위해 이 모든 것을 서슴지 않았던 소정덕을 죽인 다음에 무제를 유폐시켰다. 무제는 결국 태성에서 굶어 죽고 말았다.

무제가 죽자, 후경은 꼭두각시 황제를 둘씩이나 세웠다가 551년에는 스스로 황제가 되었다. 황제가 된 후경은 백성들을 잔혹하게 수탈했으며, 백성들은 전례가 없는 도탄 속에서 허덕였다. 이듬해, 남량의 대장 진패선陳霸先과 왕승변王僧辯이 대군을 거느리고 와서 건강을 공격하자 후경의 군대는 참패하고 말았다. 겨우 수십 명을 데리고 달아나던 후경은 부하의 칼에 반복무상(일관성 없이 이랬다저랬다 하여 종잡을 수 없음)한 생을 마쳤다.

후경의 난 이후로 남량도 붕괴 일로로 치달았다. 557년, 진패선은 건강에서 진陳나라를 세웠는데, 그가 바로 무제武帝이다. 역사상에서는 이 진나라를 남진南陳이라고 한다.

낙양에서 출토된 악무 도안이 있는 술 주전자(좌) 〔남북조시대〕

기병과 보병이 싸우는 그림(우) 〔남북조시대〕

후주가 나라를 망치다

남진 후주

무제가 남진을 건립할 때, 북조의 동위와 서위는 각각 북제北齊와 북주北周가 되었다. 550년에 고환의 아들 고양高洋은 동위를 멸하고 북제를 세웠으며, 557년에 우문태의 아들 우문각宇文覺은 서위를 멸하고 북주를 세웠다. 북제와 북주는 서로 싸움이 그치질 않았으며 결국 북주의 무제武帝가 북제를 멸망시키고 북조를 통일하였다.

북주의 무제가 죽은 뒤에는 황음무도하고 잔학한 선제宣帝가 황위에 올랐으며, 선제가 죽은 뒤에는 그의 장인인 양견楊堅이 조정 대권을 장악했다. 양견은 581년에 황위를 찬탈하여 수隋나라를 세웠는데 그가 바로 문제文帝이다.

북조가 이렇게 혼란스러울 때 남조의 진나라는 비교적 안정된 상태에서 경제적으로 발전하다가 제5대 황제인 후주后主에 이르러서 쇠퇴하기 시작했다.

후주는 허황되기 그지없는 황제였다. 후주 진숙보陳叔寶는 국사는 전혀 돌보지 않고 밤낮 마시고 노는 데만 정신이 팔려 있었다. 총희들을 위한 호화로운 누각을 셋이나 지어놓고 늘

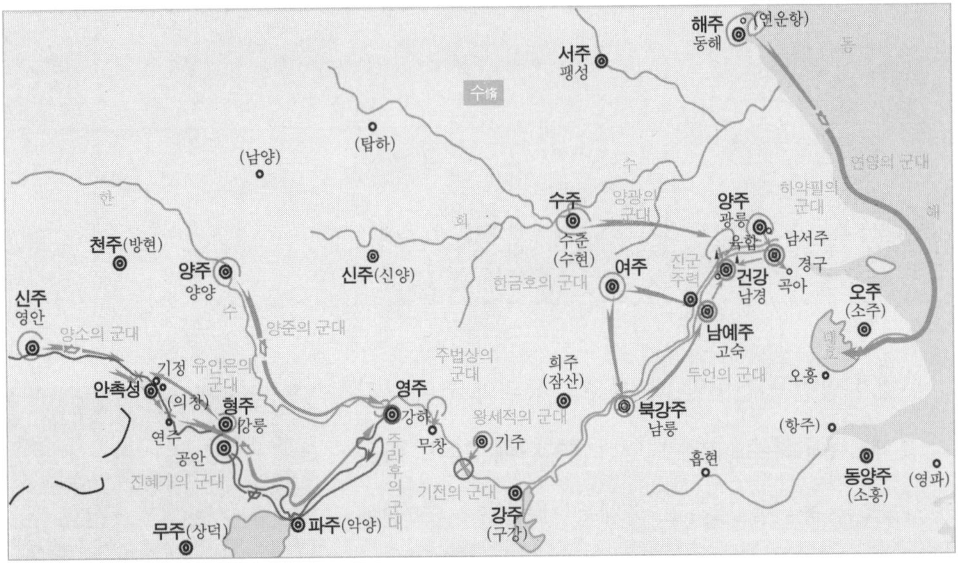

수나라가 진陳나라를 멸망시킨 전쟁 약도

그 속에서 음란한 향락을 즐겼다. 그의 수하에 있는 재상 강총과 상서 공범 등은 모두 부패한 문인들이었는데, 후주와 총희들은 그런 문인 대신들을 불러다가 새벽닭이 울도록 술을 마시며 시를 읊었고, 그들의 시에 곡을 부쳐서 1천 명이 넘는 궁녀들로 하여금 노래를 부르게 했다.

후주가 이렇게 허랑방탕한 생활을 하고 있을 때, 북조에서는 점차 강대해진 수나라가 진나라를 멸망시킬 준비를 진행시키고 있었다.

하약필

588년, 수 문제는 배를 대량으로 제조해서 아들 진왕晉王 양광楊廣과 승상 양소楊素를 토진원수討陳元帥로, 하약필賀若弼과 한금호韓擒虎를 대장으로 삼아 51만 대군을 여덟 갈래로 나눠서 진나라로 진격해 내려왔다.

양소가 이끄는 수군은 영안에서 출발했으며, 다른 군대들도 순조롭게 장강까지 내려갔다. 북로 하약필의 군대는 경구京口에 도착했고 한금호의 군대는 고숙姑孰에 이르렀다.

장강 남안에 있던 진나라 수군이 이 급박한 사정을 도성 건강에 전했을 때 후주와 총희들, 문인들은 모두 술에 흠뻑 취해 고주망태가 되어 있었다. 인사불성이 된 후주는 급보를 뜯어보지도 않고 그냥 탁상에 던져놓았다.

589년 1월, 하약필의 군대는 광릉에서 장강을 건너 경구를 함락하고, 한금호의 군대는 횡강에서 장강을 건너 채석采石에 이르렀다. 두 갈래의 수나라 군대는 건강을 향해 일제히 쳐들어갔다.

소장정 소장정梳粧亭은 남악 형산의 장경전藏經殿 부근에 있다. 남조 후주의 총희인 장여화張麗華가 머리 빗고 화장한 곳이었다고 전해지는데, 장여화는 한때 장경전에서 혜사대사를 모시고 불법을 배운 적이 있다. 그래서 남악에는 그녀와 관련된 이야기와 유적들이 있다.

그제야 후주는 향락에서 깨어나 정신을 차렸다. 이때 성 안에는 몇십만의 군사와 말이 있었으나 후주의 총신 강총이나 공범은 군사를 지휘할 줄 몰랐다. 그래서 수나라군은 매우 손쉽게 건강성을 손에 넣을 수 있었다.

황궁에 이른 수나라군은 한나절 동안 궁을 샅샅이 뒤졌으나 후주를 찾을 수가 없었다. 그래서 환관 몇 명을 잡아서 심문하자 후주는 후원에 있는 우물 안에 숨어 있다고 실토했다.

수나라 병사들이 후원의 우물 안을 들여다보니 물이 말라 바닥이 보이고 사람의 그림자가 보였다. 병사들이 어서 올라오라고 고함을 쳤지만 아무런 반응이 없었다. 그러자 병사들은 "올라오지 않으면 돌을 집어 던지겠다." 고 소리치며 큰 돌 하나를 들어다가 던져 넣는 시늉을 했다. 겁에 질린 후주는 돌을 던지지 말라고 큰 소리로 다급하게 소리쳤다. 병사들은 밧줄을 내

옥으로 만든 전선의 모형
(수나라)

려보내서 후주와 두 총희를 끌어올렸다.

남조의 마지막 왕조인 남진은 이렇게 멸망했다. 316년에 서진西晉이 멸망한 후로 270여 년 동안 지속된 장기간의 분열은 한동안 종말을 고하고, 중국은 새로운 통일을 맞게 되었다.

법으로 다스리는 조작

趙綽依法辦事

수 양제

수 문제는 중국을 통일한 후에 관리 제도와 군대 제도를 개혁하고, 과거 제도를 실시했으며, 탐관오리들을 엄히 처벌하는 등 나라 통치를 공고히 하는 조치들을 취했다. 이렇게 한동안의 정돈과 통치를 통해 수나라는 사회적으로 안정되고 경제적으로 번영하게 되었다.

문제는 또한 신하들에게 형률刑律을 수정하게 하도록 명하여 잔혹한 형벌들을 모두 없애버렸다. 이는 매우 긍정적인 일이었으나, 정작 문제는 자신이 만든 형률을 지키지 않았다. 그는 화가 나면 형률에 아랑곳하지 않고 자기 마음대로 사람들을 잡아 죽였다.

문제의 이런 횡포는 사법기관인 대리사大理寺의 관원들을 난처하게 만들었다. 형률을 수호할 책임이 있는 대리

수나라 3성 6부 제도

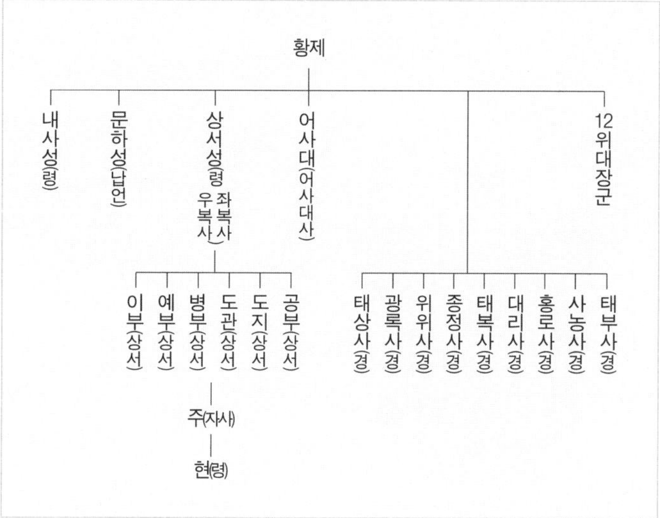

오수전五銖錢 〔수나라〕

사 소경少卿(관직명) 조작趙綽은 이 일로 인해 문제와 마찰을 일으키곤 했다.

문제와 조작의 사이가 좋지 않다는 것을 안, 대리사 관원 내광來曠은 문제의 환심을 사기 위해 대리사에서 법을 엄격히 집행하지 않는다는 상주서를 올렸다. 그 상주서를 본 문제는 내광이야말로 충직한 사람이라며 관직을 올려주었다.

황제의 환심을 얻은 내광은 한 술 더 떠서, 조작이 풀어주지 말아야 할 죄수들을 사사로이 방면했다고 참소했다.

문제는 비록 조작이 하는 일을 탐탁지 않게 여기고 있었지만 이 참소에 대해선 의혹이 생겼다. 그래서 친신들을 파견하여 조사해보니 근거 없는 비방에 불과했다. 진상이 밝혀지자 대노한 문제는 내광을 당장 참하라고 명령했다.

손잡이가 있는 금 무늬 잔 〔수나라〕

문제는 그 일을 조작에게 맡겼는데, 왜냐하면 자신을 모함한 자이므로 두말없이 명을 따를 것이라고 생각했던 것이다. 그런데 뜻밖에도 조작은 이렇게 말했다.

"내광은 죄를 지었지만 사형에 처할 만한 죄는 아닌 줄로 아옵니다."

화가 난 문제는 소매를 뿌리치고 내궁으

로 들어가려 했다. 그러자 조작이 큰소리로 이렇게 말했다.

"내광의 일에 대해 신은 더 드릴 말씀이 없사옵니다. 허나 급히 여쭈어야만 할 일이 있사옵니다."

문제는 그 말을 곧이듣고 조작을 내궁으로 불러들였다. 그것이 무엇이냐고 문제가 묻자, 조작은 이렇게 답했다.

"신에게는 세 가지 죄가 있사옵니다. 대리사 소경으로서 아래 관리들을 잘 다스리지 못해 내광 같은 자가 형률을 어긴 것이 그 첫 번째이고, 내광이 지은 죄가 죽을죄가 아님을 알면서도 애써 간하지 못한 것이 그 두 번째이며, 내궁에 입궁해 주청할 일이 아닌데도 급한 마음에 긴한 일이 있다고 폐하를 기만한 것이 그 세 번째 죄입니다."

문제는 조작의 말을 듣고 기분이 좋아져 허허 웃었다. 옆에 앉아 있던 독고황후獨孤皇后('독고'는 성씨)도 조작의 정직함을 높이 사서, 내시를 시켜 어주 두 잔을 하사했다. 문제는 조작의 뜻을 좇아 내광을 죽이지 않고 유배를 보냈다.

문제는 나라를 망친 후주를 타산지석으로 삼아 검소한 생활을 했으며 탐관오리들을 엄하게 다스렸다. 자신의 아들도 예외는 아니어서, 태자 양용楊勇이 사치스런 생활을 하면서 국고를 낭비하는 것을 보고 이를 꾸짖었으며 이 때문에 태자와의 관계가 점차 멀어졌다.

다른 아들인 진왕 양광은 간교한 자였다. 아버지의 성미를 간파한 그는 소박하고 정직한

수나라의 과거 제도

선택성이 있는 과거

명경明經(유가 경전), 진사進士(대책과 시 짓기), 명법明法(법률과 율령), 명산明算(수학). 무측천 때에 무과 창립.

↓

진사 급제

관리 자격 취득. 무과는 성적이 우수한 경우 외에는 이부吏部의 과거시험을 치러야만 관리로 임관될 수 있다.

↓

상서성 이부 과거에 참가하는 것을 전선銓選 또는 석갈시釋褐試라고 한다. 5품 이상의 관리만이 이부의 전선에 참가하지 않을 수 있다. 재상이 인선하고 황제가 임명한다.

↓

이부의 시험에 급제하면 6품 이하의 관직에 임명될 수 있다. 임명되지 못한 사람은 돌아가 다음 기회를 기다려야 한다.

척을 해서 문제와 독고황후의 신임을 받았다. 게다가 승상 양소 또한 문제에게 양광의 장점을 자주 이야기하곤 했다. 그 결과, 문제는 태자 양용을 폐하고 양광을 태자로 세웠다. 나중에 문제는 병이 위독해진 뒤에야 비로소 양광의 나쁜 성품을 간파하게 되었다.

결국 양광은 아버지를 죽이고 황위를 찬탈했다. 그가 바로 유명한 폭군인 수 양제煬帝이다.

수 양제가 강도를 세 번 내려가다

隋煬帝三下江都

수 양제

황제가 된 양제는 향락을 즐기기 시작했다. 천생 돌아다니며 노는 것을 좋아하는 그는 빈번하게 도성을 떠나 전국 각지를 유람했다.

양제는 즉위한 해인 605년에 황문시랑 왕홍王弘 등을 강남으로 보내서 용주龍舟(임금이 타는 배)와 각종 선박 1만여 척을 만들게 했다. 이 선박들을 만드는 데 수십만이 선발되었는데 고된 노동에 시달리다 못해 죽은 사람들이 너무 많아서 시체를 운반하는 수레의 행렬이 동쪽 성고成皐에서부터 북쪽 하양河陽에까지 이르렀다고 한다.

그 해 8월에 양제는 낙양을 출발하여 강도江都로 유람을 떠났다. 같이 동행한 비빈들과 문무백관, 왕공 귀족들과 승려들이 몇십만이나 되었으며 양제가 탄 용주는 높이 45척, 넓이 50척, 길이 2백 척에 달했다. 양제가 경유하는 주 · 군의 관리들은 황제에게 잘 보이기 위해 백성들을 잔혹하게 수탈하여 진귀한 음식과 술을 마련했다. 이 '헌식獻食'을 준비하느라고 어떤 주와 현에서는 백성들로부터 몇 년 후의 조세까지 미리 받아내기도 했다.

수양제용주출행도隋煬帝龍舟出行圖〔청나라〕

611년, 양제는 두 번째로 강도를 유람하면서 국고를 탕진했다. 그는 강도에서 어마어마한 주연을 차리고 강회 이남의 명사들을 불러 마시고 놀면서 자신의 호화로움과 위세를 과시했다.

617년, 양제가 세 번째로 강도로 유람을 나갈 때는 농민 봉기가 전국 각지에서 일어나 수나라 왕조가 위태로울 때였다. 그러나 백성의 안위는 물론 나라의 존립에도 아랑곳하지 않는 양제는 오로지 자신의 향락을 위해 유람을 단행했다. 그런데 양제가 강도에 도착하기 전에 농민 봉기군이 강도에 정박되어 있던 배 수천 척을 불태워버렸다. 그러자 양제는 더 크고 더 호화로운 배들을 더 많이 만들게 했다.

수나라 운하

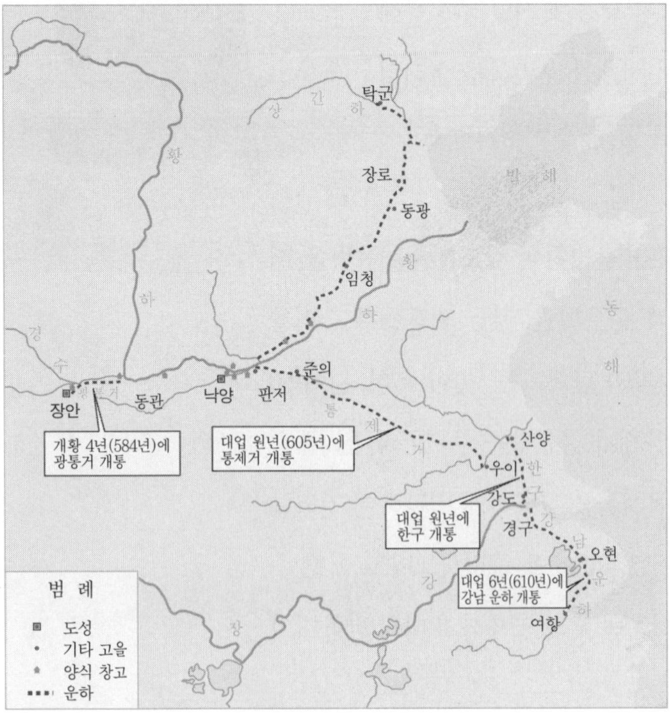

양제의 선박들은 영릉寧陵을 지나 회양으로 가는 도중에 물이 얕아서 더 이상 전진할 수가 없었다. 일꾼들을 모아다가 배를 끌게 했으나 아무리 다그쳐도 하루에 몇 리밖에 가지 못했다. 이에 대노한 양제는 그 운하의 공사 책임자를 찾아내라고 명했다. 그 운하의 공사 책임자는 마숙모麻叔謀라는 사람이었다. 이때 독조부사 호달이, 마숙모가 갓난아기를 삶아 먹고 뇌물을 받았다고 조정에 고발했다. 양제는 마숙모를 처단했을 뿐만 아니라 그 운하를 파는 데 참가했던 민공民工 5만 명을 강 양쪽 기슭에다 생매장을 시켰다.

양주의 옛 운하

강도에 이른 양제는 매일 주색을 즐기면서 방탕한 생활을 했다. 이때 전국 각지에서는 농민 봉기의 불길이 더욱 거세게 타올라 조정은 풍전등화의 위기에 처하게 되었다. 그러던 어느 날, 초조하고 불안해진 양제는 거울을 들어 자신의 얼굴을 보더니 소황후에게 말했다.

"짐의 머리가 누구의 손에 떨어질 것인지 알 수 없구나."

그 후 양제는 위급할 때를 대비해 독약을 늘 품에 지니고 다녔다.

한 사람의 향락을 위한 유람은 천하 만백성에게는 전례 없는 재난이었다. 백성들은 먹을 것이 없어서 초근목피로 연명했고, 심지어는 배고픔을 참다못해 흙을 삶아 먹거나 사람을 잡아먹는 이들도 있었다. 수나라 왕조는 붕괴되기 일보직전이었다.

낙타를 탄 호인용胡人俑 〔수나라〕

와강군의 봉기

瓦崗起義

방패를 든 보병용 (수나라)

와강군의 수령인 적양翟讓은 원래 동군東郡 관청의 아역이었는데 상사에게 미움을 사 옥에 갇혔다가 사형 판결을 받았다. 그런데 어느 동정심 많은 옥리가 족쇄를 풀어 주어 도망쳐 나올 수 있었다.

적양은 동군 부근에 있는 와강채瓦崗寨로 가서 가난한 농민들과 함께 봉기군을 조직했다. 그 소식을 들은 청년들이 앞을 다투어 찾아왔는데 그 중에는 열일곱 살인 서세적徐世勣도 있었다. 서세적은 무예가 뛰어날 뿐만 아니라 지모 또한 비상했다.

적양은 서세적의 제안에 따라 농민군을 이끌고 형양滎陽 일대로 가서 관아와 부호들을 공격하여 돈과 식량을 빼앗았다. 적양을 찾아오는 농민들은 날이 갈수록 많아졌고 봉기군은 급속히 1만여 명으로 늘어났다.

이때 이밀李密도 합류해서 적양을 도와 봉기군을 정돈했는데, 하루는 적양에게 이렇게 권유했다.

"유방과 항우는 일개 백성에 불과했지만 진나라를 뒤집어엎었습니다. 지금의 황제는 잔학하고 어리석어 백성들의 원망이 하늘을 찌르고 있으며, 대부분의 관군은 지금 멀리 떨어진 요동에 있습니다. 우리는 군량이 충분하고 군대의 사기가 높으니 동도(낙양)와 장안을 공격해 폭군을 끌어내릴 수 있습니다."

두 사람은 주도면밀한 상의 끝에 먼저 형양을 치기로 결정했다. 이를 안 형양 태수는 황급히 양제에게 보고를 올렸고, 양제는 대장 장수타張須陀에게 대군을 줘서 봉기군을 진압하게 했다.

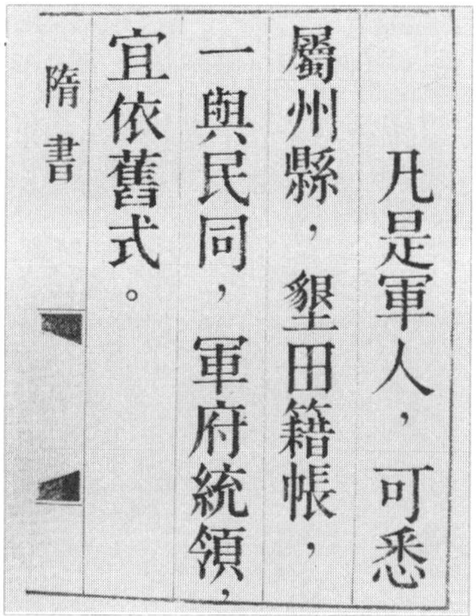
凡是軍人，可悉屬州縣，墾田籍帳，一與民同，軍府統領，宜依舊式。

隋書

『수서隋書』의 「고조기高祖記」 부병제府兵制와 관련하여 수 문제가 내린 어명이 기록되어 있다. '군인들은 모두 주·현에 소속시키고, 밭을 개간하고 호적을 올리는 일 등도 모두 그곳의 백성과 같이 하되, 예전대로 군부가 통령統領한다.'

이밀은 적양으로 하여금 관군을 정면으로 맞받아 싸우게 하고, 자신은 1천 명을 거느리고 형양 대해사大海寺의 북쪽 숲에 매복하고 있었다.

적양을 멸시하고 있던 장수타는 기고만장해서 군대를 휘몰아쳤고, 적양은 한동안 싸우는 척하다가 퇴각했다. 장수타는 적양의 군대를 바싹 추격했다. 그러다 보니 길은 점점 좁아지고 주변엔 나무가 빼곡한 숲이었다. 장수타는 이미 이밀의 매복 지역 안에 들어온 것이었다.

적들이 매복 지역 안에 들어서자마자 이밀의 공격 명령이 떨어졌다. 봉기군들은 함성을 지르며 용감하게 돌격해 내려가 장수타의 군대를 겹겹이 에워쌌다. 장수타는 좌충우돌하며 결사적으로 싸웠지만 포위를 뚫고 나갈 재간이 없었다. 관군은 몰살을 당했으며 장수타도 봉기군의 칼에 목숨을 잃었다.

석자하 유적 와강군이 수나라 호분장군 유장모의 군대를 대패시킨 곳이다.

이번 싸움으로 이밀의 명망은 매우 높아졌다. 이밀은 군율을 엄하게 집행했을 뿐만 아니라 검소한 생활을 했으며 봉기

수나라 말기 농민 봉기의 후기 세력 분포도

군 장병들을 많이 아꼈다. 시간이 흐르자 봉기군의 대부분이 이밀을 따르게 되었다.

이밀이 자신보다 뛰어나다는 것을 안 적양은 수령 자리를 그에게 양도했다. 봉기군 장병들은 이밀을 위공魏公으로 추대하고 봉기군의 수령으로 섬겼다.

와강군은 낙구洛口에서 정권을 세운 지 얼마 안 되어 많은 군과 현을 공략했으며, 수나라의 관리와 장병들도 많이 투항해 왔다. 와강군은 계속 동도를 포위 · 공격하는 한편 양제를 토벌하자는 격문을 전국 각지에 보냈다. 양제의 죄악을 성토하고 양제의 잔학한 통치를 뒤엎자고 호소하는 내용이었다. 와강군의 기세는 온 중원 땅을 요동치게 했다.

이렇게 와강군이 세력을 확장하고 있을 때 내부에서는 심각한 분열이 생겼다. 적양이 수령 자리를 이밀에게 양도한 후, 적양 수하의 장령들은 큰 불만을 품고 있었다. 어떤 자는 권력을 도로 빼앗자고 적양에게 권유하기도 했다. 그러나 적양은 웃기만 할 뿐 다른 말이 없었다. 그런데 이 말을 전해들은 이밀은 적양을 의심하기 시작했고, 이밀의 부하들도 적양을 없애버리자고 부추겼다. 이밀은 자신의 자리를 보존하기 위해 마침내 적양을 제거하기로 결심했다.

동으로 만든 호부虎符 (수나라) 호부는 군사를 움직일 때 필요한 것이다.

어느 날 이밀은 주연을 차리고 적양을 초대했다. 술이 몇 순배 돌자 이밀은 적양의 군사들을 내보내고 좋은 활 하나를 선사하면서 활이 어떤가 한번 쏘아보라고 했다. 적양이 활시위를 당겨보려 하자 숨어서 기다리고 있던 이밀의 도부수들이 달려들어 죽여버렸다.

이때부터 와강군은 쇠퇴의 길로 접어들게 되었다. 이때 북조에서는 이연李淵이 거느리는 반란군의 세력이 점차 강해지고 있었다.

당 고조 이연

李淵起兵

당 고조 이연

귀족 출신인 이연은 조상의 작위를 이어받아 당국공唐國公에 봉해졌다. 617년 수 양제는 그를 태원 유수留守(관직명)로 보내서 농민 봉기를 진압하도록 했다.

이연에게는 아들이 넷 있었는데, 그 중에서 둘째 아들 이세민李世民은 도량이 넓었으며 벗을 널리 사귀었다.

진양晉陽(지금의 산서성 태원시) 현령 유문정劉文靜은 이세민의 절친한 친구이자 이밀의 친척이기도 했다. 그래서 유문정은 이밀이 농민 봉기군에 가담하자 관직을 박탈당하고 진양현 옥에 갇히게 되었다. 유문정이 옥에 갇혔다는 소식을 들은 이세민은 급히 그를 만나러 갔다.

당나라 장안성 지금의 섬서성 서안에 자리하고 있다. 사진 속의 이 성벽은 명나라 때 수건修建한 것인데 남쪽 성벽의 일부분은 당나라 장안 황성 옛터 위에다 수건했다.

이세민은 유문정의 손을 잡고 우정을 다짐하는 한편 시국에 대한 그의 견해를 물어보았다. 이세민의 속마음을 알고 있던 유문정은 이렇게 말했다.

"지금 양광은 멀리 강도에 가 있고, 이밀은 동도 낙양을 공격하고 있으며,

인장을 갖춘 말 모양의 당삼채唐三彩(좌)

당나라 대명궁 유적(우) 지금의 섬서성 서안에 자리하고 있는 대명궁 유적의 북성北城 청소문靑宵門의 기초이다. 지면보다 14미터가 높으며 남북으로 73.25미터, 동서로 47.65미터이다.

도처에서 반란이 일어나고 있습니다. 지금이 바로 천하를 차지할 절호의 기회입니다. 당국공의 수하에 몇만 군사가 있고 저도 공자를 도와 군사 십만을 모을 수 있습니다. 이 군사로 장안을 쳐들어간다면 반년 안에 천하를 차지할 수 있습니다."

집으로 돌아온 이세민은 유문정의 말을 곱씹어 보았다. 일리가 있는 말이었다. 그러나 아버지를 설득하는 것이 큰일이었다. 바로 이때 태원 북쪽에 있는 돌궐突厥의 가한可汗(북방 유목민족 국가의 군주 칭호. '칸')이 마읍馬邑을 공격해 왔다. 이연은 군대를 이끌고 가서 막아보았으나 번번이 패하고 말았다. 이연은 이 일이 수 양제의 귀에 들어가서 자신의 직위가 위태롭게 될까 봐 잠을 이루지 못했다.

이세민은 그럴 바엔 차라리 반란을 일으키자고 아버지 이연을 설득했다.

"황제는 반란군을 토벌하라고 아버님을 여기로 보냈지만 생각해 보십시오. 지금 도처에서 벌떼처럼 일어나는 반란군이 점점 더 많아지고 있는데 아버님 힘으로 그들을 토벌할 수 있다고 생각하십니까? 가령 토벌에서 공을 세웠다고 해도, 황제는

채색 무사용 (당나라)

의심이 많은 사람입니다. 공이 클수록 황제의 의심이 커지고 그러면 아버님의 처지가 더 위태로워집니다. 그럴 바에는 우리도 의병을 일으키는 것이 살길을 찾는 것이 아니겠습니까?"

이연은 아무 말 없이 한참을 생각하다가 나중에는 탄식을 하면서 이렇게 말했다.

"생각을 해 보니 네 말이 일리가 있구나. 그 동안 나도 생각이 많았지만 결정을 내리지 못하고 있었다. 그래, 그러자꾸나. 지금부터 패가망신을 하든 아니면 천하를 차지하든 오직 너만 믿고 너의 말을 따르겠다."

이연은 급히 진양 감옥으로 가서 유문정을 빼냈고, 유문정은 이세민을 도와서 군사들을 모집했다. 이연은 사람을 보내서 하동에서 싸우고 있는 두 아들 이건성李建成과 이원길李元吉을 불러왔다.

이연은 스스로 대장군이 되고, 이건성을 좌령군 대도독, 이세민을 우령군 대도독, 유문정을 사마司馬로 삼아 군사 3만을 거느리고 진양을 떠나 장안으로 진군했다. 도중에 그는 봉기군의 방법을 본떠서 관가의 창고를 털어 빈민들에게 나누어주고 계속 군사를 확충했다.

얼마 지나지 않아 이연의 당군唐軍은 곽읍성을 함락하고 계속 서쪽으로 진군하여 관중 농민군과 함께 황하를 순조롭게 건넜다.

20만 대군이 장안을 공격했을 때 수나라 관군은 이미 대세가 기울었음을 알고 사기가 저하되어 있었다. 이연의 당군은 손쉽게 장안을 점령했다.

장안성 안에 들어선 이연은 민심을 얻기 위해 약법約法 12조를 선포하고 수나라의 가혹한 법령들을 모두 폐지했다. 그리고 수 양제의 손자 양유楊侑를 허명만 있는 황제로 올려놓았다.

이듬해인 618년 여름, 수 양제가 강도에서 살해당했다는 소식이 전해지자 이연은 양유를 폐하고 황제가 되었으며 국호를 당唐으로 고쳤다. 그가 바로 당 고조高祖이다.

현무문의 변

玄武門之變

당 태종 이세민

당나라 건립 초기에 이세민과 황태자 이건성은 황위 승계를 놓고 쟁탈을 벌였다.

이세민의 수하에는 수많은 인재들이 운집해 있었다. 장수들로는 명망이 혁혁한 울지경덕尉遲敬德, 진숙보秦叔寶 등이 있었고 문인들로는 18학사가 있었는데 그 중 방현령房玄齡과 두여회杜如晦는 뛰어난 지모를 가진 당대의 유명한 모략가들이었다.

태자 이건성은 태원에서 군사를 일으킬 때부터 한 갈래 군대를 통솔해 왔으며 여러 번 승리를 거두었다. 그의 주위에는 황실의 내외척들이 운집해 있었으며, 오랫동안 관중을 지키면서 도성 장안 일대에 튼튼한 기반을 다져놓았다. 그리고 궁궐을 지키는 군대(현무문 위병)도 그가 장악하고 있었다. 이건성은 제왕齊王 이원길과 손을 잡고 이세민을 제거하려고 했다.

그러나 이세민과 이건성은 서로 역량이 엇비슷하여 상대방을 제어하지 못하고 있었다.

이세민의 힘을 약화시키기 위해 이건성과 이원길은 온갖 방법을 다 동원했다. 일단 군사를 움직일 기회만 있으면 항상 이세민의 부장들을 내보내서 이세민의 군력을 하나하나 허물어뜨렸으며, 결국에는 점점 가열화되어 서로 창칼을 휘두르는 지경에까지 이르렀다.

바로 이때 돌궐이 변경을 침략했다. 이건성과 이원길은 우선 이세민의 병권을 빼앗은 다음에, 출정하러 나갈 때 이세민을 죽이기로 약조했다. 이 소식을 들은 이세민은 급히 장손무기長孫無忌와 울지경덕 등을 불러 대책을 논의했다. 모두들 일이 이렇게 된 이상 먼저 손을 써야 한다고 주장했다.

소인사昭仁寺 비석 〔당나라〕
618년 이세민은 천수원淺水源에서 대규모 전투를 벌여, 농서 지방의 설거薛擧, 설인고薛仁杲 세력을 평정했다. 그리고 전투에서 전사한 장병들을 기리기 위해 이 비석을 세웠다.

그날 밤 이세민은 입궁하여 이건성과 이원길이 후궁에 들어가 못된 짓을 일삼는다는 사실을 고조에게 고했다.

“그게 정말이냐?”

놀란 고조가 되물었다.

“그뿐만이 아닙니다. 그들은 지금 신을 죽이려 하고 있습니다. 그들의 뜻대로 되면 이 아들은 아버님을 영영 다시는 못 모시게 됩니다.”

말을 마친 이세민은 눈물이 비 오듯 했다.

“네 말이 그저 지나칠 말이 아니라 아주 중대한 일이로구나. 내일 너희 형제들을 다 같이 불러 직접 심문해 보겠다.”

이튿날 아침, 이세민은 장손무기 등에게 명해 정예병을 현무문 안에 매복시키게 했다. 현무문 수비대장의 이름은 상하常何였는데 원래는 이건성의 심복이었으나 지금은 이세민에게 매수되어 있었다. 그는 이건성과 이원길이 현무문 안으로 들어오자 급히 대문을 닫아버렸다.

당나라군의 투구와 갑옷

말에서 내린 이건성과 이원길은 임호전臨湖殿으로 걸어 올라갔다. 그런데 주위를 둘러보던 이건성이 수상한 기운을 느끼고는 이원길의 옷깃을 잡아당기며 층계를 나는 듯이 달려내려왔다. 그러고는 말을 급히 몰아 현무문 쪽으로 갔다. 그런데 이때 뒤에서 누군가가 이렇게 소리쳤다.

"태자와 제왕은 어디로 가오? 왜 조회에 참가하지 않고 돌아가는 거요?"

이건성이 뒤돌아보니 눈엣가시 같은 이세민이었다.

그런데 이건성이 미처 대답도 하기 전에 이세민이 쏜 화살이 번개처럼 날아왔다. 이건성은 화살을 맞고 말에서 떨어지고 말았다. 이원길은 급히 서쪽을 향해 도망쳤으나 그 역시 울지경덕의 활을 맞고 죽었다.

이렇게 세 형제가 서로 죽고 죽이고 있을 때, 고조는 대신과 후궁들을 데리고 호수에서 뱃놀이를 하고 있었다. 그런데 갑옷 입은 장수 하나가 급히 기슭으로 달려오는 것이 보였다.

"누구냐?"

고조가 급히 묻자 그 장수는 무릎을 꿇고 아뢰었다.

자루에 무늬가 있는 금장도(좌) (당나라)

말등자(우) (당나라)

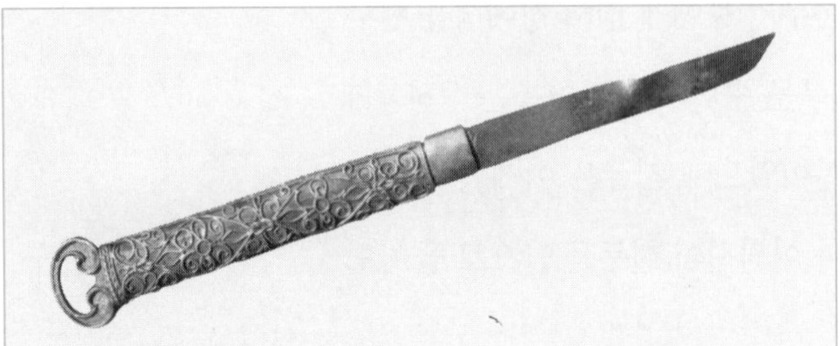

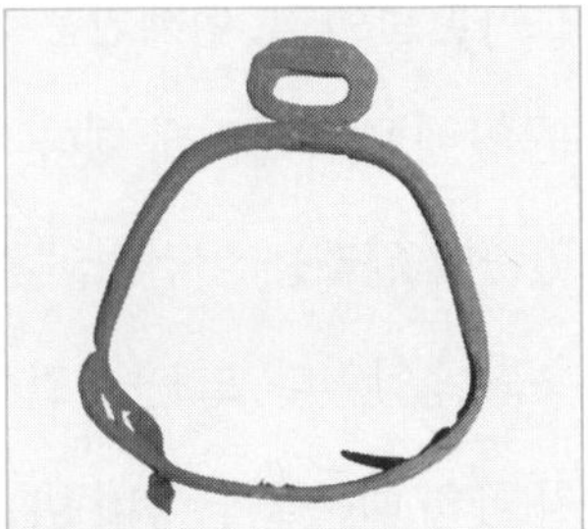

"신은 울지경덕이라고 합니다."

"도대체 무슨 일이냐?"

고조는 언성을 높였다.

"태자와 제왕이 반란을 일으켰습니다. 진왕께서 폐하를 보호하라며 신을 이리로 보냈사옵니다."

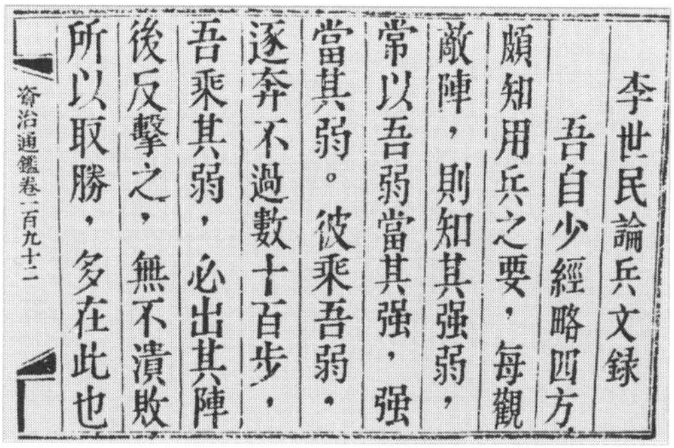
李世民論兵文錄

吾自少經略四方，頗知用兵之要，每觀敵陣，則知其強弱，常以吾弱當其強，強當其弱。彼乘吾弱，逐奔不過數十百步，吾乘其弱，必出其陣後反擊之，無不潰敗，所以取勝，多在此也

資治通鑑卷一百九十二

『이세민논병문록李世民論兵文錄』

"태자와 제왕은 지금 어디 있느냐?"

크게 놀란 고조가 다그쳐 물었다.

"두 분은 이미 진왕의 손에 돌아가셨습니다."

아들 둘이 죽었다는 말에 고조는 충격을 받고 배를 기슭에 갖다 대게 했다. 이건성과 이원길이 죽었다는 말을 들은 대신들은 일이 이렇게 된 이상 이세민의 편을 드는 게 상책이라고 생각했다. 재상 소우蕭瑀는 이렇게 말했다.

"건성과 원길은 본래 큰 공이 없는 사람들이지요. 진왕이 그 둘을 죽인 것은 어찌 보면 잘된 일이라고도 할 수 있습니다. 아예 폐하께서는 국사를 모두 진왕한테 맡기십시오. 그러면 평안무사하실 줄로 압니다."

고조는 하는 수 없이 소우의 말대로 어명을 내려 전국의 군사를 진왕 이세민이 지휘하게 했다. 사흘 후에는 이세민을 황태자로 세우고 나라의 군정 대사를 모두 맡아 처리하게 했다. 그리고 두 달 후에는 압박에 못 이겨 황위를 이세민에게 양도하고 태상황太上皇이 되었다. 이세민이 황제가 되니 그가 바로 당 태종太宗이다.

사람을 거울로 삼는다
以人爲鏡

위징

수나라 말기에 와강군에 들어갔던 위징魏徵은 나중에 당군에 들어갔으며, 황태자 이건성의 시종관으로 있을 때 진왕 이세민을 제거해야 한다고 여러 번 권유했다.

'현무문의 변' 이후에 누군가가 위징이 이세민을 죽이려고 했다고 고발했다. 이세민은 위징을 불러다가 따져 물었다.

"네놈은 어이하여 우리 형제 사이를 이간질했느냐?"

그러자 위징은 당당한 표정으로 이렇게 대답했다.

"만일 황태자께서 소신의 말을 들었더라면 오늘과 같은 일은 당하지 않았을 겁니다."

그 말을 들은 좌우 대신들은 위징이 죽을 말을 했다고 손에 땀을 쥐었다. 그러나 이세민은 도리어 만면에 웃음을 띠었다. 위징의 정직함을 높이 산 이세민은 그를 간의대부諫議大夫로 임명했다.

626년에 태종이 장병을 징집할 때 한 대신이 18세가 안 되어도 키가 크고 몸이 건장한 남자라면 징집해야 한다고 건의했다. 태종은 이를 받아들여 조서를 작성했는데 위징이 그 조서

십팔학사도十八學士圖 〔당나라〕 이세민은 문학관文學館을 세우고 두여회 등 18명을 학사로 삼았다.

를 하급 기관으로 내려보내지 않았다. 태종이 여러 번 재촉했지만 위징은 말을 듣지 않고 조서를 발송하지 않았다. 노기충천한 태종은 위징을 불러 엄하게 꾸짖었다.

"짐의 조서를 깔고 앉아 발송하지 않다니! 간이 배 밖으로 나왔느냐?"

그러자 위징은 이렇게 대답했다.

"신은 폐하의 조서에 찬성할 수 없사옵니다. 군대가 강대한가 강대하지 못한가는 사람의 많고 적음이 아니라 군사를 어떻게 훈련하고 어떻게 지휘하는가에 달려 있사옵니다. 이는 연못과 물고기의 관계와 같사옵니다. 연못의 물을 다 없애면 한꺼번에 많은 물고기를 잡을 수 있지만 나중에는 잡을 물고기가 없어지게 됩니다. 지금 18세가 안 된 남자들도 모두 징집하신다면 앞으로 어디 가서 병사를 충당하시겠습니까?"

태종은 위징의 말이 일리가 있다고 생각하면서도 자신의 주장을 꺾지 않았다. 그러자 위징은 좀더 언성을 높였다.

고첩古帖 〔당나라 위징〕 위징이 쓴 이 첩의 서체는 웅대하고 힘차며 간격이 넓고 고르다. 획은 굵고 가늘이 적당하다. 이러한 서체에서 위징의 정직한 호기를 엿볼 수 있다.

“이러시면 안 됩니다. 말씀대로 하지 않으신 것이 벌써 몇 번째입니까? 이러시면 백성들의 신뢰를 잃게 됩니다.”

태종은 말문이 막혀 아무 대답도 하지 못했다. 한참이 지나서야 불편한 심기를 가라앉히고 자신의 잘못을 시인했으며, 18세 이하의 남자는 징집하지 않는다는 조서를 새로 내렸다.

한번은 태종이 낙양을 순시하러 가던 길에 소인궁昭仁宮에 머물렀는데 음식 대접이 마음에 들지 않는다고 크게 화를 냈다. 그것을 본 위징은 면전에서 태종에게 직언을 했다.

“수 양제가 유람할 때 백성들이 바치는 음식이 좋지 않다며 화를 냈습니다. 그래서 백성들이 무거운 짐을 지고 늘 허덕였으며, 이로 인해 수나라가 망했습니다. 폐하께서는 이를 교훈으로 삼으셔야 합니다. 오늘의 이 같은 음식에도 만족하셔야 합니다. 그렇지 않고 욕심대로 하신다면 이보다 만 배나 좋은 진수성찬을 차린다 해도 만족하시지 못할 겁니다.”

이 말을 듣고 태종은 깨달은 바가 많아 고개를 끄덕였다.

“경의 말이 일리가 있네. 경이 깨우쳐주지 않았다면 큰일을

포도 문양 거울(좌) 〔당나라〕

당 태종의 장지인 소릉昭陵(우) 지금의 섬서성 예천현 동북에 자리하고 있다.

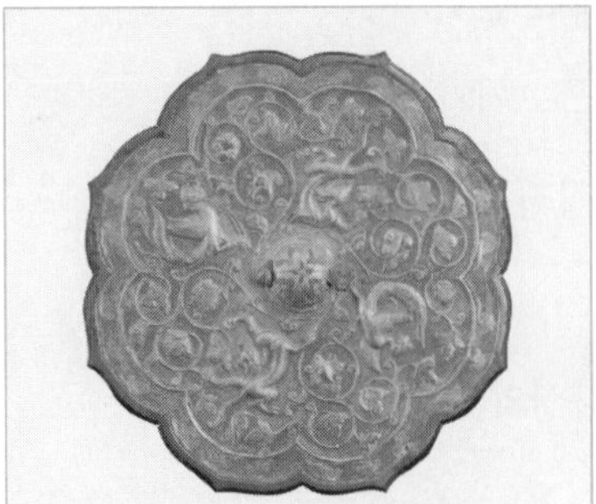

그르칠 뻔했네."

643년, 나이 예순셋인 위징은 중병에 걸렸다. 태종은 자주 위징한테 사람을 보내서 병문안을 했다. 그러던 어느 날 위징의 병이 위급하다는 전갈을 받은 태종은 황태자를 데리고 급히 위징의 집으로 갔다. 태종은 슬픈 얼굴로 이렇게 물었다.

"경은 할 말이 없소?"

위징은 꺼져가는 목소리로 이렇게 답했다.

"소신은 나라의 안위가 걱정되옵니다. 지금 천하는 안정되고 나라는 창성昌盛하옵지만, 폐하께옵서는 이런 태평성대일수록 위태로울 때를 생각하시고 이를 대비하셔야 하옵니다." (고사성어 '거안사위居安思危'는 여기서 유래한 말이다.)

태종은 고개를 끄덕이며 그 말을 꼭 명심하겠다고 말했다. 그러고 나서 며칠 후에 위징은 세상을 떠났다.

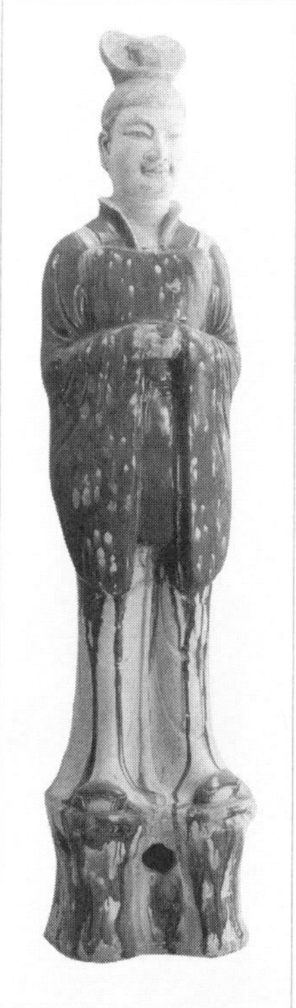

채색 문관용文官俑 〔당나라〕

태종은 이를 매우 비통해했으며, 자신이 직접 묘비의 비문을 썼다. 이후로도 위징을 잊지 못하고 그에 대한 이야기를 자주 하곤 했는데, 하루는 조정 대신들에게 이렇게 말했다.

"사람이 거울에 자신을 비춰보면 의관이 바른지를 알 수 있고, 역사를 거울로 삼으면 나라의 흥망성쇠의 도리를 알 수 있으며, 사람을 거울로 삼으면 자신의 잘잘못을 알 수 있는 법이오. 위징이 죽었으니 나는 거울을 잃어버린 것이오."

위징의 충직한 간언과 태종의 충언을 잘 받아들이는 자세 덕분에 당나라는 큰 번영을 누렸다. 이 태평성대의 시기를 역사상에서는 '정관의 치貞觀之治'라고 한다.

이정이 음산을 야습하다

李靖夜襲陰山

이정

당 태종이 즉위했을 때 중원 일대는 평화로웠지만 변경에서는 타민족의 침입이 그치질 않았다. 그 중 특히 강대한 동돌궐이 당나라의 변경을 자주 위협하곤 했다. 당 고조는 수나라 왕조와 싸우느라 동돌궐과 친선 관계를 유지하려고 했지만, 동돌궐의 귀족들은 걸핏하면 당나라 변경을 쳐들어오곤 해서 당나라의 북방은 언제나 불안했다.

태종이 즉위한 지 불과 이십여 일밖에 지나지 않았을 때 동돌궐의 힐리頡利 가한이 10만 대군을 거느리고 장안에서 40리밖에 떨어져 있지 않은 위수까지 쳐들어왔다. 황제가 막 즉위한 데다가 내부가 아직 안정되지 않아 대항할 힘이 없다고 생각한 힐리 가한은 사신을 장안성으로 보내서, 1백만 돌궐군이 곧 올 거라고 엄포를 놓았다.

달리는 말을 탄 사람 모양의 당삼채 (당나라)

그러자 태종은 방현령을 비롯한 여섯 장수와 함께 위수의 다리로 가서 힐리 가한을 만났다. 태종은 위수를 사이에 두고 힐리 가한에게 이렇게 물었다.

이세민편교회맹도李世民便橋會盟圖 〔요나라 진급지〕 이 그림은 태종이 장안 근교에서 돌궐 힐리 가한과 맹약을 맺었던 곳인 편교를 그린 것이다. 오른쪽에 있는 돌궐 사람들 중에서 무릎을 꿇고 있는 사람이 힐리 가한이다.

"우리 두 나라는 이미 맹약을 맺은 사이가 아니오? 게다가 그동안 당신들에게 준 금은 폐백도 적지 않은데 어찌하여 이렇듯 신의를 저버리고 남의 나라를 쳐들어온단 말이오?"

이에 힐리 가한은 화의를 청하고 이틀 후에 군사를 거둬 물러갔다.

이 사건 이후로 태종은 군사 훈련을 다그쳤으며, 매일 어전 앞에 장수와 병사 수백 명을 불러놓고 활쏘기 연습을 시켰다.

이듬해에 북방에는 엄청난 폭설이 내렸다. 온 초원이 두터운 눈과 얼음으로 뒤덮이고, 혹독한 추위에 가축이 얼어 죽었으며, 사막 이북에는 큰 기근이 닥쳐왔다. 더구나 힐리 가한의 압제에 반대하는 부족들의 저항이 각지에서 일어났다. 힐리 가한은 사촌형인 돌리突利를 보내서 진압하게 했으나 오히려 참패

돌궐의 말등자(좌)

돌궐의 성벽 유적(우) 지금의 신강위구르자치구 천산의 동쪽에 있다.

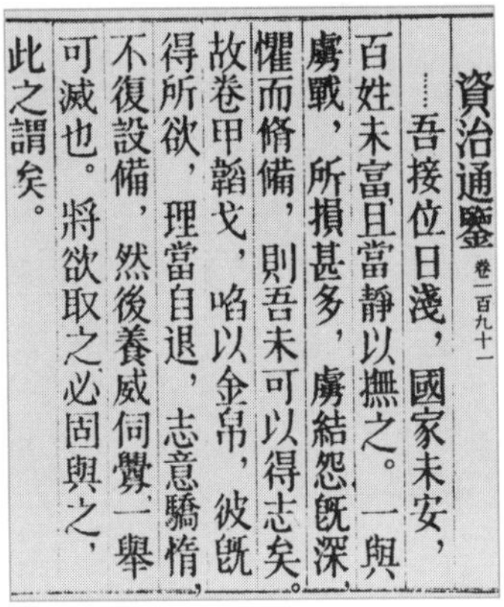
資治通鑒 卷一百九十一

……吾接位日淺，國家未安，百姓未富，且當靜以撫之。一與虜戰，所損甚多，虜結怨既深，懼而脩備，則吾未可以得志矣。故卷甲韜戈，啗以金帛，彼既得所欲，理當自退，志意驕惰，不復設備，然後養威伺釁，一舉可滅也。將欲取之，必固與之，此之謂矣。

『자치통감』에서 당나라군이 돌궐을 멸망시킨 기록

를 당하고 말았다.

이때가 절호의 기회라고 생각한 태종은 이정李靖과 서세적 등 대장 4명과 10만 대군으로 하여금 돌궐을 공격하게 했다. 총지휘를 맡은 사람은 이정이었다.

이정은 신속히 정양定襄을 공략하고 조정으로 돌아왔다. 태종은 만면에 웃음을 띠며 이렇게 말했다.

"한나라 장군 이릉은 5천 군사를 거느리고 가서도 싸움에 패하여 흉노의 포로가 되었는데, 경은 3천 경기병으로 적의 후방 깊이 들어가서 정양을 점령하고 위세를 떨쳤으니 이는 자고이래 보기 드문 성공이 아닐 수 없소."

음산 이북으로 도망친 힐리 가한은 자신을 추격할까 봐 겁이 나서 사신을 장안에 보내 화의를 청했다. 그러면서 자신이 직접 장안으로 와서 태종을 배알하겠다고 했다. 이에 태종은 당검唐儉을 보내서 돌궐을 안무按撫(백성의 사정을 살펴서 위로함)하는 한편 이정에게 명해 군대를 거느리고 가서 힐리 가한의 동정을 살피게 했다.

군대를 거느리고 백도白道(지금의 내몽골 호화호특呼和浩特 서북)에 이른 이정은 그곳에서 서세적의 군대와 합류하여 힐리 가한을 칠 계책을 의논했다. 이정은 이렇게 말했다.

"힐리는 싸움에 패했지만 수하에 많은 병사를 거느리고 있소. 그놈이 도망가도록 내버려둔다면 장차 그놈을 잡기가 더욱 힘들어질 것이오. 더 이상 지체하지 말고 당장 놈들을 없애버려야 하오. 정예병 1만 명에게 20일 치 식량을 주어 놈들의 뒤를 추격해 기습한다면, 힐리를 사로잡고 대승을 거둘 자신이 있소."

서세적이 찬성하자, 두 갈래 군대는 곧 음산을 향하여 출발했다.

당나라 기병이 쳐들어온다는 소식을 들은 힐리 가한은 황급히 말을 타고 도망쳤다. 당나라군은 숨돌릴 틈도 주지 않고 돌궐군을 바싹 추격했다. 통솔자를 잃은 돌궐군은 모래성처럼 무너졌다. 당나라군은 돌궐군 1만 여 명을 섬멸했으며, 수없이 많은 포로를 사로잡고 가축을 노획했다. 이리저리 도망을 치던 힐리 가한은 결국 그의 부하에게 사로잡혀서 당나라군에 넘겨졌다. 이정은 힐리 가한을 장안으로 압송해 왔다.

군용 구리 주전자 (당나라)

한동안 강대했던 동돌궐은 이렇게 멸망했다. 태종은 포로들을 죽이지 않았으며, 동돌궐의 도읍에다 도독부를 설치하고 도독은 돌궐의 귀족들이 담당하게 했다. 그리고 돌궐의 각 부락 또한 그들이 관리하게 하였다.

이 승리로 인해 서북부에서 태종의 위신은 매우 높아지게 되었다. 회흘回紇을 비롯한 각 유목민족의 수장들이 장안으로 와서 태종을 배알하고 그를 '천가한天可汗'으로 추대했다.

그 후 서역과 아시아의 각국 사람들이 장안으로 찾아왔는데 사신이나 장사치도 있었고, 유람이나 유학을 하러 오는 사람도 있었다. 그런가 하면 당나라 고승高僧 현장玄奘은 서역 각국을 통해 천축天竺(인도)으로 가서 불경을 가져왔다.

현장이 불경을 가져오다

玄奘取經

삼장법사 현장

현장의 본명은 진위陳褘이다. 낙주洛州 구씨緱氏(하남성 언사시 구씨진) 사람으로, 장안에 있는 대자은사大慈恩寺의 주지였다.

열세 살 때 출가하여 승려가 된 그는 불경에 대한 연구를 게을리하지 않았으며 나중에는 스승을 찾아다니며 배워서 불교 경전에 정통하게 되었다. 사람들은 그를 '삼장법사三藏法師'로 존대했는데 '삼장'이란 불교 경전을 총칭하는 말이다. 그러다가 번역된 불경에 오류가 많다는 것을 발견하고는 자신이 직접 천축국으로 가서 불경을 공부하기로 마음먹었다.

629년(일설에는 627년) 장안에서 출발한 현장은 양주涼州(감숙성 무위현)에 도착했다. 그런데 당시 당나라 조정에서는 백성의 출국을 금하고 있었다. 양주 변경을 지키고 있던 군사들은 현장을 붙잡아 장안으로 돌아가라고 명했다. 그러나 현장은 포기하지 않고 서쪽에 있는 옥문관 부근의 과주瓜州(감숙성 안서시)로 도망쳤다.

과주를 벗어난 현장은 옥문관을 지키는 관리인 왕상王祥과 그의 가문 형제들의 도움을 받아 옥문관 오보五堡를 갖은 역경

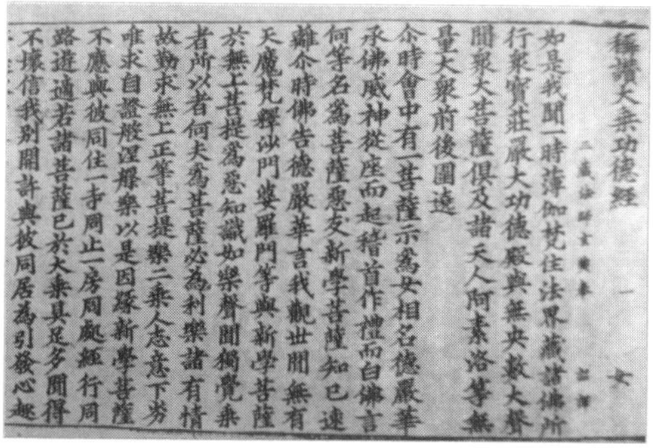
稱讚大乘功德經 一 女
三藏法師玄奘奉 詔譯
如是我聞一時薄伽梵住法界藏諸佛所
行衆寶莊嚴大功德殿與無央數大聲
聞衆大菩薩俱及諸天人阿素洛等無
量大衆前後圍遶
尒時會中有一菩薩示爲女相名德嚴華
承佛威神從座而起稽首作禮而白佛言
何等名爲菩薩惡友新學菩薩知已速
離尒時佛告德嚴華言我觀世間無有
天魔梵釋沙門婆羅門等與新學菩薩
於無上菩提爲惡知識如樂聲聞獨覺乘
者所以者何夫爲菩薩必爲利樂諸有情
故勤求無上正等菩提樂二乘人志意下劣
唯求自證般涅槃樂以是因緣新學菩薩
不應與彼同住一寺同止一房同處經行同
路遊適若諸菩薩已於大乘具足多聞得
不壞信我則聞許與彼同居爲引發心趣

현장이 번역한 『공덕경功德經』(좌)

현장이 불경을 번역하던 곳(우) 지금의 섬서성 군현 옥화사 내에 있다.

속에 통과했다. 그리고 물 한 방울 없는 거친 사막을 지나 고창高昌(투르판)에 도착했다.

고창의 국왕 국문태麴文泰는 신실한 불교 신자였는데, 현장이 당나라에서 온 고승이라는 말을 듣고 높이 우러러 받들면서 고창에 남아 달라고 간절히 청했다. 그렇지만 현장은 이 청을 거절했다. 현장의 뜻이 확고하다는 것을 안 국문태는 행장을 마련해 주고 그를 호위할 부하 25명과 말 30필을 내주었다. 그리고 인근 24개 국의 국왕에게, 현장을 안전하게 통과시켜 달라는 편지까지 써 주었다.

현장 일행은 눈 덮인 산과 얼어붙은 강을 지나 천신만고 끝에 쇄엽碎葉(지금의 키르키즈스탄 북부 지역)에 이르렀다. 그러자 서돌궐 가한이 그를 영접해 주었고, 그때부터 현장은 비교적 순조롭게 서역 각국을 지나서 천축으로 들어갈 수 있었다.

천축의 마게타국摩揭陀國(마가다 왕국)에는 나란타那爛陀(나란다)라는 유서 깊은 거대한 사원이 있었는데, 그 사원에 있는 계현법사戒賢法師(시라바드라)는 천

당나라 승려가 불경을 가지러 가는 광경을 그린 자기 베개 (원나라)

축의 유명한 대학자였다. 현장은 5년 동안 나란타 사원에서 체류하면서 계현법사로부터 가르침을 받았으며 그곳의 모든 불경을 독파했다.

현장의 묘탑 지금의 섬서성 성남에 있다.

마게타국의 계일왕戒日王(하르샤바르다나)도 신실한 불교 신자였는데 현장의 명성을 듣고서는 도성 곡녀성曲女城(인도 북부의 카나우지)에서 법회를 열었다. 천축 28개 국의 국왕과 3천여 명의 고승들이 참석할 정도로 성대한 법회였다. 계일왕은 현장으로 하여금 불경 강연을 하게 하고, 참석한 사람들로 하여금 이에 대해 토론을 하게 했다. 법회는 18일 동안이나 계속되었는데 참석자들 모두가 현장의 뛰어난 강연에 탄복했으며 반대 의견을 내는 사람이 하나도 없었다. 마지막 날에 계일왕은 현장의 가사를 높이 들며 이번 법회의 원만한 성공을 선포했다.

천축으로 불경을 배우러 간 현장은 이렇게 불학佛學에서 커다란 성공을 거두었으며 아울러 동서의 문화 교류를 촉진시켰다.

당현장취경도 〔원나라 왕진붕王振鵬〕

645년, 그는 불경 6백여 권을 가지고 장안으로 돌아왔다. 장안 사람들은 머나먼 천축에서 불경을 가지고 온 현장의 사적事迹을 듣고 모두들 감동했으며, 그 당시 낙양에 있던 태종도 현장이 엄청난 일을 해냈다고 칭찬하면서 행궁에서 현장을 접견했다. 현장은 서역과 천축에서 겪은 일들을 상세히 태종에게 보고했다.

이후 현장은 장안에 거주하면서 천축에서 가져온 불경들을 번역하는 데 모든 힘을 쏟았다. 그리고 제자들과 함께 『대당서역기大唐西域記』를 펴냈다.

문성공주가 토번으로 시집가다

文成公主入藏

송찬간포

토번吐蕃은 티베트족의 선조이다. 청장고원青藏高原에서 살고 있던 그들은 당나라 초기에 점차 강대해졌다. 620년 무렵에 토번의 찬보贊普(토번 군주의 칭호)인 송찬간포松贊干布의 아버지가 티베트 각 부락을 통일했다. 이후 찬보가 된 송찬간포는 도성을 나사邏些(지금의 라싸)로 옮기고 관리 제도와 법률을 제정하여 강력한 노예제 정권을 수립했다.

640년, 송찬간포는 자신이 신임하는 재상 녹동찬에게 명해 황금 5천 냥과 보물을 가지고 장안으로 가서 청혼을 하게 했다. 녹동찬에게서 토번의 상세한 상황을 들은 태종은 예쁘고 재능 있는 문성공주文成公主를 송찬간포에게 시집보내기로 했다.

송찬간포가 문성공주를 맞이한 곳 지금의 라싸 북쪽에 있다.

전하는 말에 따르면 당시 다섯 나라가 장안에 사신을 보내서 청혼을 했는데, 태종은 어려운 시험 문제들을 내서 각 나라의 사신들을 시험했다고 한다. 정답을 다 맞추는 사신을 보낸 국왕에게 공주를 시집보내기로 결정했던 것이다.

티베트로 들어간 문성공주 벽화(좌) 〔티베트〕

포달랍궁에 있는 송찬간포 벽화(우)

태종은 진주와 명주실 꾸러미를 내놓으면서 이렇게 말했다.

"이 명주실로 진주를 꿰는 사신의 국왕에게 공주를 시집보내겠소."

그런데 그 진주는 보통 진주가 아니라 안에 꼬불꼬불한 구멍이 나 있는 '구곡진주九曲珍珠' 였다. 그러니 그 흐물흐물한 명주실로 어떻게 구곡진주를 꿸 수 있겠는가? 다른 사신들은 실을 손에 들긴 했으나 어찌할 바를 모르고 머뭇거리고 있었다. 그런데 녹동찬만은 묘책을 생각해 냈다. 그는 개미를 잡아다가 허리에 명주실을 맨 다음 진주 구멍 속으로 들여보냈다. 그러고는 그 구멍에 대고 입김을 훅 불었다. 잠시 후에 개미가 다른 구멍으로 나오자 개미 허리에 매어져 있던 명주실도 따라나왔다. 이런 방법으로 녹동찬은 명주실로 구곡진주를 꿰는 데 성공했다.

보석이 박힌 송찬간포의 구리 투구 〔티베트〕

그러자 태종은 두 번째 문제를 냈다. 암말 1백 필과 망아지 1백 필을 몰고 오게 하더니 어미말과 그 새끼를 맞춰보라고 한 것이다. 다른 사신들은 속수무책으로 고개만 저었는데 녹동찬만은 금방 방법을 생각해 냈다. 망아지들을 따로 가두어놓고 풀은 주되 물은 주지 않았다. 하루가 지나서 망아지들을 놓아주자 목이 마를 대로 마른 망아지들은 각자 자신의 어미말을 찾아 허겁지겁 젖을 빨았다. 녹동찬은 이런 방법으로 어미말과 그 말이 낳은 새끼를 골라내어 짝을 지었다.

641년, 당 태종은 예부상서 강하왕 이도종李道宗으로 하여금 문성공주를 토번까지 호위하게 했다. 송찬간포는 직접 많은 인마를 거느리고 나사를 떠나 백해柏海(청해성 찰릉호)까지 와서 문성공주를 맞아들였다. 송찬간포는 원래 장막에서 살았는데 문성공주를 맞아들이기 위해 나사에다 굉장히 화려한 궁전을 새로 지었다. 그 궁전이 바로 지금의 포달랍궁布達拉宮(포탈라궁)이다. 이 호화로운 왕궁에서 송찬간포와 문성공주는 성대한 결혼식을 올렸다.

보연도步輦圖 〔당나라 염립본閻立本〕 문성공주를 모셔가려고 온 티베트 사신 녹동찬을 태종이 접견하는 광경을 그린 것이다.

문성공주가 토번으로 시집간 것은 토번 역사상 중대한 의미가 있는 사건이었다. 토번으로 갈 때 문성공주는 각종 곡식과 채소 종자, 공예품, 약재, 차 그리고 책 등을 가지고 갔다. 그리고 그 당시 토번에는 문자가 없어서 승결繩結(매듭을 지어서 계산이나 표식을 하는 방법)이나 나무에 기호를 새기는 방법을 썼는데, 문성공주는 문자를 창제하라고 송찬간포에게 권유했다. 송찬간포는 토미 상포찰에게 명해 문자 창제를 연구하게 했으며, 후에 30개의 자모와 문법을 창제했다. 이 모든 것은 토번의 경제와 문화의 발전을 촉진시켰다.

650년, 불행하게도 송찬간포는 서른셋의 젊은 나이로 세상을 떠나고 말았다. 송찬간포가 죽은 뒤에도 문성공주는 30년을 더 살았다. 토번 사람들은 문성공주를 세세대대로 사랑했으며, 그녀와 관련된 아름다운 전설들을 많이 남겨놓았다.

여황제 무측천

女皇武則天

무측천

당 고종은 유약한 황제였다. 즉위한 후 그는 조정 대사를 외숙인 승상 장손무기에게 모두 맡겼으며 나중에는 무측천을 황후로 올려놓았다. 권력욕이 매우 강한 무측천은 점차 조정 대권을 장악하여 중국 역사상 유일한 여황제가 되었다.

무측천의 본명은 조曌이며 병주幷州 문수文水(산서성 문수현) 사람이다. 아버지 무사확武士彠은 매우 부유한 목재 상인이었는데 수나라 말기에 장사를 그만두고 군대에 들어가 부병제府兵制 밑에 있는 응양부鷹揚府의 대정隊正(관직명)이 되었다. 그러다가 이연이 반란군을 일으킬 때 이연의 군대로 들어가 공을 세우고 당나라 조정의 관원이 되었다.

꽃과 새를 그린 채색 촛대 자기 (당나라)

후에 그는 공부상서까지 되었으며 응국공應國公으로 책봉되기까지 했다. 그런데 아버지 무사확은 무측천이 아홉 살 때 죽고 말았다. 무측천이 열네 살 때 이미 마흔에 가까운 태종은 그녀가 대단한 미녀라는 말을 듣고 궁으로 불러들여서 무미武媚라는 호를 하사했다. 그래서 사람들은 무측천을 미낭媚娘이라고 불렀는데 후에 그녀는 재인才人으로 책봉되었다. 태종이 죽자 그녀와 다른 궁녀들

당 고종과 무측천을 합장한 능 지금의 섬서성 부풍현에 있다.

은 당시의 관습에 따라 감업사에 들어가 비구니가 되었다. 그런데 당 고종 이치李治는 태자로 있을 때부터 그녀와 은밀한 관계였기 때문에 도로 입궁시켜서 시침侍寢하게 했으며 나중에는 소의昭儀로 책봉했다. 그러나 무측천은 이에 만족하지 않고 황후의 자리를 빼앗기 위해 왕황후를 암살하려고 했다.

하루는 무측천이 딸을 낳자 왕황후가 득녀를 축하하러 왔다. 황후가 귀엽다며 아이를 연신 얼러주고 돌아가자 무측천은 이를 악물고 자기 딸애의 목을 졸라 죽이고는 이불을 덮어놓았다. 그러고는 당 고종이 오자 황후가 자기 딸을 죽였다고 모함했다. 왕황후는 변명할 길이 없었다. 대노한 당 고종은 왕황후를 폐하고 무측천을 황후로 올려놓기로 마음먹었다.

655년 9월, 당 고종은 저수량褚遂良, 장손무기 등의 반대를 무릅쓰고 왕황후를 폐하고 무측천을 황후로 올려놓을 의사를 정식으로 표했다. 그러던 어느 날 당 고종은 이적李勣에게 이렇게 물었다.

"짐은 무소의(무측천)를 황후로 올려놓으려고 하는데 저수량 등이 한사코 반대하니 이 일을 어떻게 하면 좋겠소?"

당 고종의 뜻이 확고하다는 것을 알고 있던 이적은 무측천에게 이로운 말을 했다.

"황후의 폐립廢立은 폐하의 가정사이므로 외간 사람들의 의견을 좇아야 한다는 법은 없는 줄로 아옵니다."

무측천 묘 앞에 있는 글 없는 비석 지금의 섬서성 부풍현 건릉에 있다.

그러자 허경종許敬宗도 이를 거들었다.

"시골 농사꾼도 밀 10섬을 거두면 본처를 버리고 새 각시를 얻으려고 하는데 하물며 천하를 가진 천자께서 왜 새로운 황후를 세우지 못하시겠습니까?"

결국 당 고종은 왕황후를 폐하고 무측천을 황후로 책봉했다.

황후가 된 무측천은 재빨리 자신의 세력들을 조정 대사에 끌어들였으며, 고종과 원로대신들 간의 알력을 이용하여 장손무기를 죽이고 이를 반대하는 주요 대신 20여 명을 파직시켰다. 그러고는 자신의 말을 따르는 대신들을 등용했는데 이의부李義府, 허경종 등은 관운이 터서 차례로 재상이 되었다. 그 후 무측천은 당 고종과 더불어 수렴청정垂簾聽政을 했는데 당시 대신들은 고종을 '천황', 무측천을 '천후天后', 그리고 둘을 합쳐 '이성二聖' 이라고 불렀다.

권세욕이 무척 강했던 무측천은 모든 것을 제 마음대로 하면서 고종의 일거수 일투족을 단속했다. 참다 못한 당 고종은 대신 상관의上官儀를 은밀히 불러다가 무후(무측천)를 폐위시킬 조서를 꾸미게 했다. 그런데 그 소식이 무측천의 귀에 들어가고 말았다. 노기충천한 무측천은 당 고종을 찾아가 소리쳤다.

당나라의 대례복

"도대체 어떻게 된 일입니까?"

한심한 당 고종은 무측천의 고함소리에 그

만 혼쭐이 나서 말도 제대로 하지 못했다.

"짐…… 짐은 그럴…… 생각이 없었는데 상관의…… 그 사람이 그렇게 하라고 해서……."

무측천은 그 즉시 수하에게 명해 상관의를 비롯한 반대 세력들의 목을 무참히 베어버렸다. 이때부터 조정의 대소사는 모두 무측천 혼자서 좌지우지했다.

무측천 일파의 세력이 날로 커져가는 것을 보고 위협을 느낀 당 고종은 당나라 이씨의 천하가 무씨의 손으로 넘어갈 것이 심히 우려되었다. 그래서 자신이 아직 살아 있는 동안 황제위를 아들 이홍李弘(무측천의 맏아들)에게 넘겨주려고 했다. 그러자 무측천은 자기 소생인 이홍에게 독주를 먹여 죽여버리고 둘째 아들인 이현李賢을 태자로 삼았다. 그러나 얼마 지나지 않아 무측천은 또 이현을 서민으로 폐하고 셋째 아들인 이현李顯을 태자로 삼았다. 무측천의 이 같은 수법에 당 고종은 속수무책이었다.

무후보연도武后步輦圖 〔당나라 장훤張萱〕

683년 12월, 당 고종이 병들어 죽자 태자 이현이 즉위했는데 그가 바로 당 중종中宗이다. 무측천은 황태후의 명분으로 조정에 나가 집정을 했다. 그러다 나중에 중종이 자신의 처가인 위씨 가문 사람들을 등용하는 데 불만을 품고는 중종을 폐위시키고 넷째 아들인 이단李旦을 황제로 올려놓았다.

그가 바로 당 예종睿宗이다. 그러나 무측천은 자기 혼자서 국사를 도맡아 처리하면서 당 예종은 전혀 관여를 하지 못하게 했다.

무씨 가문이 조정 대권을 휘두르는 것을 본 황실 종친들과 공신들은 모두 큰 위협을 느끼며 전전긍긍했다. 그러나 무측천을 반대하는 투쟁 또한 점점 드세졌다. 제일 먼저 반란을 일으킨 사람은 당나라의 오랜 신하들인 서경업徐敬業, 당지기唐之奇, 낙빈왕駱賓王 등인데 그들은 중종을 옹위한다는 명분으로 양주에서 군사를 일으켰다. 조정 내에서는 재상 배염裵炎이 그들을 지지하여 내응하기로 했다. 그들은 신속히 10여 만 군사를 모아 장안을 향해 진격했다. 이 기세를 이용하여 낙빈왕은 무측천을 맹렬히 비판하는 격문 「토무조격討武曌檄」을 써서 전국에 배포했다. 무측천은 30만 대군을 출동시켜 서경업의 반란을 진압했다. 서경업은 싸움에 패해 죽고 서경업을 도와주던 재상 배염 등도 잡혀 살해당했다.

690년 9월, 67세가 된 무측천은 스스로를 신성황제神聖皇帝라 칭하고, 국호를 주周나라로 고쳤으며, 도성 낙양의 이름도 신도神都로 고쳤다. 그리고 당 예종은 황사皇嗣(황제의 후계자)로 내려놓았다.

명재상 적인걸

名相狄仁杰

적인걸

무측천은 자기를 반대하는 사람들은 잔혹하게 제거했지만 재능이 출중한 인재들은 신분을 따지지 않고 파격적으로 임용했다. 그래서 주변에 재능이 비범한 대신들이 많이 모이게 되었는데 그 중에서 가장 유명한 사람이 바로 재상 적인걸狄仁杰이다.

적인걸의 자는 회영懷英으로, 태원太原(산서성 태원시) 사람이다. 할아버지 적효서狄孝緒는 정관貞觀 연간에 상서좌승尙書左丞을 지냈고 아버지 적지손狄知遜은 기주夔州 장사長史를 지냈다. 적인걸은 어려서부터 글읽기를 무척 즐겼다. 하루는 현청의 관리가 내려와 어떤 안건을 조사하는데 주변 사람들이 앞다투어 자신의 생각을 말했다. 그러나 적인걸만은 들은 척도 하지 않고 책을 읽고 있었다. 그래서 관리가 적인걸을 꾸짖자, 그는 자기는 지금 책 속에 있는 성현들과 말하고 있으므로 평범한 속인들과는 말할 겨를이 없다고 면박을 주었다.

676년 초, 적인걸은 대리승大理丞이 되었다. 대리승이란 지금의 대법원 대법관과 비슷한 관직으로서, 중요한 안건을 심리하

돈황석굴의 장원생활도 〔당나라〕

여 판결을 내리는 관리이다.

적인걸이 직무를 맡아 보니 복잡한 안건들이 수없이 많이 산적해 있었다. 적인걸은 1년 안에 1만 7천여 건을 처리했는데 매 안건마다 공평하고 합리적으로 처리하여 원성이 하나도 없을 만큼 재능이 뛰어났다.

적인걸이 담량뿐만 아니라 학식과 재능도 뛰어나다는 것을 안 당 고종은 그를 시어사侍御史로 승격시켰다. 시어사란 조정 문무백관들을 감찰하고 탄핵하는 일을 책임진 막중한 권력을 가진 관직이었다. 적인걸은 자신의 안위를 걱정하지 않고 탐욕스러운 권세가들에게 굽히지 않고 맞섰다.

무측천은 황제가 된 다음에 적인걸을 더욱 신임했는데, 적인걸의 관직은 계속 승진하였으며, 결국 '일인지하 만인지상'의 재상이 되었다.

그러다가 692년에 적인걸은 혹리酷吏(악하고 잔혹한 관리) 내준신來俊臣의 모함을 받아 옥에 갇히고 말았다. 적인걸은 역모를 꾀했다고 자인했는데, 고문 끝에 죽임을 당하는 것보다는 살아남아 때를 기다리는 것이 낫기 때문이었다. 그러자 내준신은 공모한 다른 대신들의 이름을 대라고 강요했다. 격노한 적인걸은 머리를 기둥에 처박으며 자살하겠다고 내준신을 위협했다. 이에 내준신은 더 이상 적인걸을 심문하지 못했다. 나중에 적인걸은 감시가 소홀해진 틈을 타서 남몰래 고소장을 아들에게 건네주었다. 아들은 급히 그 고소장을 무측천에게 올렸다. 고소장을 본 무측천은 즉시 적인걸을 불러 무엇 때문에 역모를 꾀했느냐고 물었다. 그러자 적인걸은 이렇게 대답했다.

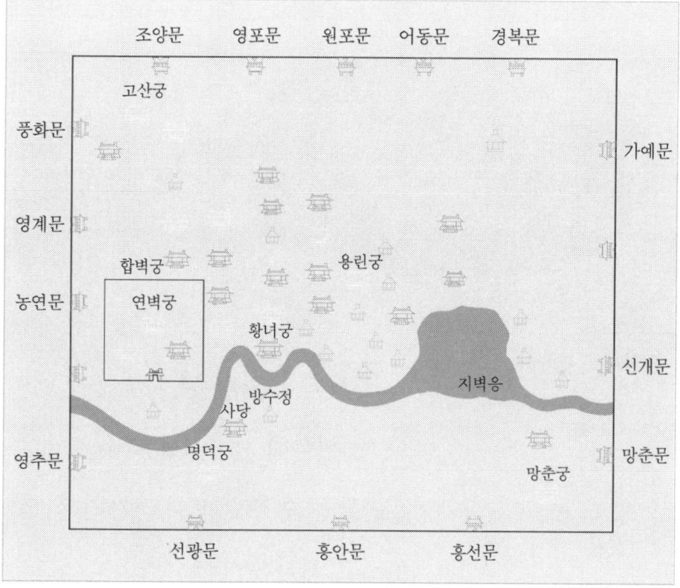

당나라 동도 낙양의 궁원도

"소신은 절대로 역모를 꾀한 일이 없습니다. 그러나 만약 역모를 승인하지 않았다면 지금쯤은 죽어 귀신이 되었을 겁니다. 그러면 어떻게 폐하를 뵙고 신원을 할 수 있겠사옵니까?"

무측천은 그러면 '사죄표謝罪表'는 왜 썼느냐고 물었다. 적인걸은 내준신의 모함일 뿐 절대로 그런 일은 없다고 대답했다. 무측천은 그제야 내준신이 적인걸을 해치려고 모함했음을 알게 되었다.

후에 적인걸은 다시 재상으로 복직되었다. 당시 무측천은 이씨 자손(자신의 아들)을 태자로 삼을지 아니면 본가집인 무씨 자손(자신의 조카)을 태자로 삼을지 망설이고 있었다. 무측천의 본가집 조카인 무승사武承嗣, 무삼사武三思 등은 태자가 되기 위해 암암리에 분주한 활동을 하고 있었다. 그들은 대신들로 하여금 무씨 자손을 태자로 삼아야 한다고 무측천에게 여러 번 간하게 했다. 자고로 황제가 성이 다른 사람을 태자로 삼는 법

벽옹연(벼루) (당나라)

이 어디 있는가, 지금의 신성황제 무측천이 무씨이니 마땅히 무씨를 태자로 삼아야 한다고 그들은 주장했다.

적인걸은 무측천이 용단을 내리지 못하자, 이씨 성을 가진 아들을 태자로 삼아야 하는 이유를 이렇게 말했다.

"고모와 조카가 더 가까운지 어머니와 아들이 더 가까운지 한 번 생각해 보십시오. 폐하께서 아들을 태자로 삼으시면 그 후손들은 천추만대 내려가면서 길이길이 폐하를 태묘太廟에 모시고 제사를 지낼 것입니다. 그러나 친정 조카를 태자로 삼으면 그런 일은 없을 겁니다. 태묘에 고모를 모시고 제를 지내는 법은 자고로 없지 않습니까?"

태묘란 황실에서 역대 조상들에게 제를 지내는 곳이다.

적인걸의 이 말에 무측천은 친정 조카를 태자로 삼으려던 생각을 버리고 자기 아들을 태자로 삼기로 결정했다.

적인걸은 재상으로 있으면서 현명한 인재들을 많이 추천했다. 경휘敬暉, 두회정竇懷貞, 요숭姚崇 등 수십 명이나 되는데 그들은 후에 모두 관직이 공경公卿에 이르렀고 어떤 사람은 재상까지 되었다.

적인걸은 인재들을 적재적소에 임용하여 각자가 자신의 재능을 마음껏 발휘하도록 했으며, 투항해 넘어온 소수민족 장수들도 자신의 재능을 발휘할 수 있도록 적합한 관직에 임용했다. 거란의 두 장수인 이해고李楷固와 낙무정駱務整은 당나라군을 여러 번 대패시키고 장수들을 적지 않게 죽였다. 그러다가 나중에 두 사람이 당나라로 투항해오자 대신들은 그들을 죽여야 마땅하다는 상소를 올렸다. 그러나 무측천은 적인걸의 의견에 따라 그들을 죽이지 않고 변경을 지키게 했는데 그 두 사람은 맡은 바 임무를 충실히 하였다. 그리하여 당나라 북쪽 변경은 평화를 되찾게 되었다.

제왕과 군신들의 그림 〔당나라〕 제왕은 면류관을 쓰고 청의에 주상朱裳을 입고 백사 폐슬蔽膝과 승룡대수升龍大綬를 했다. 뭇 신하들의 형상과 연령 그리고 성격은 각기 다르다. 자신의 앞에서 조심하는 뭇 신하들의 옹위를 받으며 머리를 쳐들고 걸어가는 제왕의 기세는 안하무인이다.

적인걸이 만년에 이르자 무측천은 그의 이름을 직접 부르지 않고 존경하는 뜻으로 '국로國老'라고 불렀다.

700년에 적인걸이 병으로 죽자, 무측천은 너무도 비통한 나머지 사흘이나 조회를 하지 않았으며 그를 양국공梁國公으로 추봉追封했다. 그 후 무측천은 결정을 내릴 수 없을 때마다 적인걸을 생각하며 "하늘도 무심하시지, 국로님을 그렇게 일찍 데려 갈 것이 뭐람." 하고 탄식하곤 했다.

요숭이 황충을 없애다

姚崇滅蝗

당 현종

무측천이 임종하기 직전, 1년 동안의 잔혹한 궁정 혈투를 거쳐 중종 이현이 이씨 신하들의 옹위를 받아 복위했다. 그러나 중종은 복위한 뒤 이씨 신하들을 믿지 않고 오히려 위황후에게 조정 대권을 맡겼다. 한심한 위황후는 무삼사를 등용하여 조정을 난장판으로 만들었다. 710년, 중종이 죽자 예종의 아들 이융기李隆基가 군사를 일으켜 위황후를 죽이고 예종을 복위시켰다. 2년 후에 예종이 황위를 선양하여 아들 이융기가 즉위했는데, 그가 바로 현종玄宗이다.

요숭

스무 살에 황위에 오른 현종은 태종처럼 큰일을 해내기 위해 진력했다. 그는 요숭姚崇을 재상으로 임용하여 조정을 정돈하고 중종 대에 혼란했던 정치를 점차 바로잡아 나갔다. 그리하여 당나라 왕조는 새롭게 번영하기 시작했다.

현종이 이렇게 나라를 강성하게 만들기 위해 힘쓰고 있을 때 하남 일대에서 전례 없는 충해가 생겼다. 광활한 중원 대지를 황충(누리, 메뚜깃과의 곤충) 떼가 새까

말게 뒤덮었고, 황충 떼가 지나간 자리에 있던 곡식은 남김없이 다 뜯어 먹혔다.

황충으로 인해 곡식을 잃는 지역들이 점점 늘어났다. 심각한 충해를 보고하는 지방 관리들의 급보가 도성 장안에 빗발처럼 날아들었다.

이에 요숭은 현종에게 이런 상주서를 올렸다.

"황충은 곡식을 해치는 벌레에 불과하므로 없애지 못하는 것이 절대 아니옵니다. 전국의 관리들과 백성들이 한마음 한뜻으로 조치를 취한다면 충분히 없앨 수 있사옵니다."

당나라의 고전간차高轉筒車 복원도

요숭을 매우 신임하는 현종은 즉시 그 상주서를 비준했다. 요숭은 명령을 내려 밤마다 밭머리에 모닥불을 피우게 했는데 그 불빛을 보고 황충들이 날아들어 무리로 타죽었다. 타죽은 황충들은 밭머리에 파놓은 큰 구덩이에 쓸어 넣고 다시 깨끗이 태워 없애게 했다.

전국의 관리들과 백성들이 요숭이 시키는 대로 했더니 매우 효율적이었으며, 변주汴州만 해도 황충 14만 단担을 죽였다. 이렇게 해서 황충으로 인한 피해가 감소하기 시작했다.

그런데 조정의 일부 대신들은, 요숭이 황충을 죽이는 그런 방법은 자고로 보지 못한 방법인데 그렇게 함부로 온 나라에 보급시켰다가는 무슨 변이 일어날지 모른다고 말이 많았다.

요숭을 비난하는 사람들이 많아지자 현종도 동요하기 시작했다. 그는 요숭을 불러 자신의 우려를 말했다. 그러자 요숭은 침착하게 이렇게 말했다.

농경도農耕圖 〔당나라〕

"옛 법만 따라서 되는 일이 아닙니다. 어떤 방법이든 문제 해결에 적절하면 되는 것입니다. 옛 법에 없어도 문제를 해결할 수 있는 방법이라면 써야 합니다. 이전 역사를 보면 황충의 피해가 막심한 해가 여러 번 있었는데 그것은 황충들을 없애는 효과적인 방법들을 강구하지 않았기 때문입니다. 지금 하남과 하북에는 비축된 양식들이 얼마 없습니다. 만일 금년 황충의 피해로 곡식을 거두어들이지 못한다면 장차 백성들은 먹을 것이 없어 유리걸식하게 될 겁니다. 그러면 그 사태가 아주 위험하게 됩니다."

황충을 없애지 않으면 나라의 안전이 큰 위협을 받게 된다는 요숭의 말을 들은 현종은 사뭇 걱정되는 어조로 물었다.

"그렇다면 어떻게 하면 좋겠소?"

"신의 방법을 대신들도 반대하고 폐하께서도 우려가 많으신데, 그렇다면 이 일은 신에게 온전히 맡겨주십시오. 일이 잘못되면 신이 모든 책임을 지고 삭직 처분을 달갑게 받겠습니다."

요숭은 자신의 안위는 돌보지 않고 오로지 나라의 안전과 백성의 생계만을 걱정하면서 굳건히 자신의 방법을 밀고 나갔다. 그래서 결국 전국의 황충을 없애고 그 피해를 막게 되었다.

현종은 즉위한 후 20년 동안 요숭 외에도 송경宋璟, 장설張說,

한휴韓休, 장구령張九齡 등 유명한 재상들을 적지 않게 임용했으며 재상과 여타 대신들의 옳은 의견들을 받아들이고 경제 발전에 유리한 조치들을 많이 강구해 냈다. 그 결과 나라의 국력이 전에 없이 강성해지고 국고의 재정이 풍족해졌다. 역사상에서는 이 시기를 '개원의 치開元之治' 라고 한다('개원' 은 현종 통치 전 시기의 연호이다).

장원생활도 (당나라)

구밀복검 口蜜腹劍

장구령

현종은 20여 년 동안 천하가 태평하고 경제가 발전하자 교만해지고 게을러졌다. '조정 대사는 재상에게 맡기고 변경 수비는 장수들에게 맡기면 된다. 그래도 세월이 태평한데 쓸데없이 나랏일에 속 끓일 거 있나' 하는 생각으로 사치와 향락에 빠져들기 시작했다.

현종의 타락을 보다 못한 재상 장구령이 여러 번 직언을 하자, 현종은 원래 장구령을 존경했으나 나중에는 장구령의 말이 듣기 싫어 그를 멀리했다.

한편 이임보李林甫라는 대신이 있었는데, 학식도 없고 치국의 능력도 없었지만 남에게 아첨하는 재간만은 출중했다.

현종은 이임보가 마음에 들어 재상으로 임명하기 위해 장구령을 불러 의논했다. 이임보의 됨됨이를 잘 알고 있던 장구령은 숨김없이 이렇게 아뢰었다.

과거 급제를 경축하는 춤〔당나라〕

"재상의 자리는 나라의 안위와 관련되어 있는 막중한 자리입니다. 이임보가 재상이 되면 장차 나라에 큰 해가 갈까 봐 심히 우려됩니다."

그 말을 전해 들은 이임보는 죽일 놈이

라며 이를 갈았다.

새와 꽃을 새긴 연꽃 모양의 굽 높은 은잔 (당나라)

삭방朔方(영하성 무령 일대)의 장수 우선객牛仙客은 글은 많이 읽지 못했지만 재정 관리에는 남다른 재능이 있었다. 그래서 현종은 우선객을 승진시키려고 했지만 장구령이 또 반대했다. 이 기회를 틈타 이임보는 장구령을 이렇게 비난했다.

"재상감으로 우선객보다 더 적합한 사람은 없는 줄 아옵니다. 장구령은 글만 읽는 책벌레일 뿐 나라 전반을 돌볼 줄 모르는 사람입니다."

그러던 어느 날 현종은 또 장구령을 불러다 우선객을 승진시킬 일을 의논했다. 이번에도 장구령은 동의하지 않았다. 현종은 성이 나서 장구령을 꾸짖었다.

"그래 무슨 일이건 경의 구미대로 해야 된단 말인가!"

이런 일을 몇 번 겪고 나자 현종은 장구령을 점점 더 싫어하게 되었다. 그런데다가 이임보가 중간에서 이간질을 놓았다. 결국 현종은 구실을 만들어 장구령을 재상에서 해임시키고 대신 이임보를 재상으로 임명하였다.

수렵을 나가는 광경을 그린 벽화 (당나라)

재상이 된 이임보는 먼저 현종과 백관들 사이의 연계를 끊고 대신들이 의견을 올리기 위해 현종을 찾는 것을 금했다.

한번은 이임보를 따르지 않는 간관

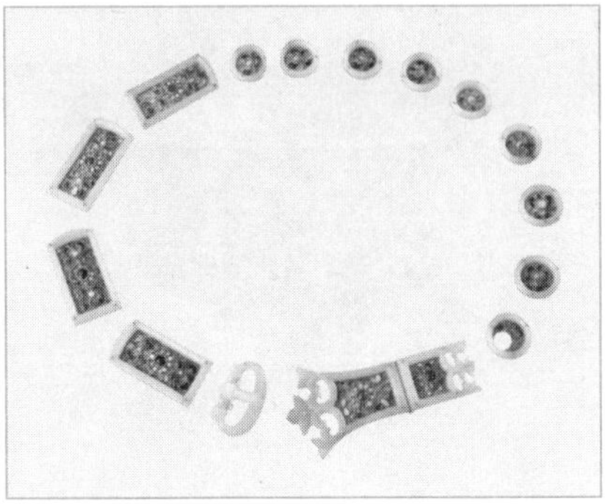

금테를 한 옥띠 〔당나라〕 이 띠는 대구帶鉤, 띠고리, 띠꼬리 등이 모두 옥으로 되어 있으며 옥조각들은 금판金板에 붙어 있다. 금판은 물고기 무늬를 바탕으로 인동 줄기와 꽃무늬를 도드라지게 하여 그 주변에는 금테를 둘렀으며 그 안에다 진주나 청, 홍, 녹 세 가지 색깔의 보석을 박았다. 이 정교한 옥띠는 당시 귀족들의 호화로운 생활을 잘 말해 주고 있다.

諫官이 현종에게 상주서를 올렸는데 곧바로 이튿날 내직에서 물러나 외직인 어느 현의 현령으로 내려가게 되었다. 이것이 이임보의 소행임을 아는 조정 대신들은 그 후부터 아무도 현종에게 의견을 말하지 않았다.

조정에서 자신의 명망이 높지 못하다는 것을 잘 알고 있던 이임보는 자기보다 능력 있는 사람들은 다 조정에서 내쫓아버렸다. 그런데 그는 제거하려는 사람 앞에서는 언제나 온화한 웃음을 지어 보이면서 속마음을 절대 드러내지 않았다. 그러면서 암암리에 그 사람을 해치곤 했다.

조정에 엄정지嚴挺之라는 대신이 있었는데, 이임보는 그가 자기를 따르지 않는다고 해서 외직인 어느 지방의 자사刺史로 내려보냈다. 후에 현종은 문득 엄정지 생각이 나서 이임보에게 그에 대해 물어보았다.

"엄정지는 지금 어디에 있소? 재능이 출중한 사람인데 조정에 다시 불러 올리는 것이 어떻겠소?"

"폐하의 뜻이 그러시다면 제가 알아보겠습니다."

궁에서 나온 이임보는 곧 엄정지의 동생을 찾아갔다.

"자네 형님이 경성으로 돌아와 황제 폐하를 만나고 싶어한다면서? 그 소원을 풀어줄 방법이 내게 있네."

엄정지의 동생은 이임보가 자신의 형에게 그렇게 관심을 가지는 것을 보고 너무도 고마워서 절을 하며 어서 그 방법을 말해 달라고 했다. 그러자 이임보는 이렇게 말했다.

"자네 형님더러, 병이 들어 몸이 불편하니 경성에 돌아가 병을 치료하고 싶다는 상주서를 조정에 올리도록 하게. 그 다음 일은 내가 주선을 하겠네."

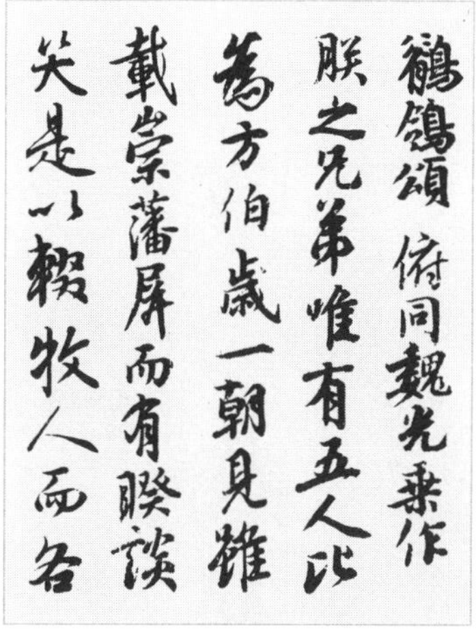
鶺鴒頌 俯同魏光乘作
朕之兄弟唯有五人比
為方伯歲一朝見雖
載崇藩屏而有睽談
笑是以輟牧人而各
앵무송鸚鵡訟 〔당 현종〕

엄정지는 동생의 편지를 받고 동생이 말한 대로 병 치료를 위해 경성으로 돌아가고 싶다는 상주서를 조정에 올렸다. 이임보는 이를 현종에게 보이며 이렇게 말했다.

"정말 아까운 사람인데 애석하게 되었습니다. 엄정지가 지금 중병으로 고생하고 있답니다. 그러니 어떻게 조정 대사를 볼 수 있겠습니까? 참으로 일이 안타깝게 되었습니다."

그러자 현종도 탄식을 하며 엄정지를 내직으로 승진시키려던 생각을 버리지 않으면 안 되었다.

이같이 이임보의 간계에 걸려 전도를 망친 사람은 엄정지뿐만이 아니었다. 사람들은 간교하고 음흉한 속내를 가진 그를 보고 '입은 꿀같이 달아도 배에는 칼을 품고 있다.' 고 했다(사자성어 '구밀복검口蜜腹劍' 은 여기서 유래한 것이다).

이임보는 19년 동안 재상직에 있었는데 그 동안 재능 있고 정직한 대신들은 모두 제거되고 아첨만 일삼는 소인배들만 등용되었다. 이로 인하여 당나라 정치는 쇠퇴의 내리막길을 걷기 시작했고 '개원의 치' 의 번영도 사라졌다. 그 뒤를 이어 일어난 것이 바로 '천보天寶의 난' 이다. '천보' 는 현종 집정 후기의 연호이다.

권세가들을 두려워하지 않는 이백
李白傲權貴

이백

현종은 말년에 젊고 예쁜 양귀비를 총애하면서 양귀비의 친척들에게 높은 관직을 주었다.

현종과 양귀비는 매일 궁전에서 먹고 마시며 향락을 즐겼는데 시간이 흐를수록 궁전에서 전해 내려오는 노래에 싫증을 느꼈다. 그래서 사람을 보내서 새로운 가사를 지을 수 있는 사람을 물색하게 했는데 하지장賀知章이 이백李白을 천거했다.

이백의 자는 태백太白이며, 호는 청련거사青蓮居士 또는 적선인謫仙人이다. 조상은 농서隴西 성기成紀 사람이며, 서량의 무소왕武昭王 이고李暠의 후손이다. 이백은 서역 쇄엽성에서 태어났는데, 그가 다섯 살 때 아버지는 가족을 데리고 머나먼 내지로 들어와 금주錦州 창륭현昌隆縣(사천성 강유현) 청렴향清廉鄉(다른 설에 따르면 청련향清蓮鄉)에 정착했다.

이백의 고향 지금의 사천성 강유현에 있다.

아버지는 이백이 어렸을 때부터 엄하게 가르쳤다. 이백은 다섯 살 때 육갑六甲을 외웠고, 열 살 때 제자백가를 통독했으며 불경과 도가의 책들을 읽었다.

스무 살을 전후로 촉蜀의 명소들을 유람하고 「등

금성경화루登錦城敬花樓」, 「백두음白頭吟」, 「등아미산登峨眉山」 등의 명시들을 써냈다. 수려하고 웅위로운 산천은 이백의 시야를 넓혀 주었고 흉금도 넓혀주었다. 그리고 이백으로 하여금 호탕한 성격과 조국에 대한 뜨거운 사랑을 지니게 했다. 이백은 여느 위인들처럼 역사에 남는 원대한 일을 해보려고 했다. 그러나 당대의 선비들이 모두 선망하는, 과거시험을 통해 벼슬에 오르는 길은 택하지 않고, 오로지 자신의 학문과 덕성으로 인정을 받으려고 했다.

여덟 꽃잎의 형상으로 된 백옥 그릇 〔당나라〕

이런 삶의 지표를 가지고 있던 그는 고향에 있을 때부터 '제후들을 방문' 하는 길을 택했다. 그리고 촉을 떠나서 10여 년 동안 중국 전역을 돌아다녔다. 비록 벼슬길에는 오르지 못했지만 그 동안 그의 시는 날로 성숙해졌다. 이백은 그 동안의 사회 경험과 생활의 어려움을 통해 달면 삼키고 쓰면 뱉는 세상 인심을 뼈저리게 느끼게 되었다. 이 기간 동안 이백은 불후의 시를 많이 썼으며 이로 인하여 그의 이름은 천하에 널리 알려지게 되었다.

이태백이 쓴 주가酒歌의 중심 부분 〔명나라 송광〕

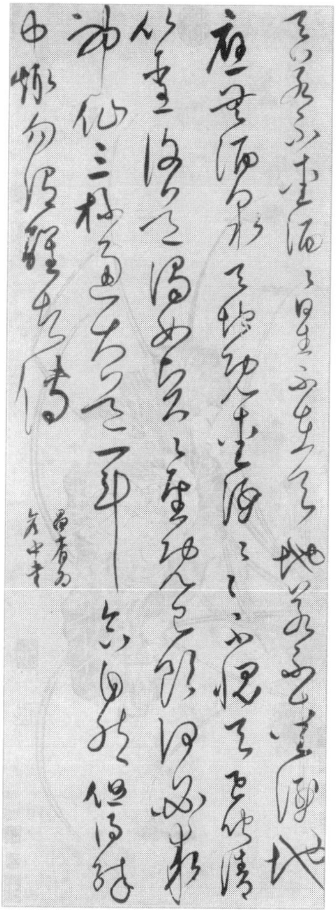

당대의 이름 있는 시인이자 요직에 있던 하지장은 현종이 궁전 시가를 새로 지을 사람을 물색하자 이백을 추천했다. 그는 이백의 문학적 재능이 얼마나 뛰어나며 나라를 위하는 이백의 마음이 얼마나 간절한가에 관한 상주서를 올렸다. 인재를 아주 귀히 여기던 현종은 이백의 시 재능에 탄복해하며 즉시 궁으로 불러들였다.

724년, 현종의 부름을 받은 이백은 10년 동안 바라던 소원이 드디어 성취되었다며 흥분해 있었다. 그는 "내 어찌 쑥밭에만 묻혀 있는 사람이리, 오늘 호탕하게 웃으며 집을 나서노라." 하고 시를 읊으면서 현종을 만나러 궁으로 들어갔다.

이백을 보자마자 그의 비범한 기상에 놀란 현종은 자신도 모르게 용상에서 일어섰다. 그러고는 내시를 시켜 이백에게 자리를 권하고 이야기를 나누었다. 그 과정에서 현종은 이백이 명실 상부한 천재적 시인임을 또 한 번 느꼈다.

술에 취한 이태백 (청나라 소육붕蘇六朋)

"짐은 선생의 시를 많이 읽어 보았소만 오늘 이렇게 면대하여 말을 들어보니 과연 선생의 사람됨도 시와 같음을 알겠소."

현종은 즉시 이백을 한림원에 등용했다. 현종의 신임을 얻은 이백의 기쁨이란 더 말할 나위가 없었다.

이백은 술을 무척 즐겼다. 그는 짬만 있으면 친구들과 더불어 야외로 나가 술을 마시며 시를 읊었다. 그래서 당시 사람들은 이백과 최종 등을 비롯한 여덟 사람을 '취중팔선醉中八仙' 이라고 불렀다. 이백은 또 혼자서 거리의 술집을 찾아가 흠뻑 취하도록 술을 마시곤 했다.

시간이 오래되자 이백은 현종이 자신을 더 이상 등용할 뜻이 없다는 것을 알게 되었다. 이백은 원래 지니고 있던 열의가 식어버리자 집으로 돌아갈 것을 청했고, 현종도 마침 잘되었다며 이백의 청을 받아들였다. 그렇지만 이백이 떠날 때 금패를 하사했는데, 그 금패가 있으면 어디를 가든 관원들의 대접을 받을 수 있었다.

장안을 떠난 이백은 또다시 자유로운 생활을 하기 시작했다. 그는 나라의 명산대천들을 두루 섭렵하면서 감명 깊은 시를 수없이 써 내려갔다.

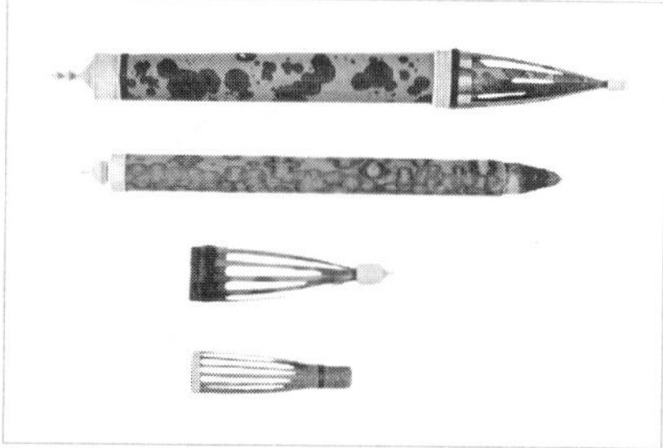

붓 (당나라)

이백은 예순둘의 나이로 친척 이양빙李陽氷의 집에서 병사했다. 이백이 나라의 명산대천을 유람하고 있을 때 당나라는 더욱 부패해지고 중원 지역은 전쟁의 불길에 휩싸이게 되었다.

안녹산의 반란

安祿山叛亂

안녹산

현종 재위 기간에 변경의 방어를 강화하기 위해 중요한 변경 지역에다 10개의 번진蕃鎭을 설치했는데, 이 번진을 관장하는 절도사는 군 지휘권뿐만 아니라 행정권과 재정권 등 막강한 권력을 행사했다. 당시의 관리 제도대로 하면 절도사가 공을 세우면 조정으로 올라와 재상이 될 수도 있었다.

이임보는 조정 대권을 장악한 다음 조정의 문관들을 배척했을 뿐만 아니라 변경의 절도사들까지도 의심하고 꺼려했다. 당시 삭방을 비롯한 4개 진을 관할하는 절도사 왕충사王忠嗣는 많은 전공을 세웠고 그의 수하에는 가서한哥舒翰, 이광필李光弼을 비롯한 유명한 장수들이 있었다. 이임보는 공로가 크고 명망이 높은 왕충사가 조정에 올라와 재상이 될까 봐 늘 불안해했다. 그래서 왕충사가 태자를 옹위해 역모를 꾀하고 있다고 모함했다. 이 일로 인하여 왕충사는 하마터면 목숨을 잃을 뻔했다.

당시 변경의 장수들 중에는 호족胡族(북방 소수민족의 총칭) 장수들도 있었다. 호족들은 문화 수준이 낮기 때문에 자기 지위에 위협이 되지 않는다고 생각한 이임보는 호족들을 등용할 것을 현종에게 적극적으로 주장했다.

현종과 이임보는 호족 절도사들 중에서 평로平盧(요녕성 조양시) 절도사 안녹산安祿山을 특별히 신임했다.

안녹산은 진귀한 동물과 금은보화들을 바쳐서 현종의 환심을 샀다. 그리고 현종이 첩보捷報(전승을 보하는 장계)를 무척 좋아한다는 것을 알고 소수민족 수령과 병사들을 군막 안으로 꾀어들여, 만취해서 쓰러지도록 술을 먹이고는 그들의 귀를 잘라서 조정에 보냈다. 안녹산은 이런 비열한 방법으로 이른바 전공을 보고하곤 했다.

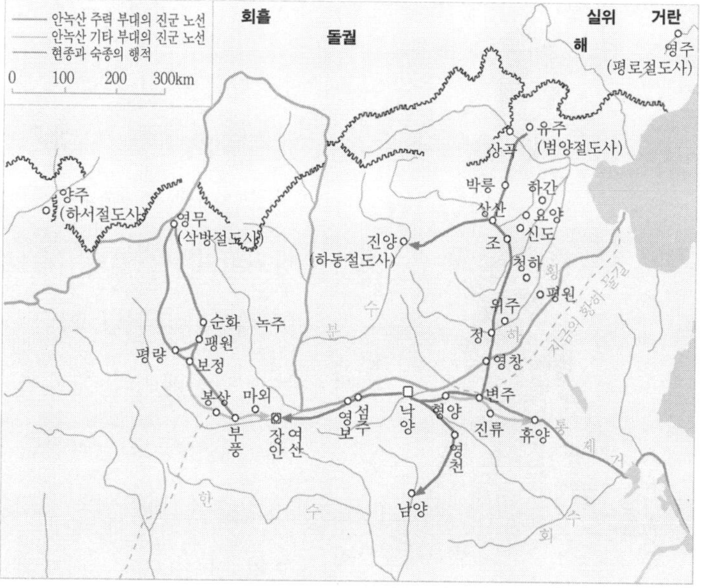

안사의 난

안녹산이 장안에 오면 현종은 친히 그를 접견하곤 했다. 안녹산은 그 기회에 현종의 환심을 사려고 온갖 아첨을 다 했다. 안녹산은 몸이 특별히 비대하고 생김새 또한 어수룩했으나 이상하게도 현종은 이런 안녹산을 좋아했다.

현종과 이임보의 신임을 얻은 안녹산은 범양范陽, 평로, 하동河東(산서성 태원시 일대)의 절도사가 되어, 북방 변경의 대부분을 통제하게 되었다. 그는 은밀히 군사를 확충하는 한편 사사명史思明, 채희덕蔡希德 같은 맹장들을 발탁하고 고상高尙, 엄장嚴庄과 같은 한족 선비들을 등용하여 모략을 꾸미게 했다. 그리

양귀비

고 군량을 대대적으로 비축하고 무기들을 대량으로 제조하면서 현종이 죽기만을 기다렸다. 현종이 죽기만 하면 즉시 반란을 일으킬 작정이었다.

그런데 얼마 지나지 않아 이임보가 병들어 죽고, 양귀비의 친척인 양국충楊國忠이 외척의 지위를 빌어 재상이 되었다. 양국충은 원래 아무 재능도 없는 건달잡배였다. 그래서 안녹산은 양국충을 깔보았고, 양국충도 안녹산을 안 좋게 보았다. 둘 사이는 갈수록 나빠졌다. 양국충은 안녹산이 반란을 일으킬 것이라고 누차 말했으나 안녹산을 총신하는 현종은 그 말을 듣지 않았다.

755년 10월, 준비를 끝마친 안녹산은 반란을 일으킬 것을 결심했다. 마침 바로 그때 관원 하나가 장안에서 범양으로 왔다. 안녹산은 그 기회를 이용하여, 현종이 조서를 보내왔다고 거짓으로 꾸며 장병들에게 선포했다.

"군대를 거느리고 장안으로 가서 양국충을 섬멸하라는 황제의 밀령이 내렸노라."

장병들은 너무 돌연한 감이 없지 않았지만 그렇다고 황제의 조서가 의심스럽다고 감히 나서지는 못했다.

이튿날 아침 안녹산은 보병과 기병 15만을 데리고 남하하여 하북 평원으로 진군했다. 길 위에서는 북소리가 진동하고 희뿌옇게 흩날리는 먼지로 인해 하늘이 보이지 않았다. 중원 일대는 1백여 년 동안 전쟁이 없었다. 몇 대가 지나도록 백성들은 전쟁이 어떤 것인지 모르고 살아오던 중이었다. 그런데 갑작스레 전쟁이 터지자 백성들은 말할 것도 없고 관리들마저 황급히 도망치거나 항복해 왔다. 안녹산의 반란군은 저항다운 저항 한 번 받지 않고 파죽지세로 내려갔다.

한족과 호족 인형 (당나라)

반란군이 범양에서 내려온다는 소식이 장안에 전해지자 현종은 유언비어가 아닌가 의심했다. 급보가 연이어 올라오자 그제야 다급해진 현종은 부랴부랴 문무백관들을 소집하여 대책을 논의했다. 하지만 오랫동안 변란을 겪어보지 못한 대신들은 놀란 눈을 크게 뜨고 서로 쳐다만 볼 뿐 누구 하나 이렇다 할 대책을 내놓지 못했다. 그러자 양국충은 득의양양해하며 이렇게 말했다.

"신이 뭐라고 했습니까? 안녹산이 역모할 거라고 하지 않았습니까? 신의 말이 맞지요? 하오나 폐하께서는 마음을 놓으십시오. 장수들이 안녹산을 따르지는 않을 겁니다. 열흘이 못 되어 안녹산의 머리를 베어오는 자가 있을 겁니다."

양국충의 말에 현종은 한결 마음이 놓여 큰 숨을 들이쉬었다. 그러나 양국충의 호언장담을 조롱이나 하듯이 안녹산의 반란군은 짧은 시일 내에 승승장구로 쳐내려와 황하를 건너 낙양을 단번에 점령했다.

마외역의 병란

馬嵬驛兵變

말을 탄 여인 (당나라)

지세가 험준하고 길이 매우 좁은 동관潼關은 경성 장안으로 들어가는 중요한 관문이었다. 현종은 대장 가서한에게 명해 대군을 거느리고 가서 동관을 지키게 했다. 안녹산의 부하 최건우崔乾祐는 동관 밖에서 반년이 넘도록 진을 치고 동관을 공격했으나 끝내 점령하지 못했다.

그런데 문제는 동관 서쪽 장안성에 있는 당나라 조정 내부에서 생겼다. 가서한은 동관을 사수하면서 때를 기다리자고 했고, 곽자의郭子儀와 이광필도 하북 전선에서 현종에게 상주서를 올려 자기들이 안녹산의 근거지인 범양을 치겠으니 관군은 절대 동관을 나와 반란군들과 싸워서는 안 된다고 했다. 그러나 재상 양국충이 이를 반대했다. 그는 동관 밖에 있는 반란군들은 사기가 떨어져 공격만 하면 전멸시킬 수 있음에도 불구하고 가서한은 동관만 지키면서 군대를 움직이지 않고 있으니 이러다가는 반란군을 일거에 소멸할 수 있는 기회를 놓치고 만다고 주장했다. 어리석은 현종은 양국충의 말을 듣고 동관 밖으로 나가 반란군과 싸우라는 출전 명령을 가서한에게 연이어 보냈다.

가서한은 그 결과를 뻔히 알면서도 황제의 어명을 어길 수가 없어서 눈물을 머금고 군대를 거느리고 동관 밖으로 나갔다.

목욕하고 나오는 양귀비 〔청나라 이육李育〕

이때 동관 밖에서는 반란군 장수 최건우가 군대를 영보靈寶(하남성 서부) 서쪽 산골짜기에 매복시킨 뒤 당나라군이 나오기만을 기다리고 있었다. 가서한의 20만 대군은 동관 밖으로 나가자마자 반란군의 매복에 걸려 거의 전멸되다시피 했으며, 가서한도 적의 포로가 되고 말았다.

동관이 함락되자 동관 이서, 즉 관내關內에는 적을 막을 만한 험요한 요새지가 없었다. 동관에서부터 장안까지의 지방 관원들과 병사들은 모두 성을 버리고 도망쳤다. 그제야 사태의 위급함을 깨달은 현종은 양국충에게 적군을 막을 대책을 빨리 강구해내라고 명했다. 양국충이 급히 문무백관들을 소집했지만 모두들 대경실색해서 서로 쳐다보기만 할 뿐 이렇다 할 대책을 내놓는 사람이 없었다. 장안에 그대로 있다가는 목숨을 보전할 수 없다고 생각한 양국충은 촉땅(지금의 사천)으로 몽진蒙塵(임

옷걸이 고리(좌) 〔당나라〕 화청궁 온천실에 걸려 있던 것으로, 옷을 거는 고리로 추정된다.

양귀비의 묘(우) 지금의 섬서성 흥평현 마외파에 있다.

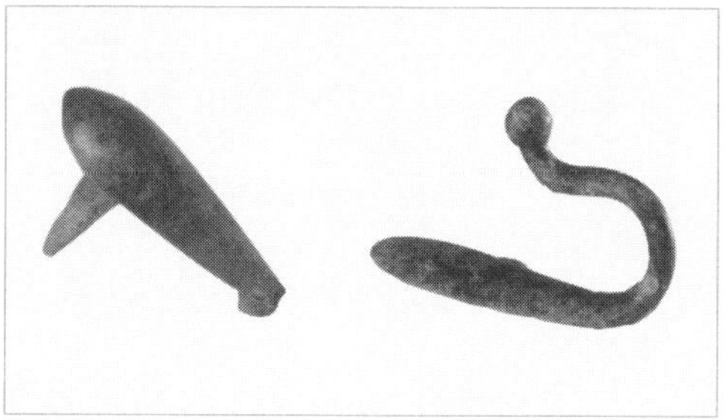

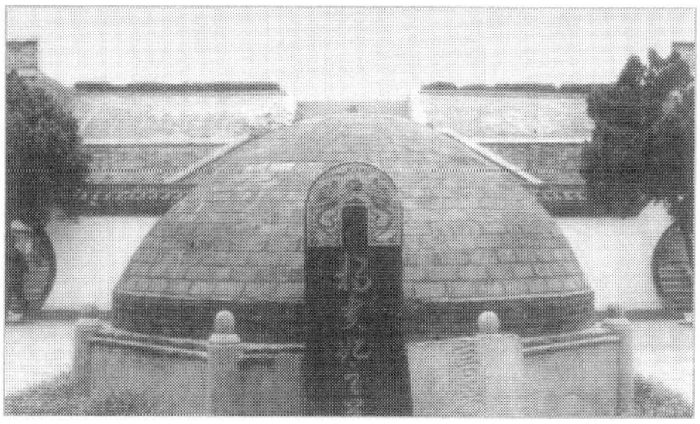

명황행촉도明皇幸蜀圖〔당나라 이소도李昭道〕 당 현종(명황)이 안사의 난을 피하여 촉땅으로 몽진하는 광경을 그린 것이다. 당나라 옷을 입은 사람들이 깎아지른 듯 험준한 돌산 사이로 걸어가고 있다.

금이 난리를 피해 다른 곳으로 옮겨가는 것)하자고 현종을 부추겼다. 그날 밤 현종과 양국충은 양귀비와 한 무리의 황자 황손들을 데리고 장군 진현례陳玄禮와 금위군의 호위를 받으며 은밀히 궁문을 나와 장안을 벗어났다. 장안을 나가기 전에 그들은 미리 환관들을 각지의 관청에 보내서 황제와 조정 대신들을 접대할 준비를 해놓도록 했다.

그런데 환관들은 장안을 벗어나자마자 모두 도망쳐버리고 말았다. 현종 일행은 하루를 걸었지만 끼니를 대접하는 사람이 아무도 없었다. 그들은 이렇게 힘든 피난길을 가다가 쉬고 가다간 쉬곤 하면서 사흘 만에야 마외역馬嵬驛(섬서성 흥평현 서쪽)에 도착했다. 수행하는 군사들은 지칠 대로 지친 데다가 무엇보다도 배가 고파 견딜 수가 없었다. 장안에 있지 않고 피난길에 올라 이 무슨 죽을 고생인가, 이 모든 것은 간신 양국충 때문이다. 군사들은 생각하면 할수록 양국충에 대한 증오와 분노를 참을 수 없었다.

목련을 그린 청자 단지〔당나라〕

그런데 굶주림을 참지 못한 토번 사신 20여 명이 양국충의 앞길을 막으며 식량을 달라고 요구했다. 양국충이 그들과 실랑이를 하자 그 주위에 있던 군사들이 "양국충이 반란을 일으

키려고 한다!" 고 고함을 지르며 양국충을 향해 활을 쏘았다.

양국충이 활에 맞아 죽자 사기충천한 병사들은 현종의 역관을 포위했다. 밖에서 떠드는 소리에 놀란 현종이 무슨 일이 있냐고 묻자, 환관들은 병사들이 양국충을 죽였다고 고했다. 이에 대경실색한 현종은 부득불 지팡이를 짚고 역문 밖으로 나가서, 군사들을 위로하면서 어서 병영으로 돌아가라고 권유했다.

양귀비의 침향정浸香亭 지금의 섬서성 서안시 흥경공원에 있다.

그러나 병사들은 현종의 말을 듣지 않고 여전히 모여 있었다. 현종은 환관 고력사를 보내서 장군 진현례에게 병사들이 흩어지지 않는 이유를 물었다. 그러자 진현례는 "양국충이 역모를 꾀했으므로 양귀비도 살려둘 수 없다고 그럽니다." 하고 대답했다.

현종은 자신의 목숨을 위해, 고력사를 시켜 양귀비를 끌어내다 목을 매달고 자결하게 했다. 병사들은 양귀비가 죽었다는 소식을 듣고 나서야 병영으로 돌아갔다.

마외역의 병란으로 간담이 서늘해진 현종은 부랴부랴 성도로 도망쳤다. 마외역에 남은 관리와 백성들은 태자 이형李亨에게 조정의 일을 보라고 권유했다. 이형은 마외역에서 북상하는 길에 잔여병들을 모아 다시 군대를 확충했다. 그러고는 영무靈武에 이르러 즉위하니 그가 바로 숙종肅宗이다.

허수아비로 화살을 보충한 장순

草人借箭

장순

현종이 장안을 황급히 떠나자마자 안녹산의 반란군이 장안으로 진격해 들어왔다. 반란군이 장안을 점령했다는 소식을 들은 곽자의와 이광필은 부득이 하북을 포기하지 않으면 안 되었다. 이광필은 물러나 태원을 지켰고 곽자의는 돌아가 영무를 지켰다. 그들이 수복했던 하북의 여러 군과 현들은 다시 반란군의 손에 들어갔다.

한편 반란군이 동관에 진입하기 전에, 안녹산은 장수 영호조令狐潮에게 명해 옹구雍丘(하남성 기현)를 공격하게 했다. 영호조는 원래 옹구현 현령이었는데 안녹산이 낙양을 점령하자 그에게 투항했다. 그러나 근처의 진원현 현령 장순張巡은 투항하지 않고 오히려 군사 1천여 명을 모집하여 옹구성을 점령했다. 안녹산의 명을 받은 영호조는 반란군 4만 명을 이끌고 옹구성으로 진격했

낙타 조각 (당나라)

다. 장순은 군사들과 함께 영호조의 공격을 막으면서 60여 일을 싸웠다. 군사들은 싸우느라 갑옷도 벗지 못하고 밥을 먹지도 못했으며 부상을 입고서도 싸움터에서 내려오지 않았다. 그들은 3백여 차례의 공격을 막고 수많은 반란군을 살상했다. 영호조는 하는 수 없이 퇴각했다가 얼마 후에 또다시 옹구현을 공격했다. 장순은 병사들에게 명해 성 위에서 일제히 화살을 쏘게 했다. 비 오듯 쏟아지는 화살에 적들은 물러갔으나 점점 화살이 바닥나기 시작하자 장순은 조급해졌다.

쇠창날과 쇠활촉 (당나라)

그러던 어느 날 밤, 검은 옷을 입은 장순의 군사들이 밧줄을 타고 성 위에서 내려오는 것이 영호조의 군사들 눈에 어슴푸레 보였다. 1천여 명은 넘는 것 같았다. 그 보고를 들은 영호조는 야습하러 내려오는 것이라며 성벽을 향해 일제히 활을 쏘라고 급히 명했다. 황급해진 영호조의 군사들은 밤새 활을 쏘아댔다. 그런데 날이 밝은 뒤에 보니 성벽에 드리워져 있는 것은 사람이 아니라 볏짚으로 만든 허수아비들이었다.

낙타 문양 군용 물병

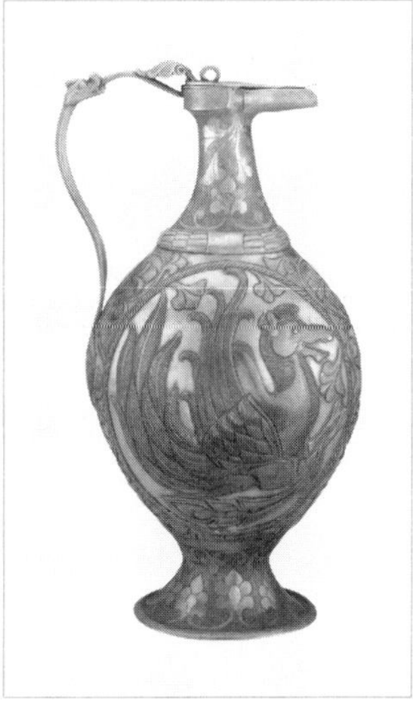

장순의 군사들은 허수아비들을 끌어올려 고슴도치의 등에 난 가시처럼 무수히 박힌 화살을 뽑아냈다. 헤아려보니 수십만 개가 넘었다. 장순은 이런 방법으로 화살을 보충했다.

그런데 며칠 후에 영호조의 군사들이 보니, 장순이 또 허수아비들을 성 아래로 내려보내지 않는가. 장순이 재미 한 번 보더니 우리를 바보로 아는 모양인가, 영호

무기를 든 기병이 새겨진 벽돌 (당나라)

조의 군사들은 한심한 놈이라고 장순을 욕하며 그 허수아비들을 거들떠도 보지 않았다.

그러나 이번에는 허수아비가 아니라 정말 사람일 줄을 누가 알았으랴. 그들은 장순이 내려보낸 5백 용사들이었다. 이 5백 용사들은 반란군이 아무런 경계도 하지 않는 틈을 이용하여 영호조의 병영을 기습했다. 영호조의 군사들은 이 뜻하지 않은 습격에 큰 혼란에 빠졌고, 뿔뿔이 흩어져 도망치기에 바빴다. 그들은 몇십 리를 달아나서야 겨우 숨을 돌렸다.

두 번이나 장순의 계략에 속고 만 영호조는 복수를 다짐하며 다시 군사를 모아 옹구성을 향해 진격했다. 그는 옹구성 북쪽에 병영을 세우고 장순의 식량 보급로를 차단시키려 했다. 반란군은 수만 명이었지만 장순의 군대는 1천 명도 되지 않았다. 그럼에도 장순은 기회만 있으면 적을 공격했으며 언제나 승리하여 돌아오곤 했다.

1년이 지나 휴양(하남성 상구시) 태수 허원許遠이, 반란군 대장 윤자기尹子奇가 30만 대군을 거느리고 휴양을 공격하러 온다는 급보를 장순에게 보내왔다. 급보를 받은 장순은 즉시 군대를 거느리고 휴양을 구원하러 갔다.

산으로 돌아간 이비

당 숙종이 영무에서 즉위했을 때 문무 관원은 겨우 서른 명밖에 되지 않았고 서둘러 세운 임시 조정은 매사에 질서가 없었다. 어떤 무장들은 조정의 지휘까지도 잘 듣지 않았다. 안녹산의 반란을 평정하려 하던 숙종은 능력이 출중한 사람의 보좌가 절실하게 필요했다.

붓을 든 문관용 (당나라)

태자로 있을 때 가까이 사귀던 친구인 이비李泌를 떠올린 숙종은 급히 사람을 영양潁陽(지금의 하남성 경내)으로 보내어 그를 영무로 불러왔다.

이비는 원래 장안 사람으로, 어려서부터 남달리 총명했으며 수없이 많은 책을 통독했다. 당시의 재상인 장구령은 그의 시문을 보고 '신동' 이라고 칭찬하면서 그를 매우 아꼈다. 세월이 흘러 태자가 된 이형은 현종에게 상주해 이비에게 벼슬을 주려고 했으나, 이비는 자신은 나이가 어려 벼슬길에 오를 생각이 없다고 거절했다. 후에 나라 정사가 어지러워지자 이비는 아예 영양 산속에 들어가 은거생활을 하면서 나오지 않았다.

그러나 이번에는 조정의 어려움을 생각하고 숙종의 부름에 응하여 영무로 올라왔다. 이비를 만난 숙종은 마치 세상에 다

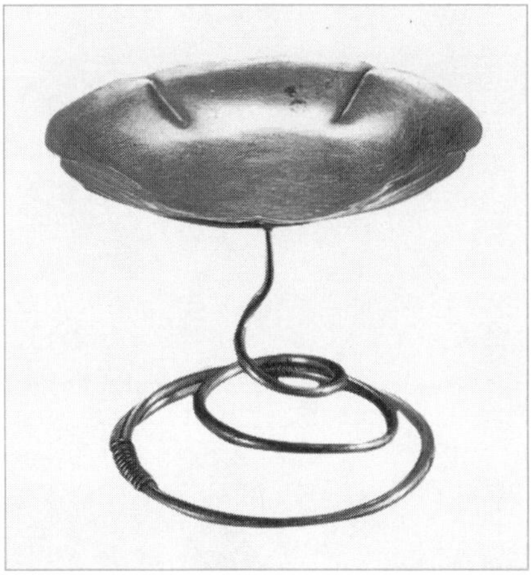
해바라기 모양의 은접시 (당나라)

시 없는 보배를 얻은 듯 기뻐했다. 임시 조정은 예의범절이 그리 엄하지 않아서, 숙종은 지난날 젊었을 때처럼 이비의 손을 잡고 궁을 드나들었으며 둘은 각별한 친구처럼 이마를 맞대고 조정의 대소사를 상론했다. 숙종은 이비의 말이라면 따르지 않는 것이 없었다.

숙종은 이비를 재상으로 삼으려고 했으나 그는 고집스레 이를 거절했다. 그래서 숙종은 그를 원수부의 행군장사行軍長史(총참모장직에 해당함)로 임명할 수밖에 없었다.

전국의 전쟁을 지휘하는 조정은 복잡다단한 군무로 매일 눈코 뜰 새가 없었다. 사방에서 전쟁 상황을 알리는 보장報狀들이 아침부터 저녁까지 그칠 새 없이 날아들었다. 숙종은 이 보장들과 문서들을 일률적으로 이비에게 먼저 보이도록 하고 그 중에서 특별히 긴요한 것만 자기에게 올리게 했다. 그리고 궁전의 열쇠도 태자 이숙李俶과 이비 두 사람이 간직하게 했다. 이비는 사무가 너무 바빠서 끼니를 건널 때가 많았고 편한 잠 한 번 자보지 못했다.

이비의 업후 서원 (당나라)

그러던 중 이듬해에 안녹산 반란군 사이에서 내분이

일어났다. 안녹산의 아들 안경서安慶緖가 자기 아버지를 죽이고 자칭 황제가 된 것이었다. 반란군을 소멸할 절호의 기회였다. 그런데 장안으로 돌아갈 마음이 급한 숙종은 이비의 말을 듣지 않고 하동으로 나간 곽자의의 군대를 돌려 장안으로 진격하게 했다가 그만 패하고 말았다. 후에 곽자의는 회흘回紇(중국 고대 북방 민족 중 하나)의 군대를 빌어 와 15만 대군으로 장안을 공격하여 승리했다. 그리고 이어 낙양을 수복했다. 반란군의 두목 안경서는 하북으로 도망갔으며 얼마 후에는 사사명도 투항했다.

장안과 낙양을 수복한 숙종은 흡족한 마음으로 준마를 보내서 이비를 장안으로 불러왔다.

그러던 어느 날 밤, 이비와 같이 술을 마신 숙종은 그를 돌려보내지 않고 궁에서 하룻밤을 묵게 했다. 그 기회를 이용해 이비가 숙종에게 말했다.

"폐하의 은혜에 이미 보답했으니 소신은 집으로 돌아가 좀 한가한 나날을 보내려고 합니다. 윤허해 주십시오."

숭산嵩山의 초당 〔청나라 왕공〕

"이 몇 년 동안 경은 짐과 함께 환난을 같이하지 않았소? 짐은 이제부터 경과 함께 낙을 누리려고 하는데 집으로 돌아가다니, 그게 무슨 말이오?"

그러나 이비는 벼슬을 버리고 낙향하려는 자신의 뜻을 굽히지 않았다. 숙종은 이비를 보내기 싫었지만 그가 고집하는 바람에 결국에는 하는 수 없이 윤허했다.

형산衡山(지금의 호남성)으로 내려온 이비는 산에 자그마한 집을 짓고 또 은거생활을 시작했다.

중흥명장 이광필

이광필

이광필李光弼은 거란 사람으로 본적은 영주營州 유성柳城(요녕성 조양시)이다. 아버지 이해락李楷洛은 거란의 수령이었는데 무측천이 집정하던 때에 당나라에 귀순하여 좌우림대장군左羽林大將軍이 되었다.

이광필은 어려서부터 활쏘기와 말타기에 재능이 있었으며, 의지력이 남달리 강하고 매사에 침착했으며 결단성이 있었다. 그는 좌위친부左衛親府의 좌랑장左郎將으로 있다가 나중에는 하서 절도사인 왕충사의 부병마사府兵馬使가 되었으며 왕충사는 남달리 그를 신임했다.

안녹산의 반란이 일어난 후, 이광필이 걸출한 장수임을 잘 알고 있던 곽자의는 그를 하동 절도부사節度副使, 지절도사知節度使 겸 운중 태수로 천거했다. 말과 행동이 일치하는 이광필은 법을 엄하게 다스렸다. 숙종이 즉위한 후 이광필은 어명에 따라 영무로 와서 호부상서로 임직했다. 그런데 태원 절도사 왕승업은 정사에 게으르고, 병권을 쥐고 있던 시어사 최중은 군령을 잘 듣지 않았다. 숙종은 이광필에게 5천 군사를 주어 태원으로 가서 최중의 병권을 빼앗게 했다.

757년, 반란군의 장수 사사명 · 채희덕이 10만 대군으로 태

진무군 청수기振武軍請受記
〔당나라〕

원을 공격했는데 태원을 지키고 있는 이광필의 군대는 1만 명도 채 안 되었다. 쌍방의 역량 차이가 너무나 현저하자 장졸들은 모두 성곽을 보수하고 전력을 다해 성을 지키자고 주장했다. 그러나 이광필은 방어를 하면서도 주동적으로 출격하는 적극적인 방법을 주장했다. 이광필은 백성들을 동원하여 집의 목재로 뇌석차擂石車를 만든 다음에 적들이 성 가까이 오면 이 뇌석차로 돌덩이들을 우박처럼 내쏘았다. 사사명은 장막을 두른 비루飛樓를 만들고 흙산을 쌓아 올리는 방법 등으로 성벽에 접근하려고 시도했다. 그러자 이광필은 인력을 편성하여 적들의 흙산 아래까지 굴을 파고 들어가 이를 허물어뜨렸다. 그러고는 정예군을 조직해 적들을 기습하곤 했다. 이에 겁이 난 사사명은 채희덕을 남겨 태원성을 계속 공격하게 하고 자기는 먼저 달아났다. 적군의 역량이 쇠약해지고 군심이 동요되고 있는 것을 간파한 이광필이 이때를 놓치지 않고 주력부대를 이끌고 출격을 감행하자 사사명의 군대는 신속히 무너지기 시작했다.

760년, 사사명은 안경서를 죽이고 범양(북경시 서남쪽)을 연경燕京으로 고쳤으며 자칭 대연大燕 황제가 되었다. 그런 다음에 군사를 정돈하여 낙양을 재차 공격해 왔다. 숙종은 이광필을 태위 겸 중서령으로 직을 추가시키고, 반란군을 진압하도록 했다. 이광필이 낙양에 이르자, 반란군의 기세에 눌린 그곳의 관원들은 모두 낙양을 버리고 동관으로 후퇴하자고 주장했다. 쌍방의 역량을 대비해 본 이광필은, 관군이 동관으로 후퇴해서는 절대로 안 되지만 전략적인 것을 고려하여 잠시 낙양을 버리고 하양(하남성 명현)으로 이동하기로 했다. 그 후 사사명이 낙양에 들어와 보니 사람이 살지 않는 텅 빈 성이었다. 사사명은 부득이 군대를 이끌고 하양 남쪽으로 가서 관군과 대치했다.

구리로 만든 기병상 〔당나라〕

사사명은 자신의 병력이 강하다는 것을 자랑하기 위해 매일 아주 좋은 군마들을 수백 마리씩 황하 강변으로 끌고 가 목욕을 시켰다. 그것을 본 이광필은 계책을 하나 궁리해 냈다. 그는 암말 5백 마리를 한데 모으게 하고 거기서 난 망아지들은 마구간에 가두어놓게 했다. 그러고는 사사명이 군마들을 끌어다가 목욕을 시킬 때 암말들을 강변으로 끌고 갔다. 새끼 생각에 암말들은 계속 울어댔고, 울음소리를 들은 사사명의 군마들은 그 유혹에 못 이겨 다투어 강물로 뛰어들어 그 넓은 강을 헤엄쳐 건너왔다. 이렇게 해서 사사명은 순식간에 1천여 마리나 되는 준마를 잃게 되었다.

구슬로 이루어진 사슴 문양 〔당나라〕

사사명은 이를 갈면서 이번에는 수백 척의 배를 한데 모았다. 그러고는 화선火船 한 척을 앞장세워 관군이 강물 위에 가설한 부교浮橋를 불태우려고 했다. 이 계략을 간파한 이광필은 한쪽 끝을 철갑으로 싼 굵고 긴 참대들을 수백 개 준비하게 했다. 반란군의 화선이 부교 가까이 접근하자 이광필의 군사

청양궁 현종은 안사의 난을 피하기 위해 촉땅으로 들어갔다. 이 청양궁青羊宮은 촉땅 성도에 있는 도교 사원이다.

들은 이 참대로 일제히 화선을 밀어냈다. 부교에 접근하지 못한 화선은 제 불에 타서 잿더미가 되었다. 이광필의 군대는 또 부교 위에서 뇌석기관포擂石機關砲를 발사하여 반란군을 살상했다. 반란군은 끝내 관군을 이기지 못하고 도망치고 말았으며, 얼마 지나지 않아 이광필은 사사명을 크게 물리쳤다.

반란을 여러 차례 평정한 이광필은 공로를 인정받아 임회군왕臨淮郡王에 책봉되었으며, 초상화가 능연각凌煙閣에 걸렸다. 그리고 황제의 특수한 법률적 허가를 의미하는 철권鐵券을 하사받고 자식 한 명은 정3품의 관직을 수여받는 등 조정의 특수한 봉상을 받게 되었다. 그러나 나중에 환관의 견제를 받아 낙양 북망산의 싸움에서 패하자 환관 어조은魚朝恩과 정원진程元振은 황제에게 누차 참소를 하여 그를 해치려고 했다. 그들의 참소로 이광필은 군대를 통솔하는 원수 직권을 한동안 박탈당하기도 했다.

한편 사사명의 아들 사조의史朝義는 아버지를 죽이고 763년에 싸움에서 패한 뒤 자살했다. 안녹산의 반란으로부터 사조의의 자살에 이르기까지 중원 지역은 8년이나 전란에 시달려야만 했다. 역사상에서는 이 난을 '안사安史의 난'이라고 한다.

시성 두보

詩聖杜甫

두보

'안사의 난'의 평정은 전란 속에서 허덕이던 백성들에게 큰 경사가 아닐 수 없었다. 당시 장주樟州(사천성 삼대현)에서 방랑생활을 하던 시인 두보杜甫도 그 소식을 듣고 온 가족과 함께 기뻐했다.

두보의 자는 자미子美로, 관료 지주 가문에서 태어났으며, 할아버지 두심언杜審言은 무측천 시기의 저명한 시인이었다. 두보는 어렸을 때 어머니를 여의고, 아버지는 외지에서 벼슬을 했기 때문에 낙양에 있는 고모의 집에서 자라났다. 어렸을 때부터 총명했던 그는 일곱 살 때 시를 지었고, 열 살이 넘어서는 당대의 문인 명사들과 교류를 했는데 모두들 그의 총명함을 칭찬해 마지않았다. 그들은 두보의 글이 한나라의 저명한 문인 반고班固나 양웅揚雄의 글에 비견할 만하다고 칭찬했다. 두보가 젊었을 때가 바로 그 유명한 '개원성세開元盛世'의 시기였는데 이때가 또 두보 인생의 전성기였다.

735년, 두보는 낙양으로 돌아와 과거시험을 보았으나 낙방하고 말았다. 2년 후, 두보는 북쪽으로 올라가 제齊 땅과 조趙 땅을 유람하면서 벗들과 함께 술을 마시며 시를 읊고 사냥을

남산에 새겨진 시 (당나라 두보)

즐겼다. 명산대천을 두루 구경하면서 자연에 묻혀 있던 이 시기의 시에는 낭만주의적 색채가 짙게 배어 있었다.

젊었을 때 두보는 이백李白을 만난 적이 있었는데, 이는 그의 일생에서 잊을 수 없는 일이었다. 위대한 두 시인 이백과 두보는 744년에 낙양에서 만났다. 이백은 두보보다 열두 살이 더 많았다. 두보는 이백의 재능에 크게 탄복하면서 그와 더불어 하남, 산동 일대를 유람했다. 시구절 "술 취한 가을 밤 잠자리 같이 하고, 해 뜨면 손잡고 행로를 같이하네" 처럼 동일한 지향과 애호愛好로 명산대천을 두루 돌아다니는 과정에서 그들은 누구보다도 친밀한 벗이 되었다.

두보는 젊었을 때부터 원대한 정치적 포부를 가지고 있었지만 과거에서 여러 차례 낙방한 데다가 장안에 올라와 남에게 덧붙어서 생활을 하는 동안 집안 형편이 점점 나빠져서 나중에는 생계를 유지하기조차 어려웠다.

두보가 장안에서 기거한 10년 동안, 당나라는 번영의 길에서 급선회하여 쇠락의 길을 걷고 있었다. 따라서 계급 모순과 민족 모순, 그리고 지배계급 내부의 모순이 더 심화되었다. 이에 두보는 유명한 시 「병거행兵車行」을 써서 통치계급의 잔혹함을 폭로했으며, 동시에 백성들에 대한 깊은 동정심을 드러냈다.

즐비한 전차 소리와 말발굽 소리 요란한데
사람들 모두 활을 메었네.

부모 처자가 달려나와 서로 보내니
흙먼지가 자욱해서 함양교가 보이지 않네.
옷을 잡아당기고 발을 구르며 길을 막고 서서 우니
통곡하는 소리가 똑바로 올라가 하늘을 찌르는구나.
……(중략)……
청해의 변두리에 예로부터 널려 있는 백골에는
옛 귀신 울음에 새 귀신의 울음이 더해지는데
흐린 날 내리는 궂은 빗소리 또한 처량하구나.

두보초당 당나라의 대시인 두보가 예전에 살았던 성도의 집이다.

가족이 뿔뿔이 흩어지고 백골이 들판에 널려 있는 처참한 정경을 묘사한 이 시는 두보의 시 세계가 현실주의로 이행하고 있음을 보여주는 이정표적인 작품이다.

'안사의 난' 이 일어난 지 얼마 안 되어 반란군은 낙양과 도성 장안을 신속히 점령했다. 두보는 피난길에 올랐다가 불행하게도 반란군의 포로가 되고 말았다. 나라와 가정은 위기에 처하고 자신은 적의 포로가 된 이 비참한 상황은 두보로 하여금 정치성이 강한 시들을 쓰게 했다. 명시 「춘망春望」은 포로로 잡혀 있을 때 지은 시이다.

나라는 잃었으나 강산만은 여전해
성에 봄이 오니 초목이 울창하네.
시국의 슬픔에 꽃들도 눈물 흘리고

이별의 한에 새들도 가슴 떨리네.
날마다 끊임없이 이어지는 봉화에
집의 편지는 만금보다도 귀해지고
흰머리는 긁을수록 짧아지니
아예 비녀조차 꽂을 곳이 없어라.

757년 4월, 여덟 달 동안 적에게 사로잡혀 있던 두보는 끝내 장안을 빠져나왔다. 그때 두보의 꼴은 말이 아니었다. 그는 팔이 다 드러나는 찢어진 저고리에 발가락이 보이는 헌 신을 신고 숙종을 찾아갔다. 숙종은 그를 좌습유左拾遺로 임명했다. 그런데 두보는 재상 방관房琯을 구하기 위해 상주서를 올린 일로 인하여 숙종의 미움을 사게 되었고, 화주華州의 사공참군司功參軍으로 좌천되었다.

그러던 어느 날 두보는 낙양에서 화주로 돌아오다가 백성들이 관가의 폭정으로 인해 기아에 허덕이며 겨우 목숨을 연명해 나가는 처참한 광경을 목격하게 되었다. 격분한 두보는 관리들의 폭정을 폭로하고 백성들을 동정하는 시 「신안리新安吏」, 「동관리潼關吏」, 「석호리石壕吏」 등을 연거푸 써냈는데 이 세 시를 약칭해서 '삼리三吏'라고 한다. 그리고 또 동쪽에서 동관으로 오는 도중에 신혼부부가 전란으로 헤어지고, 늙은 노인이 군대에 끌려가며, 수많은 백성들이 전쟁으로 인해 집을 잃고 길거리를 헤매는 등의 참상들을 목격하게 되었다. 이에 그는 연이어 「신혼별新婚別」, 「수로별垂老別」, 「무가별無家別」 등을 썼는데 이 세 시를 약칭해서 '삼별三別' 이

두보의 시에 근거해 그린 시의도詩意圖〔명나라 문백인文伯仁〕

라고 한다. '삼리'와 '삼별'은 사상성은 물론이거니와 예술적 성과에서도 당시 시가의 고봉을 이루어 민간에까지 널리 전해졌다.

770년에 두보는 악양에서 홍수를 만나 하는 수 없이 역소驛所에 배를 대었는데 그때는 이미 식량이 바닥나 있었다. 며칠 후, 59세에 불과한 이 위대한 시인은 배 위에서 숨을 거두었다. 그런데 집이 너무 가난해서 시신을 고향으로 가져가 장사지낼 돈이 없었다. 그래서 하는 수 없이 빈소를 임시로 악양에 마련했다.

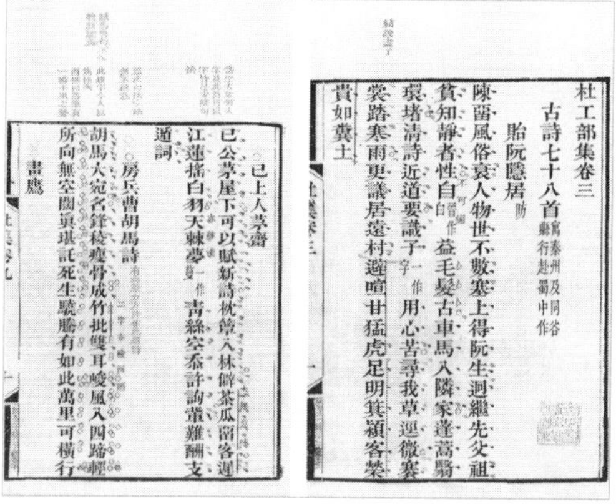
杜工部集卷三
古詩七十八首 寓秦州及同谷縣行赴蜀中作
貽阮隱居 昉
陳留風俗衰人物世不數塞上得阮生迥繼先父祖
貧知靜者性自 白晉作 益毛髮古車馬入隣家蓬蒿翳
環堵淸詩近道要識子 字一作 用心苦尋我草逕微褰
裳踏寒雨更議居遠村避喧甘猛虎足明箕潁客榮
貴如糞土

已上人茅齋
已公茅屋下可以賦新詩枕簟入林僻茶瓜留客遲
江蓮搖白羽天棘夢 蔓一作 靑絲空忝許詢輩難酬支
道詞
房兵曹胡馬詩
胡馬大宛名鋒稜瘦骨成竹批雙耳峻風入四蹄輕
所向無空闊眞堪託死生驍騰有如此萬里可橫行
畫鷹

『두공부집杜工部集』 두공부는 두보를 말한다. 두보가 지은 책으로, 여기에 명나라 왕세정王世貞, 왕신중王愼中, 청나라 왕사정王士禎 등이 평을 달았다.

그러다가 43년 후, 즉 813년에 그의 손자 두사업杜嗣業이 두보의 시신을 언사偃師로 옮겨서 수양산 아래에 있는 두심언의 묘 곁에다 이장했다.

두보는 중국 리얼리즘 시의 대사大師로서 3천여 수의 시를 창작했다. 당시 사회의 상황을 진실하게 써낸 그의 시들은 당시 시대를 비추는 거울과 같아서 사람들은 그를 '시사詩史'라고도 불렀다.

안진경이 나라를 위해 목숨을 바치다

顔眞卿就義

안진경

'안사의 난' 후 당나라 왕조는 쇠락의 길로 접어들었고, 각지의 절도사들은 이 기회에 자신들의 군사력을 확대시켰다. 그리하여 당나라 조정은 실권이 약해지고 지방의 번진藩鎭(절도사를 최고 권력자로 하는 지방 행정 단위)들이 할거하는 혼란한 국면이 되었다.

대종代宗이 죽자 그의 아들 이적李適이 즉위했는데 그가 바로 덕종德宗이다. 덕종은 이 번진 할거의 국면을 바로잡으려고 하다가 오히려 번진의 반란을 초래했다. 그래서 다급히 군대를 보내어 반란을 진압하려 했으나 진압은커녕 도리어 반란의 불길이 온 나라를 휩쓸게 됐다.

782년에는 다섯 번진이 반란을 일으켰는데 그 중 회서 절도사 이희열李希烈의 병력이 제일 강했다. 그는 천하도원수天下都元帥를 자칭하고 당나라 도성으로 진격해 왔다.

구름 모양의 옥잔 (당나라)

다섯 번진의 반란으로 대경실색한 덕종은 재상 노기盧杞를 급히 불러 대책을 물었다. 그러자 노기는 이렇게 말했다.

"크게 염려하실 일이 아닙니다. 덕망 높

은 대신 하나를 보내어 그들을 권도勸導하기만 하면 창칼을 쓰지 않고도 반란을 평정할 수 있습니다."

"그렇다면 누구를 보내면 좋겠소?"

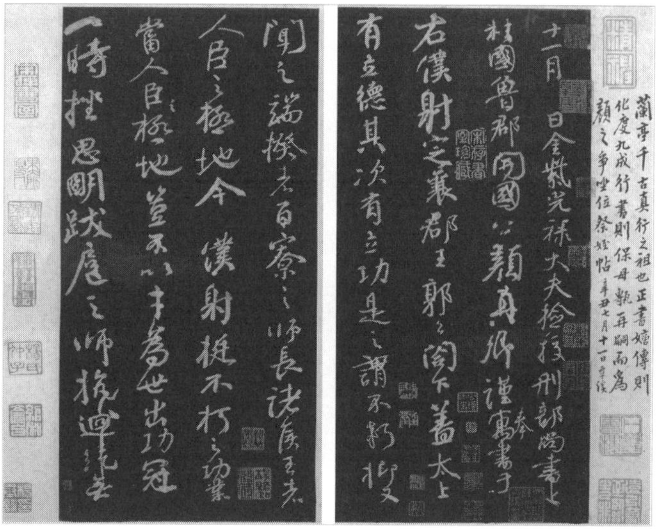

안진경의 쟁좌위첩爭座位帖 〔당나라〕

노기는 태자의 태사太師인 연로한 안진경顔眞卿을 천거했고 덕종은 두말 없이 이를 윤허했다.

그때 안진경은 나이 일흔이 넘은 노인이었다. 조정에서 그를 번진으로 보낸다는 소식을 들은 문무 관원들은 안진경이 이번에 가면 돌아오지 못할 것이라고 근심했다. 그러나 안진경은 그런 것에는 전혀 개의치 않고 수종隨從 몇 명만 데리고 도성을 떠났다.

안진경이 찾아왔다는 소식을 들은 이희열은 처음 대면에 기를 꺾어놓으려고 부장들과 양자 1천여 명을 불러다 대청 안팎에 세워놓았다. 안진경이 찾아와 이희열에게 반란을 그만둘 것을 권도하자 부장과 양자들이 순식간에 몰려들었다. 서슬이 시퍼런 칼을 꼬나든 그들은 안진경을 에워싸고 욕을 퍼부으면서 죽여버리겠다고 위협했다. 그러나 안진경은 입가에 냉소를 띠며 그들을 차디찬 눈길로 노려보았다.

그러자 이희열은 자리에서 일어나 양자들을 물리치고 안진경을 보호하는 척했다. 그러고는 안진경을 역관으로 호송했는

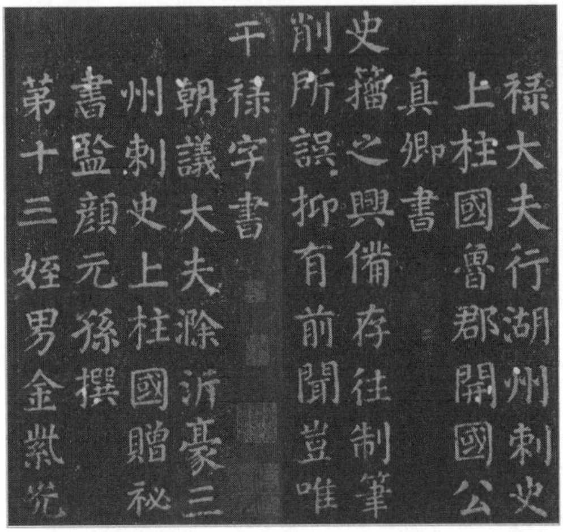

안진경의 간록자서干祿字書〔당나라〕

데, 이는 점차 시간을 들여 안진경을 자기편으로 끌어들이려는 심산이었다.

며칠 후에 네 번진의 수뇌들이 사자使者를 보내와, 이희열이 황제가 되기를 희망한다는 자신들의 의사를 알렸다. 이희열은 주연을 차려 사자들을 접대하면서 그 자리에 안진경을 불렀다.

안진경이 오자 번진의 사자 넷은 입을 모아 그를 축하했다.

"안 태사님의 높은 덕성은 일찍부터 들어 알고 있습니다. 그런데 지금 이렇게 원수님이 황제로 즉위하기 직전에 오셨으니 하늘이 훌륭한 재상을 물색해 보낸 것이 아니고 무엇이겠습니까? 정녕 금상첨화 경사스러운 일입니다."

그러자 안진경은 그들을 노려보며 이렇게 꾸짖었다.

"재상이라니? 무슨 허튼 소리들을 하고 있는가? 내 나이 여든이 되어가거늘 이제 죽어도 한이 없다. 너희들의 위협이나 꾀임에 뜻을 굽힐 내가 아니니 살을 저미든 목을 베든 마음대로 해라."

안진경의 당당한 기세에 눌린 사자들은 목을 움츠리며 다시는 아무 말도 하지 않았다.

백자 벼루 받침대〔당나라〕

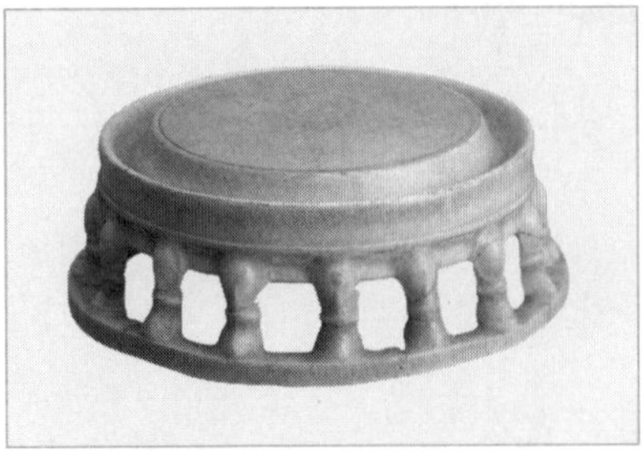

1년 후, 이희열은 스스로 황제가 되어 초제楚帝라고 칭했다. 그는 또다시 부장에게 명해 안진경을 투항시키도록 했다. 이에 군사들은 안진경을 집안에 가두어놓고 주변에 섶나무를 쌓아놓았다. 그리고 거기에다 기름을 뿌린 다음에 안진경을 위협했다.

"투항하지 않을 테냐? 투항하지 않으면 당장 불을 지를 테다."

안진경은 그 말에는 아무 대답도 없이 섶나무에 뛰어들었다. 반란군의 장수들은 황급히 그를 붙잡아 끌어내고는 이희열에게 보고를 올렸다. 온갖 방법을 다 써보아도 안진경을 굴복시킬 수 없게 되자 이희열은 사람을 보내어 그를 자결하게 만들었다.

삼족 염대鹽臺 〔당나라〕 염대는 차를 담는 그릇이다.

영정혁신 永貞革新

채색한 환관 인형 (당나라)

덕종은 환관들을 총신寵信했고, 탐욕이 끝이 없는 환관들은 수단 방법을 가리지 않고 백성들의 재물을 수탈했다. 그들은 '궁시宮市'라는 것을 설치하고 태감(환관)들을 궁 밖으로 내보내서 궁중에서 소비하는 물건들을 사오게 했는데, 시장 가격의 10분의 1도 안 되는 헐값으로 물건을 강제로 사들이곤 했다. 나중에는 수백이 넘는 태감들이 거리에 나와 망을 보다가 마음에 드는 물건을 보기만 하면 다짜고짜 빼앗았다. 이것을 '백망白望'이라고 한다.

그리고 일부 환관들은 장안에 '오방五坊'을 개설했다. '오방'이란 황제를 위해 사냥용 매와 개를 기르는 곳이었다. '오방'에서 일보는 태감들을 '오방소아五坊小兒'라고 했는데 밥 먹고 할 일 없는 이 자들은 오히려 백성들을 수탈하는 것을 업으로 삼았다.

바둑알 (당나라)

한편 태자 이송李誦은 관원인 왕숙문王叔文, 왕비王伾와 글을 읽었다. 태자는 글을 읽는 틈틈이 바둑을 두기 좋아했는데, 왕숙문은 바둑을 잘 두었고 왕비는 붓글씨에 재능이 있었다. 둘은 늘 태자와 함께 글을 읽고 바둑을 두었다.

하급관리 출신인 왕숙문은 백성들의 고충을 얼마간 알고 있었다. 그는 태자와 바둑을 둘 때 기회를 봐서 궁 밖의 상황을 이야기하곤 했다. 환관들이 '궁시'를 빌미로 온갖 수탈을 일삼는다는 말을 들은 태자는 그런 환관들은 징계를 해야 한다고 말했다. 한번은 태자 신변에서 시독侍讀을 하던 관원들이 환관들의 탐욕에 대해 얘기했다. 그 말을 들은 태자는 격분하여 "내 꼭 아버님께 이 일을 말하겠노라." 하고 얼굴에 결연한 빛을 보였다.

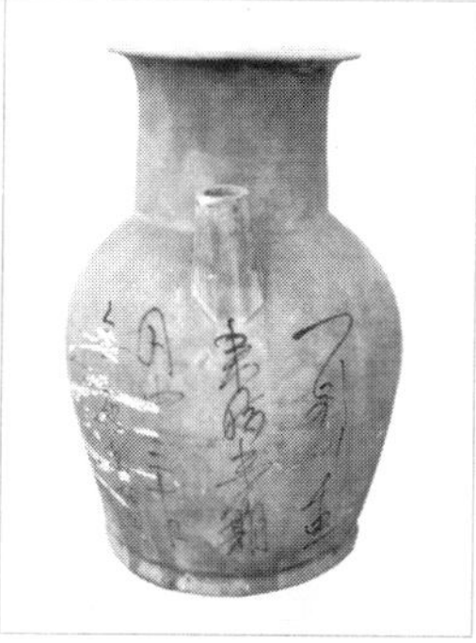

바둑판(좌) [당나라]

시가 있는 물병(우) [당나라]

그러자 왕숙문은 태자를 말렸다.

"지금은 그런 일에 관여치 않는 것이 좋습니다. 만에 하나 악인들이 황상 존전에서 이간을 하여 전하께서 인심을 매수하고 있다고 참소한다면, 그래서 황상의 의심을 사게 된다면 전하께서는 변백辨白하기가 어려워집니다."

그 말에 태자는 문득 깨닫는 바가 있어 "선생의 일깨움이 없었다면 큰일을 그르칠 뻔했소." 하고 말했다.

이때부터 태자는 왕숙문을 더욱 신임했다. 덕종이 이미 늙었으니 조만간 태자가 황위에 오를 것은 당연한 일이라고 생각한 왕숙문은 조정 내의 재능 있는 관원들을 물색하여 태자와 친분을 쌓게 했다. 태자의 장래를 위해서였다.

그런데 1년 후에 태자가 그만 중풍에 걸려 말을 하지 못하게

자단나무 바둑판 (당나라)

되었다. 가뜩이나 연로한 덕종은 이 일로 속을 태우다가 그만 숨을 거두고 말았다. 805년 태자 이송이 병든 몸으로 황위에 오르니, 그가 바로 순종順宗이다.

순종은 말을 하지 못했기 때문에 왕숙문과 왕비를 불러 조정 대사를 도와 처리하도록 했다. 자신의 역량만으로는 조정 대권을 공개적으로 장악하기 어렵다는 것을 안 왕숙문은 조정의 오랜 대신인 위집의韋執誼를 재상으로 올려놓고 자신은 한림학사가 되어 순종을 보필해 조서를 작성하는 일을 맡았다. 그와 위집의, 왕비 세 사람은 함께 조정 일을 보면서 유우석劉禹錫, 유종원柳宗元 등 재능 있는 관원들을 등용했다. 이렇게 그들은 조정 대사를 점차 효율적으로 다스려 나가기 시작했다.

왕숙문은 권력을 장악하자 먼저 백성들을 압박하고 수탈하는 환관들부터 엄하게 다스리기 시작했다. 그는 순종을 대신해 조서를 내려 백성들을 못살게 구는 '궁시'와 '오방'을 모두 없애고 일부 가혹한 잡세를 없앴다. 그러자 장안의 백성들은 모두 손뼉을 치며 기뻐했지만 악행만 일삼던 환관들은 이를 갈았다.

바둑을 두는 여인 그림 (당나라)

왕숙문은 재정 제도도 개혁했다. 역사상에서는 이를 '영정혁신'이라고 일컫는데, '영정'은 순종의 연호이다.

왕숙문의 대대적인 개혁은 아직도 일부 권력을 쥐고 있던 환관들에게 손실을 가져다주었다. 환관의 우두머리인 구문진俱文珍은 왕숙문의 권력이 너무 크다는 구실로, 순종의 명의를 빌어 왕숙문의 한림학사 직무에서 해임시켰다.

그리고 한 달이 채 못 되어 구문진은 또 자신을 옹호하는 일부 늙은 대신들과 야합하여, 순종의 병이 중하다는 이유로 태자 이순李純을 감국監國(황제 대행)으로 올려놓고, 또 한 달 후에는 태자를 황제로 세웠다. 그가 바로 헌종憲宗이다.

순종이 퇴위하자 구문진을 비롯한 환관들은 왕숙문과 왕비를 파직시키고 외지로 유배를 보냈다. 그리고 이듬해에는 왕숙문을 아예 죽여버렸다. 이렇게 해서 '영신개혁'은 1년도 못 되어 실패하고 왕숙문의 개혁을 지지하던 관원들도 모두 연루되어 박해를 받았다.

유우석과 현도관

劉禹錫遊玄都觀

유우석 당나라의 문인이자 철학자이다. 그의 시는 백거이의 시와 명성을 같이하여 세칭 '유백劉白' 이라고도 한다. 그의 시는 소재가 다양하고 의미가 깊으며 운율이 자연스럽고 음악적인 미가 넘쳐난다.

왕숙문이 개혁을 실시할 당시, 환관들만 반대한 것이 아니라 적지 않은 수의 대신들도 지위가 낮은 왕숙문이 독단 전횡한다고 불만이 많았다. 이들은 헌종이 즉위하자마자 입을 모아 왕숙문을 공격했고 왕숙문의 개혁을 지지하던 조정 대신 8명도 왕숙문과 같은 당파로 몰렸다. 헌종은 이 8명을 모조리 좌천시켜 도성에서 머나먼 변경 지역의 사마司馬로 내쫓았다. 역사상에서는 이 8명을 왕숙문, 왕비와 더불어 '이왕팔사마二王八司馬' 라고 부른다.

이 '팔사마' 중에 유명한 문인이 둘 있는데 하나는 유우석이고 다른 하나는 유종원이다. 그 두 사람은 의기 투합한 지기로서 유우석은 시로 유명했고 유종원은 산문으로 유명했다. 결국 유종원은 영주(호남 영릉)로 좌천되어 가고, 유우석은 낭주朗州(호남 상덕시)로 좌천되었다. 영주와 낭주는 도성 장안에서 멀리 떨어진 장강 이남에 있었는데 외지고 낙후된 곳이었다.

그들은 거기서 10년이란 긴 세월을 보냈다. 세월이 흐르자 조정의 일부 대신들이, 재능 있는 사람들을 변경에 놔두는 것은 아까운 일이라고 생각하여 유우석과 유종원을 다시 조정에 불러들여야 한다고 헌종에게 주청했다.

유우석이 장안으로 돌아와 보니 장안은 이미 크게 변해 있었고, 조정에 새로 올라온 관원들 중에는 그와 마음이 맞지 않았던 인사들도 적지 않게 있었다. 장안으로 돌아온 유우석의 마음은 무거웠다.

때마침 따뜻한 봄날이라 도성 장안에 있는 유명한 도교 사원인 현도관에서는 복사꽃이 만발하여 많은 유람객들을 부르고 있었다. 친구들은 유우석을 데리고 현도관으로 복사꽃 구경을 갔다.

10년 동안 좌천된 몸으로 외지 생활을 하다 장안으로 돌아온 유우석은 새로 심은 복사나무에 만개한 꽃들을 보고 감개 무량하여 즉흥적으로 시 한 수를 읊었다.

유종원 유종원(773~819년)의 자는 자후子厚이며, 하동해河東解(산서성 운성현 해주진) 사람이다. 시가와 산문 창작에 조예가 깊었으며, 그의 시는 우아하면서도 강개롭고 시적 정서가 짙다.

불어오는 봄바람에 날리는 꽃잎
꽃구경하고 돌아오며 웃는 얼굴들
현도관에 자라난 천 그루 복사나무
그 모두 유랑劉郞이 간 후 심은 것이 아닌가.

유우석은 이름난 시인이었으므로 이 새로운 시는 신속히 퍼져나갔다. 그런데 유우석을 다시 조정에 올린 것을 안 좋게 생각하던 대신들은 이 시가 도대체 누구를 말하고 있는가 그 숨은 의미를 캐보았다. 유우석의 이 시는 표면적으로는 복사꽃에 대해 다루고 있지만 실제로는 당시 새로 올라온 권세가들을 풍자한 것이었다.

그래서 이 시는 즉시 큰 논란을 일으켰다. 이로 인하여 헌종도 유우석을 나쁘게 보게 되었고 그를 조정 내직으로 천거한 사람들도 난처해 입을 다물게 되었다. 결국 유우석은 또 파주播州 자사로 좌천되어 내려갔다. 자사는 사마보다 한 급 높은 벼슬이었지만 사실은 이전보다 벼슬이 낮아진 거나 다름없었다. 왜냐하면 파주 지역은 낭주보다 도성에서 더욱 멀고 편벽하여 당시로서는 무인지경이나 다름없는 만황蠻荒(오랑캐 땅) 지역이었기 때문이다.

그때 유우석에게는 여든이 넘은 노모가 있었다. 어떻게 연로한 노인을 모시고 그 궁핍하고 산수 험한 파주로 간단 말인가? 그 고생을 노인이 견딜 수 있단 말인가? 유우석은 울고 싶은 심정이었다.

그런데 그때 유종원도 장안에 남아 있지 못하게 되었다. 조정에서 그를 유주 자사로 내려보내기로 결정한 것이다. 유우석의 어려운 처지를 알게 된 유종원은 자기 자신을 희생해서라도 친구 유우석을 돕고 싶었다. 그는 자신이 파주로 가고 유우석은 유주 자사로 가게 해 달라는 상주서를 써서 조정에 올렸다.

유종원의 진심 어린 우정은 많은 사람들을 감동시켰고, 대신 배도裴度 또한 유우석의 딱한 사정을 헌종에게 말했다. 그 결과 헌종의 동의를 얻어 유우석은 연주連州(광동성 연현) 자사로 내려가게 되었다. 그 후에도 유우석은 여러 곳을 전전하다가 14년 후에 배도가 재상이 된 후에야 비로소 장안으로 올라올 수 있었다.

유우석이 다시 장안으로 올라왔을 때도 봄은 봄이었으나 때

늦은 봄이었다. 추억이 서린 현도관을 다시 찾아가니 복사나무를 심었던 도사道士들도 이미 이 세상을 하직했고 복사나무들도 바람에 넘어지거나 말라죽은 것들이 적지 않았다. 잡초들이 무성한 현도관의 정원은 처량하기 그지없었다. 유우석은 만발한 복사꽃을 자연스럽게 떠올렸고, 그를 공격하던 환관과 권신들이 그 동안의 정치 투쟁 속에서 하나하나 떨어져 나갔지만 자신은 뜻을 굽히지 않고 언제나 떳떳이 살아왔다는 사실을 상기하게 되었다. 그는 이 감개를 즉시 시로 썼다.

시가 적혀 있는 접시 (당나라)

절반이 이끼로 덮여버린 드넓은 정원엔
복사꽃은 볼 수 없고 채소꽃만 피어 있네.
예전의 유랑이 또 찾아왔건만
복사나무 심던 도사들은 어디로 갔을까?

그런데 일부 대신들이 또 이 시를 빌미로 삼아 황제에게 참소하고 말았다. 그 결과 유우석은 3년 후에 외직으로 밀려 지방의 자사로 내려가고 말았다.

대시인 백거이

詩杰白居易

백거이

백거이白居易는 당나라 중기의 위대한 시인일 뿐만 아니라 중국 고대문학사 전반에서도 일류에 속하는 대시인이다.

백거이의 자는 낙천樂天이고 호는 향산거사香山居士이다. 하남성 정주 신정新鄭의 한 관료 사족士族의 가문에서 태어났는데, 대여섯 살 때부터 시를 쓰기 시작했고 아홉 살 때는 이미 음운이 복잡한 율시律詩를 쓸 줄 알았다.

열여섯 살 때 과거시험을 치르러 처음 장안에 왔는데 당시 소주 태수 위응물韋應物이 그를 대시인 고황顧況에게 소개시켜 주었다. 백거이는 자기가 쓴 시 「부득고원초송별賦得高原草送別」을 보였다.

무성한 초원의 풀들은
해마다 자라고 시드는데
들불도 다 태우지 못하고
봄바람 불어오면 다시 자라나네.
초원의 풀은 오래된 길을 덮고
황폐한 오래된 성과 잇대어 있는데

오늘도 떠나는 길손이 있어
우거진 풀처럼 이별의 슬픔이 가득하네.

『백씨장경집白氏長慶集』

이 시를 본 고황은 아주 훌륭한 시라고 무릎을 치며 감탄했다. 그때부터 백거이는 이름을 날리게 되었다.

백거이는 스무 살 때 안휘성 숙현에 있는 집으로 돌아와 침식을 잊고 열심히 공부했다. 그러고는 스물여덟 살 때부터 10년 동안 자력으로 세 번이나 과거에 합격했다.

백거이는 40여 년 동안 벼슬을 했다. 지방 관리로도 있었고 조정에 올라와 내직을 하기도 했다. 그 사이에 사직한 적도 있고 좌천되어 내려간 적도 있었다. 그러나 정직하고 청렴한 그는 추악한 세력 앞에서 허리를 굽히지 않고 떳떳하게 살았다.

백거이가 섬서 주지현 현위縣尉로 있을 때 진홍陳鴻, 왕질부王質夫와 함께 선유사仙遊寺를 유람하면서 현종과 양귀비의 일을 이야기하곤 했는데 그럴 때마다 백거이는 감개가 깊었다. 그래서 벗들은 현종과 양귀비에 관한 시를 쓰라고 백거이를 격려했다. 그렇게 해서 쓴 시가 바로 「장한가長恨歌」이다. 이 시는 현종의 방탕한 생활을 '짧은 봄밤을 한탄하며 중천에 해가 떠서야 일어나니 황제는 이로부터 조회를 보지 않았네.' 라고 비난했으며 현종의 총애를 한 몸에 받고 교태를 부린 양귀비를 '후궁의 미인은 삼천이 넘었지만 삼천의 총애를 그녀 혼자 받았네.' 라고 풍자하고 있다.

백거이의 「비파행」에 근거해 그린 시의도

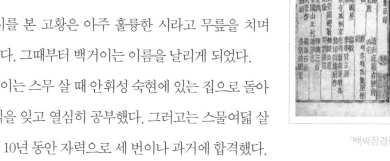

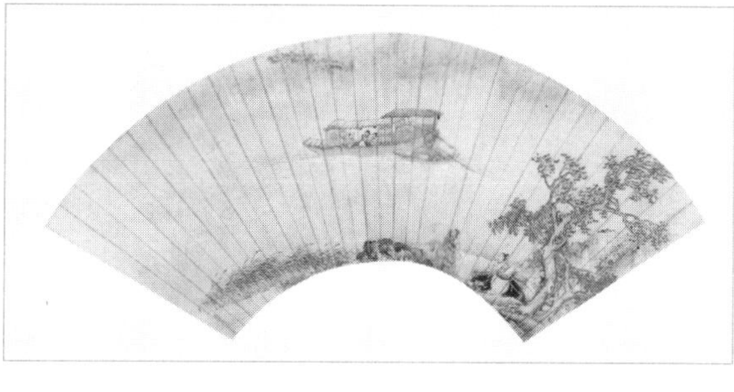

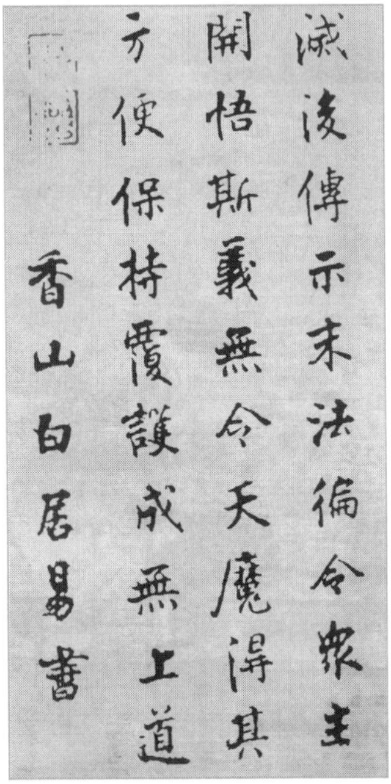
滅後傳示末法徧令衆生
開悟斯義無令天魔得其
方便保持覆護成無上道
香山白居易書

백거이의 능엄경첩楞嚴經帖

백거이는 관리였지만 백성들의 병고에 유달리 관심이 많았다. 그의 시 「신풍절비옹新豊折臂翁」은 두보의 명시 「병거행」과 내용이 비슷하다. 이 시는 여든여덟인 노인이 젊었을 때 인명을 살상하는 전쟁에 참가하지 않으려고 깊은 밤 남몰래 자신의 팔을 큰 돌로 내리쳐 잘라버린 비참한 일을 이야기하고 있다. 그리고 「매탄옹賣炭翁」 역시 사회의 저변에서 고통스럽게 살아가는 백성들을 깊이 동정하면서 탐관오리들을 질타하고 있다.

807년, 백거이는 한림학사가 되고 3년 후에는 좌습유가 되었다. 그러나 황제에게 여러 번 직언으로 간한 일과 당시의 관리들을 풍자하는 시들을 쓴 일로 인하여 조정 권신들의 미움과 악독한 공격을 받게 되었다. 어리석은 헌종은 간신들의 참소만 듣고 백거이를 강주(강서 구강) 사마로 좌천시켰다. 이에 백거이는 '평생의 소망을 이루지 못한' 울분을 안고 불후의 명작인 시 「비파행琵琶行」을 써냈다. 이 시는 한 유랑 가녀歌女의 한 많은 인생 행로에 대한 자술과 처량하고 구슬픈 곡조를 통해 '우리는 다 같이 하늘가를 떠도는 사람들이거늘 초면인들 그게 무슨 상관이랴.' 하는 개탄을 표현하고 있다.

후에 백거이는 조정의 내직으로 불려 올라갔으나 지난날의 벗들 모두가 권세 다툼만을 일삼고 있는 것을 보고는 장안은 자기가 있을 곳이 아니라는 생각이 들었다. 그래서 외직으로 옮겨 달라는 상주서를 올리고 윤허를 받아 지방 관리로 도로 내려갔다.

만년에 이르러 어두운 나라 정치와 조정 관리들 간의 정치 싸움에 혐오를 느낀 그는 벼슬을 버리고 낙양으로 은거했다. 동자를 데리고 조용하고 아늑한 향산사香山寺로 가서 승려들과 함께 시를 지었으며 호를 '향산거사'라 하면서 청빈한 생활을 했다.

백거이의 시 「장한가長恨歌」의 한 구절인 '7월 7일 장생전, 야밤 누구도 잠들어 말이 없는데'의 시의도이다.

그 후 백거이는 자신의 모든 정열을 시 창작에 기울였다. 일생 동안 그는 2천8백여 수의 시를 창작했으며, 후세 사람들은 그의 인품과 문학적 성과를 높이 평가했다.

일대 문장가 한유

韓愈直諫

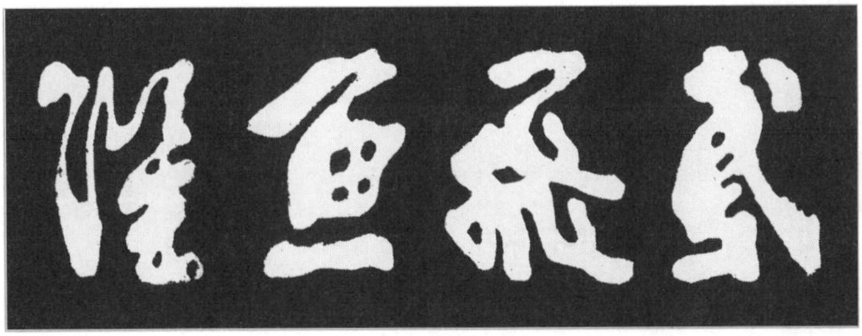

한유의 필체

배도와 이소李愬가 회서 반란을 평정한 후 헌종은 승리를 기리는 기념비를 세우기로 했다. 배도 수하의 행군 사마였던 한유韓愈는 이름난 문장가인데다 배도를 따라 회서에 가본 적이 있어서 회서의 상황을 잘 알고 있었다. 그래서 헌종은 한유에게 명해 「평회서비平淮西碑」 즉 회서를 평정한 공적을 기리는 비문을 작성하게 했다.

한유

한유는 당나라의 걸출한 문인으로서 하남 하양 사람이다. 그는 위진남북조 이래 사회 풍기가 혼란해짐에 따라 문풍도 쇠퇴하여 사람들의 글이 진실성이 없고 미사여구만 늘여놓는다고 생각하고 있었다. 그래서 이런 그릇된 문풍을 바로잡기 위한 글들을 많이 썼으며 당시 큰 역할을 했다. 그의 이론과 창작은 일종의 개혁이었지만 진나라 이전의 고대 산문 기법도 일부 계승했기 때문에 사람들은 이를 '고문운동古文運動' 이라고 불렀다. 또한 한유와 유종원을 '고문운동' 의 영도자로 칭했다.

한유는 문장가였을 뿐만 아니라 과감히 직언을 할 줄 아는 조정 대신으로도 이름이 높았다. 「평회서비」를 쓴 후 그는 황제의 미움을 사는 놀라운 일을 한 적이 있다.

법문사의 은도금한 사리관舍利棺 〔당나라〕

당시 말년에 이른 헌종은 불교를 독실하게 믿고 있었다. 그런데 이때 법문사라는 사원에 있는 호국진신탑護國眞身塔 안에 부처님의 손가락뼈가 있다고 전해지고 있었다. 이 손가락뼈는 30년에 한 번씩 보여주는데 참배한 이들은 좋은 세월을 만나 부귀영화를 누리게 된다는 것이었다.

이런 부처님의 뼈에 대한 숭상은 석가모니의 '4대개공四大皆空'에 맞지 않는 것이었다. 그러나 많은 사원들에서는 미신적인 심리를 만족시키기 위해 이런 가짜 불골佛骨이나 가짜 사리舍利를 만들어 냈다.

금은으로 만든 법문사의 진신보살상眞身菩薩像 〔당나라〕

그런데 헌종은 석가모니의 뼈가 있다는 말을 믿고 신하 30명을 특별히 법문사에 보내어 성대한 의식을 치르고 그 불골을 장안으로 가져오기로 했고, 조정의 왕공 대신들도 그 불골을 첨앙瞻仰하는 기회를 얻으려고 무진장 애를 썼다.

그러나 불교를 믿지 않는 한유는 조정에서 거액을 들여 불골을 가져오는 것에 대해 반대했다. 그는 나라의 돈을 낭비하고 백성을 고생시키는 이런 헛된 일은 그만두는 것이 좋다고 헌종에게 상주서를 올렸다. 상주서의 내용은 '고대 기록에 의하면 불교는 한

법문사의 오화五花형 접시 (당나라)

나라 명제 이후에 서역을 통하여 들어온 것이고 그 전에는 중국에 없던 것이다. 그리고 역사를 보면 불교를 믿은 왕조들은 모두 오래 가지 못했다. 그러므로 불교는 믿을 것이 못 된다고 생각한다.'는 것이었다.

한유의 상주서를 보고 대노한 헌종은 당장 재상 배도를 불러 감히 조정을 비난하고 있는 한유를 반드시 죽여야겠다고 했다. 배도가 황급히 한유를 두둔하는 말을 하고 나서야 헌종은 화를 조금 누그러뜨렸다.

"짐이 불교를 너무 믿는다고 했다면 그래도 용서할 수 있지만 불교를 믿는 황제는 모두 오래 가지 못한다고 했으니 이건 짐을 저주하는 것이 아니고 무엇인가? 이 한 가지만으로도 한유를 용서할 수 없단 말이오."

나중에 또 사람들이 한유를 용서해 달라고 요청하자 헌종은 그를 죽이는 대신 조주潮州의 자사로 좌천시켰다. 그러다가 1년 후에 다시 조정에 올려 국자감國子監(조정에서 세운 국가 최고 교육기구)을 책임지게 했다. 바로 그 해(820년)에 헌종이 환관의 손에 죽고 그의 아들 이항李恒이 즉위했으니, 그가 바로 목종穆宗이다.

법문사 금은 보배함 (당나라)

붕당지쟁

朋黨之爭

환관이 권력을 휘두르던 시기에 무릇 환관에 반대하는 조정 관원들은 모두 옥에 들어가지 않으면 파직되거나 좌천되었다. 그리고 환관 쪽에 붙은 조정 관원들도 두 패로 나뉘어져서 40년이 넘도록 서로 다투었다. 이런 정치적인 파벌 싸움을 역사상에서는 '붕당지쟁朋黨之爭' 이라고 한다.

황색 옻칠을 한 채색 문관 인형 〔당나라〕

붕당지쟁은 사실 헌종 대부터 시작되었다. 그 해 장안에서, 조정에 직언으로 간할 수 있는 인재를 선발하는 과거시험을 치렀는데 참가자들 중에 이종민李宗閔과 우승유牛僧孺가 있었다. 이 두 사람은 모두 시험지에 당시 조정의 문제점들을 맹렬하게 비판하는 글을 썼다. 시험관들은 이 두 사람의 글이 인재 선발의 조건에 맞는다고 생각하여 헌종에게 그들을 추천했다.

그런데 재상인 이길보李吉甫가 이 일을 알았다. 사족士族 출신인 이길보는 원래 과거를 통해 관리가 된 사람들에 대해 선입견이 있는 데다가 이번 이종민이나 우승유처럼 출신이 한미한 선비들이 조정을 함부로 비판하고 자신의 허물을 들춰낼 거라고 생각하니 그대로 좌시할 수만은 없었다. 헌종을 배알한 그는 그 두 사람은 실제로는 능력이 없는 사람들인데 시험관들과의 인맥으로 추천된 것이라고 참소했다. 이길보의 말을 믿고

말을 타고 격구를 하는 모양의 채색 도자기 인형 〔당나라〕 1958년에 섬서성 서안시 위동묘韋洞墓에서 출토되었다. 당나라 때는 이 같은 기마 격구 놀이가 크게 유행했다.

헌종은 그 시험관들을 좌천시켰다. 이종민과 우승유가 발탁되지 않은 것은 더 말할 필요도 없었다.

이길보가 죽은 다음에 아들 이덕유李德裕가 아버지의 직위를 승계하여 한림학사가 되었다. 그때는 이종민도 조정의 대신이 되어 있었는데 이덕유는 이종민이 자신의 아버지를 비판한 일을 기억하고 있었다.

목종이 즉위한 후에도 역시 과거시험을 보곤 했는데, 조정의 두 대신이 시험관들을 매수하여 친인척을 과거에 급제시키려고 했으나 시험관 전휘錢徽는 그 말을 듣지 않았다. 그런 가운데 이종민의 친척이 급제하자 두 대신은 전휘가 뇌물을 받았다고 참소했다. 목종이 한림학사 이덕유에게 그 일을 묻자 그는 전휘가 그런 일을 했을 것이라고 거짓말했다. 목종은 이 일로 전휘와 이종민을 좌천시켰다.

이종민은 이덕유에게 앙심을 품었고, 우승유는 당연히 이종민을 동정했다. 이때부터 이종민과 우승유를 따르는 과거 출신 관리들과 이덕유를 따르는 사족 출신 관리들이 당파를 지어 싸움을 했다.

중서성 인장(좌) 〔당나라〕

둥근 손잡이가 달린 백자 잔(우) 〔당나라〕

문종文宗이 즉위한 후에 이종민은 환관에게 붙어 재

상이 되었으며, 나중에 우승유를 문종에게 추천하여 재상으로 만들어주었다. 이 둘은 조정의 정권을 장악한 뒤 이덕유를 경성 장안에서 몰아냈으며 사천(사천성 성도시) 절도사로 좌천시켰다.

긴 치마를 입은 회골(위구르) 여인 (당나라)

환관들의 통제를 받은 문종은 자기 주관이 없이 환관들이 시키는 대로 했다. 그는 어떤 때는 이종민을 중용하고 어떤 때는 우승유를 중용하면서 우왕좌왕했다. 조정에서 한 패가 권력을 쥐면 다른 한 패가 눌려 고생을 했다. 이렇게 두 패로 갈리면서 조정은 매우 어지러워졌다.

그러던 중에, 이덕유가 회남 절도사로 있을 때 감군監軍인 환관 양의楊義가 경성 장안으로 소환되었다. 양의가 조정으로 올라가면 조정 대권을 장악하기 쉽다는 것을 안 이덕유는 주연을 차려 잘 대접하고 진귀한 선물을 보냈다. 양의는 장안으로 돌아오자 무종武宗에게 이덕유를 강력 추천했다. 후에 무종은 과연 이덕유를 재상으로 삼았으며, 이덕유는 재상이 되자 우승유와 이종민을 조정에서 쫓아내어 남방으로 좌천시켰다.

846년, 무종이 병들어 죽자 환관들은 무종의 숙부인 이침李忱을 황제로 세웠는데 그가 바로 선종宣宗이다. 선종은 즉위한 첫날, 이덕유의 재상직을 떼어버렸으며 무종 대의 조정 대신들을 전부 조정에서 쫓아냈다.

이렇게 해서 40년간 계속되던 붕당지쟁은 끝이 났다. 그러나 이미 기울기 시작한 당나라는 더욱 쇠퇴해져만 갔다.

황소의 난

黃巢起義

황소

당나라 말기에 이르러 번진들의 혼전과 환관들의 전횡 그리고 붕당지쟁 등으로 조정은 혼란하기 그지없었다. 비교적 현명한 황제였던 선종도 이 기울어진 조정을 바로잡지는 못했다. 선종이 죽은 후, 차례로 황제가 된 의종懿宗 이최李漼와 희종僖宗 이현李儇은 향락을 일삼으며 방탕한 나날을 보냈고, 조정의 부패는 극에 달하게 되었다. 더구나 황실과 관리, 지주들이 야합하여 농민들을 착취하니, 농민들은 가렴잡세에다 해마다 이어지는 자연재해에 시달리다 못해 살 길을 찾아 떠돌아다니거나 아니면 산속으로 들어가 화적떼가 되었다.

874년, 즉 희종이 즉위한 해에 복주濮州(하남성 범현) 지역의 소금장수들 우두머리인 왕선지王仙之가 농민 수천 명을 모아 장원長垣(하남성 일대)에서 봉기를 일으켰다. 왕선지는 천보평균대장군天寶平均大將軍으로 자칭하고 극심한 빈부 격차를 빚어낸 조정의 죄악을 폭로, 규탄하는 격문을 전국에 살포했다. 그러자 수많은 농민들이 왕선지의 봉기군에 가담했다. 그리고 얼마 후에 원구寃句(산동성 조현 북부) 지역의 소금장수 황소黃巢

도 농민들을 모아 봉기를 일으켰다.

후에 황소와 왕선지 이 두 봉기군은 하나로 회합하여 산동과 하남 일대에서 관군들과 싸웠다. 그들은 군사를 두 갈래로 나누어 왕선지는 서쪽으로, 황소는 동쪽으로 진군했는데, 왕선지의 봉기군은 황매黃梅(호북 일대)에서 대패하고 왕선지는 전사하고 말았다.

당나라의 갑옷과 투구

왕선지의 패잔병들은 다시 황소의 봉기군과 합류한 다음, 황소를 왕으로 추대하고 충천대장군沖天大將軍이라고 불렀다.

그 당시만 해도 중원 지역의 관군은 힘이 막강했다. 황소의 봉기군이 하남으로 진격하려고 하자 당나라 조정은 즉시 낙양 부근에 수십만 대군을 집중하여 봉기군을 포위, 토벌하려고 시도했다. 이를 안 황소는 낙양을 공격하려던 계획을 포기하고 관군의 힘이 미약한 곳부터 먼저 진격했다. 그들은 남쪽으로 광주까지 쳐내려갔다. 광주를 점령하고 한동안 군사를 휴식시키고 있는데 영남 지역에서 전염병이 돌자 황소는 군대를 이끌고 북상했다.

880년, 황소는 60만 대군을 거느리고 동관을 공격했다. 황소의 봉기군이 동관을 점령하자 조정 사람들은 대경실색하여 도망치기에 바빴다. 희종과 환관 전영자田令孜는 후궁의 비빈들을 데리고 성도로 도망갔고, 미처 도망치지 못한 관리들은 성

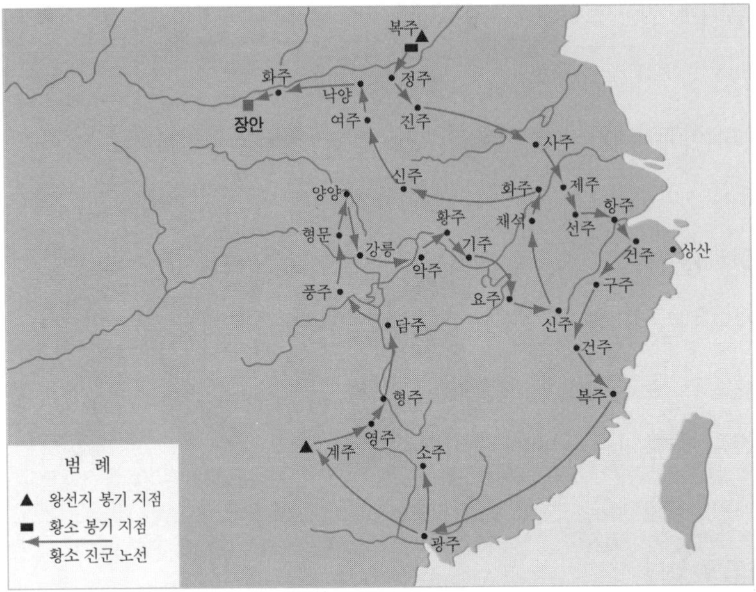

황소와 왕선지의 봉기도

문을 열고 나와 투항했다.

며칠 후에 황소는 장안 대명궁에서 즉위하여 황제가 되고 국호를 대제大齊라고 했다. 7년 동안의 투쟁을 거쳐 황소의 봉기군은 전국의 정권을 탈취하는 큰 승리를 거두었다.

그런데 문제는 7년이란 오랜 시간 동안 주로 유동 작전을 한 황소의 봉기군이 점령한 지역에다 군대를 남기지 않았다는 것이었다. 점령했다가는 떠나버리곤 했기 때문에 황소의 수십만 봉기군은 비록 일거에 장안을 점령했지만 그 주변은 여전히 관군 세상이었다.

얼마 지나지 않아 당나라 조정은 각지의 군대를 급히 징발하여 장안을 포위했다. 장안성 안은 식량 사정이 갈수록 어려워져 가고 있었다.

황소는 대장 주온朱溫을 보내 동주同州를 지키게 했는데, 주온은 봉기군이 가장 어려운 이 시기에 봉기군을 배반하고 당나라 조정에 투항했다.

이때 조정에서는 사타沙陀(중국 서북부의 소수민족) 귀족이자 안문 절도사인 이극용李克用에게 명해 4만 기병을 거느리고 장안으로 진격하게 했다. 봉기군은 힘겨운 싸움을 했으나 결국에는 실패하고 장안에서 물러나고 말았다.

조회만의 토지 임대 계약서(좌) [당나라]

경기서설도京畿瑞雪圖(우) [당나라]

하남으로 물러난 황소의 봉기군은 주온과 이극용의 포위 공격을 받았다. 884년 황소의 군대는 진주陳州(하남 회양)를 치는 싸움에서 실패하고 관군에게 쫓기게 되었다. 결국 황소는 태산 낭호곡狼虎谷에서 자결하고 말았다.

해룡왕 전류

海龍王錢鏐

전류

907년에 주온은 당나라를 무너뜨리고 양梁나라를 세웠다. 이후 50년 동안 중원에서는 양, 당唐, 진晋, 한漢, 주周 다섯 나라가 흥망성쇠를 거듭했다. 역사상에서는 이전에 있던 나라들과 구별하기 위해 이 나라들을 각각 후량後梁, 후당後唐, 후진後晋, 후한後漢, 후주後周라고 부르고 이 시기를 '5대시대' 라고 한다. 또한 이 시기에 중국 남부와 파촉 지역에서는 전촉前蜀, 오吳, 민閩, 오월吳越, 초楚, 남한南漢, 남평南平, 후촉後蜀, 남당南唐, 그리고 북방의 북한北漢 등 모두 열 개의 나라가 생겨났으므로 이 시기를 '5대10국시대' 라고 하기도 한다.

오월국 관리 인형 (5대10국 시대)

주온이 즉위하자 진해鎭海(절강성 항주) 절도사 전류錢鏐가 가장 먼저 사람을 변경汴京으로 보내와 경하를 드리면서 양나라의 신하가 되기를 원했다. 이에 주온은 기뻐하면서 전류를 오월왕으로 봉했다.

전류는 원래 가난한 집안에서 태어나 소금장수를 하다가 나중에 절서진장浙西鎭將 동창童昌의 부장이 되었다. 그리고 황소의 봉기군이 절동浙東(절강성 동쪽)을 칠 때 임안臨安(절강성 항주)을 지키면서 큰 공을 세웠다. 그래서 당나라 조정에서는 그를 지휘사로 임명했으며 얼마 후에는 절도사로 승직시켰다.

절도사가 된 후 전류는 사치와 향락을 누리기 시작했다. 임안에 호화로운 주택을 지었으며 외출할 때에는 호화로운 수레나 준마를 타고 수많은 수하들을 데리고 다녔다. 그의 부친은 전류가 이런 사치한 생활을 하는 것을 보고 이렇게 꾸짖었다.

5대10국의 흥망표

나라 이름	나라를 세운 사람	연대	어느 나라에게 멸망되었는가?
후량後梁	주온	907~923	후당
후당後唐	이존욱李存勖	923~936	후진
후진後晋	석경당石敬瑭	936~946	거란
후한後漢	유지원劉知遠	947~950	후주
후주後周	곽위郭威	951~960	송
오吳	양행밀楊行密	902~937	남당
남당南唐	서지고徐知誥	937~975	송
오월吳越	전류	907~978	송
초楚	마은馬殷	927~951	남당
민閩	왕심지王審知	909~945	남당
남한南漢	유엄劉龑	917~971	송
전촉前蜀	왕건王建	907~925	후당
후촉後蜀	맹지상孟知祥	934~965	송
남평南平	고계흥高季興	924~963	송
북한北漢	유민劉旻	951~979	송

"우리 집은 대대로 농사를 짓거나 고기를 잡던 백성의 집이다. 이때까지 너 외에는 벼슬한 사람이 한 사람도 없다. 그러기에 네가 지금 높은 벼슬자리에 있어도 너를 도와줄 사람이 적고 주변에는 모두 너와 원수진 적들뿐이다. 그런데도 너는 만족을 모르고 남과 땅을 다투고 성을 다투고 있으니 우리 전씨 가문이 이로 인하여 큰 재앙을 받을까 봐 걱정된다."

아버지의 말을 들은 전류는 많은 것을 숙고하게 되었다. 그 다음부터 그는 매사에 조심하면서 자신의 땅을 잘 지키려고 했다. 그 당시 오월은 인구가 적고 역량이 미약했으며 북쪽에 인접해 있는 오나라의 위협을 받곤 했다.

전류의 철권 (5대10국시대)
철권鐵券은 특별한 공로가 있는 공신이 죄를 지어도 죽음을 면하게 하는 면사권免死權이나 혹은 황제가 하사하는 다른 특권에 대한 증빙이다. 이 전류의 철권은 현존하는 유일한 당나라의 철권으로, 소종이 897년에 진해 · 진동 절도사인 전류에게 하사한 것이다.

전류는 장기간 동안 혼란스런 전장터에서 생활해 왔던 터라 평상시에도 경계심이 투철했다. 그는 밤에 졸음이 오면 한쪽이 둥근 '경침警枕'이라는 목침을 베고 비스듬히 누워서 잤는데 잠이 깊

주온

이 들면 머리가 목침에서 떨어지는 바람에 깨어나곤 했다.

그는 자신이 그런 경각심을 가지고 있었을 뿐만 아니라 수하 군사들에 대한 요구도 엄했다. 그는 군사들에게 명하여 매일 밤 빠짐없이 그의 처소 주변을 순라하게 했다. 그러던 어느 날 당직 병사 하나가 담 아래에서 쭈그리고 앉아 꾸벅꾸벅 졸고 있는데 그때 어디선가 구리 탄환이 날아왔다. 그 바람에 놀란 병사는 잠이 달아났는데, 나중에 알고 보니 그 탄환은 전류가 쏜 것이었다. 그 일이 있은 다음부터 병사들은 당직을 설 때 정신을 바짝 차렸다고 한다.

전류는 이렇게 매사에 각별히 조심했기 때문에 오월에서 자신의 지위를 보존할 수 있었다. 오월은 비록 작은 나라였지만 장기간 동안 전쟁이 없어서 나라가 점차 번영하게 되었다.

이후 전류는 전당강錢塘江에 제방과 수문들을 축조하여 바닷물이 거슬러 들어오는 것을 효율적으로 막아냈으며, 암초들을 없애서 배의 왕래를 편리하게 했다. 수리 건설에서 이룩한 그의 업적을 기려 민간에서는 그를 '해룡왕' 이라고 불렀다.

전류의 문장 (5대10국시대)

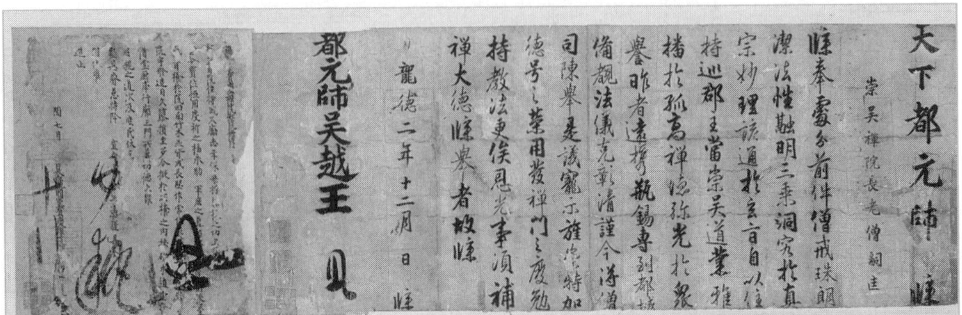

天下都元帥 牒
崇吳禪院長老僧嗣匡
牒奉處分前件僧戒珠朗
潔法性聰明三乘洞究於真
宗妙理該通於玄旨自以住
持巡都王當崇吳道業雅
播於孤高禪德弥光於衆
譽昭者遠揚瓶錫專到都城
備靚法儀克彰清謹今將僧
司陳舉是議寵示旌恩特加
德号之葉目發禪門之慶勉
持教法更侯恩光事須補
禪大德牒衆者故牒
龍德二年十二月日 牒
都元帥吳越王 具

관리가 된 광대

주온이 양나라를 세웠을 때 북방에는 거대한 두 할거 세력이 있었다. 하나는 유주를 차지하고 있는 유인공劉仁恭이었고, 다른 하나는 하동을 차지하고 있는 진왕 이극용李克用이었다. 그리고 이와 때를 같이하여 북방의 거란이 새로이 일어났는데 수령인 야율아보기耶律阿保機(야율은 성씨)가 거란의 여러 부락을 통일했다. 907년, 이극용은 거란의 병력을 이용하여 주온에 대항하려는 야심으로 야율아보기와 의형제를 약속하고는 함께 양나라를 공격할 기일을 정했다. 그러나 거란으로 돌아온 야율아보기는 주온의 강대함을 생각하고 이극용과 맺은 결의를 후회하였으며 몰래 주온과 동맹을 맺었다.

후당의 장종이 북을 치는 모습의 그림

이 일을 안 이극용은 화병이 나서 몸져눕고 말았다. 자신의 목숨이 경각을 다투고 있다는 것을 안 이극용은 아들 이존욱李存勖에게 이렇게 당부했다.

"주온이 우리 가문의 원수라는 것은 너도 잘 알고 있을 것이다. 그런데 유인공은 내가 천거해 올려놓은 사람인데도 신의가 없이 우왕좌왕하다가 결국에는 주온한테 가서 붙었다. 그리고 거란은 나와 의형제를 맺고도 신의를 저버리고 맹약을 어겼다. 이 원수를 갚지 않으면 난 죽어서도 눈을 감을 수가 없다."

그러면서 그는 화살 세 개를 이존욱에게 주었다.

"이 화살 세 개를 명심하거라. 그 세 놈은 우리 가문의 철천지원수이다."

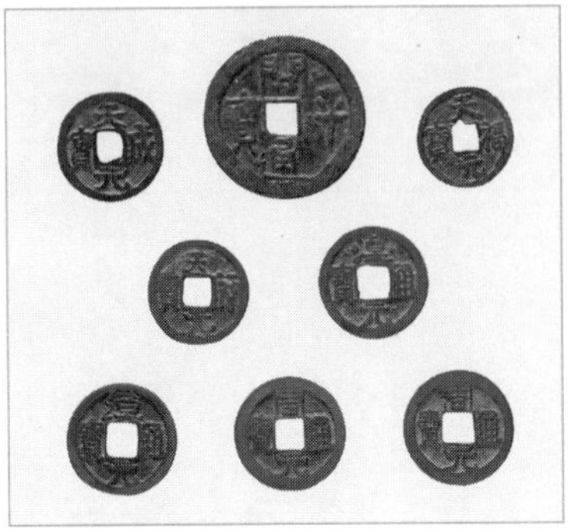

엽전 (5대10국시대) 장기적인 혼전으로 인하여 황하 중하류 지역의 경제는 막심한 피해를 입었다. 당시의 화폐제도도 극도로 혼란스러워서 위조가 비일비재했으며 엽전의 질도 낮았다. 이는 결국 상업 발전에 큰 장애가 되었다.

이존욱은 눈물을 흘리면서 아버지의 말씀을 가슴 속에 깊이 새기고 그 원수를 꼭 갚겠다고 대답했다. 그 말을 듣고 이극용은 안심을 하며 눈을 감았다. 이존욱은 아버지의 말을 명심하고 훈련에 매진하여 군대의 전투력을 강화했으며 용감무쌍한 군대를 양성했다.

이존욱은 군대를 거느리고 가서 주온의 양나라 군대를 여러 번 공격했으며, 끝내는 주온의 50만 대군을 대패시켰다. 그러자 주온은 화병으로 죽고 말았다. 이어서 이존욱은 유주를 공격하여 유인공과 그의 아들 유수광劉守光을 사로잡았다.

후당이 후량을 멸망시킨 전쟁 약도

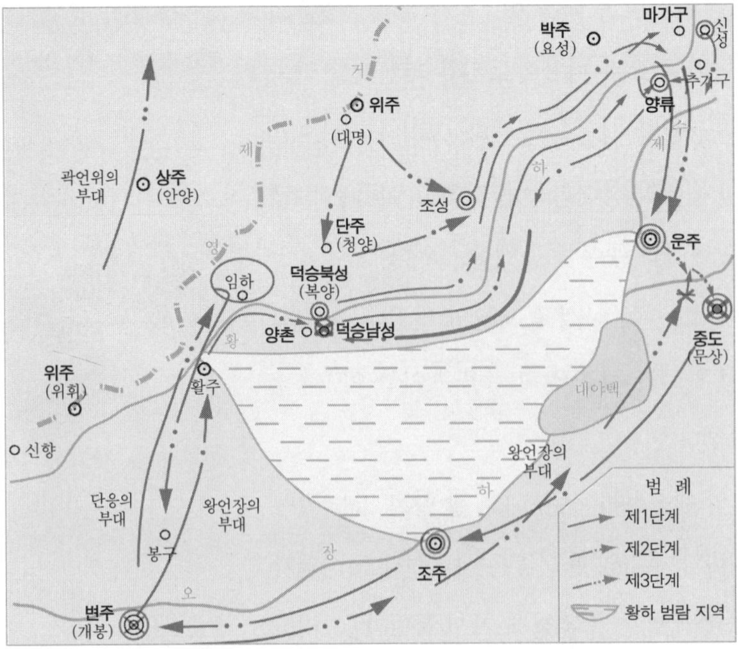

916년, 거란의 황제가 된 야율아보기는 5년 후

에 군대를 거느리고 남쪽으로 쳐내려왔다. 이존욱은 직접 대군을 거느리고 출정하여 거란을 대패시켰고, 야율아보기는 북으로 쫓겨갔다.

이존욱은 주온의 아들과 10여 년 동안 싸워 923년에 양나라를 멸망시키고 북방을 통일했다. 이존욱은 낙양에서 즉위하고 나라 이름을 당唐이라고 했다. 그가 바로 후당後唐 장종莊宗이다.

춤추는 남자 인형 〔5대10국시대〕

아버지의 원수를 갚고 중원을 통일한 장종은 이제는 태평성대가 왔다며 향락을 즐기기 시작했다. 어렸을 때부터 극을 좋아한 그는 황제가 된 후에는, 국사에 전혀 관여하지 않고 온종일 광대 옷을 입고 무대에 올라가 광대놀음을 하는 데만 정신이 팔려 있었다. 그는 심지어 '이천하李天下'라는 예명藝名까지 만들었다.

나중에는 어느 광대를 자사刺史로까지 봉하려고 했다. 그러자 어떤 신하가 이렇게 간했다.

"우리나라는 금방 세워진 나라입니다. 그 동안 폐하와 함께 사선을 넘나들며 싸운 장수들도 아직 책봉을 제대로 받지 못한 형편인데 광대를 자사로 임명한다면 장수들의 불만을 자아내게 됩니다."

그러나 장종은 그 말을 듣지 않고 광대를 자사로 임명했다. 그것을 본 장수들 중에 격분하지 않은 사람이 없었으며, 과연 몇 년 후에는 조정 내부에 큰 혼란이 일었다. 대장군 곽숭도郭崇韜가 암살당했으며, 또 다른 대장군 이사원李嗣源(이극용의 양자)도 의심을 받아 하마터면 목숨을 잃을 뻔했다.

산락도散樂圖 〔5대10국시대〕
낭자를 높이 틀어 올린 풍만한 몸매의 여인들이 화려한 옷을 입고 손에는 악기를 들고 있다. 각각 서로 다른 모습을 하고 있으며, 당시의 음악과 복식을 연구하는 데 좋은 자료이다.

아황제 석경당

兒皇帝石敬瑭

석경당

후당의 명종明宗이 죽자 아들 이종가李從珂가 즉위했는데, 그가 바로 마지막 황제인 폐제廢帝이다. 이종가는 그의 자형인 하동 절도사 석경당과 사이가 좋지 못했는데, 즉위한 후에는 그 사이가 점점 더 벌어져 결국 큰 전쟁을 하는 지경에까지 이르렀다.

이종가는 몇만 군사를 동원하여 석경당이 있는 진양을 공격했고 석경당은 이종가의 군대를 막을 수 없었다. 그때 모사 상유한桑維翰이, 이종가의 군대를 막으려면 거란에게 구원병을 청하는 수밖에 없다고 간했다.

당시 거란에서는 야율아보기의 아들 야율덕광耶律德光이 군주가 되어 있었다. 상유한은 급히 굴욕적인 내용의 편지를 써서 거란에 보냈는데, 그 내용인즉슨 거란의 군주를 아버지로 섬기겠으며 후당의 군대를 물리친 후에 즉시 안문관雁門關 이북의 연운燕雲 16주를 바치겠다는 것이었다('연운 16주'는 '유운幽雲 16주'라고도 하는데 유주, 운주 등 16개 주나 되는 넓은 땅을 말한다. 모두 지금의 하북, 산서 북부에 있다.).

거란의 칼

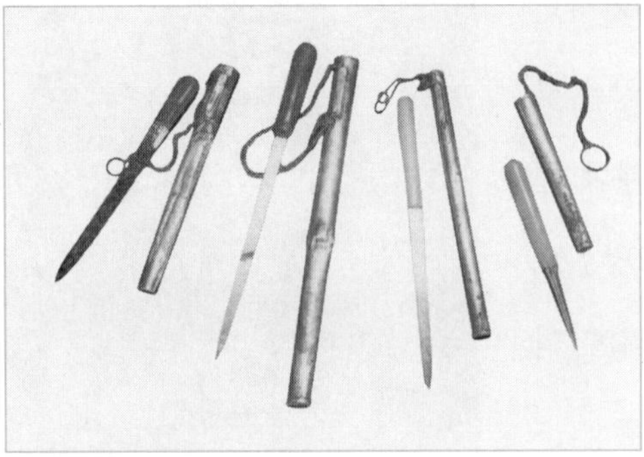

마침 남으로 세력 확장을 하려고 벼르고 있던 야율덕광은 그 많은 땅을 떼어주겠다는 편지를 보고 너털웃음을 웃으면서 즉시 5만 정예 기병을 보내어 진양을 구원했다. 석경당의 군대와 거란군이 내외로 협공하자 후당의 군대는 대패했다.

활 쏘는 무사 벽화 (5대10국시대)

야율덕광이 진양으로 오자 석경당은 직접 성 밖으로 나가 맞이하고 열 살이나 아래인 그를 아버지라고 불렀다.

한동안의 관찰을 거쳐, 석경당이 진심으로 충성을 다한다고 생각한 야율덕광은 마침내 석경당을 황제로 올려놓는다고 정식으로 선포했다. 황제가 된 석경당은 원래 약속대로 연운 16주를 거란에게 떼어주었다.

거란의 도움을 받게 된 석경당은 군대를 거느리고 남하하여 낙양을 공격했으며 여러 번 큰 승리를 거두었다. 석경당군의 기세에 겁을 먹은 이종가는 궁전에 불을 지르고 온 가족과 함께 불에 뛰어들어 자살했다.

북인회연도北人會宴圖 (5대10국시대)

석경당은 변경에서 정식으로 등극하여 황제가 되고 국호를 진晉이라고 했다. 이 진나라를 역사상에서는 후진後晉이라고 하는데 그가 바로 후진의 고조高祖이다.

석경당은 상주서를 올릴 때 거란의

코끼리 모양의 백자 촛대 (5대10국시대)

군주 야율덕광을 '부황제父皇帝(아버지 황제)' 라고 칭하고 자신은 '아황제兒皇帝(아들 황제)' 라고 칭했다. 이에 조정의 대신들은 모두 수치심을 느꼈지만 석경당은 아무렇지도 않게 생각했다. 석경당은 '아황제' 노릇을 겨우 7년밖에 하지 못하고 병들어 죽었다.

이어서 조카인 석중귀石重貴가 즉위했는데 그가 바로 출제出帝이다. 출제는 거란 군주에게 상주서를 올릴 때 신하라고 하지 않고 그저 '손자' 라고 자칭했다. 야율덕광은 출제가 신하로 자칭하지 않은 것은 자신에 대한 큰 불경不敬이라고 트집을 잡으며 군대를 거느리고 침략해 왔다.

거란은 두 차례나 중원을 침략해 왔으나 모두 진나라에게 패하고 말았다. 그러다가 나중에 진나라의 반역자들이 도와주고 나서야 변경에 들어올 수 있었다. 그들은 출제를 포로로 삼아 거란으로 압송해 갔다. 이로써 진나라는 멸망하고 말았다. 947년, 야율덕광은 변경에 들어와 거란의 국호를 요遼로 고치고 자신은 대요황제大遼皇帝가 되었다.

이후 요나라 군대의 잔혹한 압박에 시달리다 못한 중원의 백성들이 각지에서 봉기를 일으켰다. 그 중에서 특히 동방 봉기군의 기세가 호대했으며 그들은 신속히 세 주를 점령했다. 이에 겁을 먹은 야율덕광은 서둘러 중원에서 물러났다. 그러나 석경당이 바친 연운 16주는 여전히 거란 귀족들이 다스렸으며, 이 지역은 거란이 중원 지역을 침공하는 기지가 되었다.

세종이 풍도를 꾸짖다

주 세종 시영

요나라 군대가 중원에서 물러날 때, 후진의 대장이던 유지원劉知遠은 태원에서 황제를 자칭하고 대군을 거느리고 남으로 진격했다. 유지원의 군대는 규율이 엄격하여 중원 백성들의 환영을 받았다. 낙양과 변경 등지를 신속히 수복한 유지원은 그 해 6월에 변경을 수도로 정하고 나라 이름을 한漢이라고 했다. 역사상에서는 이를 후한後漢이라고 하며, 그가 바로 후한 고조高祖이다.

유지원은 황제가 되고 나서 열 달 후에 병으로 죽고, 아들 유승정劉承楨이 뒤를 이었다. 그런데 유승정은 수하 장수들의 권력이 너무 크다고 생각한 나머지 은밀히 사람을 업도에 보내서 대장 곽위를 암살하려고 했다. 이 사실을 안 곽위는 반란을 일으켜 950년에 후한을 멸망시켰으며, 이듬해에는 국호를 주周로 고친 다음 변경을 수도로 정하고 황제가 되었다. 이를 역사상에서는 후주後周라고 하는데 그가 바로 후주 태조太祖이다.

후주의 태조는 가난한 집안 출신이어서 백성들의 아픔을 헤아릴 줄 알았으며, 글도 제법 많이 읽은 사람이었다. 그는 인재를 중히 여기고 정치 개혁에 힘썼다. 그의 치세로 인해 5대시대의 혼란이 점차 호전되기 시작했다.

후주 초기에, 유지원의 동생 유숭劉崇은 태원을 차지하고 있으면서 후주의 통치에 복종하지 않고 하나의 할거 정권으로 남아 있었다. 역사상에서는 이를 북한北漢(10국 중 하나)이라고 한다. 자신의 힘만으로는 후주를 막을 수 없다고 생각한 유숭은 거란의 요나라에 붙어서 요나라 군주를 '숙황제叔皇帝(숙부 황제)'라 부르고 자신은 '질황제侄皇帝(조카 황제)'를 자칭했다. 그러고는 요나라의 도움을 받아서 후주를 여러 번 공격했으나 그때마다 매번 패했다.

옥당부귀도玉堂富貴圖〔5대 10국시대의 서희徐熙〕

후주의 태조는 슬하에 아들이 없어서 시황후柴皇后의 조카인 시영柴榮을 양자로 삼았다. 시영은 어려서부터 총명하고 재능이 출중했으며 커서는 무예가 특출했다. 954년, 태조가 사망하자 시영이 황위에 올랐는데, 그가 바로 세종世宗이다.

세종이 즉위한 지 얼마 되지 않아 조정이 아직 안정되지 못한 이때가 중원을 공격할 절호의 기회라고 생각한 북한의 군주 유숭은 자신이 모은 군사 3만에다가 요나라에서 빌어온 기병 1만여 명을 합쳐서 노주潞州(산서성 장치현 일대)로 진격했다.

이 소식이 도성 변경에 알려지자 세종은 즉시 대신들을 불러놓고 대책을 의논하다가 '친정親征', 즉 자신이 직접 군대를 거느리고 출정하겠다고 했다.

세종의 결심이 보통이 아닌 것을 안 대신들은 만류를 하지 못했다. 그런데 한 늙은 신하가 앞으로 나서면서 세종의 친정을 반대했는데, 그가 바로 태사 풍도馮道였다.

풍도는 후당의 명종 대부터 재상직에 있었다. 그 후 나라가 네 번이나 바뀌었지만 여전히 재상이나 태사, 태부 같은 요직에 있었으며, 임기응변에 능한 자라 새 황제들은 모두 그를 등용하기 좋아했다.

세종은 풍도의 반대에 이렇게 말했다.

"지난날 당 태종도 직접 군대를 거느리고 출정하여 마침내 천하를 평정하지 않았소?"

"폐하와 당 태종 중에 누가 더 영명하다고 생각하십니까?"

산서 평요의 채색 무관상 (5대10국시대) 갑옷을 입고 투구를 쓴 무관이 왼손은 검을 짚고 오른손은 주먹을 쥐고 있다.

풍도가 자신을 얕잡아보고 이런 말을 하자 세종은 언성을 높였다.

"우리의 군대는 강하오. 이런 강한 군대로 유숭을 치는 것은 태산으로 달걀을 치는 것과 같소."

"그렇다면 폐하께서는 자신을 태산이라고 생각하십니까?"

풍도의 이 말에 노기충천한 세종은 소매를 뿌리치고 일어나 안으로 들어가 버렸다.

구름무늬가 있는 갈색 단지 (5대10국시대)

나중에 세종은 다른 대신들의 지지를 받아 마침내 친정을 결정했다. 대군을 거느리고 고평高平(지금의 산서성)에 이른 세종은 북한의 군대와 대치한 상태로 진을 쳤다.

북한의 군대는 유숭의 지휘 하에 맹공격을 개시했다. 이런 다급한 상황에 세종은 친히 진두에 나서서 명장 조광윤趙匡允, 장영덕張永德에게 명하여 각각 군사 2천을 거느리고 적진으로 돌격하게 했다. 위급한 상황에서도 침착

회객도會客圖 5대10국시대의 문관들이 손님들을 접견하는 모습을 그린 것이다. 인물 형상이 생동하고 각자의 성격이 잘 드러나 있으며, 색조가 부드럽고 선조가 선명하다.

하게 전쟁을 지휘하는 세종을 본 주나라 군사들은 사기가 올라 적진으로 용감히 돌격해 들어갔다. 북한 군대는 사기충천한 주나라 군대를 도저히 당해낼 수가 없어 결국 크게 패해 달아났다.

고평에서의 승리는 세종의 명망을 크게 높여주었다. 2년 후에 세종은 또다시 직접 군사를 거느리고 남당南唐(10국 중 하나)을 공격하여 장강 이북의 14개 주를 점령했다. 그리고 수륙 양로로 북벌을 행하여 거란에게 잃었던 북방의 많은 땅을 되찾았다.

이렇게 중국을 통일하려고 노력하던 세종은 불행하게도 병으로 몸져눕고 말았다. 959년에 세종은 통일의 염원을 실현하지 못한 채 세상을 하직했다. 뒤를 이어 일곱 살 난 그의 아들 시세훈柴世訓이 황제가 되었는데, 그가 바로 공제恭帝이다.

조광윤이 황포를 걸치다

黃袍加身

태조 조광윤

공제가 즉위하자 재상 범질范質과 왕부王溥가 보정대신이 되어 그를 보필했다. 그런데 항간에는 조광윤이 황위를 빼앗으려는 야심을 품고 있다는 말이 나돌았다.

조광윤은 원래 세종 수하의 막강한 장군으로서 세종을 따라 산전수전을 겪으며 큰 공을 여러 번 세웠다. 세종은 조광윤을 특별히 신임하여 전전도점검殿前都點檢이라는 요직을 주어 금군禁軍을 통솔하게 했는데, 금군은 후주의 군대 중에서 가장 뛰어난 군대였다.

960년, 북한과 요나라가 연합하여 후주의 변경을 침입했다는 급보가 조정에 날아들었다. 명을 받은 조광윤은 즉시 대군을 거느리고 도성인 변경을 출발했다. 그때 함께 출정한 사람들 중에는 그의 동생인 조광의趙匡義와 그가 신임하는 모사인 조보趙普가 있었다.

'태조에게 용포를 입힌 곳'에 세운 비석 지금의 하남성 봉구현 진교향에 있다.

그날 밤 대군은 도성인 변경에서 20리 떨어진 진교역陳橋驛까지 간 후에 조광윤의 명에 따라 장막을 치고 휴식을 취했다. 그런데 일부 장수들이 모여서 의논을 하던 중에 누군가가 이렇게 말했다.

"지금 황제는 너무 어리오. 우리가 지금 목숨을 내놓

고 싸워 공로를 세운다 한들 황제가 나중에 그걸 알아주겠소? 그럴 바에는 차라리 조 점검(조광윤)을 황제로 세우는 것이 더 좋지 않겠소?"

청자 꽃무늬 주전자(좌) 〔북송시대〕 이 주전자는 조형이 기묘하고 무늬가 화려하다. 요주요耀州窯에서 발굴된 기명器皿들 중에서 희귀한 진품이다.

목련 무늬가 있는 술잔(우) 〔북송시대〕

그러자 모두들 그 말에 찬성했다.

머지않아 그 소식이 전 진영에 퍼졌고, 장병들은 밤이 새도록 조광윤이 묵고 있는 역관 주변을 지켰다. 조광윤이 아침에 일어나 옷을 입으려고 하자 장수 몇이 들어오더니 다짜고짜 그에게 황제의 용포를 입혔다. 그러고는 조광윤 앞에 무릎을 꿇고 만세를 불렀다. 그 용포는 장수들 몇이 미리 만들어놓은 것이었다.

일이 이 지경이 되자 조광윤도 다른 도리가 없었다. 도성 변경으로 군사를 회군한 조광윤은 석수신石守信, 왕심기王審琦 등 조정 대신들의 내응으로 큰 힘을 들이지 않고 도성 변경을 차지했다.

북송 군대의 갑옷 및 신발 복원도(좌)

파도 무늬가 새겨진 백자 소라(우) 〔북송시대〕 이 백자는 수공으로 점착하여 제작된 것으로 자기의 질이 결백하고 부드럽다. 정요定窯에서 생산한 진품이다.

장수들이 범질과 왕부를 데리고 오자, 조광윤은 난색을 보이며 이렇게 말했다.

"세종 황제의 태산 같은 은덕을 제가 왜 모르겠습니까? 그러나 수하 장수들이

나를 이 지경에 빠뜨렸으니 이 일을 어떻게 하면 좋단 말입니까?"

범질과 왕부는 뭐라고 대답해야 좋을지 몰라서 서로 얼굴만 쳐다보았다. 그러자 옆에 있던 장수가 얼굴을 붉히며 언성을 높였다.

"보시다시피 우리는 지금 주상이 없습니다. 좌우간 우리는 조 점검님을 천자로 올려놓고야 말 것입니다."

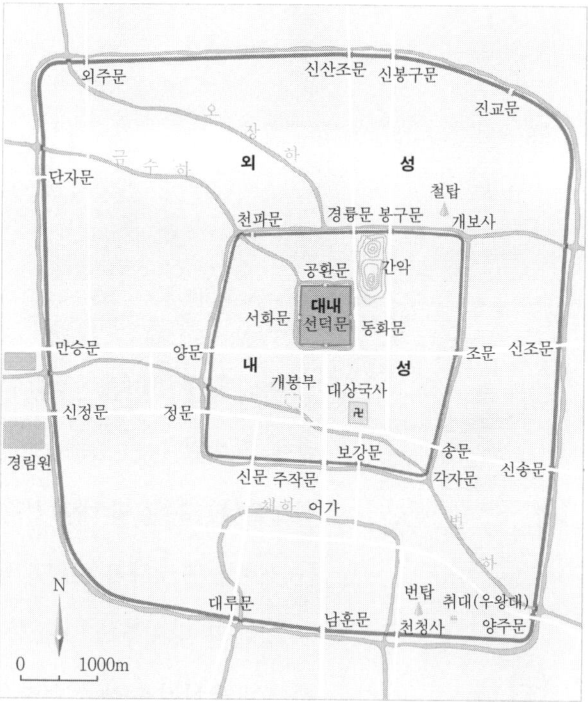

북송 동경성 평면도

이에 기가 질린 범질과 왕부는 그 즉시 조광윤 앞에 무릎을 꿇고 절을 했다.

이렇게 해서 공제는 황제 자리를 내놓고 조광윤이 황제가 되었다. 그는 국호를 송宋으로 고치고 도성을 동경東京(하남 개봉)으로 정했다. 역사상에서는 이를 북송北宋이라고 하는데 조광윤은 바로 이 북송의 태조太祖이다. 이로써 50여 년 동안 혼란을 거듭했던 5대시대가 막을 내리게 되었다.

술로 병권을 내놓게 하다

杯酒釋兵權

문관복식용 (북송시대)

삼채三彩 무사용 (북송시대)

송 태조가 즉위한 후 얼마 지나지 않아 절도사 두 사람이 반란을 일으켰다. 태조는 즉시 군대를 거느리고 가서 반란을 평정했으나, 그 일 이후부터 항상 마음이 불안했다. 그래서 하루는 조보를 불러다가 이렇게 물었다.

"당나라 말기부터 지금까지 나라가 다섯 번이나 바뀌면서 전쟁이 끊이질 않았고 수많은 백성들이 목숨을 잃었소. 도대체 그 이유가 무엇이라고 생각하오?"

"이유야 간단합니다. 나라가 혼란한 이유는 번진들의 세력이 너무 크기 때문입니다. 병권을 중앙에 집중시킨다면 천하가 태평할 것입니다."

태조는 그 말이 옳다며 고개를 끄덕였다.

며칠 후에 태조는 주연을 베풀면서 석수신, 왕심기 등 오랜 장수들을 궁으로 불러들여 술을 마셨다. 술이 몇 순배 돌아 취기가 오르자 태조는 태감들을 밖으로 내보내고 술잔을 들어 친히 술을 권했다. 장수들이 술을 다 마시자 태조는 입을 열었다.

"그대들의 도움이 없었다면 어찌 오늘의 이 자리가 있을 수 있었겠소. 그런데 천자가 절도사보다도 못하다는 것을 그대들은 모를 것이오. 나는 요즘 하루도 편한 잠을 자본 적이 없소.

근심과 불안에 싸여 산단 말이오."

그 말에 놀란 석수신 등이 그 영문을 묻자 태조는 이렇게 대답했다.

"그야 뻔한 일이 아니오? 내 자리를 탐내지 않는 사람이 어디 있소?"

송나라의 음악 벽화 하남성 우현 백사진에서 출토되었다.

이 말에 석수신 등은 또 한 번 깜짝 놀라며 얼른 무릎을 꿇고 이렇게 말했다.

"폐하께서 왜 그런 말씀을 하시는지 어리석은 저희들은 알 길이 없사옵니다. 이제 태평성대가 왔는데 언감생심 그 누가 딴마음을 품겠습니까?"

그 말에 태조는 손사래를 쳤다.

"짐의 심복 장수들인 그대들을 믿지 못해 하는 말이 아니오. 그대들의 부하들이 부귀를 탐해 그대들에게 억지로 용포를 입힌다면 그때는 어떻게 하겠소? 그렇게 되면 경들이 하고 싶지 않다고 해도 다른 방법이 없지 않겠소?"

그 말을 듣는 석수신 등의 등줄기에서는 식은땀이 흘렀다. 예삿말이 아니라는 것을 직감했기 때문이었다. 자칫 잘못하면 큰 화를 입을 수도 있었다. 그들은 눈물을 흘리며 머리를 조아렸다.

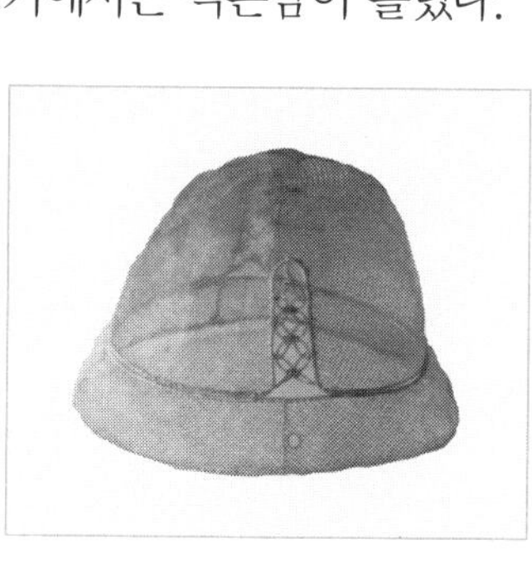

금실로 뜬 모자(좌) 〔북송시대〕 북송 관원들이 평상시에 쓰던 모자이다.

경덕진景德鎭에서 생산한 도자기(우) 〔북송시대〕

개봉의 용정 〔북송시대〕 용정龍亭은 개봉開封의 중요한 건축물로, 예전에는 송나라와 금나라의 황궁 자리였다.

"저희들이 어리석어 미처 거기까지 생각하지 못했습니다. 아무쪼록 폐하께서 저희들에게 밝은 앞길을 열어주시길 바라옵니다."

"짐이 생각건대, 병권을 내놓고 지방의 한관閑官으로 내려가는 것이 그대들에게 이로울 것 같소. 자손들에게 풍족한 재산을 물려주고 만년을 편안히 보내는 것보다 더 좋은 일이 어디 있겠소? 그리고 짐과 사돈을 맺고 서로 믿고 도와주며 살아간다면 이 얼마나 좋은 일이오."

그러자 석수신 등은 모두 머리를 조아렸다.

"지당하신 말씀입니다. 신들은 폐하의 너그러운 은정에 감읍할 따름입니다."

이튿날, 석수신 등은 늙고 병든 몸이오니 사직하고 내려가는 것을 윤허해 달라는 상주서를 올렸다. 물론 태조는 이를 즉시 윤허하고 병권을 거두어들였으며 많은 재물을 하사했다. 역사상에서는 이 일을 '배주석병권杯酒釋兵權'이라고 하는데 여기서 '석釋'은 '해제한다'는 뜻이다.

이후 태조는 지방 장수들의 병권마저 회수하여 새로운 군사제도를 수립했다. 지방의 군대로부터 정예병을 뽑아 금군을 편성하고 황제가 직접 금군을 지휘했으며, 각 지방의 행정장관들도 조정에서 임명하여 파견했다. 수립된 지 얼마 안 된 북송은 이런 조치들로 인하여 비로소 안정을 찾아가기 시작했다.

나라를 망친 이욱

조정을 안정시키고 권력을 중앙에 집중시킨 태조는 중국을 통일할 준비를 했다. 당시 북방에는 10국 중 하나였던 북한이 있었고, 남방에는 남당 · 남평 · 남한 · 오월 · 후촉 등이 있었다. 태조는 이 소국들을 모두 없애고 중국을 통일하려면 어디서부터 어떻게 해야 할지 알 수가 없었다.

남당의 후주 이욱

눈보라가 몹시 치는 어느 날 밤, 태조가 조보의 집으로 찾아왔다. 태조를 황급히 맞아들인 조보는 화롯불을 새로 지피고 고기와 술을 대접했다.

그날 밤 태조와 조보는 먼저 남방의 소국들을 멸망시키고 이후에 북방을 평정하는 방략을 세웠다. 태조는 이후 10년 동안 남방의 남평, 후촉, 남한을 멸망시켰으며 그리하여 남방에는 남당과 오월, 두 할거 정권만이 남아 있었다.

남당의 마지막 군주인 후주後主의 이름은 이욱李煜이었는데 저명한 시인으로 시사詩詞, 음악, 서화 등에 조예가 깊었다. 그러나 그는 나라를 어떻게 다스려야 하는지는 알지 못했다.

974년 9월, 태조는 대장 조빈曹彬과 반미潘美에게 10만 대군을 주어서, 수로와 육로 두 갈래로 남당을 공격하게 했다.

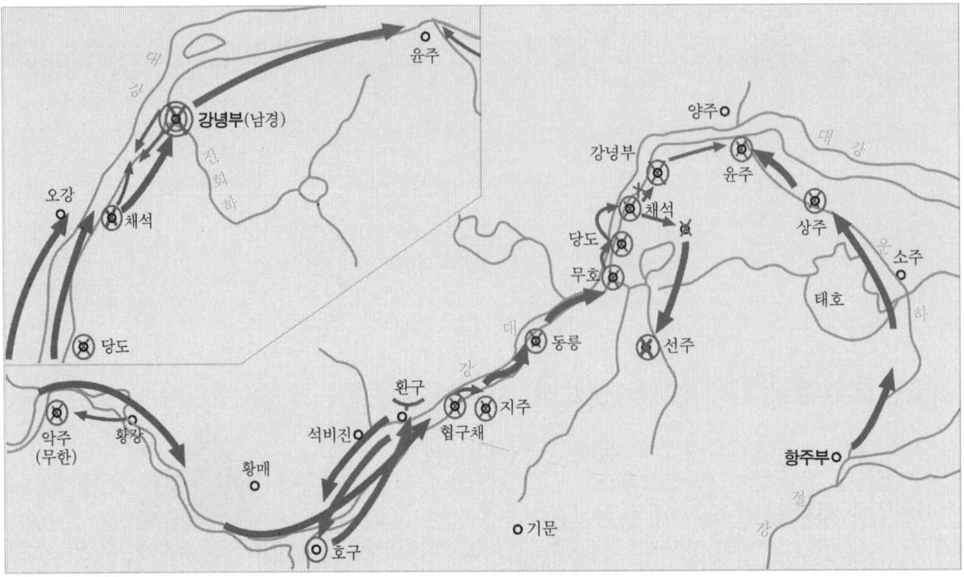

송나라가 남당을 멸망시킨 전쟁 약도

송나라군은 장강에 이르자마자 뗏목과 배로 부교浮橋를 만들었다. 이 급보가 남당의 도성인 금릉金陵(강소성 남경시)에 전해졌을 때 임금과 신하들은 한창 음주가무를 즐기고 있었다.

"이 일을 어떻게 하면 좋단 말이오?"

후주가 다소 긴장된 얼굴로 신하들을 돌아보며 이렇게 묻자, 대신들은 입을 모아 이렇게 말했다.

"염려하실 일이 아닌 줄 아옵니다. 자고로 부교로 장강을 건넜다는 말은 듣지 못했습니다."

마음이 놓인 후주는 벙싯 웃으면서 이렇게 말했다.

"언젠가 내가 말한 적이 있지 않소? 그들의 수작은 애들 놀음에 불과하다고 말이오."

사흘 후에 송나라군은 부교를 완성했다. 반미가 이끄는 군사들은 평지를 밟듯 부교 위를 걸어 장강을 건넜다. 장강 남안을 지키고 있던 남당의 장수들은 도망치거나 항복했으며, 10만 송나라군은 신속히 금릉성에 당도했다.

나라의 운명이 경각에 달려 있는 이 위급한 때에 후주 이욱은 화상和尙과 도사들을 불러다놓고 도를 담론하고 경을 읽었다. 송나라군이 성 밖에 도착해 있다는 것을 모르고 있던 그는 어느 날 순시하러 성곽 위로 올라갔다가 송나라군의 깃발이 바다같이 깔려 있는 것을 보았다.

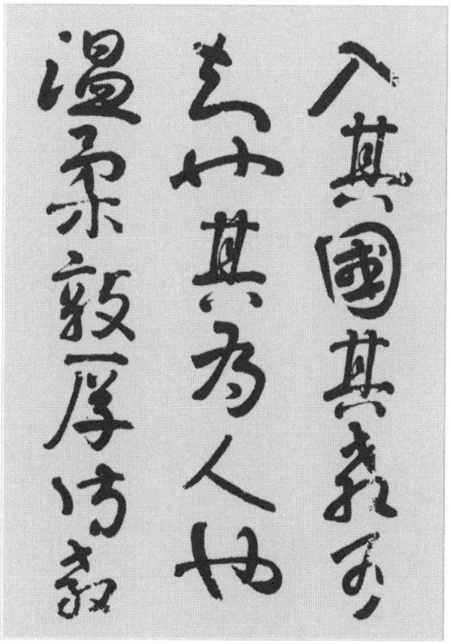
이욱의 필체

그제야 다급해진 후주는 금릉을 구원하라고 상강을 지키고 있던 군사 15만을 불렀다. 그러나 이 15만 대군은 금릉까지 오지도 못하고 환구에서 송나라군의 협공을 받아 전멸하고 말았다. 일이 이렇게 되자 후주 이욱은 궁정 안에 장작을 쌓아놓고 불을 지른 다음에 그 속에 뛰어들어 자살하려 했다. 그러나 심지가 굳지 못하여 자살도 하지 못하고 결국 대신들을 데리고 궁 밖으로 나와 조빈에게 항복했다.

동경으로 압송되어 온 후주 이욱은 죄수처럼 감금된 생활을 했다. 지난날 향락에 흠뻑 젖어 있던 한 나라의 군주는 이렇게 한순간에 나라를 잃은 망국노가 되었다. 이후 후주 이욱은 매일 눈물로 날을 보냈으며, 그 비애와 회한은 그의 사詞에서 여실히 드러나고 있다.

그대에게 묻노니 그 슬픔이 얼마나 되오?
마치 장강의 봄물이 동으로 흐르듯 하오.

조보가 뇌물을 받다

趙普受賄

조보

조보는 송 태조가 나라를 세우는 과정에서 많은 묘책을 내어 큰 공을 세운 사람으로서 나중에 송나라의 재상이 되었다. 조보를 각별히 신임했던 태조는 조정의 대소사를 그와 의논하곤 했다.

아전 출신인 조보는 학문이 일반 문신들보다도 못해서 태조는 그에게 책을 많이 읽으라고 권유했다. 그래서 조보는 집에 돌아가면 방문을 닫아걸고 상자에서 책을 꺼내 읽었으며, 다음날 조정에 나가서는 대소사를 척척 손쉽게 처리하곤 했다. 나중에 집안 사람들이 그의 책 상자를 정리하고 보니 『논어』밖에 없었다. 이 소문이 퍼져서 '반쪽의 『논어』로 나라를 다스린다' 라는 말이 생

청명상하도清明上河圖 일부
〔북송시대 장택서張擇瑞〕

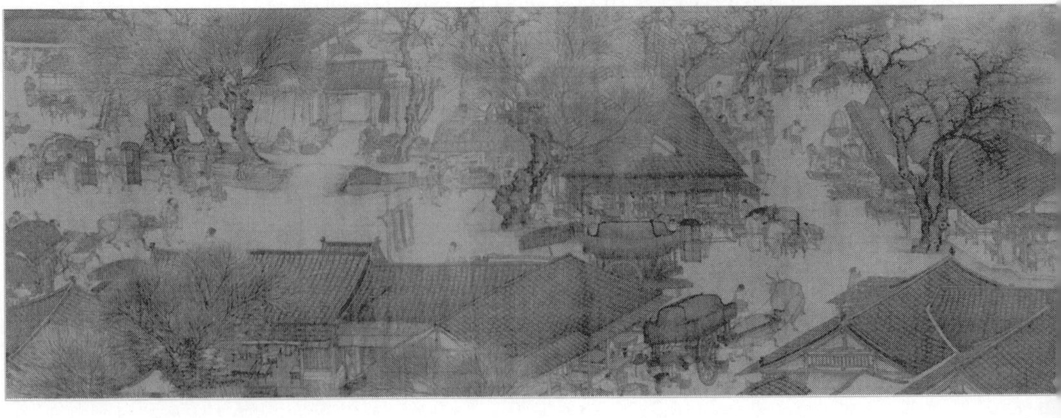

겨났다.

검은 사자 문양이 있는 베개
(북송시대)

태조는 조보를 아주 신임했으며, 조보는 자신의 생각이 옳다고 하면 태조 앞에서도 뜻을 굽히지 않았다. 한번은 조보가 누군가를 추천한 적이 있는데 태조가 이틀이 넘도록 동의하지 않았다. 사흘째 되는 날, 조보는 자신이 추천한 사람을 윤허해 달라는 상주서를 올렸다. 조보의 고집에 대노한 태조는 그 상주서를 북북 찢어 땅바닥에 내던졌다. 그러자 조보는 상주서 조각들을 일일이 주워 넣었고 며칠 후에 그 조각들을 한데 이어 붙여서 또 태조에게 올렸다. 조보가 이렇게 고집을 쓰자 태조도 하는 수 없이 조보의 추천을 받아들였다.

조보는 10년 동안 재상직에 있었기 때문에 세도가 높았다. 세월이 흐를수록 아첨하는 무리들이 늘어났으며 뇌물을 바치는 자들 또한 많아졌다.

태조는 조보의 집에 갈 때마다 사전에 통보도 없이 불쑥 들어서곤 했다. 그런데 한번은 오월왕 전숙錢俶이 조보에게 편지와 '해산물' 열 항아리를 보내왔을 때 마침 태조가 불쑥 나타

태조가 눈 오는 밤에 조보를 찾아가는 그림 〔명나라 유준 劉俊〕

났다. 대청에 좌정한 태조는 그 항아리들을 보고, 그 안에 들어 있는 것이 뭐냐고 물었다.

"별것은 아니옵고 오월왕이 보내온 해산물이옵니다."

조보의 말에 태조는 웃는 얼굴로 말했다.

"오월왕이 보내온 해산물이라? 그러면 해산물이 틀림없겠지. 그런데 무슨 해산물인지 어디 한 번 볼까."

이에 조보가 수하들에게 항아리 뚜껑을 열게 하자 모두들 눈이 휘둥그레졌다. 항아리 안에 담긴 것은 해산물이 아니라 번쩍번쩍 빛나는 금덩이였던 것이다.

관리들이 뇌물을 받아먹고 직권을 남용하는 것을 싫어했던 태조의 기색이 단번에 달라졌다. 그 일이 있은 다음부터 태조는 조보를 믿지 않기 시작했다. 그런데다가 얼마 지나지 않아, 조보가 금령을 어기고 목재 장사를 해서 돈을 벌었다는 고발이 들어왔다.

그런데 사실은 일이 이렇게 된 것이었다. 당시 조정에서는 진秦과 농隴(지금의 섬서, 감숙 일대)의 대목들을 사사로이 사고파는 것을 엄금했다. 조보는 자신의 집을 지을 때 그곳의 목재를 쓴 적이 있었는데, 그때 부하들이 그의 이름을 도용하여 진과 농의 목재들을 내다 팔아 돈을 벌었던 것이다.

조보가 조정의 금령을 어겼다는 말을 들은 태조는 대노하여 그를 엄히 다스리려 했다. 나중에 대신들이 조보를 두둔하고 사정하는 바람에 조금 화가 가라앉긴 했지만 결국 조보의 재상직을 박탈해 버렸다.

왕소파의 봉기

무사 석상 [북송시대]

송 태종太宗은 요나라를 공격했다가 참패했을 뿐만 아니라 양업楊業 같은 용장들까지 잃어버리고 말았다. 게다가 국내의 정세 역시 사뭇 불안정했다. 사천 지역에서 농민 봉기가 연이어 일어나는 바람에 송나라 조정은 그것을 진압하느라고 눈코 뜰 새가 없었다.

앞선 5대시대에 사천 지역에서는 차례로 전촉, 후촉 두 나라가 수립되었는데 오랫동안 큰 전쟁이 없어서 국고가 탄탄하고 백성의 생활도 풍족했다. 그런데 송 태조는 후촉을 멸망시키고 사천 지역을 차지한 다음에 장병들이 도성의 재물을 약탈하는 것을 수수방관했으며 많은 재물을 동경으로 압송해 갔다. 이 일은 사천 백성을 격분시키고 말았다. 태종 대에 이르러서는 전문적인 아문衙門을 설치하고 사천 지역에서 생산되는 차, 비단, 무명 등을 매매하는 권리를 조정에서 독점했다. 이를 이용해 일부 지주들과 대상들은 물건을 싸게

북송의 화전火箭 모형
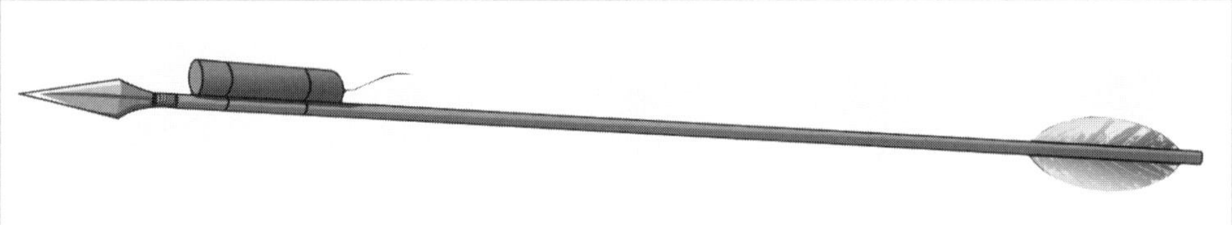

'응운원보應運元寶'〔북송시대〕 이순이 지휘하는 파촉 지역의 봉기군들이 순화淳化 5년(994년)에 주조한 것이다. 송나라는 경제가 발달했기 때문에 봉기군들도 돈을 만들어 군비를 마련했다.

사서 비싸게 파는 등 투기와 모리謀利를 일삼았고 백성들의 생계는 날이 갈수록 어려워지게 되었다.

청성현青城縣(사천성 관현 서남쪽)의 농부인 왕소파王小波는 처남 이순李順과 함께 차를 팔아 생계를 유지했는데, 민간에서 차를 사고파는 행위를 엄금하자 살길이 막막해지게 되었다. 결국 왕소파는 생존을 위해 봉기를 일으켰다. 그 소식이 전해지자 각지의 빈민들이 앞다투어 몰려들었다. 왕소파의 봉기군은 열흘이 못 되어 수만 명으로 늘어났다.

왕소파는 봉기군을 이끌고 먼저 청성현 현청을 공격해서 점령했다. 그러고는 승세를 타서 팽산彭山(사천성 팽산시)을 공격했는데 백성들의 내응으로 신속히 팽산을 점령할 수 있었다. 봉기군은 탐관오리로 악명이 높은 제원진을 죽이고 그가 백성들한테서 빼앗는 재산을 가난한 농민들에게 나누어주었다.

그 후 왕소파는 군대를 이끌고 북으로 올라가 강원江原(지금의 사천성 숭경시 동남)으로 진군했다. 강원을 지키고 있던 송나라 장수 장기張玘는 강원성 밖에서 왕소파의 봉기군을 막았고, 쌍방은 격렬한 싸움을 벌였다.

용맹하게 싸우는 왕소파의 봉기군 앞에서 관군은 서서히 무너지기 시작했다. 그런데 왕소파가 방비를 늦춘 틈을 타서 장기가 몰래 화살을 쏘았다. 화살은 곧장 왕소파의 이마로 날아가 꽂혔다. 왕소파는 얼굴이 피범벅이 되고 눈도 뜰 수 없었지만, 군사를 지휘하며 결사적으로 싸웠다. 마침내 그들은 관군을 격파하고 흉악한 장기를 잡아 죽였다.

투구와 갑옷을 입은 무사(좌) 〔북송시대〕

성벽을 부수는 기구인 아골餓鶻의 모형(우)

그러나 왕소파는 강원을 점령한 지 얼마 되지 않아 상처가 악화되어 숨을 거두었다. 왕소파가 죽은 다음에 봉기군들은 이순을 수령으로 세우고 관군과의 싸움을 계속했다.

이순의 지휘 아래 날로 강대해진 봉기군은 계속해서 성을 함락했고 끝내 사천 지역의 중심지인 성도도 점령하게 되었다. 대세가 기울어진 것을 안 성도의 문무 관원들은 봉기군이 들어오기 전에 모두 달아나버렸다.

994년 1월, 이순은 병사와 백성들의 옹호를 받으면서 대촉大蜀을 세우고 자신은 왕이 되었다. 그는 한편으로는 군대를 정돈하면서 다른 한편으로는 계속 주변의 주와 현을 공략했다. 이렇게 해서 북쪽에 있는 검각劍閣에서부터 동쪽에 있는 무협武峽까지 모두 봉기군의 땅이 되었다.

그 소식이 동경에 전해지자 다급해진 송 태종은 재상들을 불러모아놓고 대책을 논의했다. 그리고는 환관 왕계은王繼恩을

패자금牌子金 〔북송시대〕 순금으로 된 이 패는 황제가 신하에게 하사하는 것이지만, 제작자는 보통 상인들이다. 패에는 제작자의 이름, 고장, 점포, 그리고 금 함유량 등이 새겨져 있는데 이는 송나라의 경제가 거족적인 발전을 했음을 보여주고 있다.

검남서천치안사劍南西川治安使로 내려보내어 봉기군을 진압하도록 했다. 왕계은은 군대를 두 갈래로 나누어 진군했는데, 한 갈래는 사천 동쪽에 있는 무협으로 나아가서 봉기군을 막게 하고 자신은 대군을 거느리고 검문劍門으로 진군했다.

검문을 지난 왕계은은 사천 지역의 관군들을 모아서 성도를 공격했다. 그때 성도에서는 십수만의 봉기군이 성을 지키고 있었지만, 성을 겹겹이 에워싸고 밀물처럼 쳐들어오는 관군을 막을 수는 없었다. 드디어 성도성은 함락되고 이순은 전투 중에 장렬하게 전사했다.

명재상 구준

寇準謀略

송 진종

송 태종이 죽자 아들 조항趙恒이 즉위했는데 그가 바로 진종眞宗이다. 그런데 이때 송나라 변경에서 큰일이 터지고 말았다. 1004년, 동북방에 있는 요나라가 20만 대군을 일으켜 송나라를 공격해 온 것이다.

화급한 소식을 알리는 장계가 송나라 재상인 구준寇準에게로 연이어 날아들었다. 어느 날 밤은 급보가 다섯 번이나 날아들 정도였다. 그러나 구준은 조금도 서두르는 기색이 없이 '알았다' 고만 하고는 술을 마시며 바둑을 두었다. 이에 다급해진 진종은 구준을 불러다가 계책을 물었다.

"요나라의 대군이 쳐들어온다는데 도대체 어떻게 막을 셈이오?"

"너무 염려하지 마십시오. 닷새면 해결이 날 일입니다."

닷새면 해결이 나다니? 진종은 구준의 말을 믿을 수가 없었다. 이윽고 구준이 말을 이었다.

"다만 이것 하나만은 꼭 필요합니다. 반드시 폐하께서 친히 군대를 거느리고 출정하셔야 합니다. 그래야만 아군의 사기를

구준

북돋고 적군의 기세를 꺾을 수 있습니다. 그러면 아무리 강한 적이라도 무찌를 수 있사옵니다."

그 말을 들은 일부 대신들은 황급히 그곳을 빠져나갈 생각부터 했다. 그대로 있다가 전쟁터로 나가라는 지목을 받게 되면 큰일이라고 생각했던 것이다.

겁이 많은 진종도 구준의 말을 듣고는 얼굴빛이 백짓장처럼 하얗게 되었다. 그가 자리를 파하고 후전으로 들어가려고 하자 구준이 이렇게 말했다.

"피하시면 안 됩니다. 이 막중한 나라 대사에 용단을 내리시지 않으면 나라가 위급해집니다. 심사숙고하시어 어서 용단을 내리시옵소서."

구준의 말에 진종은 흔들리던 마음을 애써 누르고 용상에 앉아 출정에 대해 논의했다.

며칠 후에 요나라군의 선봉이 동경에서 몇백 리밖에 떨어져 있지 않은 단주澶州(하남성)에 이르렀다. 사세가 매우 위태로워졌다. 동평장사同平章事(재상에 해당됨) 왕흠약王欽若은 적군을 피해 도성을 옮기는 것이 상책이라고 주장했으나 구준은 그 주장을 반박하면서 황제 친정을 고집했다. 마침내 진종은 직접 군사를 거느리고 나가 싸우기로 결심했다.

진종과 구준은 군대를 이끌고 동경을 떠나 북으로 향했다. 그런데 위성韋城(하남성 내)에 이르러, 요나라군이 흉악하고 사납다는 말을 들은 진종은 또 겁이 났다. 그런데다가 일부 대신들이 또다시 남방으로 피난을 가야 한다고 주장했다.

요나라의 첩승疊勝 금패

마음을 다잡지 못한 진종은 구준을 불러다 이렇게 물었다.

"어떤 사람들은 남방으로 몽진하는 것이 상책이라고 하는데 경은 어떻게 생각하오?"

구준은 속으로는 화가 났지만 애써 참고 부드럽게 타일렀다.

"그런 유약 무능한 자들의 말을 귀담아 들으시면 아니 됩니다. 그런 말은 절대 듣지 마십시오. 전방의 장병들이 지금 폐하를 얼마나 애타게 기다리고 있는 줄 아십니까? 밤낮으로 폐하를 기다리고 있사옵니다. 폐하께서 몸소 군대를 거느리시고 나가시면 그들은 사기 백배하여 결사적으로 적들과 싸울 것입니다. 그러나 폐하께서 싸우기도 전에 미리 피하신다면 군심이 크게 흔들릴 것이고, 전군이 패하고 말 것입니다. 그러면 적의 대군이 우리 뒤를 바싹 추격해 올 터인데 어떻게 남방으로 무사히 피난을 갈 수 있단 말씀입니까? 남방으로 내려가기도 전에 우리는 큰 화를 당하게 될 것입니다."

진종은 이맛살을 찌푸린 채로 한동안 말이 없었다. 그러다가 다른 말 없이 구준을 내보냈다. 행궁을 나오던 구준은 장군 고경高瓊을 보자 급히 이렇게 물었다.

"장군은 이번에 나라를 위해 어떻게 진력하려고 하시오?"

"일개 무인인 저는 다만 나라를 위해 목숨을 바치려고 할 뿐입니다."

"그러면 좋소. 날 따라오시오."

구준은 고경을 데리고 진종에게로 가서 이렇게 말했다.

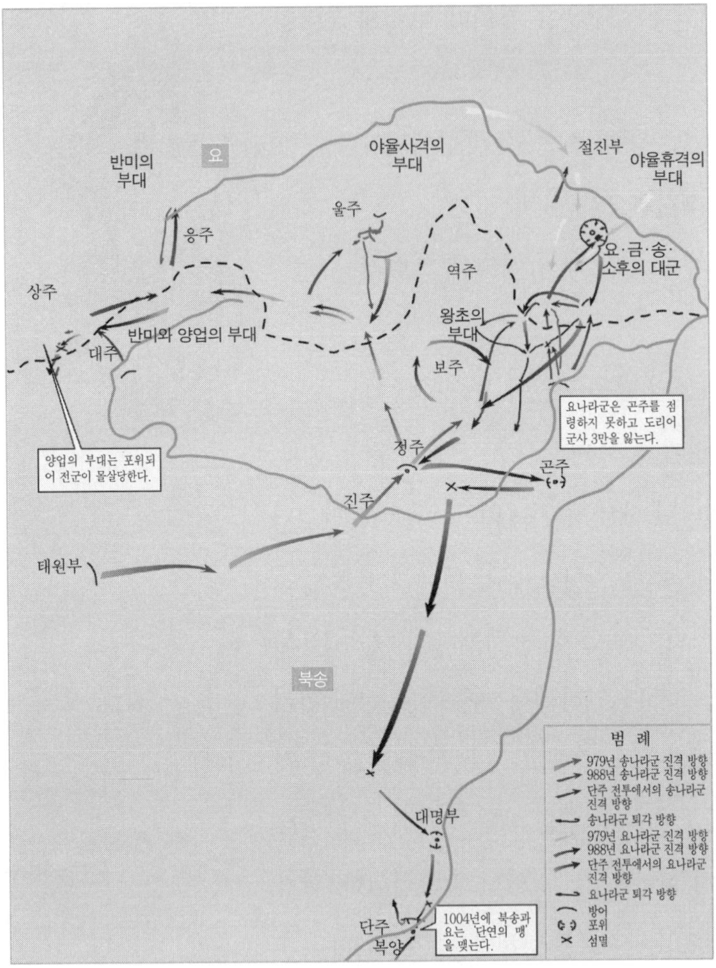

송 · 요 전쟁 약도

"신의 말을 못 믿으시겠으면 고 장군의 말을 들어보십시오."

그러고는 또다시 도성을 옮기자는 주장의 부당함과 황제 친정의 합당함에 대해 이야기하기 시작했다. 고경은 구준의 말이 끝나기를 기다려 진종에게 이렇게 말했다.

"재상의 말씀은 지당하신 말씀입니다. 폐하께서 단주로 친정을 나가시면 장병들은 결사적으로 싸울 것입니다. 그러면 요나라군을 대패시킬 수 있습니다."

구준도 격앙된 어조로 말했다.

"폐하, 지금이 요나라군을 격파할 절호의 기회입니다. 이 기회를 놓쳐서는 안 됩니다. 부디 지금 즉시 출정을 하시옵소서."

진종은 구준의 말에 마음을 굳히고, 곁에 서 있던 경호관 왕응창王應昌을 돌아보았다. 그러자 왕응창은 허리에 찬 보검을 단단히 틀어쥐면서 이렇게 말했다.

"폐하께서 친정을 하시면 꼭 성공하실 것이옵니다. 그러나 만에 하나 여기서 진군을 멈추고 되돌아가신다면 적들은 더욱 기승을 부릴 것이옵니다."

구준과 두 장수의 이러한 결사항전의 태도에 감동한 진종은 그제야 비로소 단주로 친정을 나갈 결단을 내렸다.

삼궁상노三弓床弩〔북송시대〕 살상력이 대단한 궁노로서 중국 고대 무기의 발전 수준을 말해 주고 있다.

진종이 몸소 대군을 거느리고 나온다는 소식을 들은 전선의 장병들은 사기 백배해졌다. 요나라군이 단주성을 공격하자 송나라군은 모두 목숨을 내놓고 완강하게 저항했다. 위호군 두령 장괴張瑰는 요나라의 장수 소달람蕭達覽을 활로 쏘아 죽이기도 했다. 요나라군은 승전의 가망이 없어지자 송나라와 강화講和를 맺는 데 동의했다. 진종도 더 이상 싸우기는 싫어서 사신을 요나라 진영에 보내서 담판을 했다. 송나라에서는 강화 교섭 사절로 조이용曹利用을 보냈는데 한동안의 입씨름 끝에, 송나라가 해마다 은 10만 냥과 비단 20만 필을 요나라에 주는 조건으로 강화를 맺고 말았다. 이렇게 송나라는 승리를 했음에도 불구하고 패한 것과 마찬가지로 굴욕적으로 해마다 요나라에 재물을 바쳐야만 했다. 단주를 단연澶淵이라고도 하기 때문에 역사상에서는 이 조약을 '단연의 맹澶淵之盟' 이라 한다.

원호가 서하를 세우다

元昊建西夏

한기

진종이 굴욕적인 조건으로 요나라와 화의하고 나서, 새로 흥기한 서북의 당항족黨項族(고대 중국의 소수민족)이 그 기회에 송나라 변경을 침입하고 무리한 요구를 했다. 진종은 이번에도 그들과 타협하고 당항족의 수령 이계천李繼遷을 하주夏州 자사 겸 정난군定難軍 절도사로 임명했다. 1004년, 이계천이 죽자 아들 이덕명李德明이 서평왕西平王이 되었으며, 송나라에서는 해마다 은과 비단을 보내어 그를 안무했다.

이덕명의 아들인 원호元昊는 야심이 큰 사람이었다. 한문과 불교학에 정통했을 뿐만 아니라 토번, 회골 등을 여러 번 대패시키고 세력 범위를 계속 확장했다. 그는 아버지 이덕명에게 송나라의 신하로 있지 말라고 여러 번 권유했으나 이덕명은 그 말을 듣지 않았다.

서하의 칙패敕牌 이 칙패는 서하의 각 역참에서 문서를 전달하는 데 사용했다.

원호는 이덕명이 죽고 나서 서평왕의 자리를 계승한 다음에 관직을 설치하고 군대를 정돈하면서 송나라의 통제를 벗어나 독립할 준비를 진행시켰다.

1038년, 원호는 황제로 등극한다고 정식

으로 선포하고 국호를 대하大夏, 도읍은 홍경興慶(영하회족자치구 은천시)으로 정했다. 대하가 송나라 서북쪽에 자리하고 있기 때문에 역사상에서는 이 나라를 '서하西夏' 라고 칭한다.

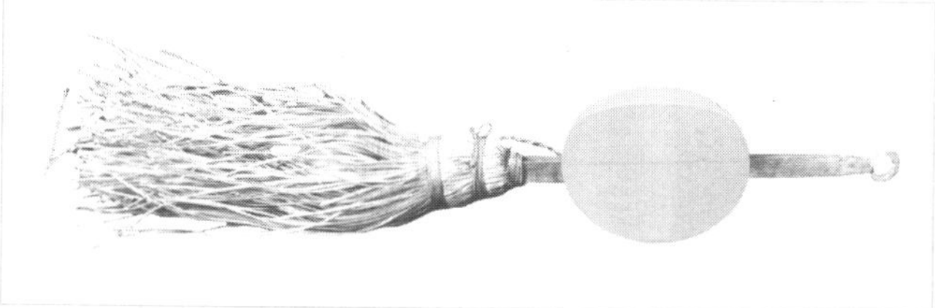

북송의 철취화요 모형 불로 공격할 때 사용하는 일종의 화기이다. 앞부분은 쇠, 뒷부분은 볏짚, 몸통은 나무로 되어 있으며 그 속에 화약을 넣는다. 주로 적의 식량을 불사르는 데 이용했다.

황제가 된 원호는 송나라에 사신을 보내서 서하국을 승인해 달라고 청했다. 당시 송나라는 진종의 아들인 인종仁宗이 다스리고 있었는데, 군신들이 모여 그 일을 급히 의논한 결과, 이는 원호가 송나라에 반대한다는 의미이므로 그의 서평왕 작위를 박탈하고 서하와의 무역을 단절함과 동시에, 변경 관문에 현상수배의 방을 붙여 그를 잡아들이라는 조명을 내렸다. 이에 격노한 원호는 즉시 송나라로 쳐들어가기로 결정했다.

그때 송나라는 서북 변경을 지키는 군사가 무려 30~40만이나 되었지만 14개 주에 있는 수백 개의 보루에 흩어져 있는데다가 조정에서 각 주의 군사들을 직접 지휘했기 때문에 서로 연계가 없었고 작전 협조가 되지 않았다. 그러나 서하의 기병들은 통일된 지휘를 받고 기동성이 뛰어나서 늘 송나라군을 이기곤 했다.

서하의 능에서 출토된 인장

1년 후에 서하군이 연주를 공격해서 또 송나라군을 대패시키자 진노한 인종은 연주 지주知州인 범옹範雍을 삭탈관직시키고 한기韓琦와 범중엄範仲淹을 섬서로 파견해 전투를 지휘하도록 했다.

연주에 이른 범중엄은 변경의 군사제도를 개혁

호수천好水川 전투 유적지
지금의 영하성 융덕 서북에 있다. 1041년, 송나라 장군 임복이 명령을 받고 서하를 공격하자, 하나라 경종景宗 원호는 10만 대군을 호수천에 매복시켰다가 송나라군을 포위했다. 결국 송나라군은 대패하고 임복은 전사했다.

하여 연주에 있는 군사 1만 6천 명을 여섯 갈래로 나누었으며, 여섯 명의 장수에게 명해 밤낮으로 조련을 그치지 않았다. 그러자 송나라군의 전투력이 전례 없이 막강해졌으며, 송나라의 방비가 엄해지자 서하의 군대는 연주를 감히 쳐들어올 생각을 하지 못했다.

1041년 2월에 원호가 직접 대군을 거느리고 위주渭州로 공격해 오자, 한기는 모든 군사를 한 곳에 집중하여 방어를 하는 한편 용사 1만 8천 명을 임복任福에게 주어 출전하게 했다.

임복은 몇천 기병을 통솔하여 서하의 기병을 맞받아 싸워 대승을 거두었다. 패배한 서하의 군대는 군마와 낙타를 버리고 도망쳤는데, 임복이 척후병을 내보내 정탐해 보니 달아난 적이 얼마 되지 않았다. 그러자 마음 놓고 적들을 바싹 추격했다.

임복의 군대는 적들을 추격하다 서쪽 육반산六盤山 아래에 이르렀다. 그런데 이상하게도 서하의 군대는 감쪽같이 사라지고 단단하게 봉한 상자 몇 개만 길가에 놓여져 있었다. 다가간 병사들이 조심스럽게 상자를 들고 귀를 갖다대어 보니 부스럭거리는 소리가 났다. 병사들의 보고를 들은 임복은 상자를 열라고 명령했다. 상자들을 열자마자 1백여 마리의 비둘기가 날아올라 송나라 병사들의 머리 위를 새까맣게 감돌았다. 그런데 이때 비둘기 다리에 매달린 피리에서 피리 소리가 울려 퍼졌고 송나라 병사들은 어안이 어리벙벙해졌다.

사실 서하군은 유인술을 쓰고 있었다. 원호는 육반산 아래에

10만 군사를 매복시켜 놓고 송나라군이 오기만을 기다리고 있었던 것이다. 비둘기들이 날아오르자 서하군은 사방에서 함성을 지르며 달려나와 송나라군을 겹겹이 에워쌌다. 송나라군은 포위를 뚫고 나가려고 필사적으로 항전했다. 싸움은 이른 아침부터 점심때까지 계속되었는데 서하군은 좌우 양쪽에서 마치 밀물처럼 밀려들었다. 송나라군은 싸우고 퇴각하기를 반복했는데 이 와중에 사상자가 끊임없이 늘어났다.

서하 능의 석각石刻

임복도 십여 군데에 화살을 맞자 장병들이 탈출할 것을 권유했다. 그러자 임복은 "명색이 대장군으로서 싸움에 패했으면 오직 죽음으로써 나라에 보답하는 것이 마땅하거늘 퇴각이라니 무슨 말인가." 하면서 앞장서서 돌격했다. 그러다가 서하군의 칼에 목숨을 잃고 말았다.

송나라군이 참패했다는 소식을 듣고 비통해하던 한기는 자신을 처벌해 줄 것을 조정에 청했고, 인종은 한기를 파직시켰다. 범중엄은 그 전투를 지휘하지 않았지만, 다른 사람의 모함으로 좌천되고 말았다.

그 후, 송나라는 여러 차례 서하와 싸웠으나 번번이 패하여 많은 군사를 잃곤 했다. 인종은 하는 수 없이 한기와 범중엄을 다시 등용하여 변경의 수비를 지휘하게 했다. 두 사람이 협력하여 군기를 엄하게 하고 군사 훈련에 박차를 가하자 서하는 중원을 공격할 엄두를 내지 못했다.

범중엄이 신정을 실시하다
範仲淹推行新政

범중엄

범중엄은 변경 수비를 책임지고 있을 때 전력을 다하여 군기를 정돈했을 뿐만 아니라 변경 백성들의 부담을 덜어주기 위해서 많이 노력했다.

이렇게 북송 변경의 방어력이 눈에 띄게 강화되자, 서하의 군주 원호는 송나라를 공격하고도 아무런 이득을 얻지 못했다. 결국 1043년에 송나라와 화의하고 신하가 되기를 청해 왔으며, 이렇게 해서 북송의 변경에는 잠시 동안 평화가 자리잡게 되었다.

병법가이자 정치가, 문학자인 범중엄은 소주 오현吳縣 사람이다. 어렸을 때 아버지를 여의었는데, 그의 어머니는 너무 가난해서 그를 데리고 재가할 수밖에 없었다.

이렇듯 어려운 환경에서 자라난 범중엄은 절에서 살면서 글을 읽었다. 하루 세 끼를 멀건 죽을 먹으며 굶주린 배를 달래곤 했으나 공부만은 결코 게을리하지 않았다. 야밤 삼경까지 공부하다가 졸려서 눈꺼풀이 내려오면 냉수를 얼굴에 끼얹으면서 계속 책을 읽었다. 이렇게 오륙년을 부지런히 공부한 덕분에 그는 학식이 높은 사람이 되었다.

꽃과 시가 있는 자기 베개
〔북송시대〕

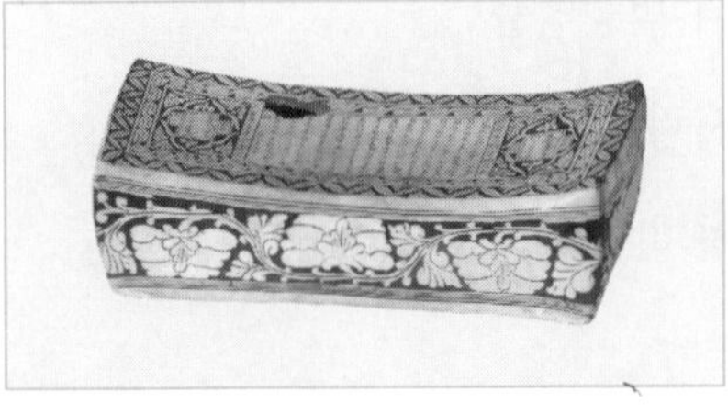

처음에는 조정의 간관諫官으로 있었는데, 재상 여이간呂夷簡이 직권을 남용하여 사리사욕을 채우는 것을 보다 못해 인종에게 과감하게 고발했다.

그 일로 범중엄은 여이간의 미움을 사게 되었고, 여이간은 범중엄이 붕당을 결성하여 군신의 관계를 이간시키고 있다고 모함했다. 인종은 여이간의 말을 듣고 범중엄을 남방으로 좌천시켰다. 그러다가 서하와 전쟁을 치를 때에야 그를 섬서로 전근시켜 변경 수비를 지휘하게 했다.

범중엄이 서하와의 전쟁 중에 큰 공을 여러 번 세우자 비로소 인종도 그가 얻기 어려운 인재라는 사실을 시인했다. 그 당시 송나라 조정은 내정이 부패한 데다가 요나라 및 서하와의 전쟁 비용과 해마다 요나라에 바치는 은과 비단으로 인해 국고가 바닥이 날 지경이었다. 이런 상황에서 인종은 범중엄을 도성으로 불러들여서 부재상副宰相으로 임명했다.

인종은 범중엄이 도성으로 올라오자마자 불러서 치국방략을 제기하도록 명했다. 범중엄은 그 동안 누적되어 온 조정의 문제점들이 너무 많기 때문에 그것을 하루아침에 뜯어고친다는 것은 불가능하며, 하나하나씩 점진적으로 해결해 나가야 한다고 생각했지만, 인종이 하도 재촉하는 바람에 하는 수 없이 열 가지 개혁 조치를 내놓았다.

당시 인종은 개혁에 목이 말라 있던 터라 범중엄의 방안을 보자마자 전국에서 즉시 시행하라는 어명을 내렸다. 역사상에서는 이 개혁을 '경력신정慶曆新政' 이라고 하며, '경력' 은 인종의 연호이다.

홀笏을 든 대신 인형 〔북송시대〕 당, 송 이후 민간에서는 예의제도에 벗어나는 일들이 많이 나타났다. 그 중에 하나가 대신의 인형을 순장품으로 삼는 것으로, 이는 죽은 사람의 직위가 높음을 상징했다.

범공정 〔북송시대〕 지금의 산동성 청주시 서문 밖에 있다. 전하는 바에 의하면 송 황우皇祐 2년에 범중엄이 청주 지부사로 있을 때 양하陽河 근처에 갑자기 샘이 솟아났고 범중엄이 그곳에다 정자를 세웠다고 한다. 그래서 사람들은 이 정자를 '범공정范公亭'이라고 불렀다.

그러나 범중엄의 신정은 초기부터 황실의 내외척과 권세 있는 대신들 그리고 탐관오리들의 반대에 부딪치게 되었다. 그들은 자신들의 이익이 위협받게 되자 가만히 있지 않았으며 여러 유언비어를 퍼뜨려서 신정을 방해했다. 그러자 범중엄에게 불만을 가지고 있던 대신들도 매일 인종을 찾아가서, 범중엄과 일부 사람들이 결당하여 직권을 남용하고 사리사욕을 챙기고 있다고 참소했다.

많은 사람들이 신정을 반대하자 인종도 마음이 흔들리기 시작했다. 범중엄은 도성에 더 이상 있을 수 없다고 생각하고 서부 변경을 수비하러 가겠다고 자청했다. 인종은 그렇지 않아도 신정 때문에 골머리를 앓는 중인데 차라리 잘되었다며 그를 즉시 변경으로 내보냈다. 그러고는 영을 내려 신정을 폐지했다.

이렇듯 범중엄은 부패한 정치를 개혁하려고 하다가 오히려 반대파들의 공격을 받아 큰 상처를 입었다. 1년 후에 악주岳州(호남 악양시)에서 벼슬을 하고 있던 친구 등종량滕宗諒이 그곳의 명소인 악양루를 보수하고는 이를 기념하는 글을 써 달라고 범중엄에게 부탁했다. 그래서 쓰여진 것이 바로 그 유명한 「악양루기岳陽樓記」이다. 범중엄은 이 글에서 원대한 정치 이상을 가진 사람들은 마땅히 '천하의 근심을 먼저 걱정하고, 천하의 즐거

『범문정공문집范文正公文集』 20권

움을 나중에 누려야 할 것이다.' 라고 말했다. 이 명언은 지금까지도 전해져 내려오고 있으며, 더불어 악양루도 범중엄의 이 글로 인하여 천하에 널리 알려지게 되었다.

악양루

구양수가 문풍을 개혁하다 歐陽修改革文風

구양수

범중엄이 조정에서 배척을 당한 후 신정을 지지하던 대신 부필富弼도 파직당했고, 그들을 변호한 한기도 연루되어 좌천되었다. 사태가 이 지경이 되자 범중엄을 동정하던 적지 않은 사람들도 더 이상 그를 변호하지 못했다. 그러나 구양수歐陽修만은 과감하게 인종에게 상소를 올려서 범중엄을 변호했다.

"자고로 악인이 선인을 모함할 때는 언제나 붕당을 하여 권세를 독점했다고 없는 죄를 덮어씌우는 법이옵니다. 범중엄은 보기 드문 인재인데 어째서 그의 직을 파면시켜야 하옵니까? 악인의 말을 듣고 충신을 파면시킨다면 이는 충신을 가슴 아프게 하고 간신을 기쁘게 하는 결과를 초래할 뿐인 줄로 아옵니다."

구양수는 이름난 문인으로, 여릉廬陵(강서성 영풍현) 사람이다. 네 살 때 아버지가 병으로 죽자, 어머니는 그를 데리고 숙부네가 살고 있는 수주隨州(호북성 수현)로 이사를 갔다. 그의 어머니는 아들을 공부시키고 싶었지만 가난하여 지필묵을 살 돈조차 마련할 수 없었다. 그래서 집 앞의 늪가에서 자라는 갈대를

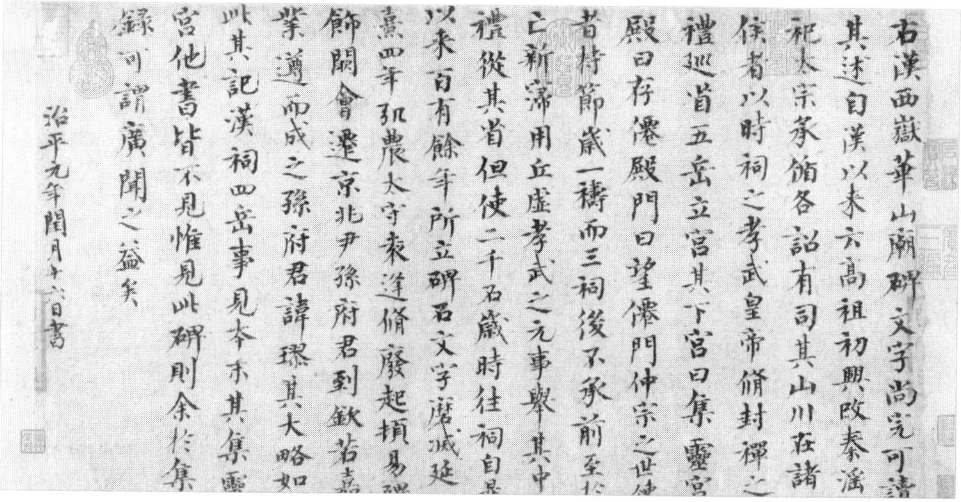
右漢西嶽華山廟碑文字尚完可讀
其述自漢以来云高祖初興改秦淫
祀太宗承循各詔有司其山川在諸
侯者以時祠之孝武皇帝脩封禪之
禮廵省五嶽立宮其下宮曰集靈宮
殿曰存僊殿門曰望僊門仲宗之世使
者持節歲一禱而三祠後不承前至於
亡新寖用丘虛孝武之元事舉其中
禮從其省但使二千石歲時往祠自是
以来百有餘年所立碑石文字磨滅延
熹四年弘農太守袁逢脩廢起頓易碑
飾闕會遷京兆尹孫府君到欽若嘉
業遵而成之孫府君諱璆其大略如
此其記漢祠四嶽事見本末其集靈
宮他書皆不見惟見此碑則余於集
錄可謂廣聞之益矣
治平元年閏月十六日書

구양수의 『집고록발미集古錄跋尾』(북송시대)

붓으로 삼고 모래를 종이로 삼아 아들에게 글을 가르쳤다. 이러한 어머니의 가르침 덕에 구양수는 어렸을 때부터 글읽기를 즐겼다.

그러다가 한유의 산문을 접하고는, 그의 유창한 문장과 투철한 논리가 당시 유행하고 있던 글과는 다르다는 것을 알고 그의 글을 깊이 연구하면서 그 문풍을 따라 배우기 시작했다. 나중에 성인이 되자 동경에 올라가 진사를 뽑는 과거에 참가했는데 세 시험에서 모두 일등을 했다.

구양수는 이십 대에 벌써 문단에서 이름을 날렸다. 그리고 벼슬은 비록 높지 않았지만 조정의 일에 각별한 관심을 가지면서 직언으로 간하기를 서슴지 않았다.

「구양문충공집歐陽文忠公集」

그러다가 이번에도 범중엄의 신정을 지지하는 발언을 해서 조정 권신들의 미움을 사게 되었다. 그

들은 있지도 않는 죄목을 구양수에게 씌워 저주滁州(안휘성 저주시)로 좌천시켰다.

사면이 산으로 둘러싸인 저주는 경치가 수려한 고장이었다. 저주로 좌천된 구양수는 틈틈이 명소들을 찾아다니며 자연의 아름다움을 감상했다. 그 당시 어느 화상이 저주의 낭야산琅琊山에 유람객들이 앉아 쉴 수 있는 정자를 세웠는데 구양수는 산에 올라 산천 구경을 한 다음에 늘 그 정자에서 술을 마시며 글을 지었다. 그는 자신을 '취옹醉翁(술 취한 늙은이)' 이라고 부르고 그 정자를 '취옹정醉翁亭' 이라고 불렀다. 그리고 「취옹정기醉翁亭記」라는 글을 썼는데 이 글은 지금까지 전해져 내려오는 중국 문학사의 명작이다.

비단 치마를 입고 패옥을 찬 궁녀 〔북송시대〕

구양수는 10여 년 동안 지방의 관리로 있다가 인종이 그의 문필을 찬양하며 다시 도성으로 불러들인 후에 한림원 내직으로 들어오게 되었다.

평소에 문풍 개혁을 적극적으로 주장하던 구양수는 한림학사가 된 후에 자신의 주장을 행동으로 옮겼다. 한번은 과거시험을 책임지는 주시관主試官에 임명되자, 인재를 선발하고 문풍을 개혁할 좋은 기회라고 생각하고는 실속 없이 화려한 미사여구만 늘어놓은 글들을 모두 낙방시켰다. 그런 일이 있은 다음부터 과거시험의 문풍은 즉각 달라졌으며 모두들 내용이 충실하고 문풍이 수수한 글들을 쓰려

취옹정 안휘성 저주시의 서남쪽에 있는 낭야산에 자리하고 있다.

고 열심이었다.

이처럼 구양수는 문풍을 대대적으로 개혁하는 데 진력했을 뿐만 아니라 인재를 등용하는 데도 힘을 기울였다. 이름이 없던 인재들이 그의 발견과 추천으로 등용되어 나중에는 이름을 날렸는데, 그 중에 유명한 사람들로는 증공曾鞏, 왕안석王安石, 소순蘇洵과 그의 두 아들 소식蘇軾과 소철蘇轍 등이 있다. 이들 5명과 구양수, 그리고 당나라의 한유와 유종원, 이렇게 8명을 '당송팔대가唐宋八大家' 라고 한다.

명판관 포증

鐵面包拯

포공상 지금의 하남성 개봉시 포공사包公祠에 있다. 포증은 청렴한 관리로 이름이 높은 송나라 관리이다. 권세에 아부할 줄 모르고 법을 엄하게 다스려 '포청천包靑天'이라는 칭송을 받았으며 지금까지도 존경받고 있다.

범중엄의 신정이 실패한 후 북송 조정은 날이 갈수록 부패해졌다. 특히 도성 개봉부에서는 고관대작들의 탐욕이 날로 심해졌으며, 일부 황실의 내외척들은 나라의 법을 마음대로 어기며 하지 못하는 짓이 없었다. 그런데 개봉부에 포증包拯이라는 지부사가 새로 부임되어 와서, 이런 악한 무리들을 엄하게 다스리고 부패 상황을 어느 정도 돌려놓았다.

포증은 여주 합비合肥 사람으로, 한번은 그가 천장현天長縣(안휘성 천장현) 현령으로 있을 때 이런 일이 있었다. 어느 농민이 밭 갈던 소를 외양간에 들여놓고 잠을 잤는데 아침에 일어나 보니 소가 피를 흘리며 쓰러져 있었다. 그래서 주둥이를 벌려 보니 누군가가 소의 혀를 베어 간 것이 아닌가. 농민은 그 길로 관청에 달려가서 소의 혀를 베어 간 놈을 잡아 달라고 포증에게 애원했다.

그러나 무슨 수로 범인을 찾을 수 있겠는가? 한동안 궁리를 하던 포증은 농민에게 이렇게 분부했다.

"이 일을 아무한테도 말하지 말고, 집으로 돌아가는 즉시 그 소를 잡아버리게나."

한창 부리는 소를 잡으라니, 이 현령이 제정신인가! 농민은 한참 동안 포증을 멍하니 바라보았다. 농민들이란 대개 부리는 소를 잡기 아까워하는 법인데다가 당시 법률도 밭 가는 소를 사사로이 잡는 것을 엄금하고 있었기 때문이다. 그러나 농민이 다시 생각해 보니, 혀가 잘린 소가 살면 얼마나 살 것이며, 현령이 잡으라고 해서 잡은 것이니 율을 어긴 죄는 현령이 질 거라는 생각이 들었다.

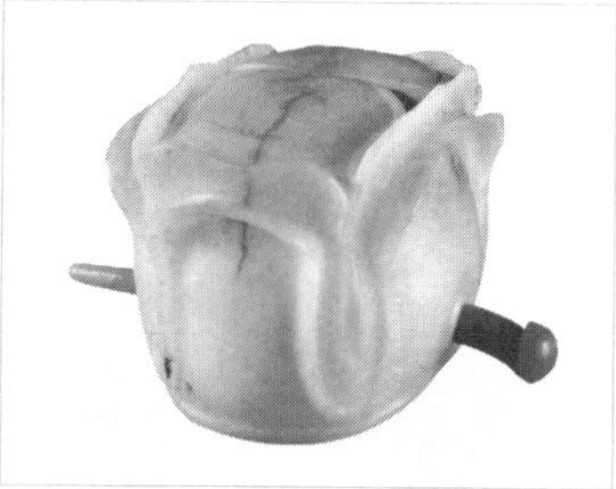

백옥관 〔북송시대〕

이에 농민은 집으로 돌아가자마자 소를 잡아버렸다. 그런데 이튿날, 어떤 자가 현청을 찾아와서, 그 농민이 소를 사사로이 잡았다고 고해 바쳤다. 이에 포증은 그에게 몇 가지를 묻고 나서 갑자기 당상을 치며 이렇게 호통을 쳤다.

"네 이놈, 어디 와서 거짓말이냐? 남의 소 혀를 잘라놓고 오히려 주인이 소를 잡았다고 고자질을 하다니! 어서 네 죄를 이실직고하지 못하겠느냐?"

눈이 휘둥그레진 그 자는 한동안 말을 못하더니 황급히 무릎을 꿇고 제발 목숨만 살려 달라고 머리를 조아렸다. 그러고는 자기가 한 짓을 이실직고했다. 그는 소 주인에게 원한이 있어서 그 보복으로 소의 혀를 베어 간 것이었다. 그리고 예상대로 소 임자가 소를 잡자 관청에 고발했던 것이다.

관리들의 복두幞頭, 조복, 허리띠 〔북송시대〕

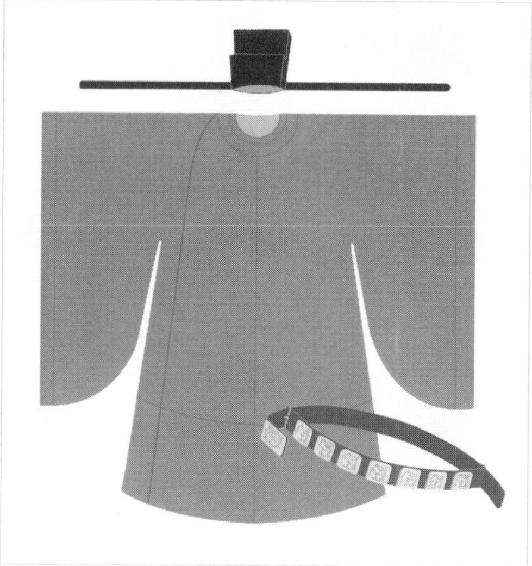

이런 일이 있은 이후 포증의 명성이

아이들이 나무 위에 올라가는 그림이 있는 청자 그릇 〔북송시대〕 송나라 사람들은 차제구茶諸具를 각별히 중시했다. 위의 청자는 그 중에서도 진품이다.

높아지게 되었다. 그 후에도 포증은 여러 곳에서 지방관을 역임했는데 가는 곳마다 과중한 세금을 없애고 억울한 사건들을 해결해 범죄자들을 엄하게 다스렸다. 그 후 그는 경성으로 올라와 간관이 되었는데 그때도 좋은 건의들을 많이 하곤 했다. 그러다가 개봉의 질서가 문란해지자 인종의 어명으로 개봉부 지부사의 소임을 맡게 되었다.

개봉부는 황실의 내외척, 그리고 권문세족들이 집중되어 있는 곳이었다. 그러므로 그 어느 누가 개봉부 지부사로 오더라도 그런 권세가들의 말을 들어주게 되고, 그들의 뇌물을 받는 것이 관례처럼 되어 있었다. 포증은 부임한 후 이 부패한 풍기를 바로잡겠다고 결심했다.

그 당시 송나라의 법규에 의하면, 관청에 고소를 하는 사람은 먼저 고소장을 써서 아역들에게 올리고, 그러면 아역이 그것을 지부사에게 올리도록 되어 있었는데 악덕을 일삼는 아역들은 이 기회를 이용하여 백성들의 재물을 갈취했다. 포증은 이 법규를 없애고 그 대신 관청 앞에 북을 걸어놓게 했다. 고소할 일이 있는 백성이 북을 치면 관청에서는 즉시 그를 불러들여 고소를 심리審理하도록 했던 것이다. 이렇게 백성들이 직접 고소장을 지부사에게 올리도록 하자 더 이상 악덕 아역들이 중간에서 농간을 부리지 못했다.

이렇듯 포증이 엄하게 죄를 다스리자, 법을 함부로 어기면서 사리사욕을 채우던 권세가들은 겁이 나서 몸을 사렸다. 일부 권세가들은 포증에게 뇌물을 먹이려 했으나 주위 사람들은 입을 모아 그가 청렴한 사람이란 건 세상 사람들이 다 알고 있는데 그런 부질없는 짓은 하지도 말라고 일깨워 주었다.

포공사 대전 지금의 하남성 개봉시에 있다. 포공사를 세운 것은 공정한 사회를 바라는 후세 사람들의 표현이기도 하거니와 포증의 업적에 대한 칭송이기도 하다. 물론 포증도 결함이 없을 수 없겠지만 '공정하고 청렴한' 그의 이미지에 대한 중국인들의 칭송은 오늘날까지도 변함이 없다.

포증은 인종의 신임을 얻어 이후 추밀부사樞密副使로 등용되었다. 그는 조정의 요직에 오른 후에도 언제나 백성과 다를 바 없는 소박한 생활을 했다.

포증은 일생 동안 정직하고 청렴하게 살아온 깨끗한 관리, 즉 '청관淸官'으로 중국 역사에 이름이 난 사람이다. 그는 살아생전에 만백성의 칭송을 받았거니와 죽은 후에도 여전히 칭송의 대상이 되었다. 중국인들은 그를 존경해 '포공包公'이라고 불렀으며, 민간에서는 권력을 두려워하지 않고 권세가들의 탐욕을 엄하게 다스린 그의 일화들이 전해져 내려오고 있다. 또한 그가 엄하게 법을 다스린 이야기를 엮은 희곡과 소설도 지금까지 많은 사람들의 사랑을 받고 있다.

왕안석의 변법
王安石變法

왕안석

인종 재위 40년 동안, 비록 조정에는 범중엄이나 포증 같은 청렴한 대신들이 있었지만 그들을 제대로 등용하지 못한 탓에 나라는 날로 쇠약해졌다.

인종은 슬하에 아들이 없었다. 그래서 그가 죽은 후에 황족 중의 하나를 황제로 세웠는데 그가 바로 영종英宗이다. 그런데 영종이 4년 후에 병이 들어 죽고 말자 태자인 조욱趙頊이 즉위했는데 그가 바로 신종神宗이다.

스무 살에 즉위한 신종은 나라가 쇠약해진 모습을 보고 큰 개혁을 하려고 했다. 그러나 주위의 대신들은 모두 인종 대의 늙은 신하들이었으며, 그들은 물론 심지어는 신정을 지지했던 부필마저도 지금은 개혁에 뜻이 없이 그럭저럭 허송세월만 하고 있었다. 이에 신종은 개혁을 하려면 능력과 담량이 있는 새로운 사람을 등용해야겠다고 생각했다.

신종이 즉위하기 전에 주위에 한유韓維라는 관원이 있었는데 그는 늘 좋은 제안을 해서 신종의 칭찬을 받았다. 그런데 그는 칭찬을 받을 때마다 "이 건의는 제 친구인 왕안석이 한 것입니다." 하고 말했고, 신종은 왕안석에게서 좋은 인상을 받았다. 그래서 자신을 도와 개혁을 이끌어 갈 인재가 필요한 지금 왕안석이 생각났던 것이다. 신종은 즉시 어명을 내려서 강녕에서 벼슬하고 있는 왕안석을 경성으로 불러들였다.

쇠호미(좌) 〔북송시대〕 오늘날의 농부들이 사용하는 자루가 긴 호미와 비슷하게 생겼다. 농사에 꼭 필요한 농구이다.

쇠보습 날(우) 〔북송시대〕 밭을 갈 때 쓰는 보습 앞에 다는 날이다. 밭을 갈 때의 저항력을 감소시키기 위해 복숭아 모양으로 만드는 경우가 많다.

왕안석은 송나라의 유명한 문인이자 정치가로, 무주 임천臨川(강서성 무주시 서쪽) 사람이다. 젊었을 때부터 글이 훌륭하여 구양수의 칭찬을 받았다.

왕안석은 20년 동안 지방 관리를 지냈는데 정적政績이 뛰어나서 이름이 널리 알려지게 되었다. 그러자 인종은 그를 경성 내직으로 올려 국가의 재정을 관리하게 했다.

경성으로 올라온 왕안석은 국가 재정의 개혁에 관한 1만여 자에 달하는 상주서를 인종에게 올렸다. 그러나 마침 범중엄의 신정을 폐지시킨 직후라 인종은 개혁이라는 말만 들어도 골치가 아파서 그 상주서를 보지도 않고 구석에 처박아 놓았다. 이렇듯 인종은 개혁에 뜻이 없었으며 조정 대신들 중에서도 왕안석을 지지하는 이들이 별로 없었다. 그런데 이때 어머니가 세

태호 위전圍田 태호 유역은 우전圩田이 일찍 개발된 곳이다. 북송시대에 이미 수천 무畝의 논이 개척되었다.

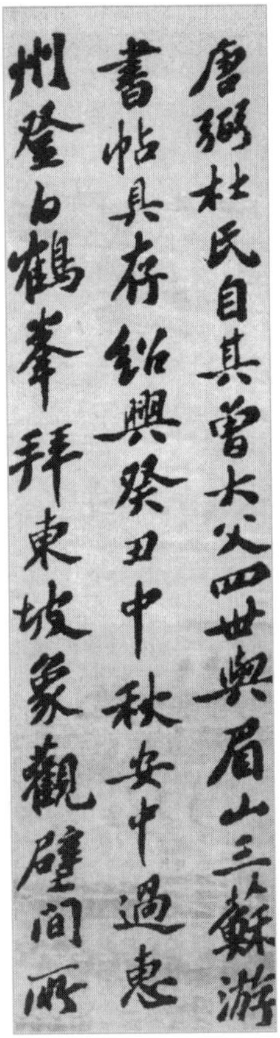
唐彌杜氏自其曾大父四世與眉山三蘇游
書帖具存紹興癸丑中秋安中過惠
州登白鶴峯拜東坡象觀壁間所

왕안석의 척독 척독尺牘은 짧은 편지글을 말한다.

상을 떠나자 왕안석은 모친상을 치른다는 핑계로 사직하고 집으로 돌아갔다.

그러다가 이번에 속히 상경하라는 신종의 어명을 받았던 것이다. 신종이 개혁을 밀고 나갈 인재를 물색하고 있다는 것을 안 그는 기쁜 마음으로 경성으로 올라왔다.

신종은 경성으로 올라온 왕안석에게 이렇게 물었다.

"이 나라를 개혁하려면 무엇부터 하는 것이 좋을 것 같소?"

"소신이 생각건대, 우선 낡은 법을 없애고 새로운 법을 세워야 할 줄로 아옵니다."

왕안석은 주저 없이 이렇게 대답했다.

1069년, 신종은 왕안석을 부재상으로 임명했고, 왕안석은 신종의 윤허를 받아 젊은 관원들을 과감하게 등용하여 신법을 제정하는 전문 기구를 세웠다. 이렇게 변법의 권력을 쥐게 된 왕안석은 개혁을 강력하게 밀고 나갈 수 있게 되었다.

왕안석의 변법은 국가의 재정을 늘리고 왕조의 통치를 공고히 하는 데 효과적이었으나, 반면에 대지주들에게는 손해를 가져다줘서 대지주를 비롯한 각종 세력의 반대를 받았다. 변법을 반대하는 사람들이 많아지자 신종은 동요하기 시작했다.

변법을 밀고 나갈 가능성이 보이지 않자 왕안석은 사직서를 올렸다. 신종은 왕안석을 강녕부로 내려보내면서 잠시 심신의 휴식을 취하라고 당부했다.

청백 도자기 그릇

이듬해에 신종은 왕안석을 조정에 불러들여서 재상으로 임명했다. 그런데 몇 달 후에 하늘에 혜성이 나타나자, 사람들은 이를 매우

불길한 징조로 받아들였다. 마음이 불안해진 신종은 대신들을 모아놓고 조정에 대한 의견을 들었는데, 보수파들은 이 기회를 이용하여 신법을 공격했다. 왕안석은 그들의 공격에 맞서서 신법을 수호하면서, 그런 미신을 믿지 말라고 신종에게 권유했다. 하지만 신종은 왕안석의 말을 듣지 않고 신법 시행을 주저했다.

목란피木蘭陂 목란피는 지금의 복건성 보전현에 있다. 밀물의 침입을 막을 뿐만 아니라 영춘, 선유 등지에서 흘러드는 담수를 막아서 많은 논에 관개할 수 있다.

이후 왕안석은 신법을 계속 밀고 나갈 수가 없게 되자 1076년 봄에 또다시 재상직을 사직하고 강녕부로 돌아갔다.

심괄의 출사

沈括出使

심괄

진종 대부터 송나라 조정은 해마다 요나라에 은과 비단을 바치는 것으로써 변경의 안정을 유지해 왔다. 그러나 연약한 송나라를 얕잡아 본 요나라는 틈만 나면 구실을 만들어 송나라 국토를 빼앗으려고 했다. 1075년, 요나라는 사신 소희蕭禧를 보내서 두 나라간의 국경을 다시 정하자고 했다.

신종도 대신을 파견해 담판을 했는데 며칠 동안 입씨름만 하고 아무런 성과도 얻지 못했다. 소희는 황외산黃嵬山(산서성 원평현 서남쪽) 일대 30여 리가 요나라 땅이라고 고집을 부렸다. 그런데 송나라 대신은 소희가 제기한 요구가 말도 안 된다는 생각을 하면서도 그곳 지리를 몰라서 반박을 하지 못했다. 그래서 신종은 심괄沈括을 보내서 소희와 담판을 하게 했다.

몽계원의 심괄 기념관

심괄은 항주杭州 전당현 사람으로, 왕안석의 변법을 지지했다. 그는 공무

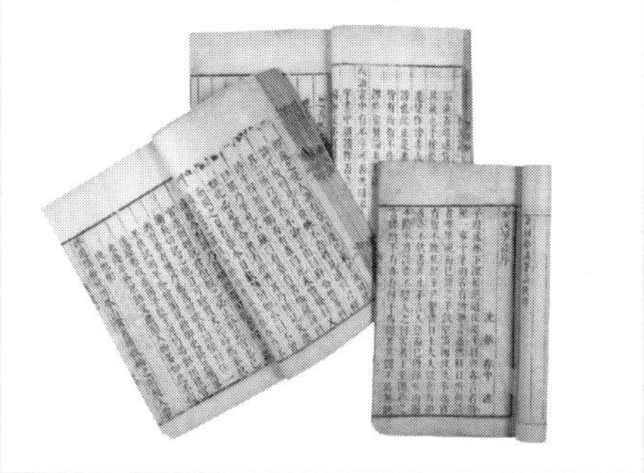

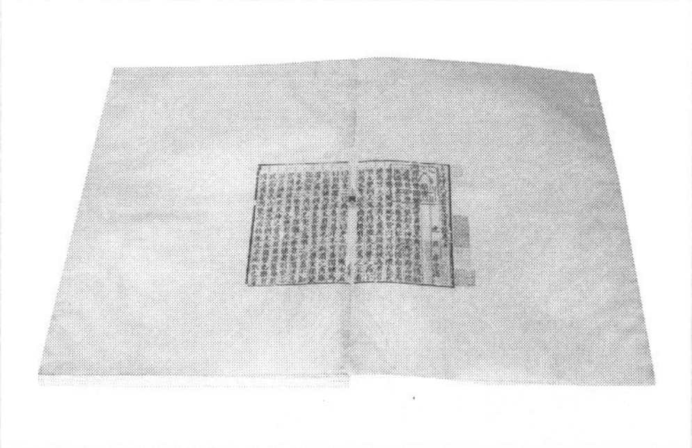

심괄이 편찬한 『몽계필담』(좌)

원나라 대덕 연간의 출간본 『몽계필담』(우) 책 장정이 호접장蝴蝶裝 방식이다. 호접장은 송원시대에 유행하던 책 장정 방식이다.

에 충실할 뿐만 아니라 지리에도 정통한 사람이었는데, 제일 먼저 추밀원에 가서 변경 관련 서류들을 면밀히 검토해 보고 황외산 일대 30리 땅이 송나라 땅임을 증명했다. 그것을 본 신종은 매우 기뻐했으며, 소희는 말문이 막혀 더는 고집을 부리지 못했다.

그러자 신종은 심괄을 요나라 도성 상경上京(내몽골자치구 파림좌기 남쪽)으로 출사시켰다. 심괄은 많은 지리 자료들을 수집한 다음에 수행 관원들에게 명해 그 자료들을 달달 외우게 했다. 그리고 상경으로 가서 요나라의 재상 양익계楊益戒와 변경 문제를 담판하게 되었는데, 요나라가 제기한 문제들을 확실한 증거로써 하나하나 반박했다.

청자 꽃무늬 물병과 꽃봉오리 모양 쟁반 뚜껑의 손잡이가 개 모양이다.

요나라는 승산도 없는데 시간만 질질 끌다가는 오히려 불리해질 것 같아서 결국 자국의 무리한 요구를 거두어들였다.

수행 관원들을 데리고 송나라로 돌아오는 길에, 심괄은 어느 고장을 지날 때마다 그 고장의 산과 강, 관문과 도로 등을 자세히 지도에 그려 넣었으며 그곳의 풍속과 세태 등도 상세히 기록했다. 그리고 동경에 돌아온 뒤에

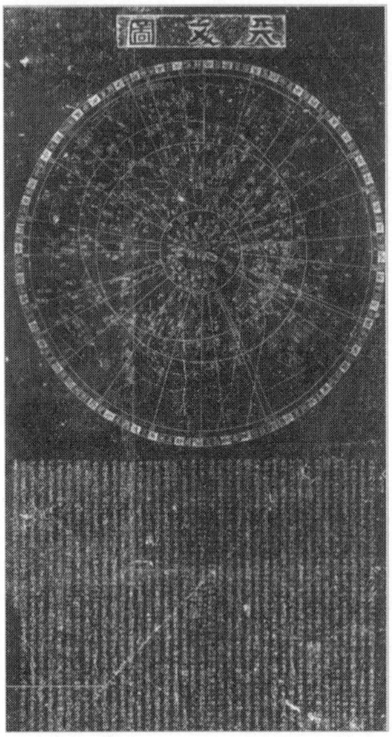
『몽계필담』의 천문도

그 자료들을 정리해서 신종에게 바쳤다. 신종은 심괄의 담판 능력과 사무 능력을 칭찬하며 그를 한림학사로 등용했다.

심괄은 지형에 대한 고찰을 중시함으로써 송나라와 요나라 간의 변경 문제로 인한 마찰을 감소시킬 수 있었다. 한번은 신종이 심괄에게 명해 정주定州(하남성 정현)를 순시하게 했다. 심괄은 사냥을 한다는 구실로 스무 날 동안 정주 변경의 지형을 상세하게 고찰하고, 톱밥과 촛농을 버무려 그곳의 지형을 본뜬 입체 모형을 만들었다. 그리고 정주로 돌아와서는 목공에게 명해 자신의 입체 모형에 근거해 목제 모형을 만들게 해서 이를 신종에게 바쳤다.

신종은 심괄이 만든 지도와 모형을 중히 여겼으며, 이듬해에는 심괄에게 명해 전국의 지도를 만들게 했다. 그로부터 12년 후에 심괄은 마침내 당시로서는 가장 정확한 전국 지도인 「천하군국도天下郡國圖」를 완성했다.

심괄은 지리 연구뿐만 아니라 다른 과학 분야에서도 높은 성과를 거둔 과학자였다. 그는 3개월 동안 밤잠을 자지 않고 혼천의로 북극성을 관찰하여 정확한 위치를 찾아내기도 했다.

만년에 이르러 심괄은 윤주潤州에 있는 몽계원夢溪園으로 내려가 한적한 생활을 했다. 그리고 그곳에서 자신의 연구 성과들을 정리하여 『몽계필담夢溪筆談』을 편찬했는데, 이 책에는 심괄의 연구 성과뿐만 아니라 당시 백성들의 발명도 많이 기록되어 있었다.

사마광의 『자치통감』

司馬光의『資治通鑑』

사마광

왕안석이 재상직에서 물러난 후에 신종은 그가 제정한 신법을 10여 년 가까이 실행해 나갔다.

1085년, 신종이 병으로 죽자 겨우 열 살밖에 되지 않은 어린 태자 조후趙煦가 왕위에 올랐는데 그가 바로 철종哲宗이다. 철종이 너무 어리기 때문에 할머니인 고태후가 임조청정臨朝聽政(조정에 나와 정사를 들음)을 했는데, 그녀는 신법을 줄곧 반대해온 사람으로서 역시 신법을 강력하게 반대했던 사마광司馬光을 재상으로 삼았다.

사마광은 조정 대신들 중에서 명망이 가장 높았는데, 어려서부터 이름이 널리 알려진 신동이었다. 일곱 살 때부터 열심히 글을 읽기 시작한 그는 무더운 여름날이든 추운 엄동설한이든 가리지 않고 늘 손에서 책을 놓지 않았으며 어떤 때는 먹고 잠자는 것도 잊고 책을 읽곤 했다.

북송의 통천관通天冠 복원도

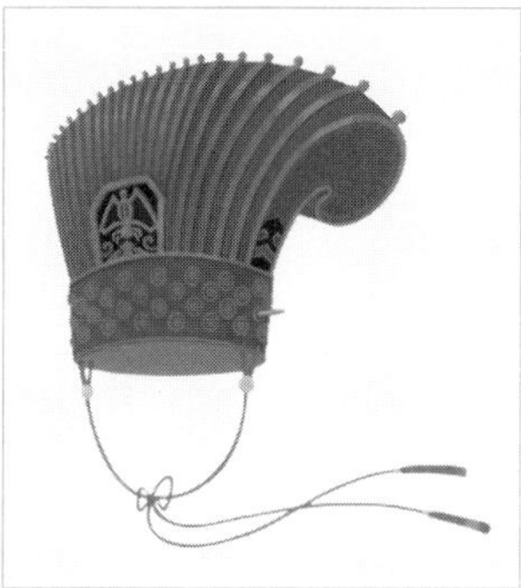

그는 부지런히 글만 읽은 것이 아니라 어려서부터 남달리 총명한 자질을 가지고 있었다. 하루는 그가 또래 아이들과 함께 후원에서 놀고 있는데 한 아이가 그만 물이 가득한 큰 독에 빠지고 말았다. 독은 그 아이의 키를

『자치통감』(좌)

금테를 두른 옥잔(우) 〔북송시대〕

훌쩍 뛰어넘었다. 그러자 어떤 아이들은 무서워서 엉엉 울기 시작했으며, 어떤 아이들은 어른을 부르러 간다며 밖으로 뛰쳐나갔다. 그러나 사마광은 큰 돌을 들어 있는 힘을 다해 그 독을 깨버렸다. 그러자 독 안에 있던 물이 삽시간에 빠져나가고 아이는 목숨을 건지게 되었다. 이 우연한 일로 어린 사마광의 총명함은 널리 알려지게 되었다.

신종 대에 한림학사를 지냈던 사마광은 원래 왕안석과 절친한 사이였는데, 그가 개혁을 반대하는 바람에 두 사람은 사이가 벌어지고 말았다. 사마광은 왕안석이 재상이 된 후에 시행한 개혁 조치들을 모두 다 반대했다.

원래 사마광은 역사를 연구하기 좋아했다. 나라를 다스리려면 역사에 통달하고 그 흥망성쇠를 교훈으로 삼아야 한다고 생각했던 것이다. 그런데 이때까지의 역사책들은 너무 번잡해서, 국사에 다망한 황제들이 그런 역사책들을 무슨 수로 다 볼 수 있겠냐고 생각한 그는 구성이 보다 간결한 역사책을 만들려고 했다.

까치가 그려져 있는 백자 베개(좌) 〔북송시대〕

꽃 모양으로 된 굽 높은 등잔(우) 〔북송시대〕

사마광은 영종이 살아 있을 때 원고의

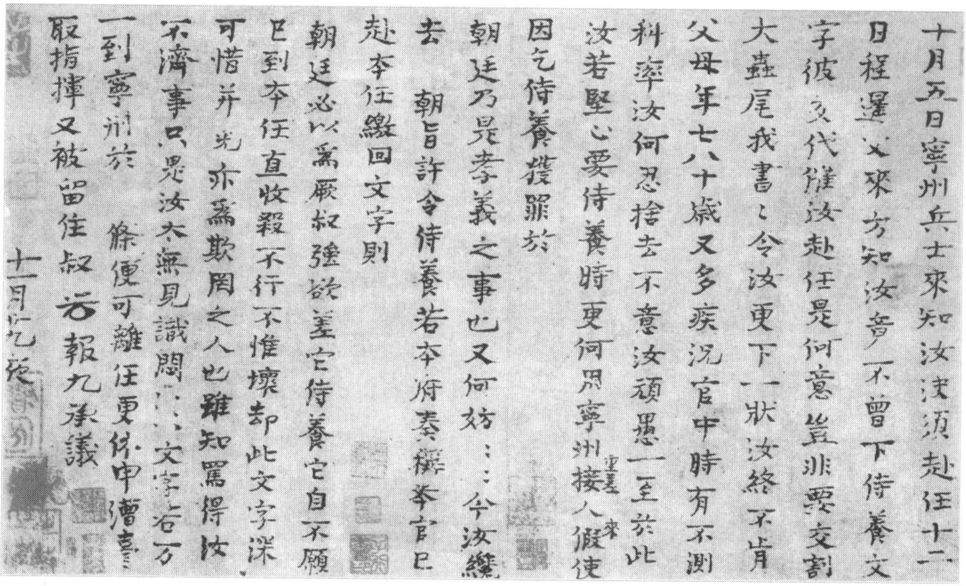

사마광의 영주첩권寧州帖卷 〔북송시대〕

일부를 보여주었고, 영종은 왕조의 통치를 공고히 하는 데 아주 유용한 책이라고 칭찬했다. 그리고 역사책을 편찬하는 전문 기구를 세워주고, 사마광이 책임지고 편찬을 계속하도록 했다.

신종이 즉위하자 역시 원고의 일부를 보여주었는데, 신종은 사마광의 정치관에는 동의하지 않았지만 역사책 편찬만은 지지했다. 신종은 자신이 젊었을 때 모아두었던 장서 2천4백 권까지 내주면서 그의 일을 지지해 주었으며, 역사책의 제목을 『자치통감資治通鑒』이라고 지어주었다. '자치資治'란 '나라를 다스리는 데 도움을 준다'는 의미이다.

사마광은 무려 19년이란 세월이 지나서야 『자치통감』을 완성했는데, 연대순으로 엮은 이 역사책은 전국시대인 기원전 403년부터 5대시대인 959년까지 1천3백60년의 역사를 기록하고 있다.

고태후가 임조청정을 하자, 사마광은 경성으로 다시 올라왔는데 이미 늙고 병들었지만 왕안석의 신법을 반대하는 태도만은 조금도 변하지 않았다. 그는 재상이 되자마자 왕안석의 신법을 모조리 폐지시켜 버렸다. 그 소식을 들은 왕안석은 울화로 병이 들어 세상을 하직했다. 같은 해에 사마광도 병이 날로 위중해져서 결국 9월에 병상에서 숨을 거두었다.

대문호 소식
文豪蘇軾

소식 소식의 자는 자첨子瞻, 호는 동파거사東坡居士이다. 미산眉山 사람으로, 북송의 저명한 문인이자 화가, 서예가이다.

왕안석이 변법을 실시할 때, 소식蘇軾은 보수적인 구당의 편에 서서 변법을 반대하는 상소를 두 차례나 올렸고 이 일로 인해 외직으로 쫓겨났다. 이후 항주 통판通判과 밀주, 서주, 호주 등지의 지주知州로 있다가 또다시 '오대시烏臺詩' 필화 사건에 연루되어 옥살이를 했으며 황주黃州 단련부사團練副使로 좌천되었다.

그러다가 사마광이 재상이 되어 모든 신법을 폐지할 때 한림학사로 기용되었다. 그러나 소식은 현실의 체험을 통해 신법에도 취할 점이 있다고 주장했고, 사마광은 그 말을 듣지 않았다. 이에 격분한 소식이 사마광을 비난하는 말을 하자, 보수파들은 그를 왕안석의 일파로 몰아 지방으로 내쫓았다. 그래서 소식은 또 차례로 항주, 영주, 양주 등지의 지주가 되었다. 이후 보수파가 몰리고 신당이 득세하게 되자 신당은 소식을 보수파로 몰았고, 그 결과 또다시 좌천을 당하고 말았다.

소식은 정치관은 보수적이나 지방의 관리로 있을 때 좋은 일을 많이 한 훌륭한 관리였다. 서주에 있을 때 황하가 범람하자 위험을 무릅쓰고 직접 군대와 백성을 지휘하여 제방을 높이 쌓고 백성들의 목숨과 재산을 보호했다. 항주에 있을 때는 수리

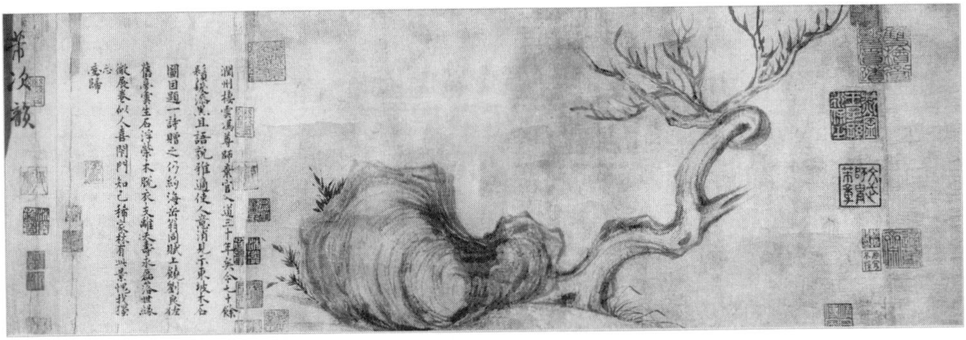

소식의 고목괴석도枯木怪石圖〔북송시대〕 소식은 '사대부화士大夫畵'를 제창하며 '그림으로 뜻을 말해야 한다'고 주장했다. 이 그림은 선회旋回의 필봉으로 괴석과 고목을 그렸는데 그 정경이 괴이하다.

건설에 힘을 기울였는데, 서호가 범람하지 못하도록 도랑을 팠으며 바닥의 진흙을 파내 기나긴 제방을 쌓았다. 그 제방이 바로 그 유명한 '소제蘇堤'이다.

소식은 비록 정치적 포부를 이루지는 못했지만 문학에서는 굉장히 큰 성과를 거두었다. 바다의 격랑과도 같이 격동적인 그의 산문은 감염력이 크고, 청신淸新하고 호방한 그의 시는 독특한 예술적 성취를 자랑하고 있으며, 더욱이 그의 사詞는 실속없이 화려하기만 한 당시의 시풍을 거부하고 기존의 음률 형식의 속박에서 벗어나 새롭고 호탕한 시풍을 이루고 있다.

소식이 황주로 좌천되어 내려갔을 때의 일이다. 하루는 황주 부근의 적벽에서 도도하게 흘러가는 장강을 바라보다가 감개가 무량하여 즉흥적으로 「염노교念奴嬌—적벽회고赤壁懷古」를 지어 읊었다.

장강의 물결은 동쪽으로 흘러가며 옛 영웅들의 흔적을 씻고
옛 보루의 서쪽을 사람들은 주유의 적벽이라고 하네.

난석은 하늘을 뚫고 성난 파도는 둑을 할퀴며 회오리는 눈보라를 일으키네.

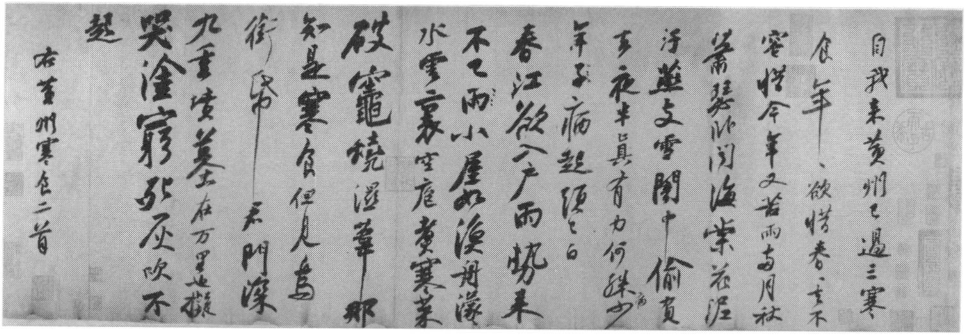

소식의 「황주한식시黃州寒食詩」(북송시대)

강산이 이렇듯 그림 같은데 한때 얼마나 많은 호걸들이 여기서 싸웠던가.

주공근이 살던 그 시절을 회상하니 소교(주유의 부인)가 시집을 오고

우선羽扇(제갈량)과 윤건綸巾(주유)이 이야기꽃을 피우는 사이 조조의 배들은 재가 되었도다.

마음은 고향으로 내달리니 내 머리에 일찍 돋은 서리에 새로운 감개가 절로 난다.

인생이 꿈과 같으니 강물과 달빛을 한 잔 술에 담노라.

소식의 생가이자 사당인 삼소사三蘇祠의 서련정瑞蓮亭

일 년 후에 막역한 친구인 범대림은 그 사를 보고 "멋진 사다. 참으로 멋진 사다. 얼마나 호방한 기개인가!"라고 감탄했다. 그런가 하면 고경도高耕道는 소식의 이 사와 당시 유행하던 유영柳永의 「우령림雨鈴霖」을 비교하면서 이렇게 말했다.

"유영의 사는 열일곱이나 열여덟 살 난 소녀가 손에 붉은 단판檀板을 들고 '버드나무 늘어선 강기슭,

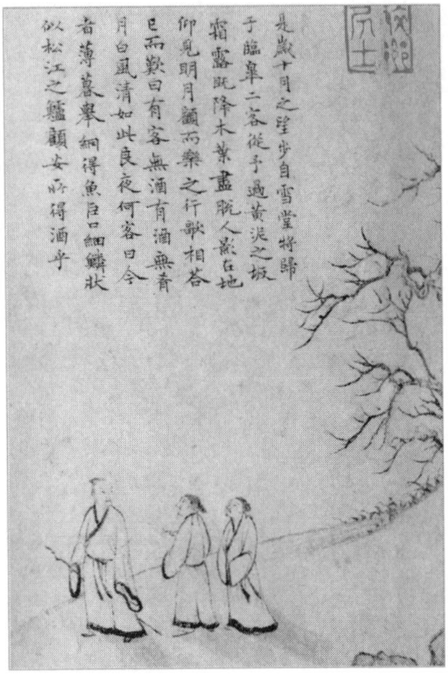

소식의 시 「후적벽부」와 그림 족자 〔북송 교중상喬仲裳〕

새벽바람 스쳐가는 그믐달' 을 구슬프게 부르는데 걸맞지만 소식의 사는 그렇지 않다. 반드시 관서의 사나이가 철판과 구리 비파를 들고 '장강의 물결은 동쪽으로 흘러가며' 를 불러야 그 시의 호걸풍을 잘 표현할 수 있다."

이외에도 소식은 서예가와 화가로도 이름이 높았으며, 특히 행서行書와 해서楷書에 재능이 특출했고 죽석竹石을 잘 그리는 것으로 유명했다. 한 마디로 그는 다재다능한 예술가였으며, 이 때문에 아직까지도 후세 사람들의 존경의 대상이 되고 있다.

화석강

송 휘종 조길

고태후가 임조청정을 한 지 8년 만에 죽자, 철종이 직접 조정 일을 관장하게 되었다. 고태후가 보수파들을 중용하는 것에 불만을 품고 있었던 젊은 철종은 변법파變法派들을 등용했다. 그러나 그들은 왕안석처럼 진심으로 조정을 개혁하려는 것이 아니라 변법파라는 허울을 쓰고 자신의 사리사욕을 추구하는 자들이었다. 철종이 죽자 동생인 휘종徽宗 조길趙佶이 즉위하여 조정을 더욱 어지럽게 만들었다.

한낱 풍류 황제인 휘종은 나라를 어떻게 다스려야 하는지는 전혀 모르고 서화나 진기한 보물에만 관심이 많았다. 그래서 그의 심복이었던 환관 동관童貫은 황제의 비위를 맞추기 위해 전문 서화와 보물들을 구해다 바치곤 했는데, 한번은 소주 일대에 내려가서 서화와 보물을 거둬들이다가 그곳의 관원 채경蔡京을 만나게 되었다. 채경은 동관의 세도에 빌붙어 높은 벼슬을 하려는 욕심으로 매일 진수성찬을 극진히 대접했으며 주변의 명산대천을 모두 구경시켜 주었다. 그리고 수많은 금은보화를 뇌물로 바쳤다. 이

연꽃 모양 사발 (북송 시대)

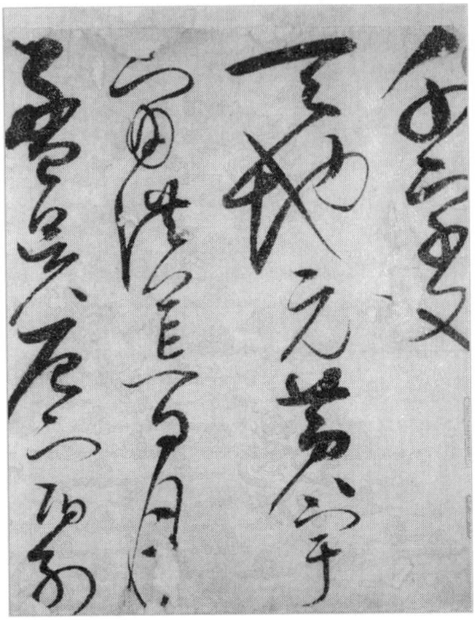

휘종이 초서로 쓴 천자문

에 동관은 휘종에게, 얻기 어려운 인재를 발견했다고 허황된 보고를 했다.

이렇게 해서 동경으로 올라오게 된 채경은 우선 도처로 다니면서 자기 패를 묶기에 바빴다. 채경과 한 패가 된 대신 하나는 휘종에게 이렇게 말했다.

"신법을 실시하는 것은 나라의 중대사이옵니다. 그런데 지금 조정에는 신법을 제대로 밀고 나갈 사람이 없사옵니다. 폐하께서 선제(신종)의 변법에 관한 유훈을 계승하시려면 채경을 등용하는 수밖에 다른 방법이 없는 줄로 아옵니다."

그러면서 도표를 휘종에게 바쳤는데 오른쪽에는 보수파, 왼쪽에는 변법파가 적혀 있었다. 그런데 보수파로는 조정의 모든 대신들의 이름이 올라가 있었고 변법파로는 두 명의 이름만이 적혀 있을 뿐이었는데 그 중 한 사람이 바로 채경이었다. 휘종은 이를 보고 대단히 기뻐하면서 그 즉시 채경을 재상으로 임명했다.

채경은 재상이 되자 변법의 명분 아래 보수파이건 변법파이건 상관없이, 무릇 정직한 대신들이라면 모두 '간당奸黨', 즉 간신의 무리로 몰아 배척했다. 그리고 휘종에게 상소를 올려 단례문端禮門 앞에 '당인비黨人碑'를 세웠는데 그 비문에는 사마광, 문언박文彦博, 소식, 소철 등 120명이 원우간당元祐奸黨으로 적혀 있었다('원우'는 철종 전반기의 연호이다). 그리고 이 '원우간당' 중에 이미 죽은 사람들은 추증追贈한 관직을 박탈하고, 살아 있는 사람들은 현직 벼슬을 박탈한 후 귀양을 보냈다. 채경의 이러한 간악한 행동으로 인해 정직한 대신들은 조정에서 쫓겨나고, 채경의 무리들은 모두 벼슬이 승격되었다. 그리고 왕안석이 제정한 변법은 채경의 조작으로 인해 전혀 다른 법이 되었으며, 백성들의 노역과 부담을 덜어주려고 한 변법이 오히려 백성들을 수탈하는 수단이 되어버렸다.

유리 물병 〔북송시대〕 마개는 금으로 되어 있으며 손잡이가 달려 있다.

동관과 채경은 휘종의 환심을 사기 위해 한낱 건달잡배에 지나지 않는 주면朱勔을 소주로 보내서 '응봉국應奉局' 이란 걸 세우고 화석花石(아름다운 무늬가 있는 바위)을 수집하게 했다. 주면의 수하에는 그런 일을 전문으로 하는 관리들이 많았는데 그들은 백성들의 집에 기이한 화석이 있다는 말만 들으면 병사들을 이끌고 들어가 다짜고짜 '황봉조黃封條' 라는 누런 딱지를 붙였다. 그러면 백성들은 그 화석을 황제에게 상납하기 전까지 잘 보관해야만 했는데, 만약 그 사이 조금이라도 잘못되면 '대불경죄大不敬罪' 로 벌금을 물거나 옥살이를 해야 했다.

주면은 이렇게 수탈해 온 화석들을 배에 가득 실어서 동경으로 가져왔다. 배가 모자라면 상선들을 붙잡아서 운반하던 식량을 내려놓고 대신 화석들을 실어 나르게 했다. 배들이 많으니 거기에 징용된 일꾼들 또한 많았다. 강에서는 수많은 배들이 오르내렸고, 징발된 일꾼들은 화석을 싣고 나르느라 잠도 제대로 자지 못했다. 이렇게 황궁으로 보내지는 화석을 당시 사람들은 '화석강花石

학이 나뭇가지를 물고 있는 모양의 옥패 〔북송 시대〕

綱' 이라고 불렀다.

화석강을 본 휘종은 크게 기뻐하며 주면의 벼슬을 올려주었으며, 화석강이 날로 많아짐에 따라 주면의 벼슬도 날로 높아져 갔다. 그러자 일부 권신들과 귀족들까지도 주면의 환심을 사기 위해 그를 추켜세우는 말을 아끼지 않았다. 당시 사람들은 주면이 관장하고 있는 소주와 항주의 응봉국을 '동남東南의 작은 조정' 이라고까지 했는데 이것만 보더라도 주면의 권세가 어느 정도였는지를 짐작할 수 있다.

북해의 명석 〔북송시대〕 머나먼 강남에서 경성으로 운반해 온 화석들이다. 금나라는 북송을 멸망시킨 후 수많은 화석들을 중도中都(북경)로 가지고 갔다.

이강이 금나라에 맞서 싸우다

李綱抗金

송나라가 쇠퇴 일로를 걷고 있을 때 동북 지역에서는 여진족이 점차 강대해지고 있었다. 1115년, 여진족의 수령 완안아골타完顔阿骨打는 금나라를 건립하고 이후 송나라를 자주 쳐들어왔으며, 송나라는 침략을 막아내기가 힘겨웠다.

이강

1125년 겨울, 금나라 태종太宗이 또 남침하여 송나라의 도성인 변경에까지 이르렀다. 혼비백산한 휘종 조길은 황위를 동궁(태자가 있는 궁전)에 넘겨준다는 조서를 급히 쓰고 퇴위하여 '태상황'이 되었다. 그러고는 친병親兵(근위병)들을 데리고 밤에 몰래 도성을 빠져나갔다. 이리하여 태자 조환趙桓이 황위에 올랐는데 그가 바로 흠종欽宗이다. 그도 경황 중에 어쩔 줄을 몰라 하자 재상 백시중白時中과 양방언楊邦彦이 도성을 버리고 도망가자고 주장했다. 그러자 병부시랑 이강李綱이 달려와 흠종을 배알하며 이렇게 말했다.

말과 말몰이꾼 인형 〔북송시대〕

"태상황께서는 경성을 지키는 천금같이 무거운 짐을 폐하께 맡기셨습니다. 그런데 금나라군이 쳐들어오지도 않은 상황에서, 경성을 버리고 떠나신다면 장차 이

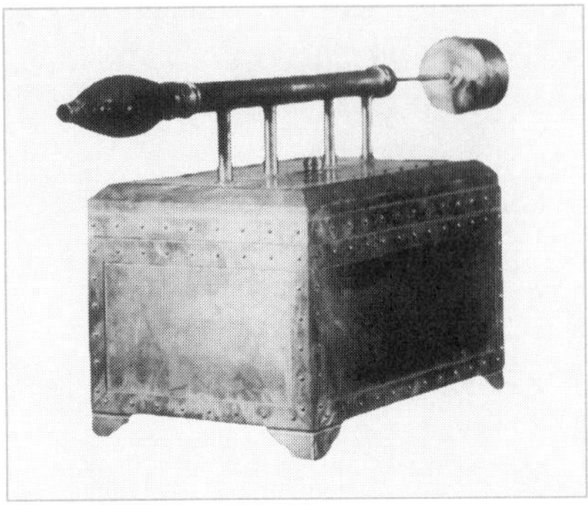

맹화유거猛火油柜 모형 화염 분사용 병기이다.

일을 태상황께 어떻게 말씀드릴 것이며 백성들한테는 뭐라고 하시겠습니까?"

흠종이 말문이 막혀 대답을 못하자 곁에 있던 백시중이 노한 음성으로 물었다.

"금나라군의 기세가 이렇듯 험한데 어떻게 도성을 지킬 수 있다고 그런 말을 하는가?"

그러자 이강은 백시중을 노려보며 이렇게 반문했다.

"전국의 성곽 중에 경성보다 더 든든한 성곽이 어디 있겠습니까? 경성을 지킬 수 없다면 이 나라를 지킬 수 있는 성곽이 어디 있겠냔 말입니다. 하물며 종묘사직과 백만 백성이 모두 이 경성 안에 있거늘 이곳을 버리고서야 우리가 무엇을 지킨단 말입니까? 장병들을 격려하고 백성들을 안무하면 경성을 지켜낼 수 있는데도 재상은 왜 도망칠 궁리만 하고 있습니까? 그러고도 한 나라의 재상된 도리를 다 한다고 할 수 있습니까?"

이강의 충성심에 감동한 흠종은 경성 변경을 사수하기로 하고 이강에게 경성 수비를 맡겼다. 성루 위에 오른 이강은 즉시 장병들을 지휘하여 경성을 방어할 만반의 준비를 갖추었다.

며칠 후에 금나라 장군 종망宗望이 거느리는 10만 철기병鐵騎兵이 변경성 아래에 이르렀다. 그리고 날이 밝자 맹렬하게 성을 공격하기 시작했다. 그들은 변하汴河에 수십 척의 화선火船을 띄워 내려보내는 방법으로 변경성을 불태우려고 했으나 성벽에 접근할 수가 없었다. 이를 미리 예견한 이강이 변하 안에 말뚝을 여러 겹 박아

북송의 신비궁神臂弓 복원도 신비궁은 병사 한 명이 발사하는 노이지만, 그 위력은 궁노 중에서 제일이다. 사정거리가 4백60미터나 되고 두 겹의 갑옷을 꿰뚫을 수 있다.

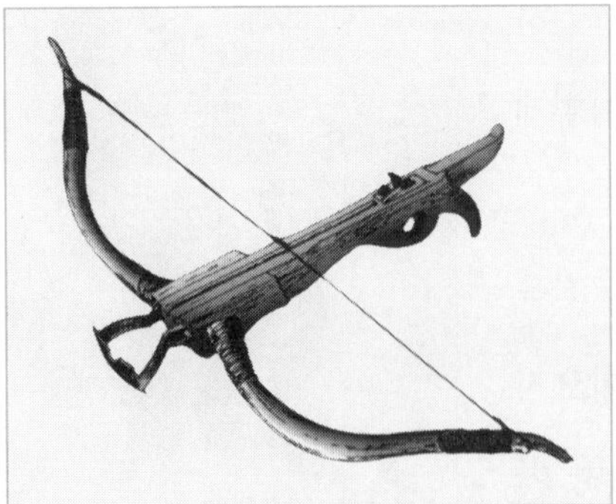

놓고 채경의 부중에 있는 돌들을 날라다 통로를 막아놓았기 때문이었다. 이강은 성 아래에 미리 매복시켜 두었던 결사대 2천 명에게 명해 적의 화선들을 긴 갈고리로 걸어 공격했다. 오도 가도 못하게 된 적의 화선들은 그 자리에서 모두 재가 되어버리고 말았다.

무관상 (금나라)

그렇게 되자 종망은 왕패王牌(확실한 패)인 철기병을 내보냈다. 금나라 철기병은 흉맹하기 그지없는 데다가, 모두 철갑옷을 입고 투구를 써서 활을 쏘아도 박히지 않고 창으로 찔러도 들어가지 않았다. 그런데 철기병들은 말을 타고 성을 공격하기가 불편하다는 것을 깨닫고는 모두들 큰 배를 타고 성으로 접근했다. 이강은 성 아래의 군사들을 모두 성곽 위로 불러 올려서는, 금나라군이 탄 배들이 수문까지 오기를 기다렸다가 거대한 바위를 일제히 던지게 했다. 1백 근이 넘는 바위가 우박처럼 날아 떨어지자 아무리 철갑과 투구로 몸을 감싼 금나라군이라도 견뎌낼 수가 없었다.

북송 동경의 평면도
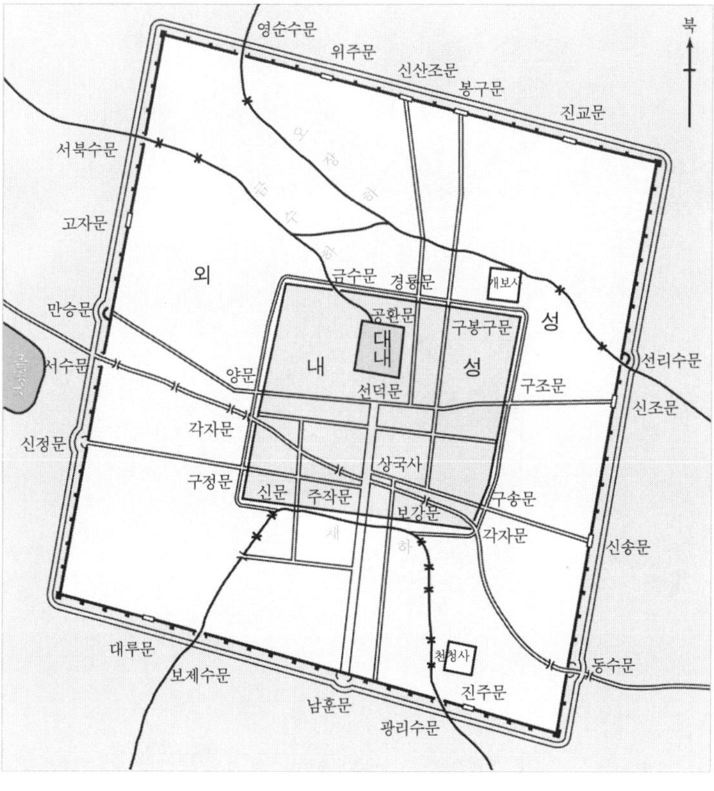

병사들은 머리가 깨지고 배들은 바닥이 부서져서 물 속에 가라앉았다. 요행히 살아남은 병사들도 무거운 철갑 때문에 모두 물 속으로 가라앉고 말았다.

사기충천한 송나라 병사들은 너나없이 용감하게 적을 무찔렀고, 이강은 관복을 걷어붙이고 손수 북을 쳤다. 그 결과 그들은 적군의 수 차례에 걸친 공격을 물리쳤다.

금나라 장군 종망은 원래 속전속결의 방법으로 변경을 함락하려고 했는데, 변경의 방비가 이처럼 튼튼할 줄은 꿈에도 생각하지 못했다. 그는 성을 함락시킬 방법이 없는 데다가 사상자가 날이 갈수록 부쩍 늘어나자 하는 수 없이 송나라와 화의를 맺었다.

정강의 변

靖康之變

금나라 장수 종망이 물러갈 때 종사도種師道는 금나라군이 황하를 건널 때 기습하여 아예 일망타진해 버리자고 건의했으나, 흠종은 이에 동의하지 않고 오히려 그를 파직시켰다.

송 흠종

금나라군이 물러가자 흠종과 일부 대신들은 태평세월이 왔다고 좋아했지만, 사실 금나라군은 종망이 지휘하는 동로군東路軍만 퇴각했을 뿐 종한宗翰이 지휘하는 서로군은 계속 남진하여 태원을 공격했다. 이에 흠종은 대장 종사중種師中으로 하여금 군사를 거느리고 가 태원을 구원하게 했는데, 종사중의 군대는 중도에 금나라군에게 포위되어 참패하고 종사중도 전사하고 말았다. 그러자 이강을 시기하고 있던 강화파들이 그를 하북 싸움터로 내보내라고 흠종을 설득했다.

이강은 이것이 자신을 배척하는 술수라는 것을 모르지 않았으나 금나라군을 막고 나라를 지키는 일이라 두말없이 어명을 받들었다.

하양에 도착한 이강은 군사를 모집하면서 금나라군과 싸울 준비를 갖추어 나갔다. 그런데 이때 모집한 신병은 해산시키고

휘종의 청금도聽琴圖

이강은 군대를 이끌고 태원으로 진군하라는 조정의 영이 내렸다. 이강은 하는 수 없이 군대를 세 갈래로 나누어 태원으로 진군했다. 그런데 조정에서 직접 지휘하는 탓에 장수들이 이강의 지휘를 따르지 않았다. 지휘가 통일되어 있지 않았기 때문에 결국 이강의 군대는 금나라군에게 대패하고 말았다.

명색만 통수일 뿐 지휘권이 없었던 이강은 조정에 사직서를 올렸고, 흠종은 그를 남방의 지방 관리로 좌천시켰다. 금나라 태종은 가장 두려워하던 장수인 이강이 없어졌으므로 즉시 종망과 종한에게 명하여 동경으로 진군하게 했다. 종한의 서로군은 8개월이나 싸움을 견지하던 태원성을 함락시켰다.

태원이 함락되자 금나라군은 동서 두 갈래로 남으로 내려왔다. 동경이 위험에 처하게 되자 각지의 송나라군은 자발적으로 동경을 구원하러 오려고 했다. 그런데 흠종과 강화파 대신들은 금나라에 땅을 바치고 화의할 준비를 하면서 각지의 구원군들에게 원래 있던 곳으로 돌아가라는 영을 내렸다.

시시각각 동경으로 육박해 오는 금나라군을 보고 어찌할 바를 모르던 흠종은 강화파 대신들이 금나라와 화의를 해야 한다고 끈질기게 설득하자, 하는 수 없이 금나라에 화의를 청하려고 동생인 강왕 조구趙构를 종망에게 보냈다.

그런데 조구가 자주磁州(하남성 자현)를 지날 때 지주知州 종택宗澤이 그를 말리며 이렇게 말했다.

"금나라가 우리와 화의를 하겠다는 건 속임수에 불과합니다. 금나라의 대군이 이미 도성 아래에 이르렀는데 우리와 화의를 할 까닭이 무엇입니까? 놈들의 간계에 속아서는 안 됩니다."

자주의 백성들도 조구가 탄 말을 막으면서 화의를 청하러 가서는 안 된다고 간청했다. 조구도 곰곰히 생각해 보니 화의하러 갔다가 오히려 포로가 될까 봐 두려웠다. 그래서 금나라 진영으로 가지 않고 상주相州(하남성 안양시)에 남았다.

금나라 기마 무사가 새겨진 벽돌그림

얼마 지나지 않아 동경성 아래에 당도한 금나라의 두 갈래 군대는 그 즉시 맹공격을 감행했다. 이때 도성 안에는 금군禁軍 3만 명밖에 없었는데 그나마도 싸움이 시작되자 대부분이 달아나 버렸다. 더구나 다른 곳에 있는 송나라군은 조정에서 내린 영이 있는지라 누구도 동경을 구원하러 오지 못했다. 이렇게 되자 흠종은 고립무원의 처지에 처하게 되었다.

흠종은 한바탕 대성통곡을 하고는 대신들을 데리고 금나라 진영으로 가서 항복했다. 금나라 장수 종한은 하동, 하북의 땅과 황금 1천만 정錠, 은 2천만 정, 비단 1천만 필을 바치라고 강요했고, 흠종은 그 가혹한 조건을 모두 받아들인 다음에 동경으로 돌아왔다.

노부대종鹵簿大鐘 정강 원년(1126년)에 금나라는 북송의 수도인 개봉을 점령했으며, 이듬해에는 휘종과 흠종을 포로로 끌고 가면서 개봉에 있는 많은 문물들을 약탈해 갔다. 사진 속의 이 종도 그 중 하나이다.

동경으로 돌아온 흠종은 24명의 관원들에게 명해 금나라군을 도와 황실의 내외척 및 관리들의 집, 심지어는 승려들이 있는 사찰과 도관까지 샅샅이 뒤져, 엄청난 양의 금은보화와 진귀한 골동품들을 거둬들였다. 그리고 그것을 하나도 남김없이

아기 모양의 목침 (북송시대)

금나라에 바쳤을 뿐만 아니라 전국 주와 군의 지도들도 모두 빼앗기고 말았다.

1127년 4월, 금나라군은 태상황 휘종과 황제 흠종, 황족 및 관리 2~3천 명을 포로로 잡아 끌고 갔으며, 약탈한 재물들을 가득 싣고 북방으로 돌아갔다. 역사상에서는 이 치욕스러운 사건을 '정강靖康의 변變'이라고 한다. 송나라 태조 조광윤으로부터 시작하여 167년 동안 이어져 오던 북송은 이렇게 멸망하고 말았다.

종택이 경성을 사수하다

종택

북송이 멸망한 후, 상주에 있던 강왕 조구는 남경南京(하남성 상구)으로 도망쳤다. 1127년 5월에 황제가 되니, 그가 바로 고종高宗이다. 고종은 이후 임안을 도성으로 정했는데, 이 송나라를 역사상에서는 남송南宋이라고 한다.

고종은 여론 때문에 어쩔 수 없이 이강을 다시 불러들여 재상으로 삼았으나, 그가 신임하는 사람은 황잠선黃潛善과 왕백언汪伯彦이었다.

재상이 된 이강은 금나라에 항거하기 위한 많은 건의들을 했으며 종택을 적극적으로 추천했다. 종택은 금나라에 대항한 명장으로, 금나라군이 두 번째로 동경을 공격할 때 금나라군을 열세 번이나 쳐서 이겼다. 한번은 열 배가 넘는 금나라군에게 포위되었는데 "오늘은 전진해도 죽고 물러서도 죽는다. 그럴 바에는 죽음을 무릅쓰고 포위를 뚫고 나가자!" 고 군사들을 격려했다. 그러고는 자신이 먼저 앞장서서 돌격해 나가니 군사들도 일당백으로 용맹하게 싸웠다. 그렇게 해서 그들은 금나라군의 포위를 뚫고 나올 수 있었다.

종택이 용감무쌍하다는 사실을 익히 들어 알고 있던 고종은

종택의 묘 지금의 절강성 의오義烏에 있다.

이강의 추천에 동의하며 그를 개봉부 지부사로 등용했다.

그때는 금나라군이 물러간 뒤였으나 두 번이나 큰 전쟁을 치른 성은 여기저기 허물어져 있었고, 북쪽에는 금나라군이 여전히 머물고 있어서 개봉성 안은 민심이 황황하고 질서 또한 어지러웠다.

군사와 백성들 사이에서 높은 명망을 갖고 있는 종택은 개봉에 오자마자 약탈범들을 여럿 처형했고, 그 후부터 개봉은 점차 안정되기 시작했다.

그리고 백성들이 자체적으로 조직한 각지의 의병들과 연계를 강화했으며, 하북 각지의 의병들 또한 자진하여 그의 지휘를 따랐다. 이로써 개봉성 외곽의 방어가 튼튼해지자 민심이 안정되고 식량이 풍부해졌으며 물가도 안정되어, 개봉은 전쟁 전의 활기를 회복했다.

이렇듯 북상하여 중원을 수복할 준비를 종택이 진행시키고 있을 때 고종과 황잠선, 왕백언 등은 남경이 불안하다며 남으로 계속 도망칠 계획을 꾸미고 있었다. 이강은 이를 반대하다가 파직되고 말았다.

임소조서응도臨蕭照瑞應圖 〔명나라 구영〕 고종 조구가 자주에서 북으로 돌아가던 길에 황하를 급히 건널 때 강의 얼음이 깨졌다. 다행히 조구는 한 걸음 앞서 가고 있었기 때문에 강물에 빠져 죽지 않았다. 이 그림은 그 당시 상황을 그린 것이다.

머지않아 또다시 금나라군이 여러 갈래로 나뉘어 남으로 쳐내려왔는데 그 중 대장 올출兀朮은 금 태종의 명을 받고 개봉으로 진격해 내려왔다.

한편 금나라군의 개봉 공격을 예상한 종택은 수하 부장들을 미리 낙양과 정주에 주둔시켜 두었다. 올출의 군대가 개봉에 접근하자 종택은 몇천 정예병을 파견해 적군의 후방을 에돌아 퇴로를 차단시키고 또 매복전으로 협공했다. 올출의 군대는 참패하고 황급히 퇴각했다.

송 고종 조구

금나라군은 종택을 두려워하면서도 그의 군사적 재능에 탄복하면서 그를 '종야야宗爺爺(야야는 존칭)' 라고 불렀다.

하북의 의병들을 길러 힘을 키우면 중원 수복이 가능하다고 생각한 종택은 고종에게 개봉으로 돌아오라는 상주서를 20여 차례나 올렸다. 그러나 고종은 아무런 응답이 없었다.

이때 종택의 나이 이미 일흔이었다. 조정에 중원을 수복하려는 뜻이 없음을 안 그는 울화가 치밀어 병이 나고 말았다. 등에 독창이 나서 쓰러진 그를 부장들이 문병을 가자 그는 눈을 겨우 뜨면서 격한 어조로 이렇게 말했다.

남송, 서하, 금나라 대치도

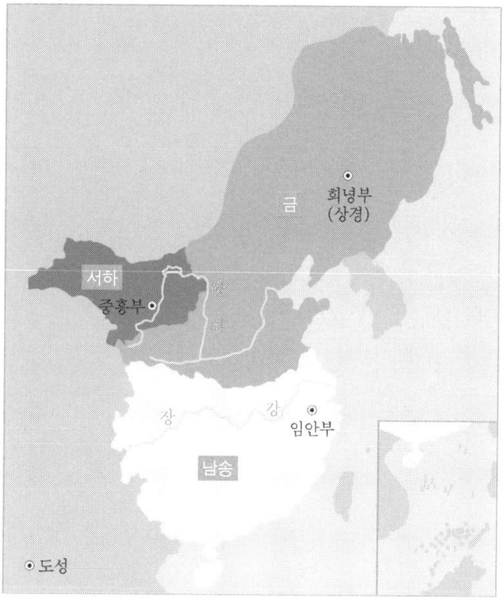

"나는 나라의 원수를 갚지 못해 울분으로 병이 든 사람이네. 오로지 자네들이 용감히 싸워 원수들을 몰아내기만을 바랄 뿐이네. 그러면 나는 죽어도 여한이 없네."

종택의 말에 장수들은 모두 눈물을 흘렸다. 종택은 "황하를 건너 전진하라! 황하를 건너야 한다!" 하고 외치고는 눈을 감았다. 종택이 사망했다는 소식을 들은 개봉의 병사와 백성들은 비통하여 눈물을 흘렸다.

종택이 사망한 다음 조정에서는 두충杜充을 등용했는데 어리석고 무능한 이 자는 개봉에 오자마자 종택이 세운 방어 시설들과 방어 조치들을 모두 없애버렸다. 그로 인해 중원 지역은 머지않아 금나라의 손에 떨어지게 되었다.

한세충이 금나라군을 무찌르다

한세충

금나라군은 남하할 때마다 송나라 백성들로 조직된 의병들의 습격을 받았다. 명주明州 해변가에 이른 금나라 대장 올출兀朮은 장강 연안을 지키고 있는 많은 송나라군을 보고 더 이상 내려갈 엄두를 내지 못했다. 다만 군사를 풀어 한바탕 약탈을 자행하고는 도로 북방으로 퇴각했다.

1130년 3월, 진강鎭江 부근에 이른 올출의 15만 대군은 송나라 대장 한세충韓世忠의 공격을 받게 되었다.

올출은 한세충이 금나라군의 도강渡江을 수수방관하지 않을 것이라는 것을 알고 사신을 보내어 결전을 하겠다는 도전장을 보냈고, 한세충은 서슴없이 결전 날짜를 약정했다. 그때 금나라군은 10만이나 되었으나 한세충의 군사는 8천밖에 되지 않았다. 쌍방의 군사력이 이렇듯 현격한 상황에서 적을 무찌르려면, 군사들의 사기를 높이는 방법밖에 다른 방법이 없다고 생각한 한세충은 부인 양홍옥梁紅玉과 대책을 논의했다. 양홍옥은 견식이 넓고 무예가 출중한 장수였다. 남편의 일이라면 언제나 발벗고 나서는 그녀는 남편과 함께 전쟁터에 나가겠다고

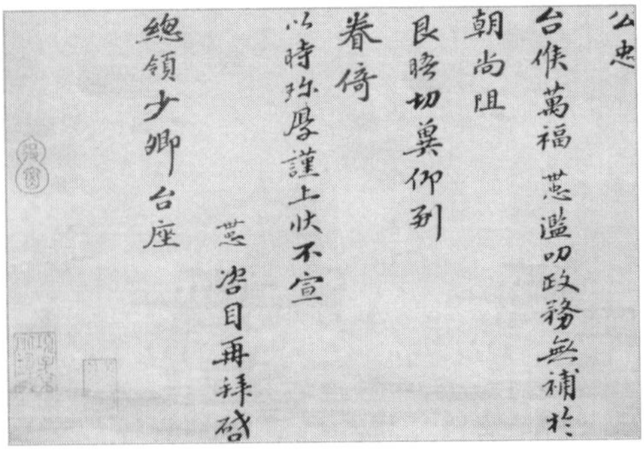

公忠
台候萬福 某濫叨政務無補於
朝尚阻
良晤切冀仰副
眷倚
以時珍嗇謹上狀不宣
某 世忠再拜啓
總領少卿台座

해선 복원 모형(좌)

한세충의 서찰(우)

했다.

드디어 결전의 시각이 되었다. 쌍방은 강변에 진을 치고 대결했는데 한세충은 갑옷을 입고 진두에 나서고, 양홍옥은 갑옷을 입고 전선 위에 올라 북을 두드렸다. 통수의 부인이 북을 두드리며 군사들을 격려하는 것을 본 송나라군은 사기가 고조되어 적진을 향해 용감히 돌격해 들어갔다. 금나라군은 병마는 많았지만 군기가 해이해진 데다가 오랫동안 먼길을 걸어와 지칠 대로 지쳐 있었기 때문에 한세충의 정예군을 막아낼 수가 없었다. 대오가 흩어지자 도망치기 바빴으며, 결국 무수한 사상자를 내고 말았다. 그리고 올출의 사위인 용호대왕도 한세충 군대의 포로가 되었다.

올출은 사자를 송나라 진영에 보내어, 강남에서 약탈한 재물을 모두 돌려주겠으니 장강만 건너가게 해 달라고 빌었다. 그러나 한세충은 적의 요구를 단칼에 거절했다.

장강을 건널 수 없게 된 올출은 배를 타고 황천탕黃天蕩(강소성 남경시 동북쪽)으로 퇴각했다. 그런데 황천탕에 들어가 보니 그곳은 한번 들어가면 다시는 빠져

양홍옥이 북을 치며 군사들의 사기를 고무시켰던 묘고대 유적지

나올 수 없는 '사항死港', 즉 죽은 항구였다.

수군의 동인銅印 (남송시대)

올출은 군사들에게 명해 50리가 넘는 긴 수도水道를 뚫고 그 물길을 통해서야 건강建康으로 빠져나올 수 있었다. 그런데 도중에 악비岳飛 군대의 습격을 받는 바람에 하는 수 없이 군사를 돌려 황천탕으로 되돌아왔다.

금나라군은 48일 동안이나 황천탕에 갇혀 있었는데 날마다 병사들이 숱하게 죽어 나갔다. 마침내 강북의 금나라군이 올출을 구하러 와서, 그들은 작은 배를 타고 강을 건너기 시작했다.

그런데 한세충은 이런 상황에 대비하여 큰 전선들로 강을 막고 있었다. 적군의 작은 배들이 가까이 다가오자 한세충의 군사들은 일제히 갈고리를 배에 건 다음 있는 힘껏 잡아당겼다. 그 바람에 적군의 배들이 뒤집어지면서 적병들은 깊은 강물에 빠져 죽고 말았다.

며칠 후에 바람과 파도가 잦아들자 금나라군은 또다시 작은 배를 타고 강을 몰래 건너기 시작했다. 한세충은 즉시 큰 배들을 몰아 적을 공격했다. 그런데 바람이 불지 않아 속도를 내지 못했고, 필사적으로 달아나는 적군을 따라잡을 수가 없었다. 그런 와중에 적군이 송나라 전선의

금산 지금의 강소성 진강시 서북의 장강 남안에 자리하고 있다. 송나라 장군 한세충이 금나라군과 장강에서 싸울 때 그의 아내 양홍옥은 이 금산 묘고대에서 북을 치며 군사들의 사기를 고무시켰다.

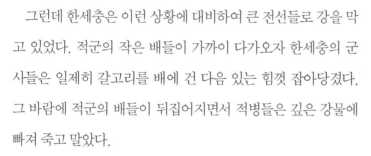

돛을 겨냥하여 불화살을 쏘았다. 돛에 붙은 불은 순식간에 배 전체로 번졌고 송나라 병사들은 불타는 배를 버리고 물 속으로 뛰어들었다. 한세충도 하는 수 없이 작은 배로 옮겨 타고 진강으로 퇴각했다.

한세충의 공격에서 겨우 벗어난 올출의 군대는 건강으로 가서 또 한차례 약탈을 일삼고는 북방으로 퇴각했는데, 도중에 정안진靜安鎭에서 악비가 통솔하는 송나라군의 기습을 받아 숱한 사상자를 내고 황망히 달아났다. 금나라군을 물리친 악비는 이어 건강을 수복했다.

악비가 올출을 대패시키다

건강을 수복한 악비는 금나라에 대항한 남송의 명장이다.

악비

악비는 상주 탕음湯陰(하남성 탕음현) 사람으로, 어려서부터 글읽기를 좋아했으며 특히 병서를 좋아했다. 또한 힘이 유달리 강해 십대 때 이미 3백 근의 활을 사용했다. 무예가 출중한 주동周同에게 활쏘기를 배웠으며 백발백중의 명궁수가 되었다.

이후 악비는 군대에 들어갔으며, 금나라군이 남하했을 때는 동경에서 군관을 지내고 있었다. 하루는 기병 1백여 명을 거느리고 황하 기슭에서 훈련을 하고 있는데 갑자기 금나라군이 눈앞에 나타났다. 얼핏 보아도 적군의 수가 적지 않았다. 갑작스러운 사태에 놀란 군사들이 어쩔 줄 몰라 하자 악비는 침착하게 이렇게 말했다.

성곽의 방어 시설을 파괴하는 당차撞車 (남송시대)

"당황하지 마라. 적들은 우리보다 많지만 우리 병력이 얼마인지는 모른다. 놈들이 손을 쓰기 전에 우리가 먼저 손을 쓰면 이길 수 있다."

그러고는 앞장서서 돌진해 적장의 목을 단

철질려鐵蒺藜 (금나라)

칼에 베어버렸다. 이에 고무된 병사들도 그를 따라 용맹하게 돌격했고, 적들은 숱한 사상자만 내고 황급히 도망쳤다.

이 일로 인해 악비의 용맹이 널리 알려졌으며, 몇 년 후에는 종택의 수하 장군이 되었다. 악비도 종택과 마찬가지로 금나라의 침략에 대항하는 일을 자신의 직책으로 여겼다.

종택이 죽은 후에는 건강 부근에서 금나라군과 싸웠으며, 올출이 북으로 퇴각할 때는 한세충과 함께 금나라군을 여러 번 크게 무찔렀다.

그 후에도 여러 차례 금나라군을 대패시키는 큰 공을 세워 서른두 살이라는 젊은 나이에 절도사가 되었고, 그 이름을 당시의 명장인 한세충, 유광세劉光世, 장준張俊 등과 나란히 하게 되었다.

바로 이때 그는 천고千古에 전해질 사詞 「만강홍滿江紅」을 써서 금나라의 침략을 물리치고야 말겠다는 웅대한 기상을 표현했다.

악비 좌상 절강성 항주시에 있는 악왕묘岳王廟에 있다.

악비는 규율이 엄격했는데, 한번은 병사 하나가 백성의 삼 껍질 한 묶음을 가져다가 나뭇단을 묶는 것을 보고 그 병사를 군법에 의해 처단했다. 악비의 군대는 행군 도중 마을을 지날 때도 백성의 집에 들어 숙영을 하지 않고 길가에서 노숙했다. 백성들이 집으로 끌다시피 청해도 누구 하나 집에 들어가는 병사가 없

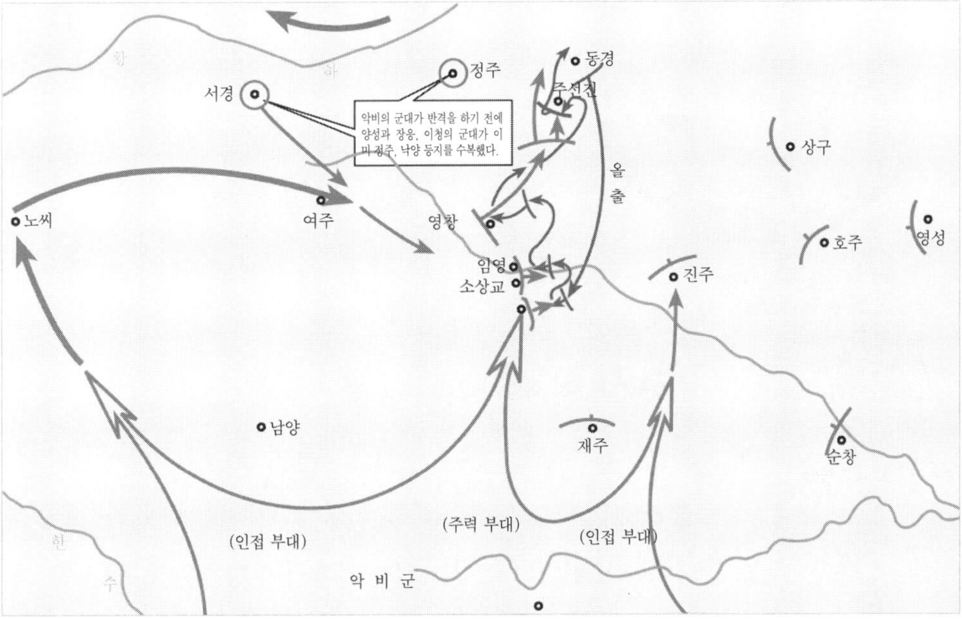

악비가 반격한 중원 전투 약도

었다. '얼어 죽더라도 백성의 집 재목을 뜯어 불을 피우지 않으며, 굶어 죽더라도 백성의 재물을 약탈하지는 않는다' 는 것이 악비군의 규율이었다.

악비는 싸우기 전에 항상 장수들을 모아놓고 작전을 의논하곤 했으며 그런 다음에야 결단을 내리고 싸움을 시작했다. 때문에 싸움에서 매번 이겼으며, 금나라군은 모두들 악비 군대를 무서워했다. 그들 사이에서 '태산을 무너뜨리기는 쉬워도 악비의 군사를 무너뜨리기는 힘들다.' 라는 말이 떠돌 정도였다.

1140년 10월, 금나라는 또다시 화의 협정을 어기고 전국의 정예부대를 총동원하여 송나라를 네 갈래로 공격해 왔다. 총대장은 올출이었다.

악비는 부장 왕귀王貴, 우고牛皐, 양재흥楊再興으로 하여금 각자 군사들을 통솔하여 적군의 남진을 막게 하는 한편, 하북 의

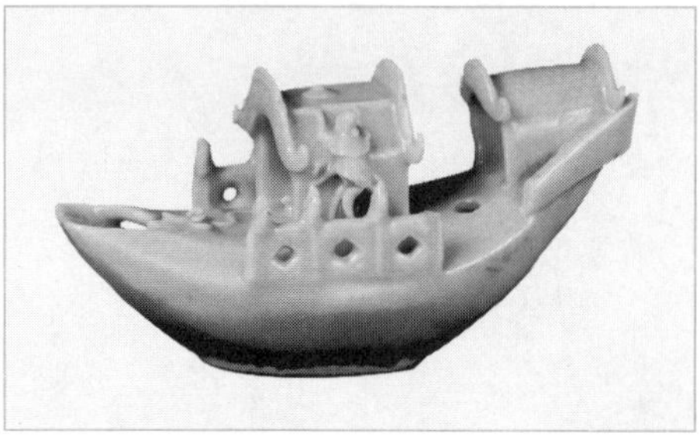

배 모양 벼루 이 배 모양의 청자 벼루는 용천요龍泉窯에서 생산된 특색 있는 필기 도구이다. 선창과 선미가 있으며, 선창 안에는 소곤거리는 남녀가 있다. 어촌 마을의 정서와 특색을 잘 나타내고 있다.

병 대장 양흥梁興에게 사람을 보내어 하동과 하북의 의병들로 하여금 적군의 후방을 기습하게 했다. 그리고 악비는 언성郾城에서 전투를 지휘했다.

며칠 후에 세 부장이 이끄는 군대들은 모두 승전보를 올리고 차례로 영창潁昌(하남성 허창시 동쪽), 진주陳州(하남성 회양시), 정주鄭州를 수복했다.

승승장구로 전진하던 악비의 군대는 동경에서 45리쯤 떨어진 주선진朱仙鎭까지 밀고 들어갔다. 악비의 군대가 주선진에까지 이르렀다는 소식을 접한 하북의 의병들은 모두들 기뻐하며 황하를 건너 악비의 군대에 합류했다. 백성들은 수레로 식량들을 운반해 왔으며, 어떤 사람은 향로를 이고 와 춤을 추며 악비의 군대를 환영했다.

승리를 눈앞에 둔 악비는 흥분한 목소리로 부하들에게 이렇게 말했다.

"온힘을 다해 적들을 쳐부숩시다. 황룡부黃龍府에 이르면 승전을 경축하는 술잔을 듭시다."

악비가 억울한 죽음을 당하다

莫須有罪名

소흥의 화의가 있은 후, 올출은 사자를 보내서 진회秦檜에게 다음과 같은 내용의 밀서를 전했다.

"그대는 영원한 화평을 주장하지만 우리는 악비가 죽지 않으면 마음을 놓을 수가 없소. 영원한 화평을 원한다면 악비부터 죽여 없애시오."

악왕묘岳王廟의 악비 무덤

밀서를 받은 진회는 악비를 제거할 음모를 꾸몄는데, 우선 감찰어사 만사설萬俟卨('만사'는 성씨)을 부추겨서 악비를 모함하는 상주서를 조정에 올렸다. 만사설은 악비가 오만 방자하며 금나라군이 회서淮西로 진격할 때 싸우지 않고 관망만 하다가 결국 진지를 적에게 내주었다는 등 허다한 죄목을 날조했다. 그리고 만사설의 뒤를 이어 진회에게 빌붙은 무리들이 너나없이 조정에 상주서를 올려 악비를 공격했다.

악비는 진회의 음해를 모면하려고 추밀부사 직을 자진해서 내놓았다. 그러나 그런다고 가만히 있을 진회가 아니었다.

원래 악비는 대장 장준張俊의 부하였는데, 장준은 그가 큰 공을 세우자 심한 질투심을 느꼈다. 그것을 안 진회는 장준과 결

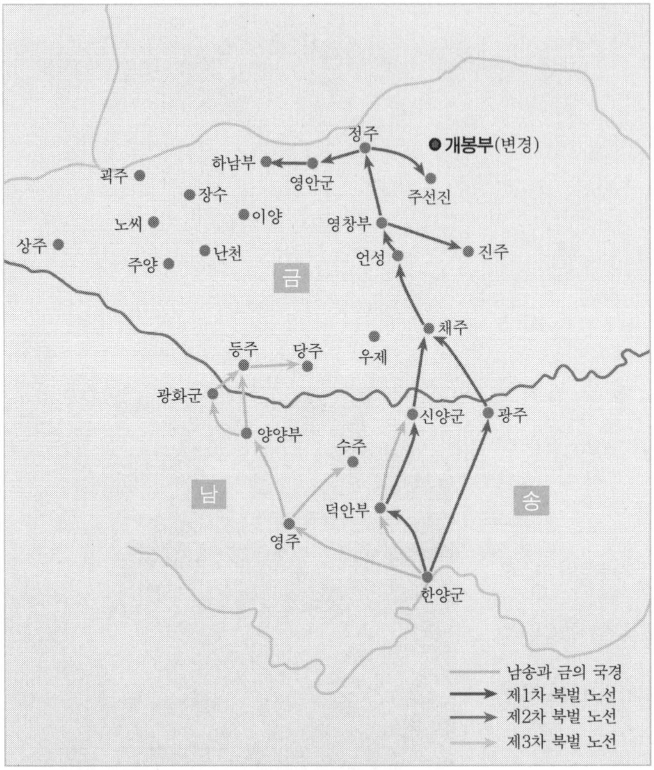

악비의 북벌 노선도

탁하는 한편 악비의 수하 장수인 왕귀, 왕준王俊 등을 사주하여, 악비의 수하 장수 장헌張憲이 악비를 도와 병권을 탈취하려고 병변兵變을 일으켜 양양襄陽을 점령했다고 참소했다. 그리고 악비의 아들 악운岳雲 또한 장헌에게 편지를 써서 이 일을 획책한 바 있다고 참소했다.

악비와 악운이 대리사大理寺에 잡혀갔을 때, 장헌은 이미 모진 고문을 받아 피투성이가 되어 있었다. 그것을 본 악비는 괴로움에 마음이 찢어지는 것 같았으며 진회 일당에 대한 분노를 참을 수가 없었다.

만사설은 왕귀, 왕준 등의 고소장을 보이며 말했다.

"조정에서는 너희 세 사람을 박대한 적이 없거늘, 어찌 감히 배은망덕하게도 반역을 꾀한단 말이냐?"

"반역이라니 무슨 당치 않은 소리요? 나는 나라에 미안한 일을 한 적이 추호도 없소. 나라의 법을 다스리는 사람들이 충신을 모함하는 일을 해서는 안 될 것이오."

악비는 당당하게 맞서며 이렇게 말했다.

진회는 또 어사중승 하주何鑄를 보내어 악비를 심문했는데,

악비는 두말하지 않고 옷을 찢어 등을 보여주었다. 그의 등에는 '정충보국精忠報國'(충성을 다해 나라에 보답한다)이라는 네 글자가 새겨져 있었다. 이를 보고 크게 감동한 하주는 더 이상 심문하지 않고 그를 옥으로 돌려보냈다. 그리고 악비의 죄목이 적힌 서류들을 읽어보았는데 반역을 했다는 증거가 확실하지 않은 것 같았다.

하주가 그 사실을 보고하자 진회는 그를 다른 곳으로 따돌려 버리고 다시 만사설에게 명해 악비의 죄목을 만들게 했다. 만사설은 악비를 잔인하게 고문하면서, 장헌에게 편지를 보내서 병권을 탈취하고 반역을 꾀한 것을 인정하라고 다그쳤다. 그리고 물증인 편지가 없는 것은 악비가 불태워버렸기 때문이라고 억지를 썼다.

이런 억지 심문은 두 달 동안이나 계속되었지만 아무런 성과도 얻지 못했다. 조정 대신들은 악비가 억울한 누명을 썼다는 것을 잘 알고 있었고, 어떤 관원들은 보다 못해 상주서를 올려 악비를 변호했다. 그러나 진회가 조정을 장악하고 있어서 그 변호는 아무런 효력이 없었으며 도리어 진회 일당에게 해를 입었다.

이에 분노한 노장 한세충이 진회를 찾아가, 악비가 반역을

악왕묘의 정전正殿(좌)

악왕묘에 있는, 무릎을 꿇은 진회 부부 철상鐵像(우)

악왕묘 지금의 절강성 항주에 있다. 원래는 악비의 능이었는데 나중에 악왕묘로 개축했다. 대전 벽에 '정충보국' 이라는 네 글자가 쓰여져 있는데 이는 악비가 어렸을 때 어머니가 늘 하던 말이다.

했다는 증거가 어디 있느냐고 캐물었다. 진회는 어물거리다가 이렇게 대답했다.

"글쎄요…… 악비가 장헌에게 보낸 편지는…… 아직 뚜렷한 증거는 없지만…… 그러나 그런 일이 꼭 없다고도 할 수 없지요."

그 말에 진노한 한세충은 진회를 꾸짖었다.

"그걸 말이라고 하시오? 확실한 증거도 없이 다만 있을 수도 있다, 그따위 구실로 사람을 반역죄로 몬단 말이오? 세상 사람들의 이목이 두렵지 않소?"

1142년 1월의 어느 날 밤, 서른아홉 살에 불과한 민족 영웅 악비는 나라를 팔아먹은 간신들에게 살해당하고 말았다. 이때 악운과 장헌도 함께 살해되었다.

악비가 살해된 후, 임안의 옥졸 외순隗順은 몰래 악비의 유골을 장사지내 주었고, 악비의 억울한 죽음은 고종이 죽은 다음에야 비로소 사면이 되었다. 악비의 유골은 서호 옆에 있는 서하령栖霞嶺에 안장되었으며, 묘소 동쪽에 악비를 기리는 사당인 '악묘岳廟' 가 세워졌다.

종상과 양요의 봉기

술집 풍경을 그린 벽화

1130년, 금나라군은 담주潭州를 점령하고 한바탕 약탈을 한 다음 물러갔다. 그 다음에는 금나라군에게 패한 송나라 단사團使 공언주孔彦舟가 패잔병을 끌고 와서 군량을 독촉하고 수탈을 일삼았다. 살길이 막막해진 백성들은 종상鐘相의 지휘 아래 봉기를 일으켰다.

종상은 정주鼎州 무릉武陵(호남성 상덕시) 사람으로, 종교를 이용하여 백성들을 선동했으며, 스스로를 백성들을 질곡에서 해방시킬 '천대성天大聖'이라고 자칭했다. 그러다가 공언주의 악행이 백성들의 분노를 불러일으키자 봉기를 선포했으며 '초왕'이 되어 정권을 세웠다.

그 소식에 당황한 남송 조정은 공언주를 착살사捉殺使로 임명하여 봉기군을 진압하게 했다. 간교한 공언주는 병사들을 빈민으로 위장시켜서 종상의 봉기군에 몰래 투입시킨 다음에 봉기군에 대한 총공격을 감행했다. 봉기군은 안팎의 협공을 받자 대패하고 말았으며, 종상과 아들 종자앙鐘子昂은 적들에게 생포되어 참혹하게 살해당했다.

삼궁상노三弓床弩〔남송시대〕

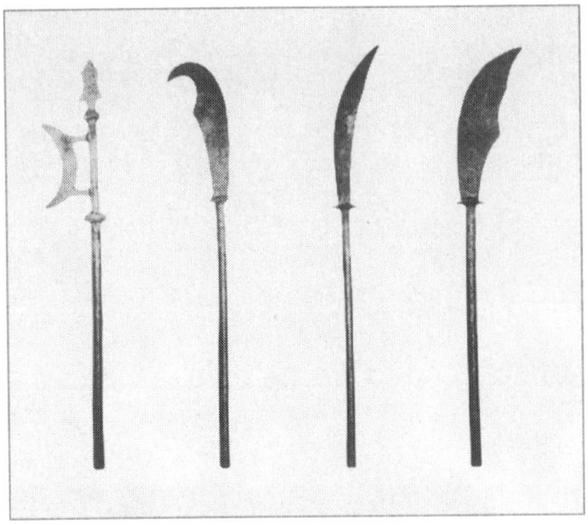

남송의 병기

종상이 살해된 후, 봉기군은 양요楊么를 수령으로 내세우고 관군과의 싸움을 계속했다. 동정호 연안에 영채를 세운 봉기군은 싸우면 싸울수록 강해졌다.

남송 조정은 정창우程昌寓를 진무사鎭撫使로 파견해 봉기군을 진압하게 했다. 정주에 이른 정창우는 많은 돈을 들여서, 수군 1천 명이 탈 수 있는 큰 배를 많이 만들었는데, 이 배에는 족답기足踏機 장치가 있어서 속도가 노 젓는 배보다 훨씬 빨랐다. 정창우의 군대는 이런 큰 배들을 타고 봉기군의 수채水寨(물 위에 있는 영채)로 진격했는데, 수심이 낮아서 얼마 가지 못하고 옴짝달싹할 수 없게 되었다. 이에 봉기군이 총공격을 감행하자, 관군들은 배를 버리고 도망치기에 급급했다. 봉기군은 관군의 배들을 모두 노획했다.

동정호에 근거지를 둔 양요의 봉기군은 순식간에 20만으로 늘어났고 부근의 광활한 지역을 점령했다. 1133년 음력 4월, 양요는 종상의 아들 종자의鍾子儀를 태자로 삼고 자신은 '대성천왕大聖天王'이 되었다. 봉기군은 이르는 곳마다 부역과 부세를 없앤다고 공표해서 백성들의 환영을 받았다.

자색 칠을 한 해월청휘海月清輝 칠현금七絃琴의 앞면과 뒷면 (남송시대)

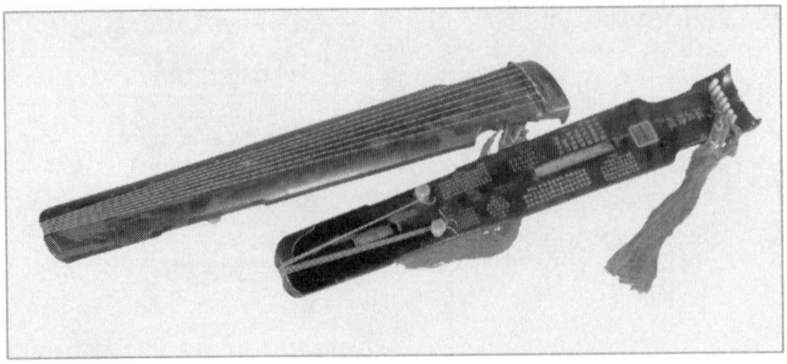

송나라 조정은 눈엣가시인 양요의 봉기군을 진압하기 위해 왕섭王燮에게 명해 군사 6만을 거느리고 봉기군을 공격하게 했다. 왕섭은

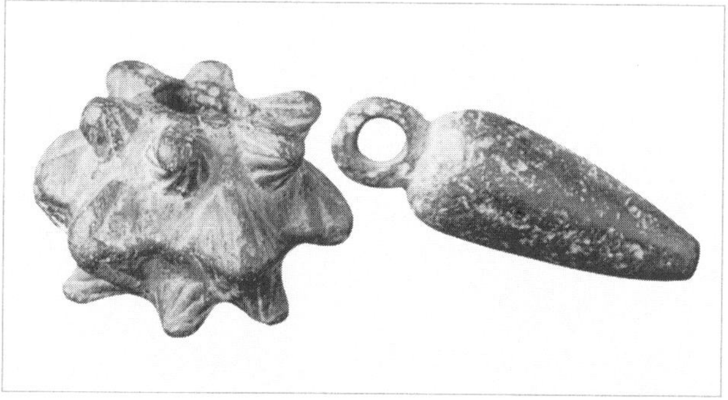

사람이 새겨진 꽃 모양의 함〔남송시대〕

금철곤두金鐵棍頭, 동편수銅鞭穗〔남송시대〕

정창우의 실패를 교훈으로 삼아 큰 배 대신 작은 배를 타고 진격했다. 그러나 오히려 봉기군은 몇 장丈이나 되는 큰 배로 관군을 막았다. 봉기군은 배에 박간拍竿이라는 것을 장치하여 관군의 작은 배가 가까이 오면 '박간'에 매단 큰 돌들을 내뿌렸다. 관군의 작은 배들은 우박처럼 쏟아지는 큰 돌을 맞고 물 속으로 가라앉고 말았다. 또한 봉기군들은 단단한 나무를 뾰족하게 깎아 만든 '목로아木老鴉'를 쏘아서 관군에서는 사상자가 속출했다.

1135년, 즉 봉기가 일어난 지 6년째 되는 해에, 고종은 재상 장준에게 명해 전투를 독려하고 또한 금나라군을 막는 전선에서 악비의 군대를 차출해다가 봉기군을 진압하게 했다. 그런데 이때 봉기군 내부에서 변절자가 나와서 봉기군은 대패하고 말았으며 양요는 생포되어 살해당했다. 6년 동안 지속되었던 봉기군은 이렇게 실패하고 말았다.

칼〔남송시대〕

글 읽는 서생이 적을 물리치다

書生退敵

채석기采石磯 지금의 안휘성 마안산시馬鞍山市에 있다. 이곳은 소흥 31년(1161년)에 남송의 명신 우윤문이 남하하는 금나라 황제 완안량의 대군을 격파한 곳이다.

소흥紹興의 화의 이후로는 20년 동안 금나라와 송나라 간에 전쟁이 없었다. 그러자 고종과 강화파들은 임안臨安에다 호화로운 궁전을 짓고 사치스러운 생활을 하면서 세월 가는 줄을 몰랐다.

그 동안 금나라에서는 동란이 일어나 귀족 완안량完顔亮이 희종熙宗을 죽이고 황제가 되었다. 역사상에서는 그를 해릉왕海陵王이라고 칭한다. 완안량은 도성을 상경上京에서 연경燕京으로 옮기고, 남송을 단번에 쓸어버릴 작정을 했다.

1161년 9월, 만반의 준비를 갖춘 완안량은 전국의 60만 대군을 서른두 개의 부대로 편성하여 남송에 대한 전면적인 공격을 감행했다.

완안량의 대군은 신속히 회하淮河 북안에 이르렀다. 그때 회하 북안의 수비를 책임지던 송나라군의 원수 유기劉錡가 병환 중이라 부원수인 왕권이 회서淮西 수춘壽春에 도착해 적군을 막게 되었다. 그런데 왕권은 소심한 성격이라 금나라군의 그림자도 보이지 않는데도 군사를 이끌고 줄행랑을 쳤다. 그는 단숨에 장강을 넘어 채석이라는 곳까지 도망쳤다.

그 소식을 들은 고종은 왕권을 파직시키고 이현충李顯忠을 보내어 그 자리를 대신하게 했다. 그리고 재상 엽의문葉義問을 보내어 강회江淮 일대의 방어 상황을 시찰하게 했다.

그런데 엽의문도 담력이 없고 겁이 많은 자라 감히 전선에 나가 볼 엄두를 내지 못하고 중서사인中書舍人(문관 벼슬) 우윤문虞允文을 보내어 채석에 있는 군사들을 위로하게 했다.

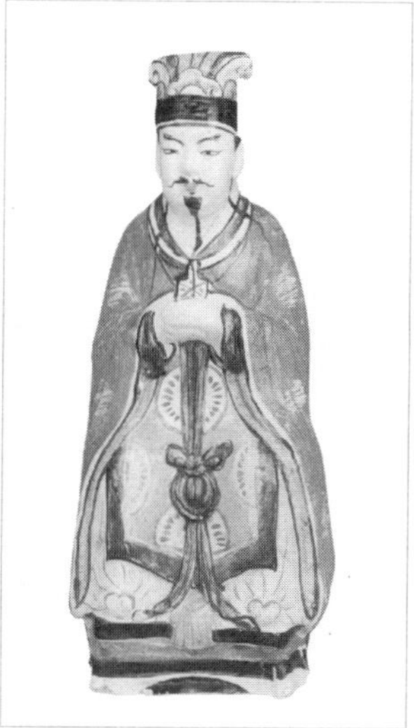

문관 좌상 (금나라)

우윤문이 채석에 이르러 보니 왕권은 이미 파직되었는데 그를 대신할 이현충은 임지에 아직 도착하지 못하고 있었다. 금나라군은 장강을 건너올 준비를 다그치고 있었고 주장主將이 없는 송나라군은 군심이 불안하고 질서가 혼란했다.

적들이 금방 쳐들어올 텐데 이래서야 어떻게 적들을 막는단 말인가. 이현충이 오기만을 마냥 기다릴 수는 없는 일이 아닌가. 우윤문은 즉시 군사들을 모아놓고 이렇게 말했다.

"나는 조정의 명을 받고 그대들을 위로하러 온 사람이오. 그대들이 나라를 위해 공을 세운다면 나는 그대들의 공로를 그대로 조정에 보고하여 상을 내리게 하겠소."

우윤문이 이렇게 나서자 군사들은 사기충천해 이렇게 대답했다.

"저희는 금나라군을 증오합니다. 더구나 사인께서 그렇게 해주신다니 저희는 모두 결사적으

금나라 사람들이 새겨진 벽돌그림

북송의 차선 복원도 남송의 수군은 이런 배를 이용하여 채석에서 금나라 황제 완안량을 격파했다.

로 싸울 것입니다."

우윤문은 한 번도 전투를 지휘해본 적이 없는, 한낱 선비에 불과했다. 그렇지만 위태로운 상황과 우국 충정은 그에게 강한 용기를 가져다주었다. 그는 보병과 기병을 다시 점검하고 대오를 편성하여 방어진을 강화했다.

송나라군이 진을 치자마자 금나라군이 강을 건너기 시작했다. 완안량은 칼을 뽑아 들고 도강을 지휘했으며 수백 척의 배들이 장강 남안을 향해 다가왔다. 그리고 얼마 후 개미 떼처럼 금나라군들이 강기슭을 올라왔다.

우윤문은 부장 시준時俊에게 명해 보병을 거느리고 적을 치도록 했다. 시준은 쌍칼을 휘두르며 적진으로 돌격했고, 사기가 오른 송나라군은 맹렬하게 적을 공격했다. 그 정도로 맹렬한 저항을 받아본 적이 없는 금나라군은 싸움 한번 제대로 해보지 못하고 대패하여 도망치기 시작했다.

채석을 건너려던 계획이 실패하자 완안량은 양주로 가서 장강을 건널 준비를 했다.

송나라군의 주장 이현충은 우윤문이 대승을 거둔 후에야 채석에 도착했는데, 그 동안의 이야기를 듣고 우윤문의 애국심과 지휘력에 탄복했다. 그러자 우윤문은 이렇게 말했다.

"적들은 양주로 가서 다시 도강을 시도할 것입니다. 그런데 진강 쪽에 방비가 되어 있지 않으면 매우 위태롭습니다. 제가 가볼까 하는데 어떻습니까?"

진강을 수비하는 장수는 노장 유기인데, 우윤문이 진강에 이

흐러 보니 병이 위중해 병상에서 일어나지 못하고 있었다.

남송 이당의 「호가십팔박도胡笳十八拍圖」 중 갑마甲馬

유기를 위로하고 진영으로 돌아온 우윤문은 즉시 수군의 훈련을 다그쳤다. 그리고 차선車船(발로 모는 큰 배)을 만들어 금산 주위를 돌며 순라를 계속하게 했는데 빠르기가 쏜 화살과 같았다. 그것을 보고 놀란 장강 북안의 적군이 완안량에게 달려가 보고하자, 완안량은 그 말을 믿지 않을 뿐더러 오히려 보고를 올린 군사에게 곤장을 내렸다.

완안량의 잔혹한 통치를 참을 수 없었던 금나라군은 도강 명령이 내리기 전날, 어둠을 틈타 그를 죽여버렸고, 완안량이 죽자 금나라군은 북으로 철수했다.

완안량이 송나라를 공격할 때 금나라 조정에서는 내분이 일었고, 완안량의 통치에 불만이 있던 대신들은 완안옹完顔雍을 황제로 올려놓았다. 그가 바로 세종世宗인데, 그는 즉위한 후에 내부를 안정시키기 위해 사신을 보내서 송나라와 화의했다. 그리하여 송나라와 금나라는 또다시 일시적인 휴전에 들어갔다.

육유의 절창

陸游絶唱

강소성 진강시 초산에 있는
육유의 돌비석 정자

송나라 효종孝宗은 즉위 초기에는 금나라와의 굴욕적인 화의 정책을 변경하고 중원을 수복하려고 노력했다. 그래서 명망이 높은 노장 장준을 추밀사로 삼았다.

장준은 조정에서는 북벌을 위해 군대를 출동시키고, 중원의 군민들은 일어나 금나라에 대항할 것을 호소하는 조서를 발표해 달라고 효종에게 청했다. 효종의 윤허를 받자 장준은 육유陸游에게 명해 그 조서를 작성하게 했는데, 그 당시 육유는 추밀원의 편수관編修官이었다.

육유는 남송의 유명한 우국 시인으로서 절강성 산음 사람이다. 그는 어렸을 때 북송이 금나라군에게 멸망당하는 참담한 현실을 경험했고 강남의 군민들이 금나라군에게 필사적으로 대항하는 눈물겨운 사연들을 많이 보고 듣고 자랐다. 그래서 어려서부터 조국과 민족에 대한 사랑이 깊었다.

육유의 시와 필체

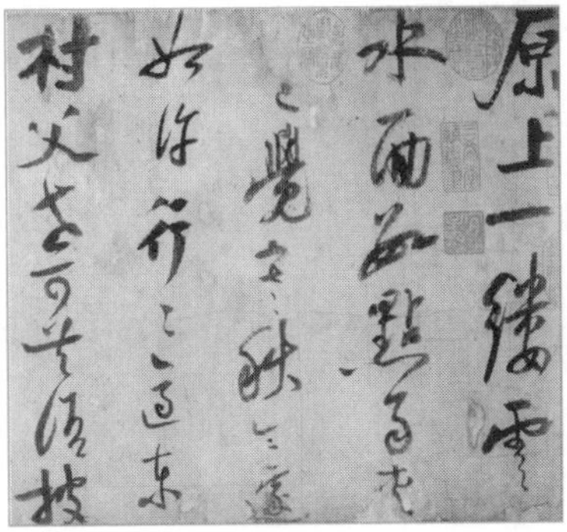

소년 시절부터 육유는 글을 잘 짓기로 유명했으며, 스물아홉 살 때 양절兩浙 지역의 과거시험에서

일등을 했다.

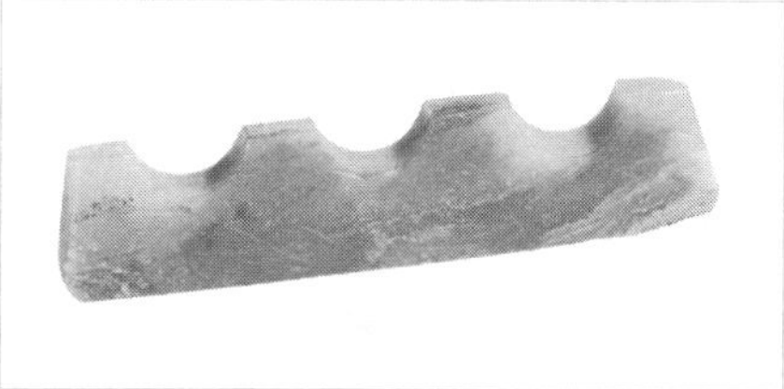

청옥 필산筆山 〔남송시대〕 쓰던 붓을 얹어놓는 도구로 산山 자 모양이다.

육유는 북벌을 열성적으로 지지했지만, 총대장 장준은 전투를 지휘하는 재능이 부족했다. 송나라군은 출전한 지 얼마 되지 않아 부리符離(안휘성 숙현 북쪽)에서 참패를 당해 전면적인 후퇴를 하게 되었다.

북벌이 실패하자, 그 동안 줄곧 화의를 주장해 오던 대신들은 장준을 비난했을 뿐만 아니라 장준의 작전은 육유가 종용한 것이라고 참소했다. 그러고 나서 장준이 조정에서 배척당하자 육유도 파직되어 고향 산음으로 귀향했다.

금나라군의 기세에 겁을 먹은 효종은 대항 의지가 흔들려 이듬해에 또 굴욕적인 화의를 했으며, 그 후로 북벌은 입 밖에도 꺼내지 못했다.

10년 후에 사천과 섬서 일대를 책임지고 있던 왕염王炎이 육유의 명성을 듣고는 그를 한중으로 불러 막료幕僚로 삼았다. 육유는 이를 선뜻 받아들였는데, 그 이유는 한중이 금나라와 가깝고 그곳으로 가면 전투에 가담하여 잃어버린 땅을 찾는 데 기여할 수 있다고 생각했기 때문이다.

육유의 사당

그런데 머지않아 왕염이 전근되어 다른 곳으로 가게 되자 육유는 성도로 자리를 옮겨 안무사 범성대范成大 수하의 참의관이 되었다.

육유

범성대와 육유는 오랜 친구지간이었고, 둘은 계급은 달랐지만 범절에 구애받지 않고 서로 허물없이 대했다.

금나라에 대항하고 중원을 수복하려던 꿈을 이룰 수 없게 된 육유는 우울한 마음에 늘 술을 마시고 그 울분을 시로 써내곤 했다. 그런 그를 보고 벼슬아치들은 관청의 범절을 지키지 않으며 사상이 퇴폐적인 사람이라고 비난했다. 그 말을 들은 육유는 그에 대한 반발로 자기의 별호를 아예 '방옹放翁' 이라고 지었다. 이는 '아주 방종한 늙은이' 라는 뜻이다. 나중에는 사람들도 이에 따라 그를 '육방옹' 이라고 부르게 되었다.

이렇게 또 2, 30년이 지나갔다. 그 동안 육유는 한가한 생활을 하면서 오로지 시 창작에만 전념했다.

부지런한 그는 평생 9천여 수의 시를 지었으며, 중국 역대 시인들 중에서 시를 가장 많이 쓴 시인이 되었다.

1210년, 여든여섯의 육유는 병상에서 일어나지 못하게 되었으나 임종 전까지도 중원 수복의 꿈을 잊지 못했다. 그는 자손들을 머리맡에 불러 앉혀놓고 마지막 시를 지었는데 그것이 바로 사람들을 감동시킨 「시아示兒」이다.

옥 띠고리 (남송시대)

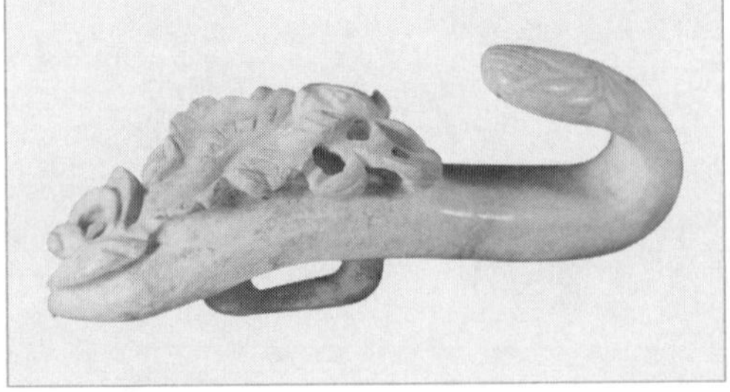

한번 죽으면 만사를 모르는 이 몸이건만

구주의 통일을 보지 못하는 것이 가

슴 맺힌 한이로다.

우리 군대가 북벌해 중원을 수복하는 날

자손들아 잊지 마라, 제삿날에 그 기쁨을 나에게도 알리는 것을.

송 효종

몽골제국의 창시자 칭기즈 칸

一代天驕成吉思汗

칭기즈 칸

남송의 북벌이 연이어 실패함과 때를 같이하여 금나라도 내부의 부패로 점차 쇠락의 길을 걷게 되었으나, 북쪽에 자리한 몽골족은 점차 강대해졌다.

테무친은 몽골 보르지긴족의 후예로, 그의 증조할아버지 하불레는 몽골 니룬의 각 부部를 통일했으며, 이후 그의 오촌할아버지인 후투라와 아버지 예수게이(야속해也速該)는 차례로 니룬의 수령이 되었다.

예수게이는 용맹해서 싸움을 잘했다. 칭기즈 칸(성길사한成吉思汗)이 출생했을 때 타타르족을 물리치고 돌아온 그는 승전을 기념하며 아기의 이름을 테무친鐵木眞이라고 지었다. 테무친이란 몽골어로 '강철' 이란 뜻이다. 테무친은 스물여덟 살 때 '칸'으로 옹립되어 니룬의 수령이 되었다. '칸' 이란 몽골어로 왕을 말한다. 이때부터 테무친의 웅대한 뜻을 펼쳐 나가는 새로운 시대가 열렸다.

칭기즈 칸의 능 내몽골 이극소맹伊克昭盟 경내에 있다.

테무친은 먼저 부락들의 조직 형식을 개조하고 일련의 조치들을 강구하여 권력과 지위를 튼튼히 다진 다음, 몽골 각 부락을 통일하는 전쟁을 시작했다.

또 적절한 기회에 금나라를 도와, 자신의 아버지를 살해한 타타르족의 반란을 평정하고 아버지의 원수를 갚았다. 이에 금나라에서는 그를 초토관招討官으로 봉했다. 그런 다음에 케레이트족의 토그릴 옹칸과 연합하여 나이만족 등 자무카의 편이 된 11개 부락의 연합 공격을 물리쳤으며 이로 인하여 그의 세력은 더욱 강해졌다.

동물 모양의 진지鎭紙〔원나라〕 몽골의 통치자들은 장병들에게 활쏘기 실력뿐만 아니라 몽골문과 중문을 잘 쓸 것을 엄격하게 요구했다. 이 진지와 먹, 벼루 등은 당시의 통치자들이 병사들의 문화 수준을 높이는 데 관심이 많았음을 보여준다.

테무친은 케레이트족의 토그릴 옹칸과 사돈을 맺어 관계를 더욱 돈독히 하려고 했으나, 과대망상증에 사로잡힌 토그릴 옹칸의 아들 셍쿰은 아버지를 설득해 혼사를 뒤로 미루고 그를 주연에 초대해 암살하려고 했다. 이를 안 테무친은 한편으로는 토그릴 옹칸과 싸울 준비를 하고, 다른 한편으로는 사자를 보내서 그의 불의를 꾸짖었다. 그러고는 케레이트족이 아직 방비가 없는 기회를 타서 맹공격을 퍼부어 자기 부족보다 강대한 케레이트족을 일시에 무너뜨렸다. 이어서 그는 몽골 서부에 있는 나이만족을 정복하고 1년 후에는 강적 자무카를 생포하여 죽여버렸다. 1205년, 테무친은 20여 년간의 전쟁을 통해 전 몽골을 통일했다. 그리고 1206년, 오논 강 상류에서 각 부락 수령들의 추대를 받아 '칭기즈 칸'이 되었다.

몽골군의 작전 그림〔페르시아〕 주바이니의 『세계정복자사』에는 몽골인의 즉위, 조회, 원정 등과 관련된 그림들이 많이 수록되어 있다. 그 중에서 「몽골군 공성도」는 몽골군이 중앙아시아를 공격하는 정형을 그린 것이다.

국력이 날로 강해짐에 따라 칭기즈 칸의 세계를 제패하려는 웅대한 뜻이 날로 커졌다. 1211~1215년에는 금나라를 공격하여 금나라

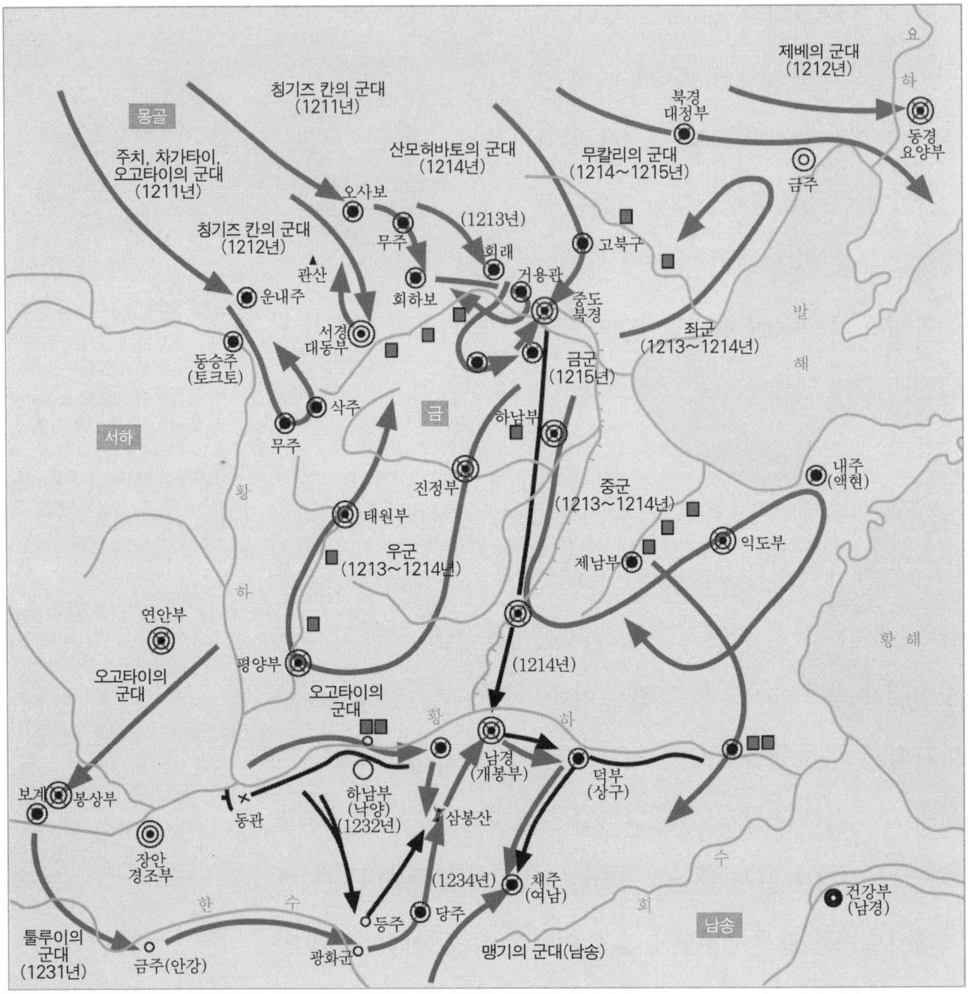

몽골 · 금 전쟁 약도

하동 지역의 광활한 땅을 차지했으며, 금나라는 도성을 변량汴梁(지금의 개봉시)으로 옮겼다.

1219년, 칭기즈 칸은 대군을 이끌고 중앙아시아의 대국인 호레즘 왕국을 점령하고 이어서 남쪽으로는 인더스 강, 서쪽으로는 카스피 해를 넘어 러시아 동남부까지 점령했으나 기후가 맞지 않아 군대를 이끌고 되돌아왔다.

1226년, 칭기즈 칸은 군대를 거느리고 서하를 공격하여 서하의 국토 대부분을 점령했으나, 장기간에 걸친 전쟁으로 인해 이듬해에 병에 걸려 일어나지 못했다.

칭기즈 칸이 죽은 다음 아들 오고타이가 몽골의 칸이 되었으며, 아버지의 유언에 따라 남송에게 길을 빌어 금나라의 도성 변량을 포위했다. 1233년, 몽골의 대군이 변량을 점령하자 금나라의 애종哀宗은 채주蔡州(하남성 여남시)로 도망쳤으며, 몽골은 남송과 연합하여 채주를 포위 공격했다.

포위망을 빠져나갈 수 없게 된 애종은 사신을 남송의 이종理宗(영종의 아들로 이름은 조윤)에게 보내 화의를 청했다.

"금나라가 망하면 그 다음 차례는 송나라입니다. 그러니 우리 두 나라가 연합하여 몽골군에 대항하면 양국에 모두 이득이 될 것입니다."

그러나 송나라 이종은 그 요구를 거부했고, 애종은 결국 자살했다. 1234년, 금나라는 몽골군과 송나라군의 협공에 의해 멸망했다.

나라를 망친 가사도

賈似道誤國

남송의 이종

송나라는 몽골과 연합해 금나라를 멸망시킨 후 군대를 출동시켜 개봉과 하남 일대의 땅을 수복하려고 했다. 그러자 오고타이 칸은 남송이 협약을 어겼다는 구실로 남송에 대한 공격을 감행했다. 이로써 몽골과 남송의 기나긴 전쟁이 시작되었다.

이후 황제로 즉위한 오고타이 칸의 조카 몽케 칸은 동생 쿠빌라이와 대장 우량카타이에게 명해 운남으로 진격하게 하여 중국의 서남 지역을 점령했다. 1258년에는 군사를 세 갈래로 나누어 남송으로 진격했는데, 몽케 칸 자신은 주력을 직접 거느리고 합주合州(사천성 합천시)로 진격하고 쿠빌라이는 악주鄂州(호북성 무창시)로 진격했으며 우량카타이는 운남에서 북진하여 담주潭州(호남성 장사시)로 진격했다. 이 세 갈래 군대의 목적지는 바로 남송의 도성 임안이었다.

급보들이 빗발치듯 날아들자 당황한 이종은 급히 각 군대에 명해 쿠빌라이가 포위하고 있는 악주를 구원하도록 했으며, 가사도賈似道를 우승상 겸 추밀사로 임명하여 한양으로 가서 전투를 독려하게 했다.

가사도는 원래 학문도, 병법도 모르는 건달잡배에 불과했으나 그의 누이가 이종의 총애를 받아서 그 연줄로 높은 벼슬자리에 올랐다. 그는 전선으로 나가기가 싫었으나 어명을 어겼다가는 목이 달아나기 쉽기에 마지못해 한양으로 갔다.

쿠빌라이의 공격이 날로 맹렬해지자 겁을 먹은 가사도는 몰래 친신을 몽골 진영으로 보내어, 몽골군이 물러가기만 한다면 송나라는 몽골의 신하가 되고 해마다 금은보화와 비단을 조공으로 바치겠다면서 화의를 청했다. 그때 마침 쿠빌라이는 북방에 남아 있던 아내가 보내온 밀서를 받았는데, 몽골의 일부 귀족이 그의 동생 아리크부카를 황제로 세우려 하고 있으니 어서 빨리 돌아오라는 내용이었다. 악주에서 지체하다가는 황제 자리를 동생에게 빼앗기고 말겠다는 생각이 든 쿠빌라이는 가사도의 청을 승낙했으며 비밀 협정을 맺고는 몽골로 서둘러 떠나갔다.

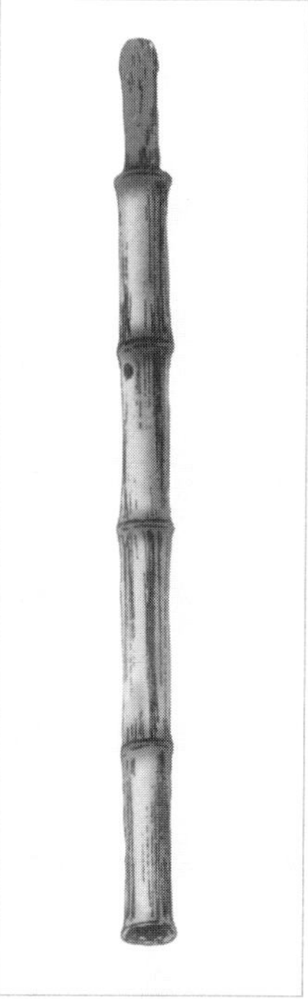
돌화총突火槍〔남송시대〕 개경 원년(1259년)에 남송 수춘부(안휘성 수현)의 군민들이 발명했다. 굵은 대나무로 총통을 만들고 그 안에 화약과 철환을 넣은 다음 도화선에 불을 붙여 탄환을 발사했다. 사정거리는 약 2백30미터에 달한다.

한편 임안으로 돌아온 가사도는 화의 협정은 이야기하지 않고 오히려 송나라군이 대승을 거두었으며, 몽골군을 악주에서 몰아냈을 뿐만 아니라 장강 일대에 있는 몽골군을 전부 다 섬멸했다는 허황된 거짓말을 했다.

어리석은 이종은 가사도의 말을 곧이곧대로 믿었으며, 나라를 위해 대공을 세웠다며 특히 조서를 내려 칭찬했을 뿐만 아니라 관직과 작위도 높여주었다.

엄청난 거짓말 덕분에 가사도는 수십 년 동안 재상직에 앉아 있을 수 있었다. 이종이 죽자 태자 조기가 즉위했는데 그가 바로 도종度宗이다. 도종은 가사도를 태사로 임명하고 위국공으

원 세조 쿠빌라이

로 봉했다. 이렇게 해서 가사도의 직위는 황제 다음으로 높아졌다.

그 동안 동생 아리크부카를 격퇴시킨 쿠빌라이는 내부를 안정시키고 1271년에 황제가 되었다. 그리고 국호를 원元으로 고쳤으니, 그가 바로 세조世祖이다.

쿠빌라이는 남송이 화의 협정을 제대로 이행하지 않는다는 이유로 대장 유정劉整과 아술阿術에게 명해 양양을 공격하게 했다. 그들은 양양성을 포위했으나 5년이 넘도록 성을 함락시키지 못했다. 그런데 가사도는 양양 전선에서 오는 장계狀啓를 모두 가로채서 그 소식이 도종의 귀에 들어가지 못하도록 했다. 뿐만 아니라 조정의 어떤 관원이 양양성의 급한 상황을 고하는 상주서를 올리자 중간에서 가로채어 없애버리고 그 관원을 파직시켜 조정에서 내쫓았다.

고립무원에 빠진 양양성은 5년이나 항전을 계속하다가 결국 원나라군에게 함락되고 말았다. 그 소식이 전해지자 남송 조정은 대경실색해서 어쩔 줄을 몰라 했고, 가사도도 더 이상은 조정을 기만할 수 없었다. 그러나 가사도는 양양을 지키지 못한 죄를 양양의 수성장에게 뒤집어씌우고 그를 파직시켰다.

앵두 모양의 패옥 〔남송시대〕

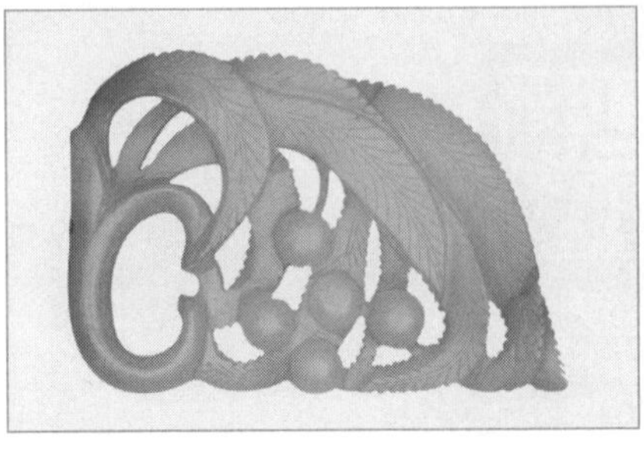

남송 조정의 부패함을 본 원나라 세조는 승세를 타서 아예 일시에 남송을 멸망시킬 결심을 하게 되었다. 그는 좌승상 바얀에게 명하여 군사 20만을 두 갈래로 나누어 한 갈래는 악주를 공격하고 다른 한 갈래는 동쪽에 있는

양주를 공격하게 했다.

그런데 이때 송 도종이 병으로 죽자, 가사도는 네 살밖에 안 된 조현趙顯을 황제로 올려놓았다. 원나라 대장 바얀은 악주를 함락시키고는 장강을 따라 임안으로 곧바로 진격했다. 다급해진 가사도는 군사 7만을 거느리고 무호蕪湖를 지키는 한편 사신을 원나라 진영에 보내서 화의를 청했다. 그러나 바얀은 이를 일언지하에 거절하고 장강의 양쪽 기슭에서 동시에 공격을 감행했다. 송나라군의 방어선은 단번에 무너지고 가사도는 황급히 양주로 도망쳤다. 남송은 대세가 이미 기울어 멸망의 비운을 그 누구도 막을 수 없게 되었다.

몽골군 작전도 〔페르시아〕

원나라에 대항한 문천상

文天祥抗元

문천상

파죽지세로 내려오는 원나라군은 남송의 도성 임안을 눈앞에 두고 있었다. 그런데 이런 위급한 상황에 처한 송나라의 황제는 네 살배기 어린아이였다. 그래서 젖먹이 황제 대신 할머니 사태후謝太后가 조정 일을 맡아보았는데 그녀는 각지에 어서 와서 도성 임안을 구하라는 조서를 서둘러 내렸다. 조서는 각지로 내려갔으나 그 말을 듣고 달려오는 이는 별로 없었다. 오로지 공주贛州의 주관州官 문천상文天祥과 영주郢州의 수성장 장세걸張世杰만이 즉시 군대를 이끌고 도성을 구하러 달려왔다.

문천상은 중국사에서 유명한 민족 영웅이다. 길주 여릉廬陵(강서성 길안시)에서 태어난 그는 어려서부터 충신들의 전기를 읽기 좋아했고, 나라를 위해 큰 공을 세우겠다는 뜻을 품고 있

었다. 스무 살 되던 해에는 임안에 가서 과거시험을 보았는데, 시험지에다 자신의 구국 주장을 피력해서 장원 급제를 했다. 이후 강서성으로 가서 공주 주관으로 있었는데, 그때가 바로 남송의 운명이 경각에 달려 있을 때였다.

채색 목침 〔남송시대〕

문천상은 조정의 조서를 받자마자 군사 3만을 모집하여 임안으로 향했는데, 우승상 진의중陳宜中은 그에게 평강平江(강소성 소주시)을 지키게 했다. 이때 원나라군의 총대장인 바얀은 이미 장강을 건너서 군대를 세 갈래로 나누어 임안으로 진군하고 있었는데 그 중 한 갈래는 건강에서 출발하여 평강을 에돌아 독송관獨松關으로 직진했다. 그 소식을 들은 우승상 진의중은 문천상에게 급히 평강에서 물러나 독송관을 지키라고 명했다. 이에 문천상이 평강을 떠났을 때 독송관이 적의 손에 들어갔다는 연락이 왔다. 그러나 그때는 이미 평강도 적의 손에 들어간 뒤라 돌아갈 수조차 없게 되었다.

당황한 사태후와 진의중은 급히 관원에게 옥새와 화의서를 가지고 바얀의 진영으로 가서 화의를 청하게 했다. 그러나 바얀은 일개 관원이 아닌 남송의 승상이 직접 오기를 원했다.

욕마도浴馬圖 〔원나라 조자앙趙子昂〕 몽골족은 말을 타고 천하를 통일한 민족이다. 이 그림은 강가에서 말을 목욕시키는 광경을 그린 것이다.

세금징수도 〔이탈리아의 마르코 폴로〕 이탈리아의 마르코 폴로(1254~1324)가 쓴 『세계 기관奇觀』에 실린 것으로, 쿠빌라이의 관리들이 세금을 징수하는 광경을 그린 것이다. 몽골 통치자들이 징수하는 세금 중에서 가장 중한 것은 소금세, 설탕세, 석탄세였다.

그러나 진의중은 담판하러 갔다가 포로가 될까 봐 두려워서 남쪽으로 도망쳤다. 그리고 항복을 원치 않던 장세걸은 홧김에 군대를 거느리고 바다로 나갔다.

어쩔 수 없이 사태후는 진의중 대신 문천상을 우승상으로 삼아 바얀의 진영으로 가서 항복 사항에 관한 담판을 하게 했다.

문천상은 담판에 임하는 척했지만 사실은 항복하지 않을 작정이었다. 오견, 가여경 등의 대신들을 데리고 원나라 진영으로 간 그는 화의는 하지 않고 도리어 바얀을 꾸짖었다.

"당신들의 진정한 의도가 무엇이오? 우리나라와 우애롭게 지내자는 것이오, 아니면 우리나라를 멸망시키겠다는 것이오?"

"우리 황제 폐하의 뜻은 아주 분명하오. 우리는 송나라를 멸망시킬 생각이 없소."

"그렇다면 좋소. 즉시 군대를 물리시오. 그렇지 않고 송나라를 기어이 멸망시키려 한다면 우리 남방의 군사와 백성들은 끝까지 싸울 것이오. 그러면 당신들에게도 이득이 없을 것이오."

문천상의 말에 바얀은 노기 띤 얼굴로 위협했다.

"항복하지 않으면 우리가 가만 놔두지 않을 것이오."

그러자 문천상도 성이 나서 언성을 높였다.

"이래 봬도 나는 송나라의 재상이오. 나라가 위급한 이때 나라를 위해 이 한 목숨을 바칠 각오를 진작부터 하고 있었소. 칼산과 불바다도 두렵지 않은 나요."

문천상은 바얀의 위협에 당당하게 맞섰다. 곁에 있던 원나라 장수들마저 문천상의 기개에 놀라서 눈이 휘둥그레졌다. 결국 바얀은 다른 송나라 대신들은 돌아가 사태후와 항복 사항을 상의하라며 돌려보내고 문천상은 영지에 잡아두었다.

지원년에 주조한 정〔원나라〕 지원년至元年에 주조한 이 정은 부피는 크지만 휴대하기 편리하여 원나라군이 가지고 다니면서 국을 끓이는 데 사용했다.

임안으로 돌아온 오견과 가여경은 문천상이 항복을 거부한 일을 사태후에게 보고했다. 항복하지 않으면 살 길이 없다고 생각하고 있던 사태후는 문천상 대신 가여경을 우승상으로 임명해 다시 원나라 진영으로 보냈다. 항복서를 접수한 바얀은 문천상을 장막 안으로 불러들여 송나라 조정이 이미 다른 사람을 보내와 항복했다고 알렸다. 노한 문천상은 가여경에게 욕설을 퍼부었으나, 투항은 이미 기정사실이 되어 어쩔 수가 없게 되었다.

1276년, 바얀은 군대를 거느리고 임안성에 입성하였으며 사태후와 조현은 궁 밖으로 나와 무릎을 꿇고 항복했다. 원나라군은 조현을 대도大都(지금의 북경시)로 압송해 가면서 문천상도 함께 끌고 갔는데 그는 중도에 도망칠 틈을 노리고 있다가 진강을 건널 때 원나라 진영을 빠져나왔다.

그런데 양주를 지키고 있던 송나라 장수 이정방이, 문천상이 항복했다는 유언비어를 믿고 그를 현상 수배하는 바람에 양주에 들지 못하고 노숙을 하며 남으로 내려갔다. 천신만고 끝에 해구에 이른 문천상과 그의 일행은 배를 타고 온주로 내려갔다가 그곳에서 장세걸과 진의陳宜가 복주에서 새 황제를 옹립했다는 말을 듣고는 복주로 향했다.

장세걸이 애산을 사수하다
張世杰死守厓山

육수부

임안이 원나라군에게 점령당하고 황제 조현이 대도로 잡혀가자, 남송의 황족들과 대신 육수부陸秀夫는 조현의 형들인 아홉 살 된 조하趙昰와 여섯 살 된 조병趙昺을 데리고 복주로 도망쳤다. 그리고 육수부는 장세걸과 진의중의 행방을 수소문해서 그들을 복주로 청해왔다. 세 대신들은 논의 끝에 조하를 황제로 옹립하고 원나라에 계속 대항하기로 했다.

그 소식을 들은 문천상은 매우 기뻐하며 즉시 복주로 달려가 이 새로운 조정의 추밀사가 되었다.

그런데 뒤따라 남하한 원나라 대군에게 송나라군은 패하고 말았으며 복주까지 내주게 되었다. 절망에 빠진 진의중은 혼자 배를 타고 해외로 도주하였으며, 장세걸과 육수부 등은 어린 황제 조하를 모시고 배를 타고 광주 쪽으로 향했다. 그런데 너

산수십이경도山水十二景圖
〔남송의 하규夏圭〕

무 어린 나이인 조하는 도중에 병이 들어 죽고 말았다.

용 문양 쟁반 (남송시대)

장세걸과 육수부는 바다 한가운데서 조병을 황제로 세우고 수군을 옮겨 애산厓山(광동성 신회현 남쪽)을 지켰다.

남방의 이 작은 조정을 하루빨리 멸망시키지 않으면 더 많은 송나라인들이 거기에 호응해 일어나리라고 생각한 원 세조는 장홍범張弘範을 원수로, 이항李恒을 부원수로 삼아 2만 정예병을 거느리고 수륙 양로로 신속히 남하하게 했다.

장홍범은 먼저 조주를 지키고 있는 문천상을 쳤는데, 소수의 병력으로 고립무원에 빠진 문천상은 끝내 원나라군을 막지 못하고 포로가 되고 말았다.

장세걸이 평소 문천상을 경모하고 있음을 아는 장홍범은 문천상으로 하여금 장세걸에게 투항을 권유하는 편지를 쓰게 했다. 붓을 든 문천상은 단숨에 이러한 시를 써내려 갔다.

예로부터 어떤 사람이 아니 죽으리?
내 붉은 마음 꺼내어 청사에 비추리.

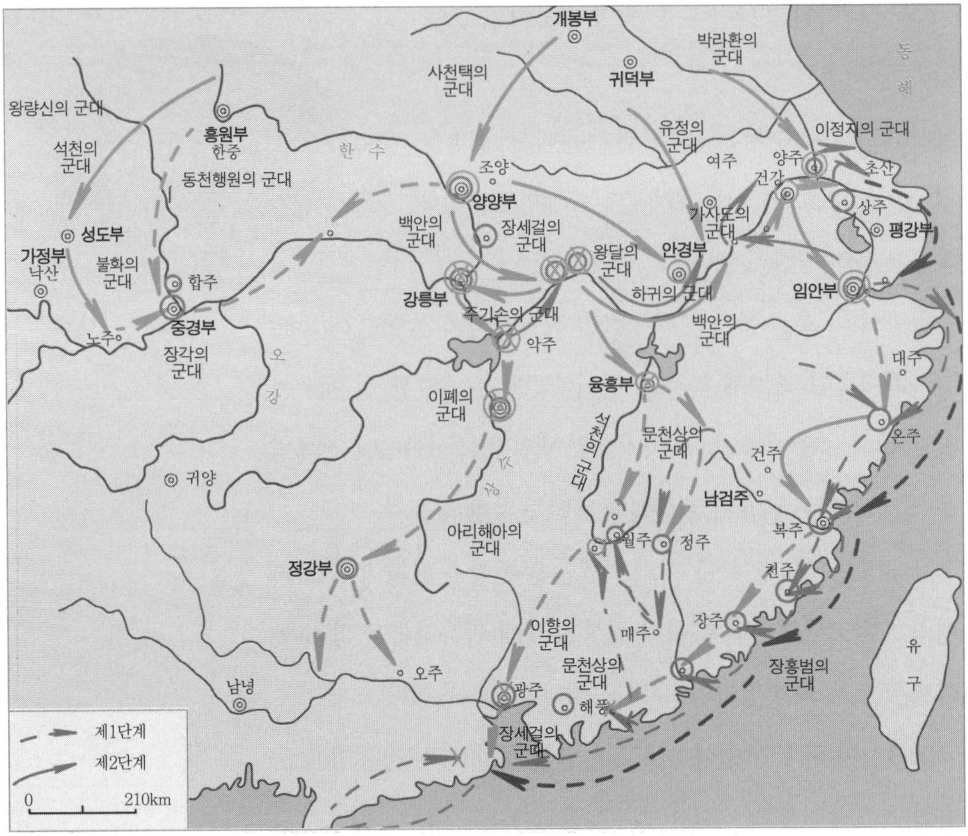

쿠빌라이가 송나라를 멸망 시킨 전쟁 약도

문천상의 시를 본 장홍범은 그 방법이 아무런 소용이 없음을 깨닫고 전력을 다해 애산을 공격했다.

애산은 중국 남해 기슭의 만灣에 있는, 산을 등지고 바다를 내려다보고 있는 지세가 험한 항구였다. 장세걸은 쇠사슬로 연결한 전선 1천여 척을 일자로 늘어놓고 배의 주위에는 성을 쌓아 원나라군과 결사적으로 싸울 각오를 했다.

장홍범은 먼저 화공을 했다가 실패하자 애산에서 바다로 나가는 해구를 전선으로 막고, 육지와 통하는 길도 차단했다. 그러나 송나라군은 굶주림을 참으면서 끝까지 결사적으로 항전했다. 두 나라 군사들은 오랫동안 승부가 나지 않은 채로 싸움을 계속했다.

이때 원나라군의 부원수인 이항이 광주에서 군대를 데리고 애산으로 달려왔다. 병력이 증가한 장홍범은 군대를 재조직하여 새로운 공격을 감행했는데, 군대를 네 갈래로 나누어 송나라군을 포위 공격했다. 대세가 기운 것을 안 장세걸은 정예병들을 급히 중군에 집중시키는 한편, 사람을 보내 작은 배를 타고 가서 조병을 데려오게 했다. 황제를 모시고 포위를 뚫고 나갈 생각이었던 것이다.

조병을 호위하고 있던 육수부는 장세걸이 조병을 데려가려고 보낸 작은 배의 진위를 알 수 없었다. 만약 저 배가 원나라군이 송나라군으로 가장한 배라면 어린 황제는 적의 수중에 넘어가지 않겠는가. 이렇게 생각한 육수부는 그 배를 도로 돌려보냈다. 그리고는 어린 황제 조병에게 이렇게 말했다.

"나라가 이 지경이 되었으니 살아서 무엇하겠습니까. 차라리 폐하께서도 몸을 던져 순국하심이 어떻습니까?"

그리고는 어린 황제 조병을 등에 업고 파도가 넘실거리는 바다로 뛰어들어 자진했다.

이후 장세걸은 야음을 틈타 적의 포위를 빠져나갔다. 그리고 요행히도 해릉산까지 갔는데 공교롭게도 엄청난 태풍이 불어 모든 배가 침몰하고 말았다. 원나라군의 침략에 결사적으로 대항했던 민족 영웅 장세걸은 이렇게 목숨을 잃고 말았다.

1279년 2월, 남송은 멸망하고 원나라는 중국을 통일했다.

천문학자 곽수경

天文學家郭守敬

곽수경

원 세조 쿠빌라이는 한족 인재들을 중시했으며, 유병충劉秉忠도 그가 중용한 한족 대신들 중 하나이다. 국호를 원元이라고 한 것도 그의 건의를 받아들인 것이었다. 유병충은 쿠빌라이에게 저명한 과학자 곽수경郭守敬을 추천했다.

곽수경은 하북성 형대의 학자 가문에서 태어났는데, 할아버지 곽영郭榮은 수학과 수리 건설을 깊이 연구한 학자였다. 그는 어린 손자인 곽수경에게 수학과 기술을 가르쳤는데 곽수경은 공부를 열심히 했으며 진도가 빨랐다. 열다섯 살 때는 석각에 탁본된 연화루蓮花漏(시계의 일종)를 보고 그 제조 원리와 방법을 몇 시간 만에 유추해 냈다.

동으로 된 일구日晷(원나라) 해시계이다.

전 중국을 통일한 쿠빌라이는 곽수경과 왕순王恂에게 새로운 역법의 편찬을 명했다. 그런데 천문 관측 기기들이 너무 낡아서 정밀한 관측을 할 수 없자 곽수경은 새로운 천문 기기를 창제하는 것을 우선 과제로 삼았다. 그는 "역법의 근본은 관측인데 관측이 정밀하려면 우선 기기가 정밀해야 한다."고 말했다고 한다.

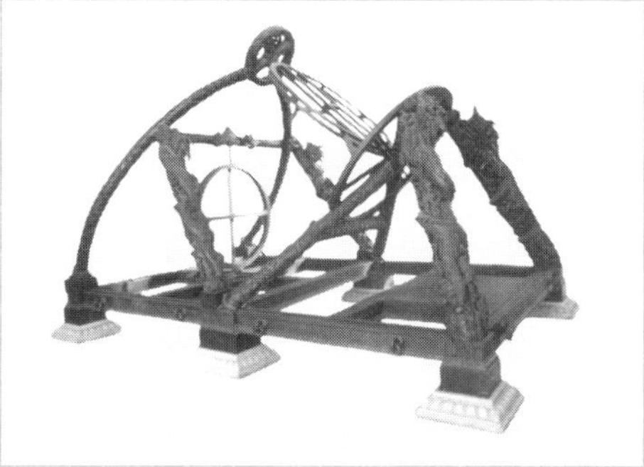

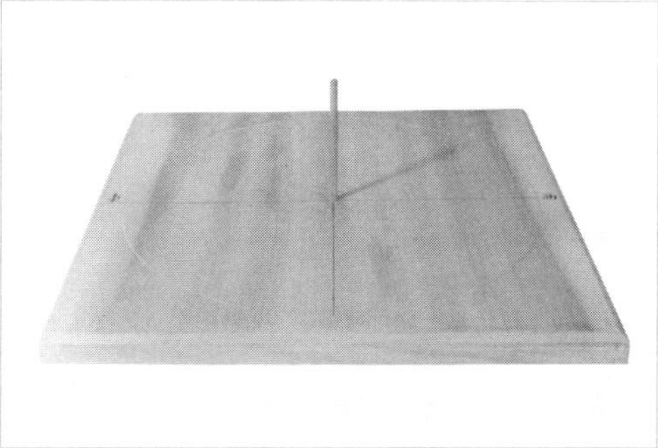

간의(좌) 〔원나라〕

토구土晷(우) 〔원나라〕

곽수경은 직접 천문 기기를 만드는 일에 매진했고 3년간의 노력 끝에 간의簡儀, 규표圭表, 앙의仰儀 등 십여 종의 천문 기기를 새롭게 완성했다.

그는 가장 먼저 규표를 개조했는데, 규표란 태양 그림자를 관측하는 기기로서 태양 그림자의 변화를 통해 춘분, 추분, 하지, 동지 등 24절기를 측정하는 것이다.

또 다른 기기인 간의는 해 · 달 · 별의 위치를 측량하는 것으로서 서한의 낙하굉落下閎이 발명한 혼천의를 개조한 것이었다. 그는 재래식 혼천의에 있는, 시선을 방해하는 고리들을 과감하게 없애버렸으며 혼천의를 고정시키는 데 쓰는 고리도 뜯어버리고 대신 받침대를 세웠다. 이렇게 개조된 혼천의는 더 간소하고 실용적이어서 그 이름을 간의라고 했다. 이 간의는 1276년에 만들어졌으며 이는 유럽보다 3백 년이나 앞선 것이다.

원나라의 관성대觀星臺와 석규石圭 지금의 하남성 등봉현에 있다.

곽수경은 천문학자일 뿐만 아니라 수리 전문가이기도 했다. 수리 건설에서 그가 세운 공로 중 하나는 대도에서 통주에 이르는

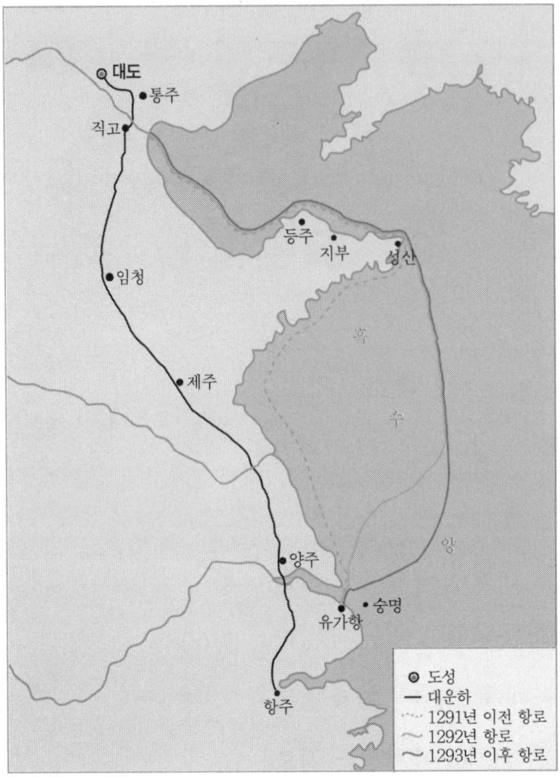

원나라의 조운漕運 노선도

운하인 '통혜하通惠河' 를 만든 것이다.

한번은 성종成宗이 곽수경을 불러 운하 철번간하鐵幡竿河를 파는 일을 의논했는데, 그는 강수량이 많은 곳이므로 운하의 넓이가 육칠십 보는 돼야 한다고 주장했다. 그런데 운하의 시공을 책임진 관원은 비용이 많이 든다며 운하의 넓이를 3분의 1이나 줄여서 시공을 했다. 그런데 이듬해에 큰비가 내리자 산골 물이 눈사태처럼 쏟아져 내려 집들이 떠내려가고 사람과 가축이 피해를 보았으며 하마터면 황제의 행궁마저 떠내려갈 뻔했다. 성종은 후회 막급해서 이렇게 말했다.

"곽 태사(곽수경)는 신인神人이다. 애초에 그의 말을 들었어야 했는데 듣지 않아서 이런 낭패를 보게 되었다."

곽수경은 역법에서도 큰 성과를 거두었다. 그가 만든 '수시력授時曆' 은 1년을 365.2425일로 정했는데, 이는 오늘날 전 세계적으로 쓰고 있는 양력과 거의 같다.

곽수경은 평생 과학 연구에 매진했으며 여든여섯의 고령에도 연구를 계속했다.

『흠정수시통고欽定授時通考』

마르코 폴로가 중국에 오다

마르코 폴로

원 세조 통치 하의 중국은 세계에서 가장 강대하고 부유한 나라였다. 그래서 서방 각국의 사신, 상인, 여행가들이 중국으로 왔는데, 그 중에서 가장 유명한 사람이 바로 마르코 폴로였다.

그의 아버지 니콜로 폴로와 숙부 마페오 폴로는 베네치아의 상인으로 늘 외국으로 다니면서 장사를 했는데 한번은 보하라에서 쿠빌라이의 사신을 만났다. 호기심이 생긴 사신은 두 형제를 데리고 상도上都(지금의 내몽골 자치구 다륜현 서부)로 갔다. 유럽의 상인들이 왔다는 말을 들은 쿠빌라이는 그들을 행궁으로 불러들여 접대를 했다. 그들에게서 유럽의 정황들을 듣게 된 쿠빌라이는 돌아가면 로마 교황에게 선교사를 보내 달라고 전해 달라고 했다. 그들 형제는 중국을 떠난 지 3년 만에 베네치아에 도착했는데 니콜로 폴로의 아내는 죽고 열다섯 살 된 마르코 폴로만이 남아 있었다.

아버지와 숙부한테서 중국에 대한 이야기를 들은 마르코 폴로는 자신도 중국에 가보고 싶다고 졸라댔다. 어린 아들을 홀로 집에 남겨두고 가기가 꺼림칙했던 아버지는 같이 중국으로 가기로 했다.

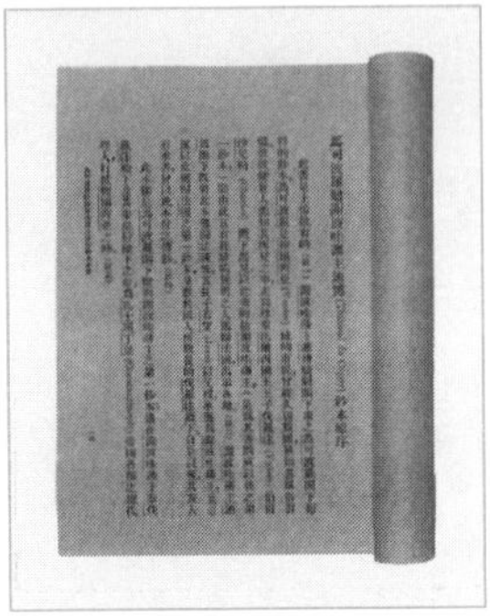

마르코 폴로의 『동방견문록』(좌)

아라비아 숫자 철판(우) 〔원나라〕 중국과 서역의 접촉은 한나라 때부터 시작되었으며, 송나라와 원나라 때에 이르러 더한층 발전했다. 이 철판鐵板은 중국과 아라비아의 교류를 보여준다.

니콜로 형제는 교황을 알현한 후에 마르코 폴로를 데리고 중국으로 갔다. 그들은 3년 뒤인 1275년에 중국에 도착했는데, 그때 황제가 되어 있던 쿠빌라이는 그들 형제가 돌아온다는 말을 듣고 사람을 먼 곳까지 보내어 그들을 영접하고 상도까지 호위해 오게 했다.

니콜로 형제는 마르코 폴로를 데리고 황궁으로 들어갔는데, 세조는 함께 있는 소년을 보고 누구냐고 물었다.

"폐하의 노복이자 저의 아들입니다."

세조는 영특하게 생긴 마르코 폴로를 보고 "잘 왔다. 잘 왔어." 하며 기뻐했다. 그날 저녁 세조는 특별히 황궁에서 연회를 베풀어주었으며 이후 그들에게 조정 일을 보게 했다.

총명한 마르코 폴로는 몽골어와 한어를 아주 빨리 배웠고, 세조는 마르코 폴로를 각별히 총애했다. 얼마 후 세조가 그를 운남에 보내어 일을 보게 하자, 그는 가는 곳마다 그곳의 세태

대원진공보화비大元進貢寶貨碑 〔원나라〕 이 비문에는 각 나라에서 원나라에 보화를 공물로 바친 사실이 기록되어 있다. 공물 중에는 마노瑪瑙, 유리, 안식향安息香, 산호, 금은기명 등이 있었다.

와 풍속을 관찰했으며 상도에 돌아오자 자기가 보고 들은 것을 세조에게 소상히 아뢰었다. 세조는 그 말을 듣고 마르코 폴로의 능력을 높이 평가했다.

나침반 그릇 〔원나라〕 원나라는 송나라가 발전시킨 해상무역을 승계 발전시켰는데, 동쪽에 있는 필리핀에서 인도네시아 열도를 지나 페르시아 만과 아라비아 반도, 아프리카에까지 이르렀다. 이것은 해상에서 배의 위치를 정할 때 쓰던 나침반 그릇이다.

마르코 폴로는 중국에서 17년이나 살았는데, 그 동안 세조는 그를 전국 각지로 보내서 시찰을 하게 하고 사신의 신분으로 외국에도 다녀오게 했다.

오랜 세월이 지나 고향이 그리워진 세 유럽인은 집으로 돌아가게 해 달라고 세조에게 여러 번 청했다. 그러나 마르코 폴로를 총애하는 세조는 그들의 청을 들어주지 않다가 그들이 하도 졸라대자 마지못해 허락했다.

조국으로 돌아간 마르코 폴로는 사람들에게 동방과 중국에 대해 이야기했고, 그 이야기들을 루스티첼로가 받아 써서 펴낸 책이 바로 『동방견문록』이다. 이 여행기에서 마르코 폴로는 중국의 저명한 도시들을 하나하나 소개하면서 중국의 부유함과 문명을 찬양했다. 이 책이 출판됨으로써 중국 문명에 대한 유럽인들의 관심과 흥미가 증폭되었다.

낙타를 탄 상인 인형 〔원나라〕 이 회색 도자기 인형은 낙타를 탄 외국 상인들을 재현한 것이다.

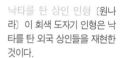

그 후 중국과 유럽, 중국과 아랍 간의 왕래가 더욱 빈번해졌다. 아랍의 천문학, 수학, 의학 등이 중국에 전파되었으며 중국의 3대 발명인 나침반, 화약, 인쇄술이 유럽으로 전파되었다. 또 다른 발명인 종이는 이보다 앞선 시기에 유럽에 전해졌다.

관한경과 『두아원』

關漢卿與『竇娥寃』

관한경

원나라 초기에 세조가 생산력을 발전시키는 조치들을 강구해서 경제가 번영하고 사회가 안정되었다. 그러나 이로 인해 이득을 얻는 계층은 왕공 귀족과 지주 관료일 뿐 여전히 사회 밑바닥의 가난한 백성들은 지배계층의 압박과 착취에 시달리며 비참한 생활을 하고 있었다.

세조가 죽자 손자 테무르가 즉위했는데 그가 바로 성종成宗이다. 성종의 재위 기간 동안 귀족들과 관리들의 발호와 악행이 더욱 심해져 백성들의 원한이 점점 커졌는데, 이러한 사회적 배경 속에서 중국의 걸출한 극작가인 관한경關漢卿이 태어났다.

그림자극의 두아

관한경은 권세에 아부하지 않는 정직한 사람이었다. 그러나 원나라와 같은 암울한 사회에서 그처럼 정의감이 투철한 한족 중하층 선비가 조정으로 출사出仕한다는 것은 불가능한 일이었다. 이를 잘 알고 있던 관한경은 아예 벼슬하는 것을 단념하고 지조 있는 평민 지식인이 되었다.

관한경은 평생 희곡 창작에 전념했으며, 연륜이 쌓이고 경험이 많아짐에 따라 당대의 어두운 현실에 대한 정확하고 투철한 인식을 가지게 되었다. 그는 자신이 보고 들은 백성들의 비참한 운명을 잡극雜劇으로 만들어 당시 사회의 비리와 암울한 통치를 맹렬히 공격했다. 그 중에서 가장 뛰어난 작품이 그가 만년에 쓴 대표작 『두아원竇娥冤』인데, 원제는 '하늘에 사무치는 두아의 원한'이다. 이 작품의 줄거리는 이러하다.

희곡과 잡극 벽화 〔원나라〕

초주楚州(강소성 회안 일대)에 가난한 여인이 있었는데 이름이 두아였다. 그녀는 세 살 때 어머니를 여의고, 일곱 살 때 아버지 두천장의 빚을 갚기 위해 남의 집 민며느리로 팔려갔다. 그런데 시댁에 온 지 2년이 채 못 되어 남편이 병으로 죽고, 시어머니와 단 둘이 살게 되었다.

그러던 어느 날, 두아의 시어머니가 빚을 받으러 나가자 새로의賽盧醫라는 자가 돈이 탐이 나서 목 졸라 죽이려 했는데 장려아張驢兒 부자가 그녀를 구해주었다.

그런데 이 장려아는 건달잡배였다. 그는 두아와 시어머니가 과부들인 것을 알고 시어머니는 자신의 아버지와 혼인하게 하고 젊고 예쁜 두아는 자신의 처로 삼으려 했다. 그러나 두아가 단호히 거절하자 이에 앙심을 품은 장려아는 시어머니에게 독약을 먹이고 그녀를 강제로 차지하려고 했다. 그런데 장려아의 아버지가 독약인 줄 모르고 그만 독약을 먹고 죽어버렸고, 일이 그렇게 되자 장려

『두아원』

잡극을 새긴 도자기 목침
〔원나라〕

아는 두아가 아버지를 독살했다고 관청에 허위 고발을 했다.

초주 지주知州는 돈만 받으면 못하는 일이 없는 탐관오리였다. 장려아에게 돈을 받아먹은 그는 두아에게 가혹한 고문을 하며 죄를 자백하라고 협박했다. 그러나 두아는 몇 번이나 정신을 잃을 정도로 모진 고문을 받으면서도 끝까지 이를 거부했다.

두아가 시어머니에게 극진하다는 말을 들은 초주 지주는 시어머니를 잡아다가 고문을 가했다. 연로한 시어머니가 고문에 시달리는 것을 차마 볼 수 없었던 두아는 억울하지만 하는 수 없이 허위 자백을 했다.

형장으로 가는 길에 두아는 억울함을 하소연할 데가 없어 "관청의 대문은 자고로 남쪽으로 열려 있건만 억울한 안건은 왜 언제나 있느냐." 하고 부르짖었다. 그리고 형이 집행되기 전에 하늘을 보며 이렇게 말했다.

『두아원』 삽화

"하늘이 이 원통한 죽음을 안다면 내 피가 저 높이 걸려 있는 흰 비단 위로 튈 것이며 유월에 눈이 내리고 3년 동안 큰 가뭄이 들 것이다."

과연 그녀의 말은 모두 다 들어맞았고, 이후 조정의 대신이 된 아버지는 이 사건을 재조사하여 두아의 원한을 풀어주었다. 그리고 장려아와 초주 지주는 형장에 끌려나가 목이 베어졌다.

부패한 세력에 맞서 싸운 두아의 이야기는 봉건지배

하에서 갖은 고초를 당했던 서민들의 신원伸冤과 복수에의 염원을 말해 주고 있으며 탐관오리들에 대한 서민들의 강한 저항 정신을 보여주고 있다.

관한경의 잡극은 중국 고대 문학의 보고寶庫를 풍부하게 했으며, 사상성과 예술성이 완벽하게 조화를 이루어 오늘날까지 많은 사람들의 사랑을 받고 있다.

청자 무대 모형 (원나라)

홍건군의 봉기

紅巾軍起義

원 성종

원나라는 성종 이후로 황제 아홉이 교체되어 내려오는 와중에 황실 내부의 다툼이 날로 심해지고 정치는 갈수록 부패해졌으며 민생은 도탄에 빠졌다. 게다가 원나라의 마지막 황제인 순제順帝(혜종惠宗이라고도 함) 토곤 테무르는 잔혹한 군주였으며 이에 살길이 막힌 백성들의 봉기가 곳곳에서 일어났다.

하북성에 사는 농부 한산동韓山童은 가난한 백성들을 모아 부처님께 기원을 드렸는데, 이것이 발단이 되어 비밀 종교 단체인 백련회白蓮會가 결성되었다. 그는 신도들에게 "천하가 크게 혼란함을 굽어보신 부처님께서 장차 미륵불을 내려보내어 백성들을 구제할 것이다."라고 항상 말하곤 했다.

마침 그때 황하의 제방이 터지는 바람에 양안의 백성들이 심각한 피해를 입게 되었다. 1351년, 원나라 조정에서는 변량과 대명大名 일대의 역군 15만과 군사 2만을 징발하여 황릉강黃陵岡에서 물길을 파고 황하의 물을 소통시키려 했다.

한산동은 이 기회에 거사를 일으키기로 작정했다. 그는 우선 백련회 신도 수백 명을 역군으로 잠입시킨 다음 일터에서 "외눈박이 돌사람이 나타나면 황하를 소통할 때 반란이 일어나리."라는 노래를 부르게 했다.

처음에 역군들은 그 말이 무슨 뜻인지 몰랐다. 그런데 황릉강까지 물길을 파는 도중에 땅에서 돌사람 하나가 나왔는데 눈이 외눈박이였다. 발 없는 말이 천리 간다고 이 사건은 재빨리 10만 역군들 속으로 퍼져나갔다. 사람들은 외눈박이 돌사람이 나타났으니 반란이 일어날 날도 머지 않았다고 생각했다.

운룡 무늬의 쌍이병雙耳甁 청화자기 〔원나라〕 청화자기靑華瓷器는 원나라 이래로 중원에서 가장 특색이 있는 자기로 세계적인 명성을 갖고 있다. 또한 남방의 경덕진은 도자기 생산의 중심지로 빠르게 부상했다.

물론 그 돌사람은 한산동이 사전에 몰래 묻어놓은 것이었다.

백성들의 마음을 동요시켜 놓은 한산동은 길일을 택하여 신도들과 함께 하얀 말과 검은 소를 제물로 바치고 천지 신명께 제를 올렸다. 신도들은 한산동을 수령으로 추대하고 그를 명왕明王이라 칭했으며, 봉기 날짜를 정하고 영주 영상潁上(안휘성 부양, 영상현)에서 봉기를 일으키기로 했다. 그리고 머리에 붉은 두건을 둘러 표를 하기로 했다. 그러나 이 일이 사전에 밖으로 새어나가는 바람에 한산동은 관청에 잡혀가 살해당했으며 그의 아내는 아들 한림아韓林兒와 함께 무안武安(하북성 무안현)으로 도망가 숨었다.

그러자 한산동의 친구 유복통劉福通은 관청의 포위를 뚫고 나와 봉기를 일으켰으며 영주 등지를 점령했다. 그 소식을 들은 황릉강의 역군들은 자신들을 핍박하는 관리들을 죽이고 유복통의 봉기군을 찾아갔다. 사람들은 봉기군이 머리에 붉은 두건을 써서

원나라 때 농민 봉기군이 사용했던 석탄石彈

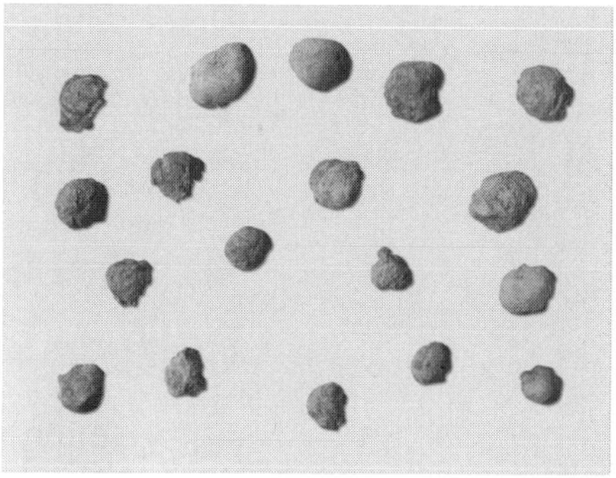

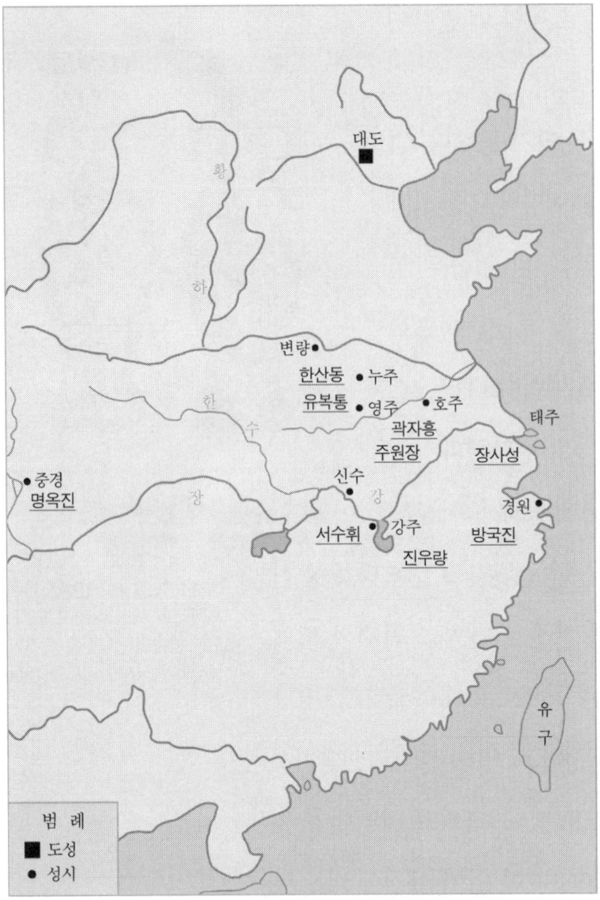

원나라 말기의 농민 봉기 약도

'홍건군紅巾軍' 이라고 불렀으며, 홍건군은 열흘도 못 되어 십여 만으로 늘어났다.

유복통의 홍건군은 이어서 여러 성을 함락시켰으며, 일찍부터 백련교의 영향을 받은 강회 일대의 농민들도 앞다투어 봉기군에 합류했다.

1354년, 순제는 승상 토토에게 명해 서역과 토번의 군사를 징발하여 고우高郵를 점령하고 있던 장사성張士誠의 홍건군을 포위 공격했다. 이렇게 장사성의 홍건군이 위기에 처해 있을 때 원나라 조정에서 갑작스런 내란이 일어나 토토를 파직시켰다. 대장을 잃은 원나라군은 혼란에 빠져 결국 전군이 모래성처럼 무너졌다.

이듬해 2월, 유복통은 한산동의 아들 한림아를 호주亳州(안휘성 호현)에서 황제로 추대했으며, 한림아는 소명왕小明王이라 칭하고 국호를 송宋이라 했다.

호주에서 정권을 세운 다음 한림아와 유복통은 군대를 세 갈래로 나누어 북진했다. 그 중 모귀毛貴가 이끄는 동로군은 원나라 도성인 대도성 아래까지 쳐들어갔으며 유복통은 대군을 거느리고 변량을 점령했다. 그런 다음 소명왕 한림아를 변량으로 데려오고 변량을 도성으로 정했다.

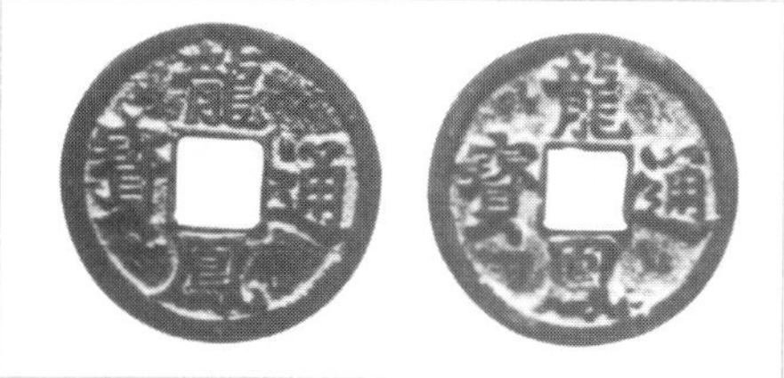

유복통이 주조한 용봉통보
龍鳳通寶

그러자 원나라 조정에서는 각지의 무장한 지주들을 규합하여 홍건군을 진압했다. 결국 홍건군의 북벌군은 대패했으며 변량은 다시 원나라군의 손에 들어갔다. 또한 원나라 조정은 고관대작으로 장사성을 꼬드겨서 투항하게 만들었다. 유복통은 소명왕 한림아를 데리고 안풍安豐(안휘성 수현)으로 도망갔다가 장사성의 습격을 받아 1363년에 목숨을 잃고 말았다.

이렇게 해서 20여 년 동안 계속되던 홍건군의 투쟁은 끝이 났다.

승려가 황제가 되다

和尙皇帝

주원장

주원장의 「논불필도해」 '논불필도해論不必渡海'는 바다를 건널 필요가 없음을 논한다는 뜻이다.

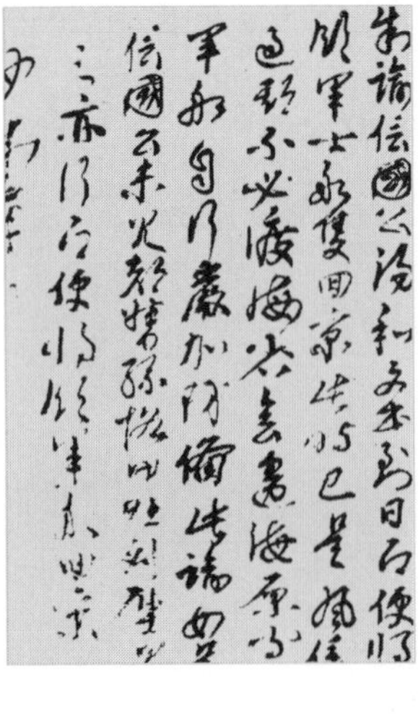

유복통이 이끄는 홍건군이 북진할 때, 호주濠洲를 지키고 있던 곽자흥郭子興의 홍건군도 날로 강대해졌다. 이때 호주는 관군에게 포위되어 있었지만 봉기군 장병들이 한마음 한뜻으로 용맹하게 싸워 관군은 호주성을 함락시키지 못했다.

그러던 어느 날, 의복이 남루한 젊은 승려가 뼈를 에이는 찬바람을 헤치고 호주성으로 찾아왔다. 성문을 지키던 병사들은 그 승려가 원나라군의 간첩인 줄 알고는 붙잡아 말뚝에다 묶어놓은 다음에 원수 곽자흥에게 고했다. 그 소식을 듣고 달려온 곽자흥은 젊은 승려의 용모가 기이하고 기상이 비범해서 내심 경탄하며 포승을 풀어주게 했다. 그 젊은 승려는 나중에 명나라를 세운 개국 황제 주원장朱元章이었다.

주원장의 조적祖籍은 강소성 패현沛縣이며, 본명은 주중팔朱重八이다. 당시의 하층민들은 정식 이름이 없었으며 항렬이나 부모의 연령을 합한 숫자가 이름이 되었다.

어렸을 때 주원장은 자주 황각사라는 절에 가서 놀았는데, 이 절의 장로는 총명하고 영특한 주원장을 기특하게 여기면서 글을 가르쳐 주었다. 주원장은 기억력이 비상한

데다가 공부도 열심히 해서 얼마 안 되어 고금의 문장들을 적지 않게 뗄 수 있었다.

곽자흥(좌)

몽골의 무사(우)

주원장이 열일곱 살 되던 해에 회북 일대에는 큰 가뭄에 황충 재해까지 들고 전염병까지 돌았다. 반년도 못 되어 그의 부모와 형이 전염병으로 목숨을 잃었고, 사람들이 매일 죽어나가 텅 빈 마을은 처량하기 그지없었다. 갈 데가 없어진 주원장은 결국 황각사로 들어가 승려가 되었다. 마당을 쓸고, 향불을 피우고, 종이나 북을 두드리는 것이 일이었는데 그럼에도 불구하고 날마다 노승들의 꾸지람을 들어야 했다. 하지만 입에 풀칠을 하기 위해서는 참고 견디는 수밖에 다른 도리가 없었다.

얼마 후 재황이 날로 심각해지자, 도조를 받아 유지되는 황각사도 더 이상 지탱할 수가 없게 되었다. 황각사 주지는 어쩔 수 없이 승려들을 내보냈고, 들어온 지 50일밖에 안 된 주원장도 탁발승이 되어 목탁을 두드리며 유리걸식을 했다.

떠돌아다니는 와중에 주원장은 어지러운 세상사를 직접 목격하게 되면서 세상의 어두운 면을 알게 되었으며 인생 경험도 많이 쌓게 되었다. 그는 여러 곳을 떠돌아다니며 출세의 시기를 기다리다가 3년 후에 다시 황각

『성정잡록聖政雜錄』 명나라 태조 주원장의 사적을 기술한 책이다.

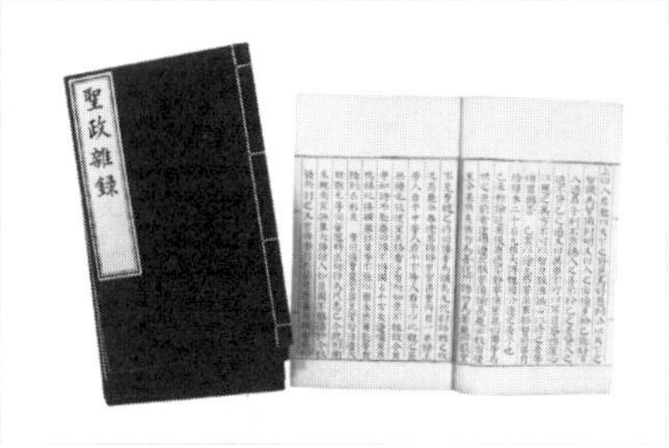

연꽃 무늬 법랑 상수족로象首足爐 〔원나라〕 이 향로는 서로 다른 시기의 기물로 조성되었다. 향로 외벽에 있는 연꽃과 가지만이 원나라 때의 것이다. 이 향로는 초기의 법랑 공예를 연구하는 데 진귀한 자료이다.

사로 돌아갔다. 그런데 얼마 후에 곽자흥의 수하에서 군관으로 있던 친구 탕화湯和에게서 홍건군에 가담하라는 편지가 왔다. 그래서 주원장은 밤을 도와 호주로 달려갔던 것이다.

곽자흥의 봉기군에 가담한 주원장은 용감하게 싸웠으며, 어떤 강적을 만나더라도 전혀 두려워하지 않고 앞장서서 돌진했다. 더구나 글을 읽을 줄도 알아서 주원장은 곽자흥의 총애를 받았다. 곽자흥은 싸울 때면 언제나 주원장을 자기 곁에 두었다. 얼마 후 주원장은 봉기군의 중요한 장수가 되었고, 곽자흥 부부는 주원장을 스물한 살 된 양녀와 혼인시켰다.

1355년 3월, 곽자흥이 죽자 주원장은 봉기군의 영도권을 장악하게 되었다. 그는 늙은 유생 주승朱升의 "담을 쌓고 식량을 비축하면 천천히 왕으로 불리게 된다."는 건의를 받아들였으며, 장기간의 전투 끝에 중국을 통일하고 황제가 되었다.

파양호대전

鄱陽湖大戰

유기

남으로 세력을 확장하는 과정에서 주원장은 진우량陳友諒이라는 강적과 맞닥뜨리게 되었다. 진우량은 강서·호남·호북 일대의 넓은 땅을 차지하고 강한 군대를 거느리고 있었으며, 스스로 왕을 자칭하고 국호를 한漢이라 했다. 1360년, 진우량은 강한 수군을 거느리고 채석에서 장강을 따라 동으로 내려와 응천부應天府를 공격하면서 주원장이 차지하고 있던 땅을 빼앗으려 했다.

이에 주원장은 급히 부하들을 소집하여 대책을 논의했다. 모두들 갑론을박 의견이 분분한데 모사 유기劉基만이 아무 말 없이 앉아 있었다.

아무런 결과도 얻지 못한 주원장은 다른 부하들은 모두 내보내고 홀로 남은 유기에게 의견을 물었다. 그러자 유기는 이렇게 말했다.

"적들은 먼 길을 행군하느라 지칠 대로 지쳐 있습니다. 그러니 우리가 이기지 못할 까닭이 있겠습니까? 군사를 매복시켰다가 적군의 약한 고리를 들이치기만 하면 쉽게 진우량을 이길 수 있습니다."

항주 봉산 수문

유기의 말을 들은 주원장의 얼굴에 희색이 돌았다.

주원장은 부장인 강무재康茂才을 불러 계책을 꾸몄는데, 강무재는 진우량과 오랜 친구사이였다. 집으로 돌아온 강무재는 편지를 한 통 써서 늙은 노복에게 명해 진우량의 진영으로 보냈다. 편지를 받아본 진우량은 강무재의 말을 믿고 늙은 노복에게 이렇게 물었다.

"강공康公(강무재)은 지금 어디 있는가?"

"강동교를 지키면서 대왕께서 오시기만을 기다리고 있사옵니다."

늙은 노복의 대답에 진우량은 다그쳐 물었다.

"강동교는 어떤 다리인가?"

"목조 다리입지요."

진우량은 전군에 출발 명령을 내리고 자신이 직접 수군을 거느리고 강동교를 향해 갔다. 그런데 약정한 곳에 이르러 보니 강동교는 목조 다리가 아니라 돌로 만든 석교였다.

상우춘

그런데 이때 북소리가 울려 퍼지더니 양 기슭에서 주원장의 복병이 달려나왔으며 포구에서는 수군이 뛰쳐나왔다.

갑작스러운 기습에 진우량의 몇만 대군은 갈팡질팡하다가 달아났는데 창칼에 맞아 죽고 물에 빠져 죽은 이가 부지기수였다.

이로 인하여 주원장의 명성은 더 높아졌으며, 실패를 싫어하는 진우량은 3년 후에 60만 대군과 전선을 거느리고 홍도洪都(강서성 남창시)로 진격해 왔다.

이에 주원장은 20만 대군을 이끌고 홍도를 구원하러 갔다. 그러자 진우량은 홍도를 포위했던 군대를 철수시키고 수군은 모두 파양호鄱陽湖로 철수시켰다. 주원장은 즉시 파양호의 출구를 봉쇄하고 진우량과 파양호에서 결전을 벌일 태세를 취했다.

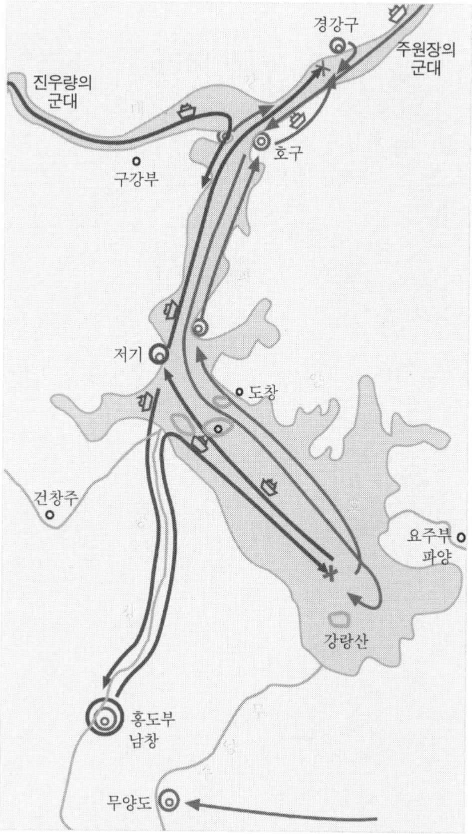

파양호대전 약도

진우량은 크고 높은 배들이 많았지만 주원장은 모두 작은 배들뿐이어서 전력이 비교가 되지 않았다. 사흘 동안 주원장의 군대는 고전을 면치 못했다.

그러자 주원장은 수하 부장들의 건의를 받아들여 화공을 가하기로 했다. 그는 배 일곱 척에다 화약을 가득 싣고 각각의 배 뒤에는 작고 빠른 배를 달게 했다. 그리고 저녁이 되어 동북풍이 세차게 불자 결사대는 배에 불을 달고 진우량의 배들을 향해 돌진했다. 화살처럼 빠르게 달려드는 배와 충돌한 적선들은 불바다에 휩싸였으며 순식간에 잿더미가 되어버렸다. 진우량은 포위를 뚫고 달아나다가 비 오듯 쏟아지는 화살을 맞고 즉사했다.

진우량의 묘

이듬해에 주원장은 장사성의 할거 세력을 소멸했다. 그리고 서달徐達을 정로대장군으로, 상우춘常遇春을 부장군으로 임명하여 25만 대군을 이끌고 북벌을 감행했다. 두 달 후에 서달의 군대는 산동을 점령했다.

1368년 1월, 주원장은 응천부에서 황제로 즉위했으며 국호를 명明이라 했다. 그가 바로 명나라 태조太祖이다.

같은 해 8월에 명나라군이 대도를 공격해서 점령하자 원 순제는 상도로 도망쳤다. 97년 동안 중국을 통치하던 원나라는 그렇게 멸망했다.

호유용 사건

황제가 된 주원장은 지난날 자신을 도와 나라를 세운 개국공신들이 황제 자리를 빼앗아갈까 봐 마음을 놓지 못했다. 그래서 '금의위錦衣衛'라는 특무 기관을 설치해서 대신들의 일거수일투족을 감시하게 했으며 의심스러운 자가 있으면 잡아다가 옥에 처넣거나 목을 베었다.

송렴

1380년에는 승상 호유용胡惟庸이 역모를 꾀했다는 고발이 들어오자 즉시 호유용의 구족九族을 멸했으며 철저히 수사하여 그의 같은 당파들을 엄징하라고 명했다. 그리하여 1만 5천 명이 넘는 사람들이 이 사건에 연루되었는데 주원장은 일단 호유용 일당이라고 지목되는 사람들은 모두 처형시켰다.

학사 송렴宋濂은 명나라 개국 초기에 태조가 중용한 사람으로 나중에는 태자의 스승인 태사까지 된 사람이었다. 태조의 의심은 결국 원로인 그에게까지 미쳤다.

제고지보制誥之寶〔명나라〕
황제가 조서를 내릴 때 사용하던 인장이다.

하루는 송렴이 친구 몇 명을 불러 술을 마셨는데 이튿날 조회 때 태조

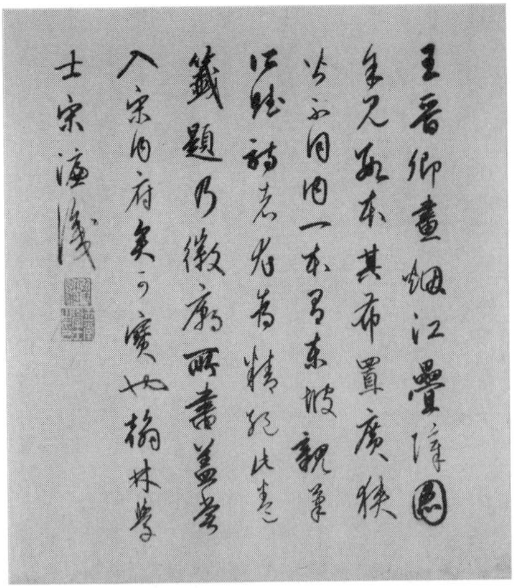

송렴의 필적 송렴은 걸출한 서예가이기도 했다. 그의 필치는 시원하고 비범한 기개가 내비치며 독자적인 서체를 이루고 있다.

가 어제 집에서 술을 마신 일에 대해 물었다. 송렴이 사실 그대로 아뢰자 태조는 얼굴에 웃음을 띄우면서 "경은 거짓을 모르는 솔직한 사람이오." 하고 말했다. 태조는 송렴이 친구들을 청하던 그날 은밀히 사람을 보내 감시를 했던 것이다.

이후 태조는 송렴을 칭찬하면서 "송렴은 나를 따른 지 19년이나 되었으나 한 번도 거짓말을 한 적이 없고 남에 대해 험담한 적이 없소. 송렴은 진정한 현인이오."라고 말했다. 예순여덟 살의 송렴이 벼슬을 그만두고 고향으로 돌아가려 할 때는 비단을 하사하면서 "이 비단은 남겼다가 32년 후에 1백 살이 되면 백세의百歲衣를 만들어 입으시오."라고 말하기까지 했다.

그런데 호유용의 사건 이후 송렴의 손자 송신宋愼이 일당으로 몰리자 그 바람에 송렴도 연루되게 되었다. 태조는 금의위를 금화金華에 보내서 송렴을 경성으로 잡아들였다. 태조가 송렴을 죽이려 하자 마황후는 이렇게 만류했다.

"백성들도 스승을 모시면 공경하는 법인데 하물며 태자의 스승을 그렇게 대해서야 되겠습니까? 그리고 송렴은 경성에 있지 않았고 멀리 시골에 내려가 있었는데 손자 일을 어떻게 안다고 그러십니까?"

그러나 태조는 한창 노기충천해 있던 터라 마황후의 말이 귀에 들어오지 않았다. 그는 송렴을 용서할 생각이 추호도 없었다. 그날 태조와 마황후가 같이 식사를 할 때 마황후는 고기와 술을 마다하고 식탁 앞에 멍하니 앉아 있기만 했다. 태조가 이상하여 왜 그러고 있느냐, 몸이 어디 불편하냐고 묻자 마황후는 눈물을 글썽이며 이렇게 말했다.

태조의 부인 마황후(좌) 마황후는 어려서부터 착하고 총명했으며 의지가 강했다. 그녀는 일생 동안 소박한 생활을 하면서 사람들에게 관용을 베풀었으며 늘 주원장에게 직언을 했다. 그녀가 홍무 15년에 병으로 죽자 주원장은 매우 비통해했으며 다시는 황후를 세우지 않았다.

명나라 태조 주원장(우) 〔명나라 궁정 화가〕

"송렴을 처형하시겠다니 슬퍼서 그럽니다. 지금은 그의 명복을 비는 것 외에 다른 도리가 없잖습니까."

마황후는 태조 주원장과 온갖 고난을 같이해 왔으며, 그러기에 태조는 그녀의 말을 언제나 신중하게 여겼다. 이번에도 마황후의 말은 태조의 돌 같은 마음을 얼마간 감동시켰다. 그래서 태조는 송렴을 죽이지 않고 무주茂州(사천 무현)로 유배를 보냈다. 그러나 일흔이 넘은 송렴은 무주로 가는 길에 객사하고 말았다.

그러고 나서 10년 후에 이선장李善長이 호유용의 역모를 알면서도 조정에 고발하지 않았으니 이 역시 대역죄라는 고발이 들어왔다. 이선장은 개국공신 중에서도 으뜸가는 개국공신일 뿐만 아니라 태조하고는 사돈지간이었다. 그리고 태조가 건국 초기에 공신들을 봉할 때 그에게만은 특별히 면사철권免死鐵券을 둘씩이나 내려주었다. 면사철권이란 아무리 죄를 지어도 죽이지 않는다는 특권을 증명하는 징표이다. 그럼에도 불구하고 태조는 열흔일곱 살의 이선장과 그의 가족 70여 명을 모조리 참살했다. 이어서 또 다른 호유용 일당을 수사했는데 이에 연

금의위 나무 인장

루되어 죽은 사람이 1만 5천 명이나 되었다. 그러나 이것으로 끝난 것은 아니었다.

3년 후에 금의위에서 대장 남옥藍玉이 역모를 꾀했다고 고발하자, 주원장은 남옥을 죽였을 뿐만 아니라 그 공모자들을 수사하여 문무 관리 1만 5천 명을 죽였다.

이 두 차례의 대대적인 숙청으로 인해 원래 조정에 있던 공신들은 거의 다 제거되었고, 태조의 독재와 잔혹함은 중국사에 길이길이 남았다.

연왕이 남경을 공격하다

명 성조 (명나라 궁정 화가)

권세가 높은 대신들을 여럿 죽인 태조는 스물넷이나 되는 황자들을 각지의 왕으로 봉했다. 그렇게 하면 통치 기반이 튼튼해질 거라고 생각했으나 이는 오산이었다. 오히려 이로 인하여 나중에 큰 변란이 일어났다.

태조가 예순이 되는 해에 태자 주표朱標가 죽자 주표의 아들 주윤문朱允文을 황태손으로 봉했다. 주윤문의 숙부들인 번왕들은 황위 계승권이 조카의 손에 들어가게 되자 모두 안 좋게 생각했다. 특히 태조의 넷째 아들인 연왕燕王 주체朱棣는 전공을 여러 번 세웠기 때문에 주윤문을 얕잡아 보았다.

주윤문이 동궁에 있을 때 황자징黃子澄이라는 관리가 있었는데, 그는 글을 배우는 것을 도와주는 반독伴讀 선생이었다. 어느 날 주윤문이 홀로 수심에 잠겨 동문 어귀에 앉아 있는 것을 본 황자징은 무슨 걱정이 있어 그렇게 앉아 있느냐고 물었다.

"지금 몇몇 숙부들이 병권을 장악하고 있으니 장차 이 일을 어쩌면 좋단 말이오?"

영락통보永樂通寶

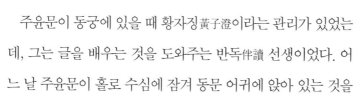

고궁의 태화전 태화전太和殿은 고궁 안에서 가장 크며 현존하는 중국 고전 건축물 중에서도 가장 큰 건축물이다. 높이는 37.44미터이고, 총 면적은 2,377평방미터이다. 태화전은 황권의 상징으로서 등극, 혼례, 대군의 출사 등 나라의 중대사가 있을 때 여기서 성대한 예식을 치렀다.

이에 황자징은 서한시대에 7국의 난을 평정한 일을 이야기하면서 주윤문을 위로했다. 그 말을 들은 주윤문은 비로소 안심을 했다.

1398년, 태조가 죽자 황태손 주윤문이 황제가 되었는데 그가 바로 혜제惠帝이다(역사상에서는 건문제建文帝라고도 하며 건문은 연호이다). 그런데 당시에 경성에서 몇몇 번왕들이 모반을 준비하고 있다는 소문이 돌자 겁이 난 건문제는 황자징을 불러 대책을 물었다.

황자징은 건문제의 다른 심복 대신인 제태齊泰를 찾아가 방법을 논의했다. 제태는 왕들 중에서 야심이 제일 많고 병력도 제일 강한 연왕부터 약화시켜야 한다고 주장했다. 그러나 황자징을 그 말에 동의하지 않았다. 연왕은 이미 방비를 다 해놓고 있기 때문에 그를 건드리면 뜻하지 않은 사태가 일어나기 쉽다는 것이 그 이유였다. 그래서 그들은 결국 연왕 주변의 번왕들부터 먼저 제거하기로 의견을 모았고, 건문제는 물론 이 계책을 받아들였다.

고궁의 전경

연왕은 일찍부터 은밀히 군사를 훈련시키면서 모반을 준비해 왔지만 건문제를 속이기 위해 미친 척을 하고 매일 허튼 소리를 했다. 그러나 황자징과 제태는 연왕이 미쳤다는 것을 믿지 않았다. 그들은 한편으로는 사람을 북평에 보내 연왕의 가족들을 잡아들이게 하고 다른 한편으로는 북평 도지휘사都指揮使 장신張信에게 밀령을 내려 연왕을 나포하게 했다. 그런데 장신은 도리어 그 비밀을 연왕에게 고해 바쳤다.

황지징

영리한 연왕은 건문제가 법적으로 인정받는 황제이므로 공개적으로 반대하면 자신에게 불리하다는 것을 잘 알고 있었다. 그래서 연왕은 건문제를 도와 간신 황자징과 제태를 제거한다는 명분을 내걸고 반란을 일으켰다. 이 내란을 역사상에서는 '정난靖難의 변變'이라고 하며, '정난'은 위난을 평정한다는 뜻이다.

이 내란은 거의 3년 동안 지속되었다. 1402년, 연왕의 군대는 회북에서 조정의 남군南軍과 격렬한 싸움을 벌였는데, 일부 장수들은 퇴각을 주장했으나 연왕은 이를 일축하고 끝까지 싸울 것을 명령했다. 머지않아 연왕의 군대는 남군의 식량 수송로를 차단하고 기습을 가하여 남군을 일거에 무너뜨렸다. 그러고는 응천부를 향해 파죽지세로 진군했다.

며칠 후에 응천부를 지키던 대장 이경륭李景隆은 성문을 열고 투항했다. 연왕이 군사를 이끌고 궁궐 안으로 들어갔을 때 궁궐에 화재가 일어났다. 연왕은 급히 병사들에게 명해 불을 껐지만 이미 적지 않은 사람들이 불에 타죽은 뒤였으며 건문제

명효릉明孝陵 명나라를 세운 주원장의 무덤이다. 남경 자금산 남쪽 기슭에 자리하고 있으며 중국 제왕들의 무덤 중에서 가장 크다.

의 모습도 보이지 않았다. 그래서 조사를 해보니, 연왕이 도성으로 들어올 때 건문제가 궁궐에 불을 지르고 황후와 함께 불 속으로 뛰어들었다는 것이었다.

그 후, 연왕 주체가 황제로 즉위하니 그가 바로 성조成祖이다. 1421년, 성조는 도읍을 북경으로 옮겼으며, 이때부터 북경은 줄곧 명나라의 도성이 되었다.

정화의 남해 원정

무력으로 황제가 된 명 성조는, 황궁이 불탔을 때 건문제의 시체가 발견되지 않은 것 때문에 항상 마음이 불안했다. 도대체 건문제가 죽었는지 살았는지 알 수 없었으며 죽지 않고 살아 있다면 큰 우환거리였다. 그래서 그는 심복 대신들을 전국 각지로 파견해서 건문제의 종적을 조사하게 했다. 물론 드러내놓고 할 수 있는 일이 아니므로 신선을 찾으러 다닌다고 거짓말을 했다.

정화

또한 건문제가 해외로 달아났을 수도 있다는 생각이 든 성조는 해외로도 사람을 파견하기로 결정했다. 누구를 보낼 것인가? 성조는 고민 끝에 오랫동안 자신을 보필한 환관 정화鄭和가 가장 적합한 인물이라고 생각했다.

구리 종 (명나라) 1431년, 정화의 일곱 번째 원정 때 복건성에서 주조했다. 높이는 83센티미터, 구경은 49센티미터이다.

정화는 본성이 마씨이고 아명은 삼보三保이다. 운남의 한 회족 가문에서 태어났는데 그의 아버지는 외국에 관한 이야기를 자주 들려주었다. 나중에 입궁해 환관이 되었는데 그의 총명함과 재능을 알아본 성조가 정화라는 이름을 지어주었다.

1405년 6월, 성조는 정화를 사신으로 임명하여 함대를 거느리고 '서양'으로 출사하게 했다. 그 당시의 '서양'이란 지금의

명나라 나침반

유럽이 아니라 중국 남해 이서의 바다와 연해 각지를 말한다. 이 원정 함대는 병사와 수부 외에 기술자, 통역인, 의사 등 2만 7천8백 명으로 구성되어 있었으며, 이들은 대선 62척에 나눠 타고 소주 유가하劉家河에서 출발하여 복건성 연해를 지나 남으로 내려갔다.

첫 번째 항해에서 정화는 점성占城(지금의 베트남 남부), 조왜爪哇(자바), 구항舊港(인도네시아 수마트라 섬 동남안), 소문답납蘇門答臘, 만랄가滿剌加, 고리古里, 석란錫蘭(스리랑카) 등의 나라에 이르렀으며, 각 나라의 국왕에게 성조의 국서와 선물들을 바쳤다. 정화의 거대한 함대를 본 사람들은 그들을 우호적으로 영접했다.

정화는 3년 9개월 후에 원정 임무를 완성하고 귀국했으며,

정화의 남해 원정 약도

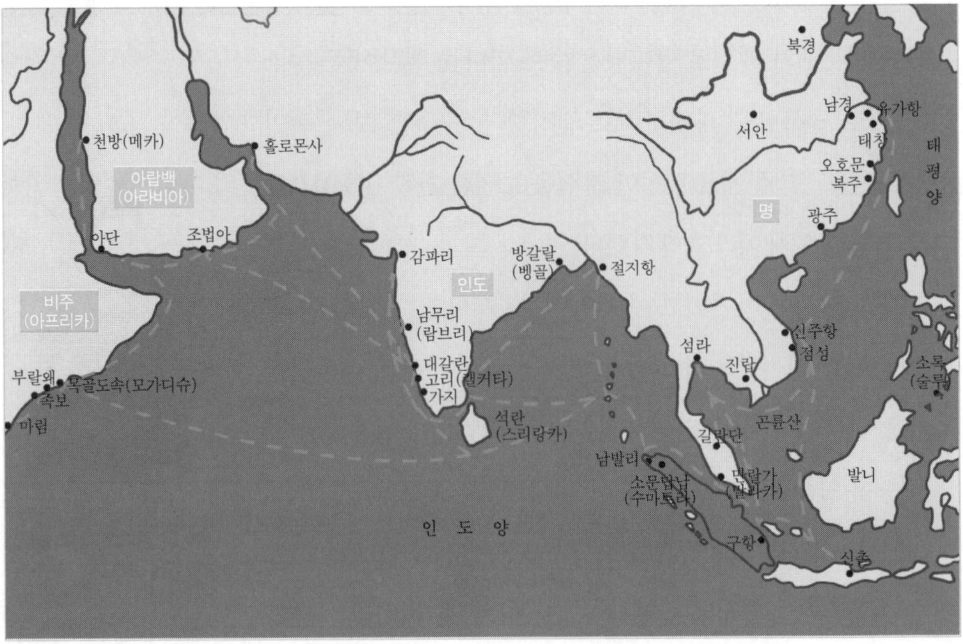

더불어 정화를 따라온 각국의 사절들도 명나라에 도착했다. 각국의 사절들은 성조를 배알하고 진귀한 선물들을 바쳤으며, 성조는 정화가 이렇듯 큰일을 성공시킨 것을 보고 대단히 기뻐했다.

정화의 돌비석(좌) 정화는 다섯 번째 원정 중에 천주 오산의 이슬람 사원에서 분향하며 안전한 항해를 기원했으며 이 돌비석을 세웠다.

인도네시아의 자바 섬에 있는 삼보묘三保廟(우)

이후 성조는 건문제의 종적을 조사할 필요성이 없어진 뒤에도 해외 원정은 계속하기로 했는데, 이 일이 명나라의 위망을 높일 수 있을 뿐만 아니라 다른 나라들과의 무역도 추진하는 등 이점이 많다고 보았기 때문이다. 그래서 정화는 그 후로도 여러 차례 서양 각국을 원정했다. 1405년부터 1433년까지 30여 년 동안 일곱 번이나 원정을 나가 인도양 연안의 30여 국가를 방문했다.

정화가 여섯 번째 원정을 마치고 돌아온 해에 성조는 병으로 사망했고, 일곱 번째 원정을 마치고 돌아왔을 때 대신들은 해외 원정 비용이 너무 많이 든다는 이유로 이를 그만두게 했다.

토목의 변

土木之變

명 영종

조카한테서 황제 자리를 빼앗은 성조는 대신들이 복종하지 않을까 봐 곁에 있는 환관들을 특별히 신임했고 그 때문에 환관의 세력이 점차 커졌다. 선종宣宗 대에 이르러서는 황제가 비답批答을 내려야 하는 상주서마저 환관들이 대필하게 되었으니 그 권세가 얼마나 높았는지 가히 짐작할 수 있다.

한편 울주蔚州(하북성 울현)에 건달잡배인 왕진王振이란 자가 있었는데, 글을 좀 읽어 여러 번 과거시험을 보았으나 매번 낙방을 했다. 그래서 현청의 교관教官으로 있었는데 죄를 범해 귀양살이를 가게 되었다. 그런데 그때 마침 황궁에서 환관을 모집하러 내려왔다. 멀리 벽지로 귀양 가서 죽을 고생을 할 바에는 차라리 환관이 되는 편이 낫겠다고 생각한 그는 자진해서 거세를 하고 환관이 되었다. 황궁의 환관들 중에는 글을 읽을 줄 아는 사람이 없어서, 글을 좀 아는 왕진을 환관들은 왕 선생이라고 불렀으며, 후에 선종은 태자 주기진朱祁鎭에게 글까지 가르치게 했다. 어린 주기진은 공부는 하지 않고 놀기를 좋아했는데 왕진은

인물화가 있는 청화자기 (명나라)

명색이 선생이라는 자가 가르치라는 글은 안 가르치고 이런저런 방법을 내어 태자의 비위만 맞춰주었다.

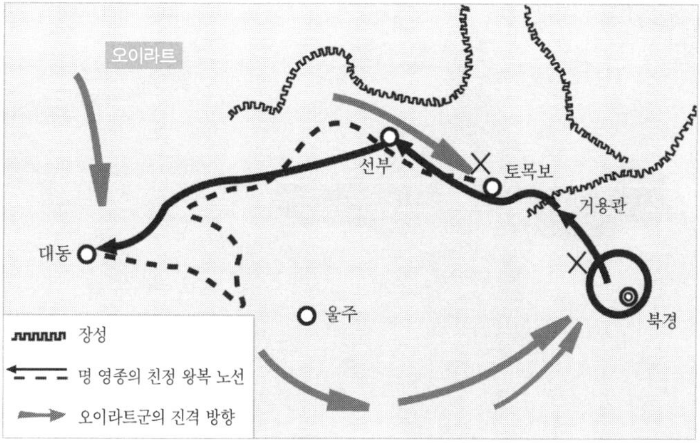

토목보대전 약도

선종이 죽자 겨우 아홉 살밖에 안 된 태자 주기진이 황위를 계승했는데, 그가 바로 영종英宗이다. 그러자 왕진은 사례감司禮監이 되어 상주서 비답을 도맡아서 처리했으며, 어린 영종은 놀기만 좋아하고 국사에는 전혀 관여하지 않았다. 그러자 왕진은 조정의 대권을 장악하고 자신의 말을 듣지 않는 대신들은 모두 파직시키거나 아니면 유배를 보냈다. 이제 왕진의 권세는 그야말로 하늘을 찌를 정도였으며, 아첨을 일삼는 일부 왕공 귀족들은 그를 '옹부翁父'라고 부르기까지 했다.

그런데 그 즈음 중국 북부에서는 몽골의 오이라트(와랄瓦剌)가 점차 강대해지고 있었다. 1449년에 오이라트의 수장 에센(야선也先)은 사절단 3천 명을 거느리고 말을 바치러 와서 상금을 요구했다. 그런데 에센이 사절단의 인원수와 말의 수를 부풀렸다는 것을 발견한 왕진은 상금을 삭감했다. 또한 자신의 아들을 명나라 공주에게 장가들게 해 달라는 에센의 청혼도 일언지하에 거절했다. 이에 대노한 에센은 대동大同을 공격해 들어갔으나, 대동을 지키는 군사들이 결사적으로 싸워 이를 막아냈다.

변경의 급보들이 조정에 날아들자 영종은 대신들을 모아놓

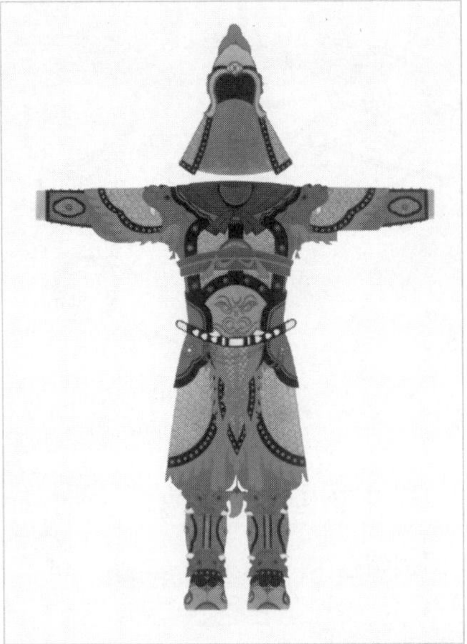

명나라 장병의 투구, 갑옷, 신발(좌) 명나라군의 신식 갑옷은 쇄자갑鎖子甲과 포면갑布面甲 두 종류가 있었다. 쇄자갑은 작은 쇠고리를 엮어 만들었으며, 포면갑은 면포와 갑편甲片으로 만들었다. 이 두 갑옷은 가볍기도 하거니와 화총 공격을 막는 데 효과적이었다.

수총手銃(우) [명나라]

고 대책을 논의했다. 대동은 왕진의 고향인 울주에서 그리 멀지 않은 곳에 있었고, 울주에는 왕진의 전답과 재산이 엄청나게 많았다. 자신의 재산을 오이라트군에게 빼앗길까 봐 겁이 난 왕진은, 영종이 직접 대군을 거느리고 나가 싸울 것을 강력히 주장했다. 그러나 병부상서 광야鄺埜와 병부시랑 우겸于謙은 준비가 부족하다며 황제의 친정을 반대했다(병부상서는 지금의 국방부 장관에 해당되고 시랑은 차관에 해당된다). 그러나 왕진이 하자는 대로 하는 영종은 대신들의 반대에도 불구하고 자신이 직접 군사를 거느리고 나가기로 했다.

영종은 동생인 성왕 주기옥朱祁鈺과 우겸에게 명해 북경을 지키게 하고 자신은 왕진과 광야 등 1백여 명의 관리들과 50만 대군을 거느리고 북경에서 출발하여 대동으로 호기롭게 진군했다.

그러나 며칠 후에 명나라군의 선봉이 대동성 근처에서 오이라트군한테 전멸당하자, 다른 군대들도 뿔뿔이 흩어져 퇴각했다. 퇴각하는 명나라군이 토목보土木堡라는 곳에 이르렀을 때 해가 지기 시작했는데, 한 대신이 날이 더 어두워지기 전에 회래성懷來城까지 행군해서 숙영을 하는 것이 좋겠다고 권했다.

국화와 용 문양의 법랑 향로(좌)

지화사智化寺 산문山門(우)
영종은 이 사원에 왕진을 기리는 정충사旌忠祠를 세우고 왕진의 조각상을 안치했는데 나중에 훼손되었다.

그곳은 높은 성곽이 있어서 오이라트군이 공격해 와도 충분히 방어할 수 있었기 때문이다. 그러나 왕진은 자신의 재산을 싣고 뒤따라오는 수천 대의 수레가 걱정되어 토목보에서 숙영을 하자고 우겼다. 이 토목보라는 곳은 비록 이름에 보堡 자가 있지만 사실은 아무런 방어물도 없는 개활지였다. 명나라군이 그곳에서 숙영을 한 지 얼마 지나지 않아 오이라트군이 일제히 습격을 해왔다. 전의를 상실한 명나라군은 갑옷들을 내던지고 줄행랑을 쳤고, 오이라트군은 기회를 놓치지 않고 바싹 추격해 왔다. 결국 명나라군의 대부분은 창칼에 맞아 죽거나 짓밟혀 죽었다. 나라를 망친 간신 왕진도 금군 장수 번충樊忠의 철퇴에 맞아 즉사하고 영종은 오이라트군의 포로가 되었다. 역사상에서는 이 사건을 '토목의 변' 이라고 한다.

이번 전투에서의 참패로 50만 명나라군은 군사의 대부분을 잃게 되었을 뿐만 아니라 북경성은 오이라트군의 위협을 받게 되었다.

우겸이 북경성을 지켜내다

于謙守京城

우겸

영종이 포로로 잡혀갔다는 소식이 북경성에 전해지자 조정의 대신들은 대경실색하여 중구난방으로 떠들기는 했으나, 누구 하나 그럴듯한 의견을 내놓지 못했다. 그러자 한림 시강侍講 서정徐珵이 나서서 남으로 파천하자고 했으나, 병부시랑 우겸은 이를 강력하게 반대했다.

"북경은 나라의 근본입니다. 이 근본을 지키지 못하면 나라를 구할 길이 없어집니다. 남쪽으로 도망갔던 남송의 일을 잊었습니까?"

우겸의 주장은 많은 대신들의 찬동을 얻었고, 황태후와 주기옥은 목숨을 바쳐 적을 물리치겠다는 충신이 있다는 것이 다행스러웠다. 황태후는 즉시 우겸을 병부상서로 임명하여 북경성을 사수하게 했다.

그러나 그때는 주전파와 주화파 간의 다툼이 여전했으며, 나라의 군주는 적군에게 잡혀 있는 어지러운 상황이었다. 그래서 우겸 등은 나라를 구하기 위해 성왕 주기옥을 황제로 올려놓아야 한다는 상주서를 황태

우겸의 「제공중탑도찬題公中塔圖贊」

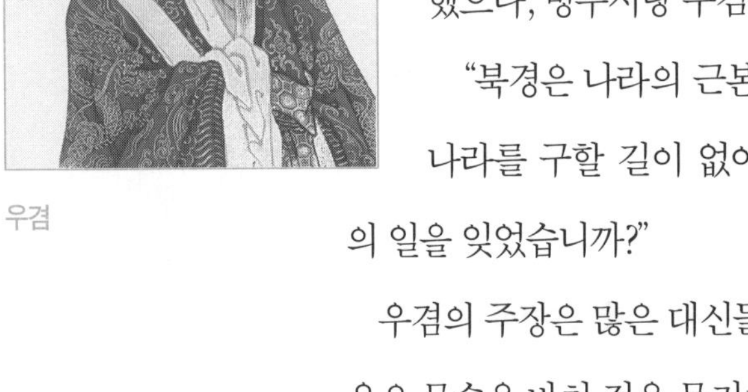

명나라의 소매가 짧은 쇄자갑 복원도(좌) 쇄자갑은 명나라 후기에 출현한 신식 갑옷이다. 원나라 때처럼 작은 미늘을 묶어서 만들지 않고 직경 1센티미터밖에 안 되는 작은 쇠고리들로 엮어 만든다. 때문에 대단히 가벼웠으며 간편해서 몸을 자유자재로 움직일 수 있었다. 쇄자갑은 군복 밖에 걸칠 수도 있어서 방어력이 뛰어났다.

전루箭樓(우) 북경 천안문 광장의 남쪽에 있는 전루는 명 정통 4년(1439년)에 세운 것으로, 활을 쏘는 전창이 82개 있고 성루로 올라가는 문이 있다.

후에게 올렸다. 오랜 숙고 끝에 황태후는 이에 동의했으며, 그 해 9월에 주기옥을 황제로 올려놓고 연호를 경태景泰로 고쳤다. 그가 바로 대종代宗이며, 영종은 태상황이 되었다.

경태 원년 9월에 대종이 즉위한 지 얼마 되지 않아 오이라트군이 선부성宣府城 아래까지 쳐들어왔다. 아군보다 훨씬 강한 적을 앞에 둔 우겸은 방비를 하는 한편 군사들을 모집하고 군량을 운반해 들이고 병기들을 만드는 등 전투 준비를 다그쳤다. 그렇게 해서 한 달이 못 되어 20만 군사를 모집하고 적과 싸울 만반의 준비를 해놓았다.

10월에 에센은 생포한 황제 주기진을 데리고 자형관을 점령한 다음에 북경성으로 진군해 왔다. 우겸은 적들의 기세를 꺾어 아군의 사기를 높일 요량으로 22만 대군을 징발하여 싸울 준비를 했다. 도독 왕통王通과 부도어사 양선楊善에게 명해 성을 지키게 하고는, 나머지는 모두 아홉 개 성문 밖에 진을 치고 적과 대치했다.

명나라군의 부총병인 고례高禮가 장의문 밖에서 적병 수백 명을 죽이고 적들에게 잡혀간 백성 1천여 명을 구해내어 가장

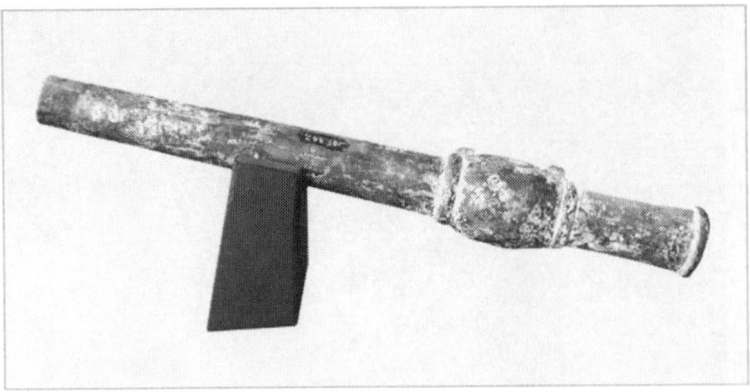

명 정통 9년에 만든 동총銅銃 명나라군의 중형 화기로, 설계부터 제조까지 모두 서방의 선진 기술을 본뜬 것이다. 우겸이 북경성을 지킬 때 이런 화기들이 큰 역할을 했다.

먼저 승전고를 올렸다. 교활한 에센은 우겸과 같은 장수들이 있는 한 성을 함락시키기 힘들다는 것을 깨닫고 주기진을 미끼로 우겸을 유인해서 살해하려고 했다. 그러나 우겸은 그 간계에 넘어가지 않았다.

계책이 통하지 않자 에센은 마침내 총공격을 감행했다. 그러나 우겸은 적들과 전면전을 피하고 기병을 이용해서 적을 매복권 안으로 유인한 다음에 화포를 총동원하여 적들에게 포화를 퍼부었다. 화포 공격을 받은 오이라트군은 숱한 사상자를 내었으며, 에센의 동생 소로도 화포에 목숨을 잃었다.

북경성을 포위 공격하는 오이라트군은 매번 참패를 했고, 거용관을 공격하던 오이라트군도 수성장 나통羅通의 결사적인 저항을 받게 되었다. 이에 퇴로가 차단될까 봐 두려워진 에센은 주기진을 끌고 양향良鄕(북경 방산현 동쪽)으로 급히 물러갔다. 그 기회를 놓치지 않고 우겸은 군대를 휘몰아 적을 추격하여 대승을 거두었다. 에센은 패잔병들을 이끌고 사막 북쪽으로 달아났다.

어조문魚藻紋 청화자기

북경의 싸움에서 대패한 오이라트군 내부에서는 불화가 생겼으며, 주기진을 붙잡아둬 봤자 아무 소용이 없다고 생각한 에센은 그를 북경으로 돌려보냈다. 그 일이 있은 다음부터 오이라트군은 다시는 북경성을 칠 엄두를 내지 못했다.

양일청이 내환을 없애다

명 무종 주후조(좌)
양일청(우)

토목의 변이 있은 후 명나라 왕조는 쇠퇴의 길을 걸었으며, 영종 이후의 황제들은 모두 우매하고 부패한 황제들이었다.

1505년, 무종武宗 주후조朱厚照가 즉위했는데 그는 나라 정사에는 상관하지 않고 환관들을 데리고 승마나 사냥을 하며 노는 것을 업으로 삼았다. 무종의 신변에는 유근劉瑾을 우두머리로 하는 환관 8명이 있었는데, 그들은 무종을 보필하는 것이 아니라 다만 놀기 좋아하는 그 비위를 맞추기 위해 별의별 방법을 다 썼다. 그렇게 해서 무종의 신임을 얻게 된 이 환관 8명은 황제의 세력을 등에 업고 호가호위했으며 못하는 짓이 없었다. 그래서 사람들은 그들을 '팔호八虎', 즉 여덟 호랑이라고 칭했다.

1510년, 안화왕 주치번이 유근에 반대한다는 명분으로 반란을 일으켰다. 무종은 양일청楊一淸을 녕하, 연환 일대의 지휘관으로 임명해 주치번의 반란을 진압하게 하면서, 환관 장영을 감군監軍으로 임명했다.

① 일품 문관의 오사모烏紗帽

② 관리의 평상복 (명나라) 명나라 관리들은 오사모나 복두를 쓰고, 깃이 높고 소매가 좁은 도포를 입었는데, 이런 옷을 반령盤領이라고도 한다. 이러한 복장은 또한 명나라 남자들의 주요한 복장이었으며, 계층에 따라 색상만 다를 뿐이었다. 자색, 녹색, 황색은 평민들에게 허용되지 않았다.

양일청은 원래 섬서 일대의 군사 통수로서, 사람이 정직하여 유근 일당의 소행을 늘 아니꼽게 여겼으며 그래서 유근의 모함으로 하마터면 목숨을 잃을 뻔하기도 했다. 천만다행으로 여러 대신들이 나서서 양일청을 변호하고 나서야 황제는 그를 석방하여 고향으로 내려보냈다. 그러다가 이번에 번왕의 반란을 진압하기 위해 무종은 그를 다시 조정에 불러 올렸던 것이다.

양일청이 녕하에 도착해 보니 반란은 이미 부하에 의해 진압되어 있었다. 그래서 양일청과 장영은 생포한 주치번을 북경으로 압송해 돌아오게 되었다. 그 과정에서 양일청은 원래 '팔호' 중 하나였던 장영이 유근이 득세한 다음부터 사이가 틀어졌다는 사실을 알게 되었다. 늘 유근을 없앨 생각을 하고 있던 양일청은 장영을 자기편으로 끌어들일 생각을 했다.

북경으로 돌아오는 길에 양일청은 장영과 밀담을 나눴다.

"이번에 장 공공('공공'은 환관에 대한 존칭)의 공로로 반란을 평정했으니 참으로 경사스러운 일입니다. 하지만 번왕 하나를 없애는 것은 쉬운 일이나 내환을 없애지 못하는 것이 큰 걱정입니다."

"장군이 말하는 '내환'이란 무엇을 뜻하는 것이오?"

장영이 의아해하며 묻자, 양일청은 가까이 다가가서 그의 손바닥에다가 '근' 자를 썼다. 그러자 장영은 이맛살을 찌푸리며

자금성 태화전

이렇게 말했다.

"그 자는 황상의 곁을 떠나지 않는 데다가 지켜보는 이들 또한 굉장히 많소이다. 그 자를 없앤다는 것이 그리 간단한 일인 줄 아시오?"

"장 공공도 황상의 심복이 아니십니까? 이번에 도성으로 돌아가면 황상께서 장 공공을 접견할 터인즉, 그때 주치번이 모반한 원인을 소상히 고한다면 황상은 유근을 절대 가만 놔두지 않을 것입니다. 유근을 죽이면 장 공공의 존명은 역사에 길이 빛나게 될 것입니다."

양일청의 말에 장영은 한동안 대답을 하지 않고 머뭇거렸다.

"그러다가 만에 하나 실패하면 어찌하오?"

"황상께서 믿지 않으시면 눈물로 충심을 표하십시오. 그러면 대사를 성공시킬 수 있습니다. 그러나 이 일은 빨리 해치워야 합니다. 늦어지면 기밀이 새어나갈 수 있습니다."

북경으로 돌아온 장영은 양일청의 계책대로 그날 밤에 황제

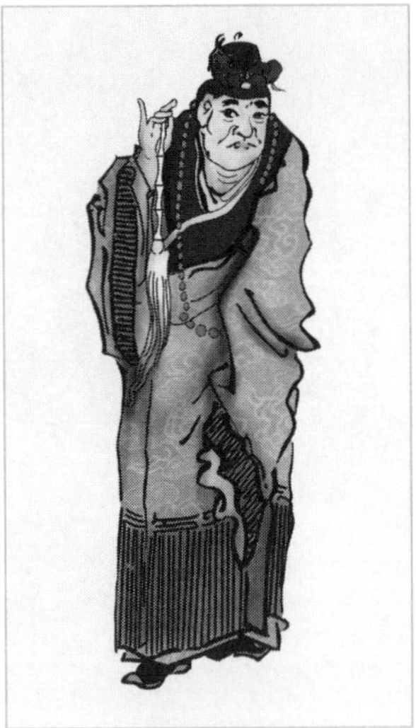
유근

를 만나 유근이 모반에 가담했다고 고발했다. 무종은 당장 장영에게 명해 금군을 거느리고 가서 유근을 잡아오게 했다. 집에서 코를 골며 잠을 자고 있던 유근은 갑자기 들이닥친 금군에 의해 꼼짝없이 결박을 당해 감옥으로 끌려갔다.

무종이 금군을 파해 유근의 집을 수색하자, 황금 24만 정과 은원보銀元寶 5백만 정, 그리고 헤아릴 수 없이 많은 진주와 옥기들이 나왔으며 황제가 입는 용포와 옥대玉帶, 무사들의 갑옷과 무기도 나왔다. 이에 진노한 무종은 즉시 어명을 내려 유근을 참해 버렸다.

양계성이 엄숭을 탄핵하다

양계성

무종이 죽은 후 주후총朱厚熜이 즉위했는데, 그가 바로 명 세종世宗이다. 세종은 즉위 초기에는 정치 개혁을 어느 정도는 강구했으나 나중에는 도교에 흠뻑 빠져 궁 안에 단을 만들고 신선을 부르기까지 했다. 그러니 조정 대사에는 당연히 관심이 적어지게 마련이었다. 대학사 엄숭嚴嵩은 제문을 남들보다 잘 써서 경건한 도교 신자인 세종의 마음에 들었으며, 승진을 거듭해 내각의 수보首輔, 즉 재상의 직위에까지 올라갔다.

별다른 재능 없이 오직 아첨만으로 세종의 환심을 사서 수보가 된 엄숭은 아들 엄세번嚴世蕃과 함께 자기네 일당을 만들고 반대파를 배척하면서 국법을 마음대로 짓밟고 못하는 짓이 없었다.

이 즈음 북쪽에서는 달단(몽골계의 한 부족)이 몽골을 통일하였으며 명나라에 큰 위협이 되었다. 그러나 엄숭은 달단의 침략을 막을 준비를 다그치는 대신 군량미를 빼돌리는 데 여념이 없었으며, 이로 인해 명나라군의 군사력은 급격하게 약화되었다. 그러는 동안 달단의 수령 알단 칸俺答汗은 명나라를 여러 번

명 세종 주후총

쳐들어왔으며 명나라군은 제대로 막지 못했다. 1550년, 알단 칸은 북경성 교외까지 쳐들어와 사람과 가축, 재물을 닥치는 대로 약탈하여 수레마다 가득 싣고 돌아갔다. 이듬해에 엄숭과 같은 당파인 대장군 구란仇鸞은 알단 칸과 결탁하여 화의하려 했고, 이 일은 정직한 대신들의 분노를 자아냈다. 그 중에서도 병부 원외랑 양계성楊繼盛은 울분을 참지 못했다.

양계성은 보정保定 용성容城 사람으로, 일곱 살 때 어머니를 여의었다. 그러나 어려서부터 큰 뜻을 품고 있던 그는 소를 방목하면서도 글을 읽었고, 나중에는 과거에 급제하여 진사가 되었다. 그리고 조정에 올라온 후에는 여러 대신들의 주목을 받았다.

정직한 성품인 양계성은 엄숭이나 구란의 매국 행위를 안 좋게 보았으며, 그래서 화의를 반대하는 상주서를 황제에게 올렸다. 그는 상주서에 군사 훈련을 다그쳐 달단을 물리칠 준비를 해야지 화의를 해서는 안 된다는 뜻을 절절히 피력했다. 상주

① 일품 문관의 직금織錦 선학 흉배
② 도어사의 직금 사치 흉배
③ 이품 무관의 자수 흉배
④ 도어사의 자수 사치 흉배
⑤ 오품 무관의 격사 곰 흉배
⑥ 육품 무관의 격사 해오라기 흉배
'흉배胸背'는 예복의 가슴과 등에 다는 장식으로, 정방형 비단 조각에 동물의 형상을 수놓는다.

①

②

③

서를 본 세종은 마음이 약간 동하기는 했으나 구란 일당의 감언이설에 넘어가 도리어 양계성을 좌천시켰다.

엄숭

양계성이 좌천된 후 명나라와 달단은 화의 협정을 맺었다. 그렇지만 얼마 후 달단의 알단 칸은 협정을 어기고 명나라 변경을 침략해 들어왔다. 구란은 자신들의 밀모가 드러나자 겁이 나서 병들어 죽어버렸고, 세종은 그제야 양계성의 말이 옳았음을 깨닫고 그를 경성으로 다시 불러들였다. 그러자 엄숭은 양계성을 자기편으로 끌어들이려고 꾀했다. 그러나 엄숭을 미워하던 양계성은 경성으로 올라온 지 한 달이 못 되어 엄숭을 탄핵하는 상주서를 올렸다. 상주서는 엄숭의 10대 죄를 조목조목 들고 있었으며 확실한 증거도 있었다.

이는 엄숭의 약점을 찌르는 상주서였다. 엄숭은 이를 악물고 복수를 계획했다. 그는 세종 앞에서 적반하장으로 양계성이 죽일 놈이라고 참소했고, 어리석은 세종은 이 말을 곧이듣고 오히려 양계성을 옥에 가두었다. 그러자 엄숭은 세종을 부추겨 끝내는 양계성을 살해하고 말았다.

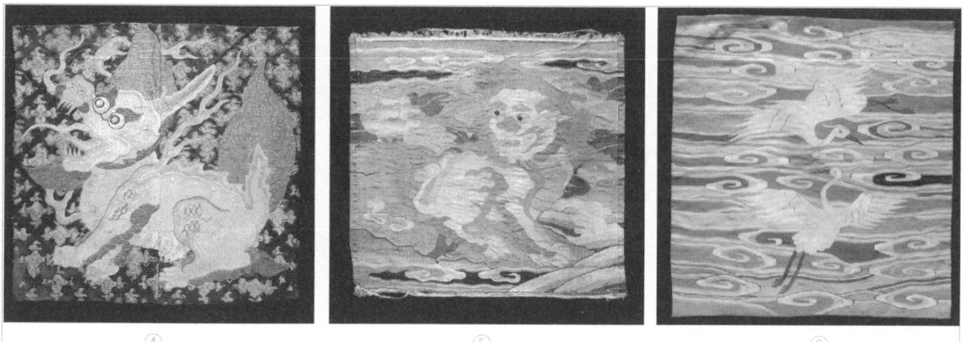
④ ⑤ ⑥

엄숭은 권력을 장악하고 있으면서 너무나도 많은 악행을 저질렀고 그 결과 정직한 대신들의 강한 불만을 자아냈다. 어사 추응룡鄒應龍은 먼저 엄숭의 아들 엄세번을 탄핵하기로 작정했는데, 그는 아버지의 권세를 믿고 나쁜 짓이란 나쁜 짓은 다 하고 다녔다. 추응룡의 상주서를 보고 대노한 세종은 엄세번을 잡아들여 엄히 죄를 묻고 뇌주로 유배를 보냈다. 그리고 엄숭은 파직시켜 집에서 쉬게 했다.

그런데 엄세번과 그의 일당들은 뇌주로 가는 도중에 몰래 고향으로 도망쳤다. 그리고 거기서 도적의 무리들을 끌어들이고 왜구와 결탁하여 일본으로 도망칠 준비를 했다. 그 일은 또 다른 어사인 임윤林潤에 의해 조정에 알려지게 되었다.

임윤의 상주서를 보고 크게 놀란 세종은 즉시 어명을 내려 엄세번과 그의 일당들을 극형에 처하고, 엄숭은 평민으로 강등시켰다. 이렇게 해서 명나라의 간신 엄숭은 철저히 몰락하고 말았다.

해서가 파직되다

해서

엄숭이 조정 대권을 장악하고 있을 때, 그의 일당은 물론이거니와 그의 친척들마저 권세를 누리며 갖은 악행을 일삼았다. 그러나 조정 대신들부터 지방의 관리들에 이르기까지 모두들 그들의 권세에 눌려 감히 어쩌지를 못했다.

그런데 절강성 순안현의 현리縣里만은 엄숭 일당의 위세에 눌리지 않고 정직하게 일했으니 그가 바로 해서海瑞이다.

해서는 광동성 경산瓊山 사람이다. 어려서 아버지를 여읜 그는 홀어머니 밑에서 가난하게 자라났다. 스무 살에 과거에 급제하여 거인擧人이 된 그는 절강성 순안현의 지현知縣으로 임명되었다. 순안현으로 부임해 간 그는 그 동안 쌓여 있던 안건들을 모두 깨끗이 처리했으며, 처리하기 어려운 안건도 면밀한 조사를 거쳐 진실을 밝혀내고 억울한 사람들을 구제해 주었다. 그래서 그곳 백성들은 해서를 '해청천海青天'이라고 칭송했다.

현곡제군도보玄谷帝君道寶〔명나라〕 명나라 황궁 안에는 도교와 관련된 인장들이 아주 많다. 이 인장은 명나라 황제들이 도교를 숭상했다는 것을 말해 준다.

명대 수륙화 중에서 도사의 모습

해서의 상급자는 절강성 총독 호종헌胡宗憲이었는데, 엄숭의 일당으로 탐욕이 끝이 없어 이르는 곳마다 횡령과 수탈을 일삼았다. 그리고 자신의 비위에 조금만 거슬리면 목을 베어버리곤 했다.

한번은 경성에서 어사 언무경鄢懋卿이 절강으로 시찰을 내려왔다. 엄숭의 양아들인 그는 횡령과 협잡의 수단이 더욱 음험했다. 이르는 곳마다 자신에게 '효성' 하는 돈을 은밀히 강요했는데 그 말을 듣지 않는 관리가 있으면 가만 놔두지 않았다. 그것을 아는 관리들은 언무경이 시찰을 내려온다는 소식을 듣고 걱정이 태산 같았다. 그러나 언무경은 겉으로는 법을 엄수하는 청렴한 관리인 척하며, 자신은 아첨 같은 것은 질색이며 정직하고 소박한 것을 좋아한다는 통지를 각지에 보냈다.

언무경이 순안으로 온다는 소식을 들은 해서는 그에게 이런 내용의 서신을 보냈다.

?

"간소하게 접대하라는 통지는 받았습니다만 어찌 해야 좋을지 몰라서 이 서한을 드립니다. 저희들이 알건대, 어사님이 이르는 곳마다 굉장한 주연이 벌어지고 가무로 날을 샌다고 합니다. 이것이 확실하다면 저희들은 어찌하면 좋겠습니까? 어사님 통지대로 거행하면 어사님 대접이 불경不敬할 것 같고, 다른 곳처럼 큰 주연을 차리고 돈을 물쓰듯하면 이 또한 어사님의 정직한 뜻을 어기는 일이 되니, 도대체 어떻게 해야 좋을지 종잡을 수가 없사옵니다. 어떻게 해야 옳은지 가르쳐 주시기 바랍니다."

해서의 「봉별첩奉別帖」

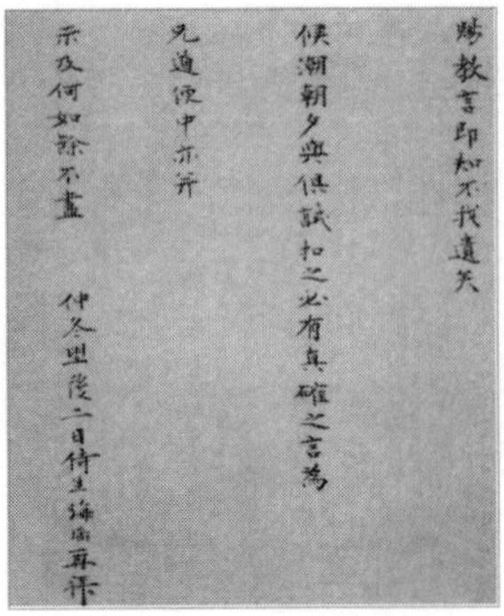

賜教言即知不我遺矣
候湖朝夕與俱試扣之必有真確之言為
兄道使中亦并
示及何如餘不盡
仲冬望後二日侍生海瑞再拜

자기의 음흉한 속을 꿰뚫어보는 듯한 편지를 본 언무경

은 이를 부득부득 갈았다. 하지만 해서가 청렴하고 대공 무사한 대장부임을 익히 들어 알고 있던 터라 자칫하다가는 큰 망신만 할 것 같았다. 그래서 그는 행로를 바꿔 순안에는 들르지 않고 다른 곳으로 내려갔다.

뚜껑이 금으로 된 백옥 사발

그 일이 있은 후 언무경은 해서에게 악감정을 품고 있다가 결국 세종에게 참소를 했고, 이 일로 인해 해서는 순안현 지현 자리에서 물러나게 되었다.

그러다가 엄숭이 파직되고 언무경이 변경으로 귀양을 가고 나서야 복직되었으며, 나중에는 경성으로 올라와 내직에 있게 되었다.

운학팔선도雲鶴八仙圖가 있는 청화자기 호리병 〔명나라〕 도교를 숭상하고 연단술戀丹術에 미혹된 명나라 세종은 이런 호리병에 '선단'을 넣어두었으며, 민간에서도 이러한 호리병이 유행했다. 이 호리병에는 팔선도가 그려져 있는데 이는 가정황제嘉靖皇帝(세종)의 불로장생을 기원하는 것이다.

그때 세종은 이미 20여 년 동안이나 조회에 나오지 않았으며, 하루 종일 궁궐에서 도사들과 얼굴을 맞대고 신선 놀음만 했으나 대신들은 감히 직언을 하지 못했다. 그러나 해서는 직위가 낮음에도 불구하고 과감히 상주서를 올려, 명나라 왕조의 부패를 낱낱이 밝히면서 세종에게 간곡하게 직언을 했다.

해서의 상주서는 조정에 일대 파문을 일으켰다. 상주서를 보고 진노한 세종은 당장 해서를 잡아들이고 금의위에 넘겨 혹독한 고문을 가했다.

해서는 세종이 죽은 다음에야 옥에서 나올 수 있었다.

척계광이 왜구를 막다

戚繼光抗倭

척계광

세종 재위 기간에 일본의 해적들이 중국 동남쪽 해안을 자주 침범했다. 그들은 중국의 토호나 간상奸商들과 야합하여 이르는 곳마다 사람들을 죽이고 재물을 약탈했다. 그래서 연해 일대의 백성들은 한시도 마음을 놓을 수가 없었다. 역사상에서는 이 일본 해적들을 '왜구倭寇'라고 한다.

조정에서는 연해 일대 방어에 익숙한 노장 유대유兪大猷를 파견해 왜구를 막게 했는데 유대유는 절강 일대 싸움에서 여러 번 승리를 거두었다. 그런데 얼마 후 절강 총독 장경이 엄숭의 일당인 조문화에게 모함을 당하자 유대유도 연루되어 옥에 갇히게 되었다. 연해의 방어를 지휘하는 장수가 없어지자 왜구들은 또다시 기승을 부렸고, 조정은 산동의 장수 척계광戚繼光을 절강으로 보내 왜구를 막게 했다.

척계광의 『연병실기』

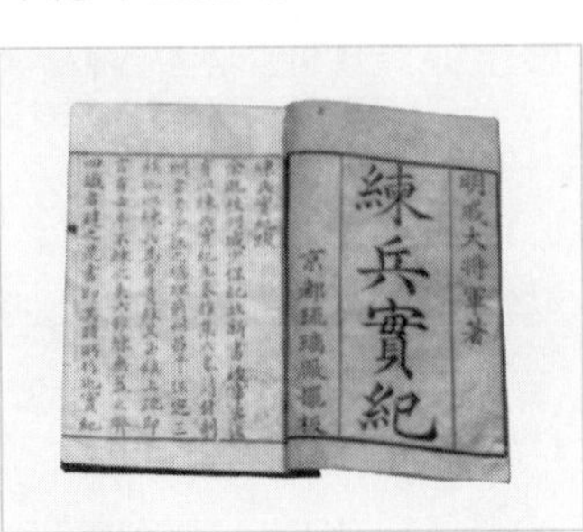

척계광의 자는 원경元敬으로, 산동 봉래 사람이다. 척계광의 6대조인 척상은 주원장의 부장으로 30년 동안 명나라를 위해 전쟁터에서 싸우다가 운남에서 전사했다. 태조 주원장은 척상의 공로를 기려 아들 척빈을 명위장군으로 삼고 등주위登州衛(산동성 봉래현) 지

척계광 사당 지금의 산동 연대烟臺에 있다.

휘첨사를 세습하게 했다.

1544년, 척경통戚景通이 병으로 죽자 열일곱 살 된 아들 척계광이 등주위 지휘첨사를 세습받게 되었으며, 이때부터 척계광의 무인 인생이 막을 열게 된다.

2년 후 척계광은 둔전을 맡게 되었는데 병사들이 도망을 가서 둔전을 할 수가 없었다. 척계광은 신속하게 문제점을 조사하여 방법을 찾았으며 대오를 재정돈하고 제도를 새로 마련했다. 그리하여 새로운 성과를 거두었다.

척계광이 조정의 명을 받고 절강 전선으로 와 보니 병사들은 훈련이 되어 있지 않아 싸움판에만 나서면 무서워 벌벌 떨기만 했다. 이런 병사들을 데리고 어떻게 왜구를 물리친단 말인가? 척계광은 병영을 새로 세우고 군사를 선발하여 훈련을 하는 데 전력을 쏟았다. 그 결과 1년 후에 주산週山 군도를 침범한 왜구들을 크게 물리쳤다.

척계광은 상급 관리의 도움으로 의오義烏라는 고장으로 가서 젊고 힘이 센 농민과 병사 4천을 모집하여 특별히 엄격한 훈련을 시켰다. 그리고 악비의 군대 '악가군岳家軍'을 본떠 전투력이 강한 '척가군戚家軍'을 만들었다.

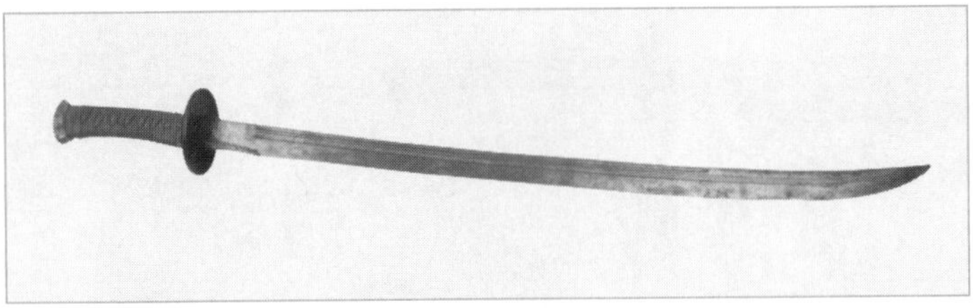

'등주 척씨' 군도 (명나라)
전체 길이는 89센티미터, 자루 길이는 16센티미터이다. '만력 10년, 등주 척씨' 라는 글자가 새겨져 있다. 이는 이 칼이 만력 10년(1582년), 척계광이 계진 총병으로 있을 때 주조된 것임을 말해 준다.

1561년 4월, 1만여 명이 넘는 왜구가 전선 수백 척을 몰고 절강 동쪽에 있는 대주와 온주로 대거 침입해 왔다. 왜구들은 이르는 곳마다 살인과 방화, 약탈을 일삼았으며 피해를 입은 곳이 아주 방대했다. 중국의 동남부가 왜구들의 만행으로 인해 공포에 떨 정도였다. 척가군은 명을 받고 신속히 출동하여 먼저 용산과 안문령 일대에서 왜구를 격파하고 대주를 구하러 달려갔다. 대주 근처인 풍령風嶺에 이른 척가군은 소나무 가지를 들고 산속에 몸을 숨겼는데, 왜구들은 그것이 소나무 숲인 줄 알고 아무런 경계도 없이 산길로 들어섰다. 때를 기다리고 있던 척가군은 산 아래로 돌격해 내려갔고, 불시에 기습을 당한 왜구는 싸움 한번 변변히 해보지 못하고 전멸당했다. 대주에서의 싸움은 한 달이 넘게 계속되었는데 그 동안 창칼에 맞아 죽은 왜구는 1천4백 명, 물에 빠져 죽거나 불에 타 죽은 자는 4천 명이 넘었다. 척계광은 그 공로로 지휘사로 승격되었다.

그런데 이때 복건 연해에서도 왜구의 침범이 잦아 복건 순무의 급보가 연이어 올라왔다. 조정의 명을 받은 척계광은 복건으로 가서 왜구를 쳤는데 3개월 만에 횡서橫嶼, 우전牛田, 임돈林墩 세 곳에 있는 왜구의 소굴을 모두 소탕했다. 이 공로로 척계광은 도독동지都督同知, 총병관으로 승격되어 복건성 전역과 절강의 금화와 온주를 수비하게 되었다.

얼마 후 왜구는 또다시 2만여 명을 결집하여 복건성 천주, 장

주, 홍화 등지에 상륙했다. 척가군은 여러 갈래로 나뉘어 왜구들과 격전을 벌였는데 한 달 동안 12번이나 승전고를 울리고 왜구 3천여 명을 죽였다. 1563년 11월에는 2만여 명의 왜구가 선유를 포위 공격했다. 선유의 군대와 백성들은 밤낮으로 성을 사수했지만 사태는 날이 갈수록 위급해졌다. 척계광은 군대를 여러 갈래로 나누어, 우선 선유의 왜구들과 다른 왜구들과의 연계를 차단하고, 선유의 왜구에 대한 총공격을 감행해서 일거에 왜구들을 섬멸했다. 선유의 대첩은 척가군을 주력으로 하는 명나라군이 평해위平海衛 전투 이후에 거둔 또 하나의 중대한 승리였다. 이 싸움에서 명나라군은 왜구 2천여 명을 소멸했다.

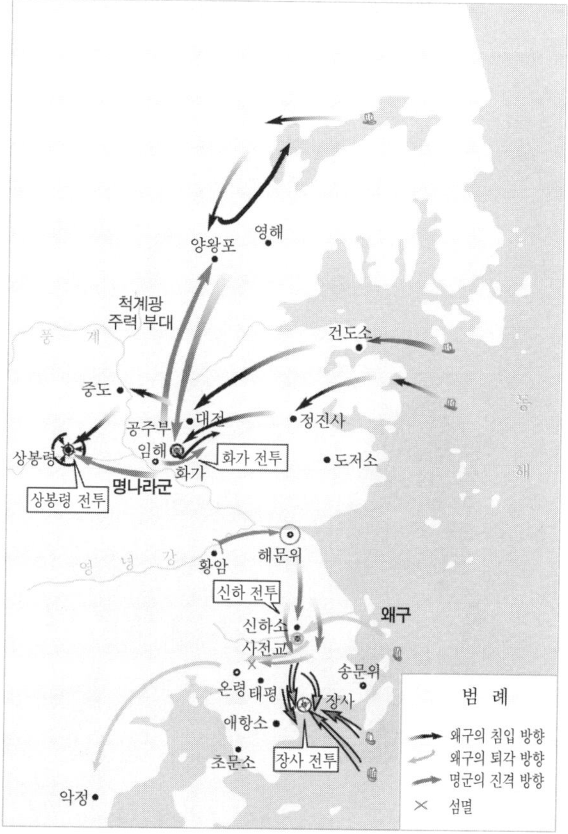

대주 대첩 약도

이어서 척계광은 척가군을 지휘하여 동안, 장포 두 곳의 왜구를 섬멸했다. 이렇게 해서 복건성 내의 왜란이 평정되었다. 1565년, 광동 총병 유대유가 복직되자 척계광은 부총병이 되어 왜구와 싸웠다. 1566년이 되자, 척계광과 유대유 등 애국 장수들과 연해沿海 일대 군민들의 노력으로 수십 년 동안 큰 피해를 가져다 준 왜란은 기본적으로 종식되었다.

이시진의 『본초강목』

李時珍論藥

이시진

재위하는 동안 온갖 향락을 다 누린 명 세종의 제일 큰 근심은 죽으면 이런 부귀향락을 더 이상 누릴 수 없다는 것이었다. 그래서 그는 늙어도 죽지 않는 불로장생 약을 구하려고 애썼으며, 전국 각지의 명의名醫들을 조정에 천거하게 했다. 그때 초왕부楚王府의 의원이었던 이시진李時珍도 천거를 받아 조정의 태의太醫가 되었다.

이시진의 자는 동벽東壁이며, 호북 기주蘄州(호북성 기춘현) 사람이다. 그의 집안은 대대로 의술을 업으로 삼았는데, 할아버지는 낭중郎中으로서 민간 비방과 편방을 많이 남겼고, 아버지 이언문李言聞도 의술이 뛰어났다. 이시진은 어려서부터 총명하여 사서오경 같은 책들을 많이 읽었으며 열네 살에 수재에 합격했으나 열일곱 살 때부터 연속으로 세 번이나 향시에 낙방하고 말았다. 낙심하지 말고 정진하라는 것이 부친의 당부였지만 이시진은 과거에 급제하여 공명을 얻는 일에는 이미 흥미를 잃어버리고 말았다. 그때부터 이시진은 아버지를 도와 처방전을 써주는 일을 하거나 아니면 산으로 올라가 약초를 캐기 시작했다.

용 모양의 손잡이가 달린 청옥 술잔 (명나라)

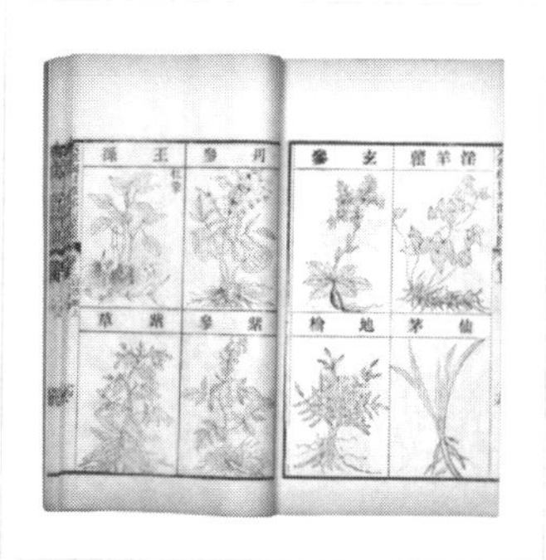

1545년, 기주 일대에 홍수가 범람하여 수해가 심각했으며 전염병까지 돌았다. 그러나 가난한 백성들은 돈이 없어 치료를 받지 못했다. 이시진은 백성들의 고통을 잘 알고 있는 데다가 이 기회에 의술도 배울 겸해서 약가방을 메고 다니면서 사람들의 병을 고쳐주었다. 그리고 의술 공부를 열심히 한 결과 서른일곱 살에 형초荊楚 일대에서 이름을 날리는 명의가 되었으며, 사람들은 천리를 마다하지 않고 병을 보이러 찾아왔다.

어약방의 금으로 된 약탕관(좌) 명나라 황제들이 병이 나서 약을 달여 먹을 때는 엄격한 제도 규정이 있었다. 어의에게 병을 보인 후 처방전을 떼서는 이런 금으로 된 약탕관에 약을 달여 먹었다.

『본초강목』(우)

그때 초왕의 아들이 자주 까무러치는 병에 걸렸는데 아무리 치료해도 효험이 없었다. 이시진의 의술이 고명하다는 말을 들은 초왕은 그에게 아들의 병을 보였다. 병자의 기색을 보고 맥을 짚어보던 이시진은, 장 때문에 그렇다면서 장을 치료하는 처방전을 써주었다. 과연 초왕의 아들은 이시진의 약을 먹고 완치되었으며, 초왕은 그에게 초왕부에 남아 '봉사정奉祠正' 겸 초왕의 사인私人 의사로 있을 것을 권유했다. 그래서 이시진은 초왕의 부중에 남았다.

그런데 초왕과 친분이 두터운 혁씨와 고씨라는 두 부호네 집에는 장서가 아주 많았다. 이시진은 초왕부에 있는 동안 두 부호에게서 『신농백초경神農百草經』, 『정류본초征類本草』 등 역대의 약서들을 빌려다 보면서 의학 지식을 쌓았으며, 이는 나중에 『본초강목本草綱目』을 편찬

금삽과 은솥 〔명나라〕 중국 전통 약은 모두 초본식물로 만들었다. 이 제약 도구는 항주의 어느 오래된 약방에서 사용하던 것이다.

검은 옻칠에 금룡을 박은 약궤 (명나라) 약재를 넣어두는 곳이다. 바탕에는 검은 옻칠을 하고 정면과 양측에는 금으로 된 쌍룡을 박았다. 그리고 후면과 궤 안에는 금으로 새긴 꽃과 나비 무늬가 있다. 양쪽으로 여는 문 안에는 팔각형으로 된 회전식 서랍이 10개 있고 각각의 서랍 안에는 약을 넣는 칸이 3개씩 있다. 그리고 서랍 위에는 금박으로 약명과 약감을 써놓았다. 이 약궤에는 모두 1백40종의 약을 넣을 수 있다. 그리고 약궤 밑에도 큰 서랍이 3개나 있는데 제약 도구나 처방 같은 것을 넣어두었다. 약궤의 후면에는 '대명 만력년 제' 라는 글자가 금박으로 씌어져 있다. 이 약궤는 궁정 어약방에서 사용하던 것이다.

하는 데 탄탄한 기초가 되었다.

그런데 전국 각지의 명의들을 태의원에 집중시키라는 세종의 어명이 내려오자, 초왕은 하는 수 없이 이시진을 태의원 태의로 추천했다. 태의가 된 이시진은 각지에서 올라온 명의들과 교류하고, 민간에서는 볼 수 없는 의학 서적들을 볼 수 있어서 좋았다. 하지만 태의원에 몇 번이나 『본초강목』을 편찬할 것을 제안했지만 받아들여지지 않자, 여기서는 자신의 뜻을 펼칠 수 없다고 생각하고 1년 후에 병을 핑계로 귀향했다.

귀향한 이시진은 한편으로는 진료를 하고 다른 한편으로는 약서를 읽거나 약초를 캐러 다녔다. 그는 하남, 하북, 강서, 안휘, 강소 등을 두루 섭렵하고 천주봉, 모산, 무당산 등 큰 산들을 오르내리며 표본을 채집했다. 약농藥農은 물론이거니와 과수를 심는 과농果農에게도 가르침을 받았고 위험을 무릅쓰고 독이 있는 선과仙果(빈랑나무 열매)도 직접 먹어보았다.

이시진은 30년에 걸쳐 유명한 약학서 『본초강목』을 완성했는데, 이 책에는 1천8백92종의 약재와 1만여 개의 처방이 기록되어 있다. 각종 약재의 원산지와 형태, 그리고 재배와 채집 등에 대한 상세한 기록뿐만 아니라 약을 달이는 방법과 성능에 대한 분석 및 그 기능에 대한 자세한 설명도 망라되어 있다. 이시진의 『본초강목』은 매우 귀중한 의약 경전이다.

장거정의 개혁

천지사방으로 불로장생 약을 구해보려고 애쓰던 세종은 오히려 독이 있는 '금단金丹'을 먹고 비명에 죽어버렸다. 그 뒤를 이어 태자 주재후朱載垕가 즉위했는데, 그가 바로 목종穆宗이다. 목종의 재위 기간에 대학사 장거정張居正은 재능이 출중하여 황제의 신임을 얻었다.

장거정

1572년, 목종이 죽자 태자 주익균朱翊鈞이 황위를 이었는데, 그가 바로 신종神宗이다. 장거정은 목종의 유언에 따라 대신 둘과 함께 신종을 보필하는 보정대신이 되었으며, 보정대신들 중에서도 으뜸인 수보首輔가 되었다. 그는 스승이 제자를 가르치듯 열 살밖에 안 된 신종을 가르쳤으며, 그림이 있는 역사 이야기책인 『제감도설帝鑑圖說』을 자수로 엮어 매일 신종을 가르치기도 했다.

신종은 엄격한 스승인 장거정을 존경하면서도 두려워했다. 그런데다가 태후와 환관 풍보가 장거정을 지지하고 있어서 조정 대사는 모두 장거정이 도맡아 처리하는 상황이 되었다.

장거정의 『제감도설』

그 당시, 연해 지역의 왜구는 이미 소탕되었으나 북방의 달단이 변경을 침범하여 명나라의

복숭아 모양의 자사紫砂 술잔 〔명나라〕 자사 용기는 강소성 의흥현의 특산품이다. 자사 주전자로 우린 차는 맛이 변하지 않고 쉽게 변질되지도 않는다. 자사 용기는 온도의 급격한 변화를 견뎌내서 물을 끓이거나 뜨거운 물을 담아도 깨지지 않으며, 열전도가 낮아서 손을 데는 법이 없어서 당시 달관達官(높은 벼슬이나 관직) 귀족들과 문인들의 환영을 받았다.

안전을 위협하고 있었다. 장거정은 왜구를 물리치는 데 큰 공을 세운 명장 척계광을 북방으로 불러와 계주薊州를 지키게 했다. 척계광은 달단의 진격을 막기 위해 산해관에서부터 거용관까지 이르는 장성 위에다 3천여 개의 보루를 쌓았다. 군율이 엄하고 무기가 좋은 척가군은 달단군을 여러 번 격퇴시켰으며, 달단의 수령 알단 칸은 화의와 통상을 청했다. 장거정은 조정에 주청하여 알단 칸을 순의왕順義王으로 봉했다. 그 후 2, 30년 동안 명나라와 달단 간에 전쟁이 없어서 북방 백성들은 안정된 삶을 살 수 있었다.

그런데 조정이 부패한 탓에 대지주들이 백성의 토지를 마음대로 겸병하고 수탈하여 지주 호족들은 갈수록 부유해졌지만 국고는 날이 갈수록 텅텅 비어갔다. 이에 장거정은 토지를 재조사하여, 황실의 내외척이나 지주들이 숨겨놓은 토지를 밝혀냈으며, 지주들의 토지 겸병을 억제하고 나라의 재정 수입을 늘렸다.

그 다음에는 잡다한 부세와 노역을 하나로 합친 세금을 은으로 납부하게 하는 법을 만들었다. 이 법을 '일조편법一條鞭法'이라고 하는데, 이런 일련의 세수稅收 제도의 개혁으로 관리들의 부정부패를 억제시켰다.

10년 동안의 노력을 통해 장거정의 개혁

금으로 된 속발관과 벽옥잠(좌) 〔명나라〕 속발관束髮冠은 머리에 쓰는 관이고, 벽옥잠碧玉簪은 비녀이다.

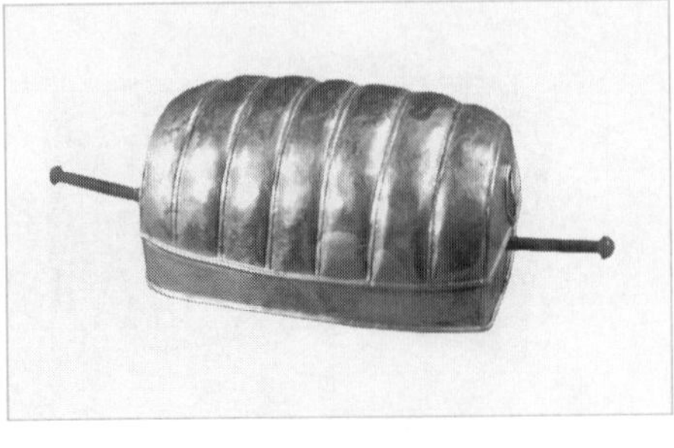

조치는 뚜렷한 효과를 보게 되었다. 부패하기 짝이 없던 명나라의 정치도 다소 변화되었고, 나라의 창고에는 10년을 먹고도 남을 양식이 비축되게 되었다. 그러나 이러한 개혁들로 인해 손해를 입게 된 귀족들은, 겉으로는 복종하는 척하면서 내심으로는 장거정을 매우 미워했다.

명 신종 주익균

그리고 권력이 장거정한테 집중되자 신종은 성인이 되어서도 딱히 할 일이 없었다. 신종은 한가하게 향락을 누리며 놀기만 했는데 곁에 있는 심복 환관들은 그의 비위를 맞춰주느라고 별의별 해괴한 짓을 다 했다.

장거정은 신종을 설득해서 한심한 짓거리를 하게 하는 환관들을 모조리 궁에서 내쫓았다. 그리고 태후는 장거정에게 명해 신종을 대신하여 '죄기조罪己詔'(황제가 자신의 잘못을 반성하는 조서)를 작성하게 했다. 그런 일이 있은 다음부터 신종은 장거정을 증오하기 시작했다.

화랑도貨郎圖〔명나라 계성計盛〕 명나라 후기에는 경제의 급격한 발전으로 분업이 갈수록 세분화됨에 따라 직업이 많아졌으며 생활도 날로 풍부해지고 다채로워졌다. 화랑은 사람들의 물질 수요와 교환을 위해 생겨난 직업이다.

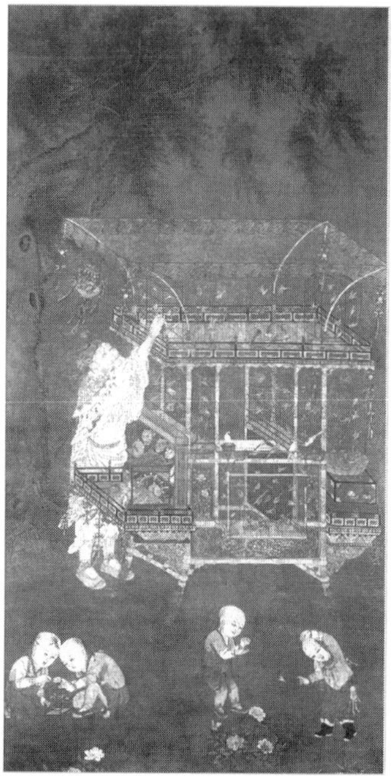

1582년, 장거정이 병으로 죽자 신종은 자신이 집정을 하기 시작했다. 그러자 평소 장거정에게 불만을 품고 있던 대신들이 들고 일어나, 장거정이 집정할 때 독단 전횡하며 이러저러한 일을 잘못했다고 비판했다. 이듬해에 신종은 장거정의 작위를 모두 삭탈하고 가산을 몰수했다. 장거정이 시행했던 개혁 조치 또한 모두 철폐되었으며, 개선되고 있던 명나라의 정치는 다시금 어두워졌다.

누르하치가 후금을 세우다

努爾哈赤建後金

누르하치

명나라의 정치가 부패 일로를 달리고 있을 때, 중국 동북 지역에서는 여진족의 한 부족인 건주여진建州女眞의 세력이 점차 커졌으며 그 수령은 누르하치(노이합적努爾哈赤)였다.

누르하치는 건주여진의 귀족 가문에서 태어났으며 할아버지 기오창가覺昌安와 아버지 탁시塔克世는 명나라 조정으로부터 건주좌위建州左衛라는 관직을 받았다. 누르하치는 어려서부터 말타기와 활쏘기를 즐겼으며 무예 또한 출중했다.

누르하치가 스물다섯 살 되던 해에 건주여진의 토륜성 성주 니칸 와이란이 명나라군을 불러다가 구러성 성주 아타이阿臺를 공격했는데, 아타이의 아내는 기오창가의 손녀였다. 기오창가는 탁시를 데리고 구러성을 구원하러 갔다가 도중에 명나라군과 마주치게 되었다. 결국 기오창가와 탁시는 혼전 중에 둘 다 전사하고 말았다.

누르하치는 대성통곡을 하며 할아버지와 아버지의 시신을 땅에 묻었다. 억장이 무너지는 일이었으나 힘이 모자라 명나라군과 대적할 수는 없었다. 비분을 안고 돌아온 누르하치는 아버지의 갑옷을 입은 다음 수하의 병사들을 이끌고 토륜성으로 진격했다. 니칸 와이란은 누르하치를 당해낼 재간이 없어 황급히 달아났고, 토륜성을 점령한 누르하치는 이 기회에 건주여진의 다른 부락들도 정복했다.

이후 누르하치의 명성은 인근에 널리 알려지게 되었으며, 몇 년 후에 그는 건주여진을 통일했다. 이에 다른 여진 부락들은 공포에 떨었다. 당시 여진족은 거주 지역에 따라 건주여진, 해서여진海西女眞, 야인여진野人女眞 등으로 나뉘어져 있었는데 해서여진 중에서는 예허葉赫 부락이 제일 강했다. 1593년에 예허는 다른 여진 부락 및 몽골의 여덟 부락과 연합한 3만 군사로 누르하치를 공격해 왔다.

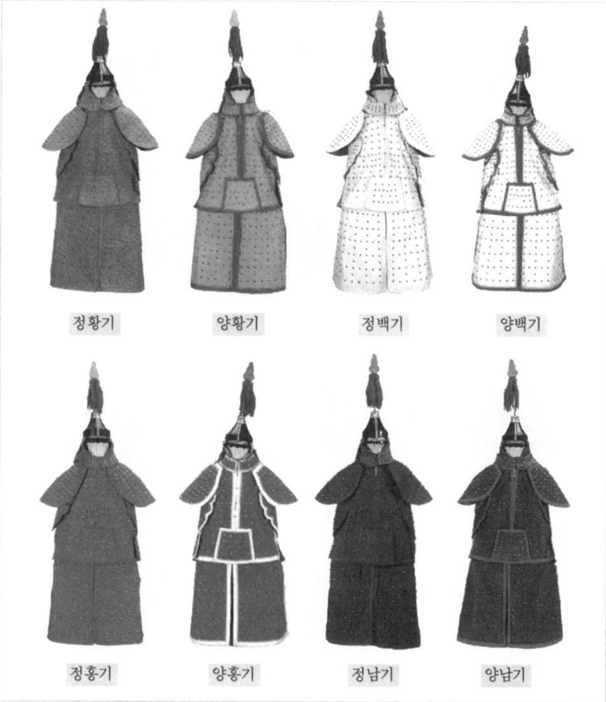

8기군 군복 8기군 군복은 서로 색깔이 다르며, 대례 때만 입고 평상시에는 입지 않는다. 처음에는 각 기의 지위가 평등했으나 산해관 안으로 들어와서는 황제가 정황기, 양황기, 정백기를 직접 영솔하게 되었으며 이를 '상삼기上三旗'라고 했다. 그 외의 5기는 '하오기下五旗'라고 했다.

9개 부락 연합군이 진격해 온다는 말을 들은 누르하치는 적군이 오는 길에 군사를 매복시키고 길 양쪽 산마루에 돌과 통나무를 쌓아놓았다. 연합군이 산 아래에 이르자 누르하치는 군사 1백 명을 보내어 적을 매복지로 유인했다. 예허 부락의 한 우두머리가 가장 먼저 말을 몰고 달려왔다가 누르하치군이 박아

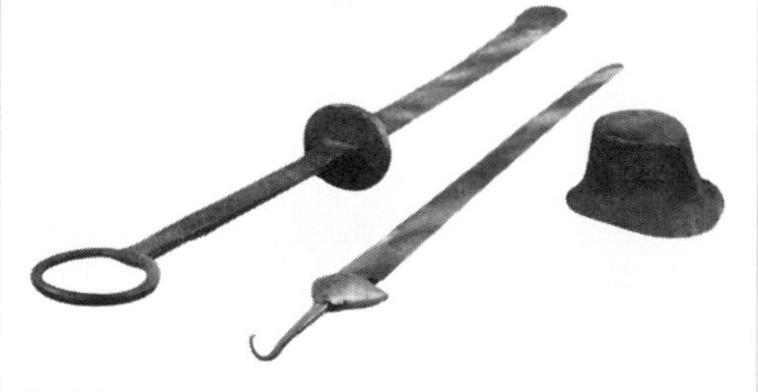

누루하치 8기군이 사용했던 검, 칼, 투구

천명통보天命通寶(좌) 천명한전天命汗錢이라고도 한다. 누르하치는 천명 원년(1616년)에 금나라를 세우고 붉은 구리로 천명통보를 주조하기 시작했다. 천명통보의 문자는 만주 문자와 한자 두 가지로 되어 있었는데, 처음에는 후금의 통치 지역에서 유통되었다. 홍타이지皇太極가 즉위한 후에는 이와 다른 천총통보天聰通寶를 주조했다.

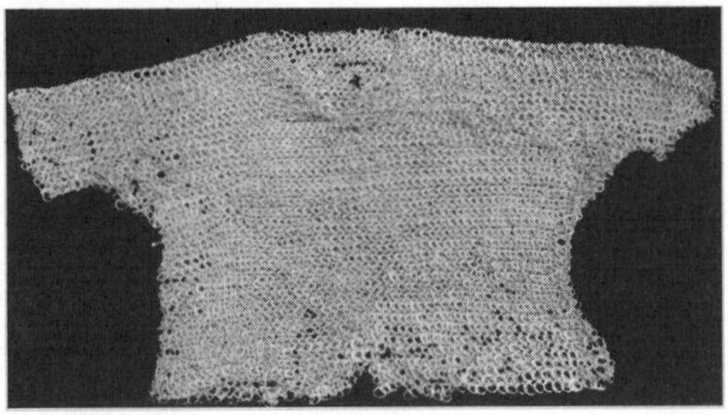

삭자갑索子甲(우) 〔명나라〕 철간견鐵坎肩(쇠 조끼)이라고도 한다. 작은 쇠고리들을 연결시켜 만든 갑옷으로 탄성이 있고 창칼을 막을 수 있었다. 8기군 장병들의 중요한 호신구였다.

놓은 말뚝에 걸려 땅바닥에 나뒹굴었다. 그러자 누르하치의 군사들이 달려나가 죽여버렸다. 그것을 본 다른 우두머리는 그만 놀라 혼절해버렸고, 지휘관을 잃은 연합군은 뿔뿔이 사방으로 흩어져 달아났다. 누르하치는 승세를 타고 적군을 바싹 추격하여 예허부락을 소탕했다. 그러고 나서 몇 년 후에 누르하치는 여진 각 부족을 통일했다.

그 다음에 누르하치는 여진족 사람들을 8기八旗로 편성했는데, 기는 행정 단위이자 군사 조직이었다. 누르하치는 명나라 조정의 감시를 느슨하게 하기 위해 해마다 조공을 바쳤으며, 그의 태도가 공손하다고 여긴 명나라에서는 그를 '용호장군龍虎將軍'으로 책봉했다.

1616년, 시기가 무르익었다고 판단한 누르하치는 8기 귀족의 옹호를 받아 예투아라(요녕성 신빈현 부근)에서 '칸'으로 즉위하고 국호를 대금大金이라고 했다. 역사상에서는 이 금나라를 이전의 금나라와 구별하기 위해 '후금後金'이라고 한다.

살이호대전

누르하치

1618년, 누르하치는 8기 수령들과 군사들을 모아놓고 명나라 조정의 일곱 가지 죄를 주장하는 '칠대한七大恨'을 하늘에 고하는 의식을 치렀다. 그 중 첫 번째 원한이 무고한 할아버지와 아버지를 죽인 것으로, 그 복수를 하기 위해 명나라를 공격한다는 것이었다.

이튿날, 누르하치는 군사 2만을 거느리고 무순으로 진격했다. 그리고 무순에 도착하기 전에 명나라 장수 이영방李永芳에게 항복을 권유하는 편지를 보냈다. 금나라군의 흉맹한 기세에 겁이 난 이영방은 즉시 투항했고, 금나라군은 사람과 가축 30만을 잡아갔다. 그 소식을 접한 요동순무가 군대를 급히 무순으로 출동시켰지만 중도에 금나라군에게 대패하여 궤멸되었다.

이에 신종은 양호楊鎬를 요동경략으로 임명하여 후금을 토벌하게 했다. 양호는 한동안의 군대 징발을 통해 10만 군사를 모았다. 그리하여 1619년, 군사를 네 갈래로 나누어 총병 넷이 각각 영솔하게 했으며, 양호는 심양沈陽에서 전투를 지휘했다.

명나라군의 주력은 산해관 총병 두송이 지휘하는 중로군 좌익이었다. 그것을 안 누르하치는 역량을 집중해 두송의 군대를

8기 대독 8기 대독大纛은 8기군의 여덟 폭 깃발이다. 1601년에 누르하치는 황, 백, 홍, 남 등 4기군을 창건했는데 각 군은 서로 다른 색깔에 운룡을 수놓은 깃발을 군기로 삼았다. 1615년에는 양황, 양백, 양홍, 양남 등 4기군이 추가되었으며, 원래 깃발의 가장자리에 선을 둘렀다.

먼저 치기로 작정했다.

두송은 산전수전 다 겪은 명나라군의 명장이었다. 그런데 그날따라 날씨가 좋지 않아 무순을 떠날 때부터 큰 눈이 펑펑 쏟아졌다. 전공을 세우는 데 급급한 두송은 한시라도 지체될세라 눈 속으로 군사들을 급히 내몰았다. 그들은 신속히 살이호薩爾滸(요녕성 무순 동쪽) 산의 입구를 점령했으며, 절반은 살이호에 남아 영채를 세우고 나머지 정예부대는 두송의 지휘 아래 후금의 계번성界藩城(요녕성 신빈현 서북)으로 진격했다.

두송이 군대를 둘로 분산시킨 것을 본 누르하치는 일이 잘되어 간다고 기뻐했다. 그는 8기군의 역량을 모두 집중하여 명나라군의 영채를 일거에 빼앗고 두송의 퇴로를 차단한 다음에 계번성을 구원하러 달려갔다. 그런데 이때 계번성을 공격하던 명나라군은 퇴로가 차단되었다는 말을 듣고 크게 동요하기 시작했다. 그 틈을 타서 후금군이 산 위에서 눈사태처럼 쏟아져 내려왔다. 두송의 군대가 도저히 막을 수 없어 달아나려고 하자 뒤에서도 후금군이 공격을 해왔다. 그야말로 독 안에 든 쥐가 된 두송의 군대는 결국 전멸당했으며 두송도 화살을 맞고 전사했다.

그때 개원開原(요녕성 개원)에서 출발한 마림馬林의 북로군이 살이호에서 40리쯤 떨어진 곳에 도착했다. 그러나 누르하치의 8기군이 재빨리 공격해 오자 마림의 군대는 싸움 한번 변변히 못해 보고 무너졌다.

살이호대전의 유물 – 명나라 군의 철포

명나라의 두 갈래 군대가 모두 참패했다는 소식을 들은 양호는 다른 두 갈래 군대에게 즉시 행군을 멈추라는 명령을 급히 내렸다.

중로군 우익을 맡은 요동 총병 이여백李如柏은 담이 작고 조심하는 사람이라서 행군이 굼떴다. 그런데다가 마침 양호의 명령이 떨어지자 그는 급히 퇴각했다. 그러나 유정이 지휘하는 남로군은 후금의 진지 속으로 깊이 들어간 뒤에야 양호의 명령을 전달받게 되었다. 그들은 다른 군대들이 대패한 사실을 전혀 모르고 있었다.

이에 누르하치는 한 무리의 군사들에게 명나라군의 옷을 입히고 명나라군의 깃발을 들게 하여 두송의 부대로 위장시킨 다음 유정의 군대를 맞아들이게 했다. 어리석은 유정은 아무런 의심 없이 그들을 따라 유유히 후금의 포위망 속으로 들어갔다. 누르하치는 포위당한 유정의 군대를 사면에서 맹공격했고, 유정은 비록 용맹하게 싸웠지만 중과부적으로 도저히 싸워 이길 수가 없었다. 명나라군은 혼란 속에서 전멸했으며 유정도 전사했다.

살이호대전 유적지

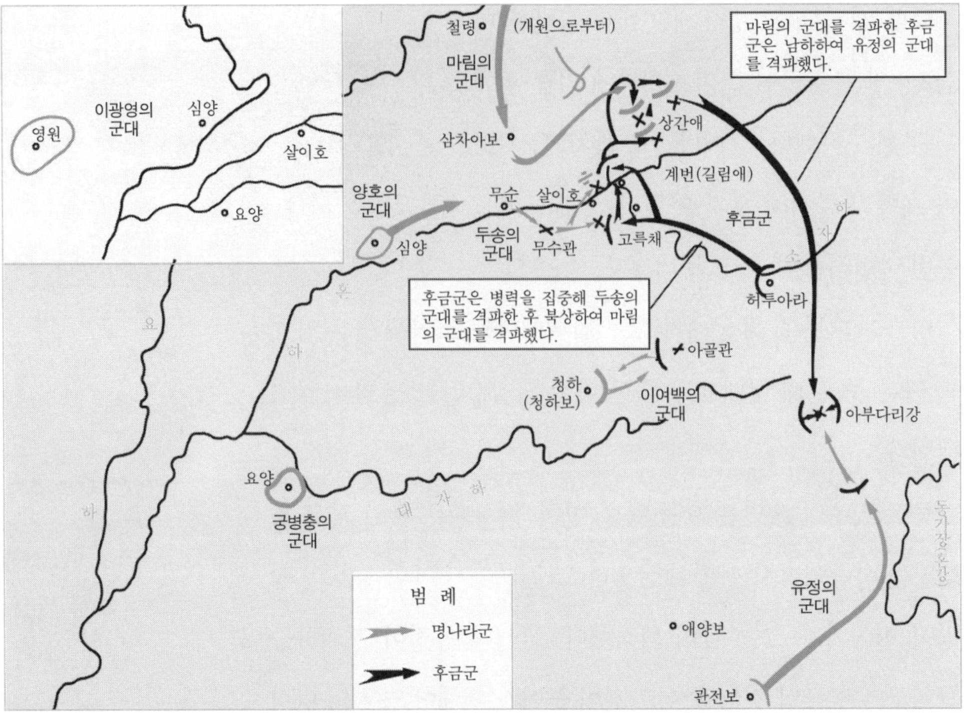

살이호대전 약도

이 전투는 시작부터 종결까지 겨우 닷새밖에 걸리지 않았지만 양호의 10만 대군은 거의 절반이 없어지고 문무 관리와 장수 3백여 명이 죽었다. 역사상에서는 이 전투를 '살이호대전'이라고 한다.

살이호대전의 실패로 명나라는 국력을 크게 상실했으며, 2년 후에 누르하치는 8기군을 거느리고 심양과 요양遼陽을 점령했다. 1625년 3월, 누르하치는 후금의 도성을 심양으로 옮기고 심양을 '성경盛京'으로 고쳤다. 이때부터 후금은 명나라에게 직접적인 위협이 되었다.

서학을 연구한 서광계

서광계

후금이 명나라의 직접적인 위협이 되자 한림원의 관리 서광계徐光啓는 세 번이나 상주서를 올려서, 나라를 위기에서 구하려면 인재를 가려 뽑고 새로운 군사를 훈련시켜야 한다는 주장을 펼쳤다. 서광계가 병법에 정통했다는 말을 들은 신종은 그를 통주로 보내서 군사를 훈련시키게 했다.

서광계는 상해에서 태어났는데, 과거시험에 참가하려고 남경을 지나다가 그곳에서 마테오 리치(중국식 이름은 이마두利瑪竇)라는 유럽인 선교사가 서양의 과학에 대해 강의한다는 말을 듣고는 연줄을 놓아 그를 만났다.

마테오 리치가 과학 지식을 전수한 이유는 물론 선교를 위해서였다. 그러나 그는 선교를 확대하려면 중국 황제의 윤허와 지지를 받아야 한다는 것을 알고 있었다. 그래서 북경으로 간 그는 환관 마당馬堂을 통해 신종에게 성경과 성모마리아 그림, 그리고 신식

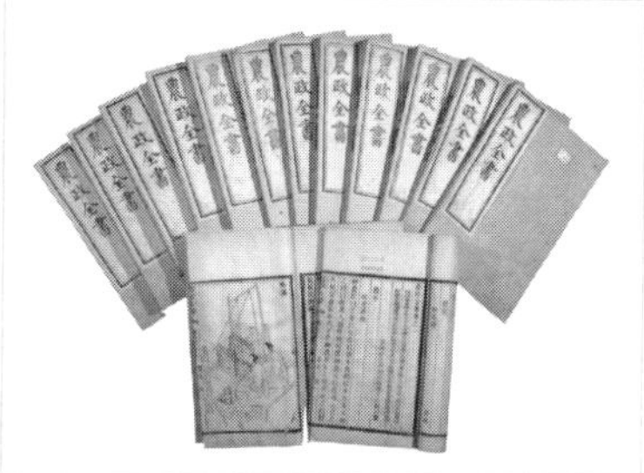

명 숭정 각본刻本 『숭정역서崇禎曆書』(좌) 이 역서는 만년에 서광계가 기획하고 편역을 감독했으며 직접 교열을 본 것이다.

『농정전서』(우)

홍이포 복원도 이 홍이포紅夷砲는 천계 연간에 서광계 등이 마카오에서 포르투갈로부터 구입한 것이다. 포관은 길이가 3미터, 구경이 155밀리미터이며, 쇠로 주조했다. 포신에는 포신을 메는 철고가 여섯 군데 있고 포관의 중간 양쪽에는 손잡이가 있다. 16세기 후반에 영국에서 제조한 초기 캐넌cannon으로서 포관이 길고 탄도 높이가 낮으며 사정거리가 멀다. 또한 명중률이 높을 뿐만 아니라 위력이 크고 안전도가 높다. 명나라군은 이 대포를 모방해 여러 문의 대포를 만들어 산해관 밖 영원 전투에서 금나라군을 대패시켰다.

자명종 등을 선물했다.

그러자 신종은 마테오 리치를 만나주었는데, 서양 풍속에 관한 이야기 등을 아주 재미있게 듣고 나서 금은보화를 하사했으며, 북경에 남아서 선교를 하는 것도 윤허했다. 황제의 윤허를 받자 조정의 관리들을 만나기가 훨씬 수월해졌다.

한편 과거에 급제하여 진사가 된 서광계는 북경에서 한림원 벼슬을 하고 있었다. 서양의 과학이 부국강병을 가져다 줄 것이라고 생각한 그는 마테오 리치에게서 천문, 수학, 측량, 무기 제조 등 여러 방면의 과학 지식을 배웠다. 그리고 외국의 과학 서적들을 번역하기도 했다.

이번에 신종의 윤허를 얻어 군사 훈련을 지휘하러 통주로 갈 때도 서광계는 국방을 강화해야겠다는 결심과 희망으로 가슴이 한껏 부풀어 있었다. 그러나 당시 조정은 모든 부서들이 부패하여 훈병아문訓兵衙門이 선 지 한 달이 되었는데도 군사와 돈이 조달되지 않아 하는 일 없이 그저 놀고 있었다. 나중에 훈련 경비가 약간 내려오고 군사도 7천 명을 보내왔으나 대부분 노쇠한 병사들이었고 쓸만한 병사는 2천 명도 안 되었다. 이에 크게 실망한 서광계는 사직을 요청할 수밖에 없었다.

1620년에 신종이 죽자 아들 주상락朱常洛이 광종光宗으로 즉위했으나 얼마 후 병사했으며, 신종의 손자 주유교朱由校가 황위를 승계했다. 그가 바로 희종熹宗이다. 이때 북경으로 되돌아온 서광계는, 날로 심각해지는 후금의 위협을 보고 서양식 대포를 만들 것을 강력히 주장했다. 그런데 이 일로 인하여 병부상서와 갈등이 생기는 바람에 조정에서 밀려나게 되었다.

상해로 돌아온 서광계는 이미 나이 예순이 넘은 노인이 되어 있었다. 일찍부터 농업 과학에 흥미를 갖고 있던 그는 고향으로 돌아온 다음 농사를 지었으며 그 연구 성과를 토대로 『농정전서農政全書』를 저술했다. 이 책은 중국의 농기구, 토양, 수리, 시비施肥, 선종選種, 가접嫁接 등 농업 기술에 관해 자세하게 기술하고 있으며, 고대 중국의 농업 백과사전이라고 할 수 있다.

마테오 리치와 서광계 선교사는 중국의 사대부들에게 기독교를 선교하기 어렵다는 것을 알고 먼저 서양의 과학 기술로 그들의 주의를 끌려고 했다. 그 결과 마테오 리치와 서광계는 사제지간이자 친구지간이 되었으며, 공동으로 유클리드의 『기하학』을 번역했다. 이는 중국에 온 선교사가 최초로 번역한 책이다.

좌광두가 옥에 갇히다

左光斗入獄

명 희종 주유교

신종 말기에 고헌성顧憲成이라는 관리가 직언을 하다가 황제의 미움을 사서 파직되었다. 고향인 무석으로 돌아온 그는 몇몇 친구와 의기투합하여 동문 밖에 동림서원을 꾸리고 강학講學에 힘썼다. 그런데 강학 도중에 나라 정사를 논하고 일부 조정 대신들을 평하는 일이 종종 있었다. 이에 비난을 받은 관료들은 그를 미워했으며, 동림서원을 지지하는 사람들을 '동림당東林黨'이라고 불렀다.

희종이 즉위하자 동림당을 지지하는 대신들이 조정 대권을 장악했는데 그 중 명망이 가장 높은 사람이 양연楊漣과 좌광두左光斗였다.

고헌성

한번은 조정에서 좌광두에게 경성 부근을 시찰하고 그 지역의 과거시험을 책임지게 했다. 그러던 어느 날 좌광두가 관청에서 술을 마시는데 하얀 눈이 보기 좋게 내렸다. 돌연 유흥이 생긴 그는 수종 몇을 데리고 교외로 눈 구경을 나갔다. 그런데 가다 보니 고색창연한 오래된 사찰이 하나 있어, 그곳에서 잠시 쉬었다 가기로 했다.

사찰의 왼쪽 행랑 옆에는 자그마한 방이 하나 있었는데

웬 젊은 선비 하나가 탁자에 엎드려 잠을 자고 있었고 탁자 위에는 글이 놓여 있었다. 그 글을 읽어보니 글자가 청수한 것은 말할 것도 없고 문필 또한 출중하여 좌광두는 속으로 못내 감탄했다. 이에 수종을 시켜 절의 중에게 물어보았더니 그 젊은이는 과거시험을 치르러 상경한 선비인데 이름이 사가법史可法이라고 했다. 좌광두는 그 이름 석 자를 기억해 두었다.

동림당의 근거지 동림서원의 옛터

과거시험 당일, 당상의 관리가 수험생들의 이름을 소리 높여 불렀다. 사가법의 이름이 불려지자 한 젊은이가 시험지를 들고 당상으로 올라왔는데, 좌광두가 보니 과연 사찰에서 봤던 그 젊은 선비였다. 선비가 바치는 시험지를 받아 본 좌광두는 당장 일등을 매겼다. 이때부터 좌광두와 사가법은 사이 지극한 사제지간이 되었다.

당시 희종은 환관 위충현魏忠賢을 대단히 총신寵信하여 그에게 특별 기관인 동창東廠을 맡겼다. 위충현 일당은 황제의 세력을 등에 업고 못하는 짓이 없었다. 이에 분개한 양연은 위충현 일당의 24개 죄를 고발하는 상주서를 황제에게 올렸으며, 좌광두도 그를 지지했다. 그러자 위충현 일당은 이를 갈며 달려들었다. 1625년, 위충현과 그의 엄당閹黨(환관 세력)은 양연과 좌광두를

산수와 인물이 있는 채색 팔각 쟁반(좌) [명나라]

용봉과 목련이 있는 채색 사발(우) [명나라]

위충현

동림당으로 몰면서 여러 죄를 날조하여 옥에 가두었다.

좌광두가 옥에 갇히자 사가법은 위험을 무릅쓰고 은 50냥을 옥졸에게 찔러주면서, 스승을 한 번만 만나게 해 달라고 애걸했다. 스승에 대한 사가법의 지성에 감동한 옥졸은 사가법을 남루한 천민으로 변장시켜 옥으로 들여보냈다.

사가법이 들어가 보니, 구석의 벽에 기대어 앉아 있는 좌광두는 모진 고문을 받아 온몸이 피투성이였고 얼굴은 퉁퉁 부어서 알아볼 수조차 없었다. 더구나 왼쪽 다리는 살이 썩어 들어가 뼈가 훤히 다 드러나 보였다. 스승의 참상을 본 사가법은 스승의 다리를 끌어안고 흐느껴 울었다.

좌광두는 도저히 눈을 뜰 수가 없었으나 흐느껴 우는 소리를 듣고 제자 사가법이 온 것을 알았다. 그는 손으로 자신의 눈을 벌리면서 피가 흐르는 눈으로 사가법을 바라보며 엄하게 꾸짖었다.

"이 미련한 사람아! 여기가 어딘지 알고 찾아왔단 말인가? 찾아와 어쩌자는 것인가? 나라가 이 지경이 되었는데 나라 건질 생각은 아니 하고 여기를 찾아오다니? 나는 죽어도 괜찮지만 만에 하나 그대까지 놈들에게 발각되어 잘못된다면 나라의 장래를 누가 건지겠다고 이런 미욱한 짓을 하느냐 말이다."

사가법은 아무 말도 못하고 비통함을 간신히 참으며 옥을 나왔다.

며칠 후에 좌광두와 양연은 위충현에게 죽임을 당하고 말았다. 사가법은 옥졸을 매수하여 좌광두의 시신을 장사지냈다.

의용당依庸堂 "바람 소리, 비 소리, 글 읽는 소리 모두 귀에 들리고 가사, 국사, 천하사가 모두 관심이어라." 이는 국사에 적극 참여하려는 동림당인들의 의식을 말해 주고 있으며, 이는 중국 사대부들의 신조이기도 했다.

원숭환과 영원대전

살이호대전 이후, 명나라 왕조는 노장 웅정필熊廷弼을 파견하여 요동의 군사를 지휘하게 했다. 웅정필은 지휘에 재능이 있는 장수였지만, 그 때문에 자신의 직위가 위태로울까 봐 걱정된 광녕廣寧(요녕성 북진현) 순무 왕화정王化貞은 방해를 놓았다. 1622년, 누르하치가 광녕을 공격하자 왕화정은 앞장서서 도망쳤으며, 웅정필은 백성들을 보호하기 위해 산해관으로 퇴각할 수밖에 없었다.

원숭환

광녕을 잃은 후, 명나라 조정에서는 불문곡직하고 웅정필을 왕화정과 함께 옥에 가두었다. 그런데 조정에서는 웅정필이 없으면 그 누가 후금에 대항할 수 있겠느냐며 의견이 분분했다.

이때, 산해관 안팎의 형세를 상세히 연구한 주사主事 원숭환袁崇煥이 병부상서 손승종에게 "군마와 경비만 주신다면 제가 요동 수비를 책임지겠습니다." 하고 말했다.

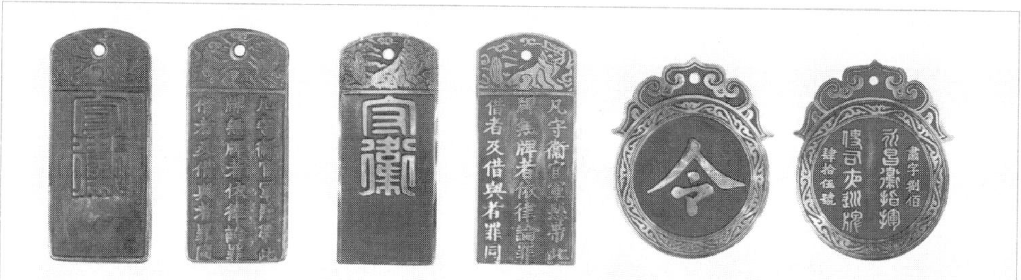

명나라 때 장성長城을 지키는 위병들의 요패 당시 장성의 방위는 대단히 엄격해서, 장성을 지키는 위병들은 반드시 허리에 요패를 차야만 했다. 이는 장성을 드나드는 신표로, 요패가 없거나 이를 타인에게 빌려주면 처벌을 받았다.

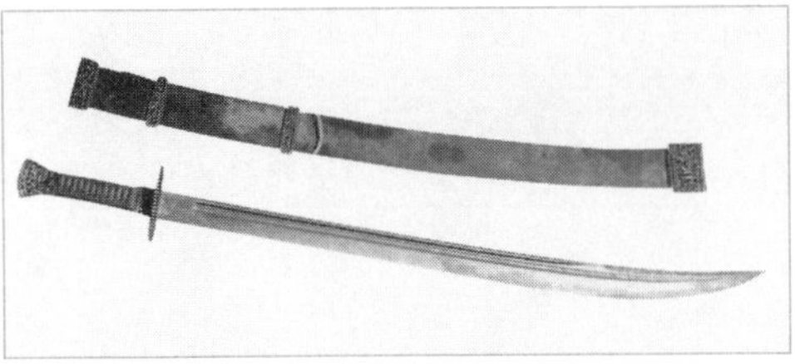

누르하치가 사용했던 보도 寶刀

후금의 공세에 겁을 집어먹고 있던 조정 대신들은 원숭환이 자진해서 요동 수비를 하겠다고 나서자 두말없이 찬성을 표시했다. 희종은 원숭환에게 은 20만 냥을 내주면서 산해관 밖에 있는 명나라군을 통솔하게 했다.

산해관 밖에 이른 원숭환은 군민을 동원하여 높이 3장 2척, 넓이 2장의 성벽을 축조하고 각종 화포와 화기들을 배치했다. 병부상서 손승종도 몇 갈래 군대를 영원寧遠 부근의 금주, 송산 등지로 보내어 그곳을 지키는 한편 영원을 지원하게끔 했다.

원숭환과 손승종이 준비를 한창 잘해 나가고 있을 때 간신 위충현이 훼방을 놓기 시작했다. 그는 먼저 손승종을 조정에서 내몰았으며, 자신의 일당인 고제高第를 요동에 보내어 군사를 지휘하게 했다. 무능하기 짝이 없는 고제는 산해관에 오자 장병들을 모아놓고, 후금의 군대가 강해서 산해관 밖은 지키기 어려우니 명나라군을 모두 산해관 안으로 철수시키라고 했다.

원숭환은 철수를 강력하게 반대했다. 고제는 원숭환을 설복시킬 방법이 없자 조금 양보하여, 원숭환이 지휘하는 군대만 영원에 남아 있게 했으며 다른 명나라군은 전부 다 산해관 안으로 철수시켰다.

원숭환이 쓴 '취규탑聚奎塔' 편액

명나라군이 싸우지도 않고 스스로 물러가는 것을 본 누르하치는 1626년에 13만 대군을 이끌고 요하를 건너 영원으로 진격해 왔다. 영원성까지 무서운 기세로 달려온 후금군은 명나라군이 성 위에서 쏘는 화살과 포화를 무릅쓰

고 성을 공격하기 시작했다. 명나라군은 필사적으로 저항했지만, 후금군은 앞줄이 쓰러지면 곧바로 뒤에서 그 줄을 메우며 파도처럼 밀려왔고, 영원성은 매우 위태로운 지경에 빠지게 되었다. 이때 원숭환은 미리 준비해 두었던 대포들을 밀고 나와 적군을 포격했다. 포성이 울리자 포탄이 우박처럼 적진에 쏟아졌고, 후금군은 숱한 사상자를 내고 퇴각했다.

이튿날은 누르하치가 직접 나와서 전투를 독려했으며, 한 곳을 집중적으로 공략해서 성을 무너뜨리려 했다. 원숭환은 망원루에 올라 적의 동정을 살피면서 침착하게 싸움을 지휘했다. 그는 후금의 군대가 성벽 가까이 돌진해 오기를 기다렸다가 적들이 밀집해 있는 곳을 겨냥해서 집중 포격을 가했다. 후금의 군대는 명나라군의 강렬한 포화에 무더기로 죽어나갔다. 전투를 독려하던 누르하치도 포탄을 맞고 중상을 입었으며, 그 바람에 후금의 군대는 하는 수 없이 물러가고 말았다. 그러자 원숭환은 적들을 30여 리나 추격하여 대승을 거두고 돌아왔다.

중상을 입은 누르하치는 심양으로 돌아와 치료를 했으나 상처가 깊어 며칠 후에 죽고 말았으며, 그의 여덟 번째 아들인 홍타이지皇太極가 후금의 황제가 되었다.

복릉福陵의 정홍문正紅門(좌) 복릉은 청 태조 누르하치와 황후 예허나라의 무덤이다. 심양시 동쪽에 있어서 동릉이라고 하기도 한다. 앞에는 혼하渾河가 있고 뒤에는 천주산을 등지고 있다. 높이 솟아 있는 대전은 독특한 제왕의 산릉山陵으로 이름이 있다.

영원성 유적(우) 1626년, 누르하치는 13만 대군을 이끌고 명나라 산해관 밖의 요새지인 영원성(요녕성 흥성시)을 포위 공격했다. 그러나 명나라 장군 원숭환의 강한 저항 때문에 성을 점령하지 못했으며 오히려 명나라군이 쏜 포탄에 중상을 입고 목숨을 잃고 말았다.

홍타이지의 반간계

皇太極用反間計

군사를 징발하는 신표 나무로 만들었으며 길이 20.3센티미터, 너비 31.2센티미터, 두께 2.6센티미터이다. 홍타이지가 동북의 각 부족들을 통일할 때 사용한 군사 징발의 신표로, '관온인성황제신패寬溫仁聖皇帝信牌'라는 한자가 쓰여져 있다.

누르하치가 죽은 이듬해에 홍타이지는 직접 군사를 거느리고 명나라로 진격했다. 세 갈래로 나누어 남으로 내려온 홍타이지의 군대는 먼저 금주성錦州城을 공격했다. 홍타이지의 목표가 금주성이 아니라 영원성이라고 단정한 원숭환은 영원성에 남았으며 대신 수하 부장에게 기병 4천을 주어 금주성을 구원하게 했다. 그런데 구원병이 아직 출발하지도 않았을 때 홍타이지가 보낸 후금의 군대가 영원성에 당도하여 성을 공격했다. 원숭환은 성 위에 올라 전투를 독려하고 성 밖의 명나라군은 성 안의 군대와 함께 후금의 군대를 내외로 협공했다. 그 결과 후금의 군대는 버티지 못하고 퇴각해 버렸다.

청 태종 홍타이지

홍타이지는 군사를 돌려 금주를 공격했지만 명나라군이 결사 항전하는 바람에 그것도 뜻대로 되지 않았다. 홍타이지는 하는 수 없이 군대를 이끌고 자기 나라로 되돌아갔다.

원숭환은 여러 번 대승을 거두었으나, 위충현의 엄당들은 그 공로를 자신의 공로부에 기록했으며, 원숭환이 직접 금주를 구원하러 가지 않은 것을 트집 잡았다. 결국 원숭환은 사직하고 고향으로 돌아갔다.

청 태종 문황제 익보諡寶 및 인문印文

1627년, 희종이 죽고 동생 주유검朱由檢이 황제가 되었는데, 그가 바로 사종思宗이다. 연호가 숭정崇禎이기 때문에 숭정제라고 한다.

위충현이 간신임을 일찍부터 알고 있던 숭정제는 즉위하자마자 그의 죄목을 조정에 선포하고 봉양鳳陽으로 귀양을 보냈고, 위충현은 귀양 가는 도중에 자살했다.

숭정제는 원숭환을 다시 조정에 불러 올려 병부상서로 임명하고 하북과 요동의 모든 군사를 지휘하게 했다. 다시 영원으로 돌아온 원숭환은 뛰어난 병사들을 선발하고 군대를 정돈하여 군사들의 사기를 북돋았다. 한번은 동강 총병 모문룡이 허위로 군공을 보고하자, 원숭환은 숭정제가 하사한 상방보검上方寶劍(유사시 주청하지 않고도 수하 장병을 죽일 수 있는 권한을 대표하는 보검)으로 모문룡을 즉시 참했다.

연이어 패전한 홍타이지는 영원과 금주의 방비가 엄하다는 것을 깨닫고 진군 노선을 바꾸었다. 1629년 10월, 홍타이지는 수십만 군사를 거느리고 용정관과 대안구大安口(하북성 순화시 북쪽)로 길을 돌아와서 명나라 도성 북경을 들이쳤다.

이는 원숭환도 예상치 못한 일이었다. 원숭환은 급히 군사를 이끌고 이틀 밤낮을 달려 북경에 도착했다. 그리고 숨 돌릴 겨를도 없이 격렬한 싸움을 시작했으며, 끝내 후금의 군대를 물

원숭환의 무덤

리쳤다.

후금의 군대가 물러가자 숭정제는 원숭환을 불러 친히 위로했다. 그런데 위충현의 잔당들이 후금의 군대가 이번에 길을 돌아와서 북경을 들이친 것은 원숭환이 끌어들였기 때문이라는 망언을 퍼뜨렸다.

의심이 많은 숭정제는 그 망언을 듣고 원숭환을 의심하기 시작했다. 그런데 이때 후금군의 포로로 사로잡혔던 환관 하나가 도망쳐 와서는, 원숭환이 홍타이지와 밀약을 맺고 북경을 팔아먹었다고 허위 고발을 했다. 숭정제는 즉시 원숭환을 궁궐로 불러 추궁했다.

"경은 이실직고하라! 어찌하여 대장 모문룡을 사사로이 죽였는가? 그리고 어찌하여 후금의 군대가 북경성에 당도했는데도 즉시 달려오지 않고 시간을 지체했는가?"

뜻밖의 일이라 원숭환이 미처 대답을 하지 못하고 있는 사이 숭정제는 금의위에게 명해 그를 결박해 옥에 가두게 했다. 그러고는 대신들의 권고도 듣지 않고 이듬해에 원숭환을 참수했다.

반간계反間計를 써서 원숭환을 없애버린 홍타이지의 기쁨은 말할 나위가 없었다. 1635년, 홍타이지는 여진을 만주滿洲로 고치고 성경에서 황제로 즉위했으며 국호도 청淸으로 고쳤다. 그가 바로 청나라 태종太宗이다.

서하객의 탐험

서하객

명나라 조정이 혼탁하기 짝이 없을 때, 강음이라는 고장에는 부패한 정치에 불만을 품고 과거시험을 아예 포기해버린, 그래서 나라의 명산대천을 섭렵하면서 자연의 비밀을 탐구하는 데 매진한 젊은이가 있었다. 그가 바로 중국의 걸출한 지리학자인 서하객徐霞客이다.

서하객은 원명이 서홍조徐弘祖이고 별호가 하객霞客이다. 어려서부터 역사와 지리책을 읽기 좋아한 그는 십대 때 벌써 나라의 명산대천을 보려는 뜻을 품었으나 홀어머니를 보살필 사람이 없어 차마 떠나겠다는 말을 꺼내지 못했다. 그러자 아들의 마음을 안 어머니는 그를 불러 이렇게 말했다.

장강 삼협

"사내 대장부란 천하에 뜻을 두는 법인데 어찌 집안에만 있겠느냐? 울타리 안의 병아리나 마구간의 망아지가 되어서는 안 되는 법이다."

어머니는 여행할 때 쓸 원유관遠遊冠을 만들어 주고 행장을 준비해 주었다. 어머니의 열성적인 지지 덕분에 서하객은 스물두 살 때 집을 떠나 여행을 하기 시작했다. 그는 태호太湖, 동정호洞庭

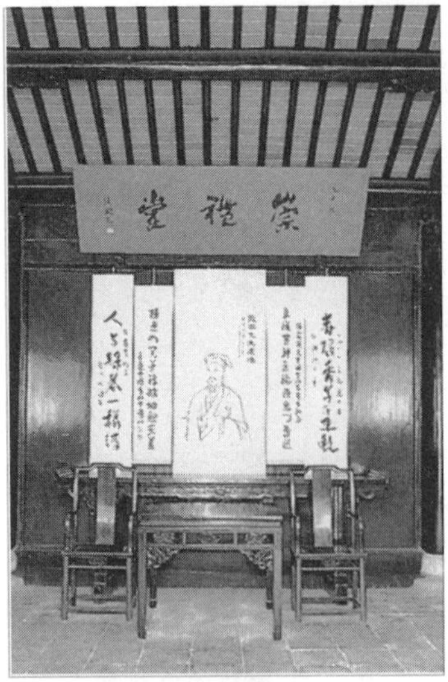
강소성 강음현에 있는 서하객의 옛집 '숭례당崇禮堂' 앞청

湖, 천대산天臺山, 안탕산雁蕩山, 태산泰山, 무이산武夷山과 북방의 오대산五臺山, 항산恒山 등의 명산들을 여행했으며, 매번 여행을 마치고 집으로 돌아오면 사람들에게 각지의 기이한 풍속과 도중에 겪은 위험했던 일들을 이야기하곤 했다. 그럴 때마다 그의 어머니는 흥미진진하게 아들의 말을 듣곤 했다.

쉰 살이 된 서하객은 대여행을 시작했다. 그는 4년 동안 호남湖南, 광서廣西, 귀주貴州, 운남雲南 등 4개 성을 돌아다녔으며 중국의 남부 변경인 등충騰沖이라는 고장까지 내려갔다.

한번은 호남 차릉茶陵에 이르렀는데, 거기에 있는 마엽동麻葉洞이라는 동굴에 신룡神龍과 요괴가 있어 법술이 없는 사람은 감히 들어가지 못한다는 말을 들었다. 귀신을 믿지 않는 서하객은 많은 품값을 주고 현지 사람을 길 안내인으로 구한 다음, 그 사람을 앞세우고 동굴을 찾아갔다. 그런데 동굴 입구에 당도하자 길잡이가 서하객에게 무슨 일을 하느냐고 물었다. 서하객이 한낱 글 읽는 선비에 불과하다고 대답하자 길잡이는 손사래를 치며 뒷걸음을 쳤다.

『서하객유기』

"법사인 줄 알고 따라왔더니 글 읽는 서생이란 말이오? 당신은 목숨이 안 아까운지 모르겠으나 나는 못 들어가겠소. 저길 어디라고 들어간단 말이오."

서하객은 그에게 같이 들어가자고 강요하지 않았다. 그리고 노복과 함께 횃불을 밝혀 들고 주저 없이 마엽동으로 들어갔다. 동굴 앞은 과

객 하나가 마엽동으로 들어갔다는 소식을 듣고 구경 나온 사람들로 발 디딜 틈이 없었다. 서하객은 오랫동안 동굴 안을 자세히 돌아보고 횃불이 다 꺼져갈 때쯤에야 동굴 밖으로 나왔다. 동굴 밖에 둘러서 있던 사람들은 모두 놀란 눈으로 그를 바라보았다.

심수교深水橋 〔명나라〕 지금의 강소성 강음시 남양기촌에 있다. 서하객은 여행을 떠날 때면 언제나 배를 타고 이곳을 지나갔다고 한다.

"하도 안 나와서 우린 요괴에게 먹힌 줄로 알았소."

서하객이 중국 서남부를 여행할 때의 일이다. 법호가 정문靜聞인 승려와 길동무가 되어 돌아다녔는데 하루는 상강에서 배를 타다가 강도를 만나 행낭과 노비를 몽땅 털렸다. 게다가 승려 정문은 강도의 칼에 중상을 입고 얼마 후 죽고 말았고, 나중에는 따라다니던 노복마저 도망쳐 버렸다. 그러나 이런 역경 속에서도 자연의 비밀을 탐구하려는 서하객의 결심은 조금도 동요하지 않았다.

여행 중에 서하객은 매일 밤마다 그날 보고 들은 것들을 상세히 기록해 놓았다. 1641년에 서하객이 세상을 떠난 후에 그가 남겨놓은 많은 일기들을 보니 모두 중국의 지리에 대한 상세한 기록들이었다. 이러한 서하객의 실제 관찰을 통해, 지리책의 잘못된 부분들이 수정되었으며 이제껏 알지 못했던 지리 현상들이 새롭게 밝혀졌다.

훗날 그의 일기를 모은 『서하객유기徐霞客遊記』는 중국 지리학에 큰 기여를 한 진귀한 문헌이자 우수한 문학 저작이기도 하다.

틈왕 이자성

闖王李自成

이자성 조각상

숭정제가 즉위한 이듬해에, 섬서 지방에 큰 기근이 들었다. 굶주린 백성들은 풀뿌리와 나무껍질로 연명했고 들판에는 풀이 보이지 않았다. 이런 극한 상황에서도 관리들은 백성들에게 가렴잡세를 강요했으며, 살길이 막막해진 섬서 지방의 농민들은 굶어 죽을 바에는 차라리 싸우다 죽겠다며 도처에서 봉기를 일으켰다.

그 해 겨울 명나라 조정에서는 감숙에 있는 한 부대를 북경으로 옮겼다. 이 부대가 금현金縣(섬서성 유림시)에 이르렀을 때 군량미를 받지 못한 군사들이 현청으로 몰려갔다. 그러자 부대를 영솔하던 장수가 그들을 탄압했다. 이에 분개한 한 병사가 그 장수와 현령을 잡아 죽였는데, 그 병사가 바로 이자성李自成이다.

이자성은 섬서 미지현米脂縣 사람이다. 농부의 아들인 그는 어려서부터 말타기와 활쏘기를 즐겼으며 무예가 출중했다.

금현에서 관리들을 죽인 후 이자성은 병사 몇십 명을 데리고 왕좌가王左佳가 영도하는 농민군을 찾아갔다. 그런데 얼마 지나지 않아 왕좌가는 관직과 재물이 탐이나 조정에 투항했고, 이자성은 다른 봉기군을 찾아갈 수밖에 없었다. 이후 그는 '틈왕闖王' 이라 자칭하는 고영상高迎祥을 찾아갔는데, 고영상은 군대를 거느리고 찾아온 이자성을 환영하면서 일개 부대의 장수로 임명했다. 그래서 사람들은 이자성을 '틈장闖將' 이라고 불렀다.

대순통보大順通寶와 영창통보永昌通寶　명 숭정 17년(1644년)에 장헌충은 성도에서 황제가 되었으며 국호는 '대서大西', 연호는 '대순' 이라고 했다. 그리고 정부 기구를 설립하고 돈을 주조하는 주전국鑄錢局을 세워서 '대순통보' 를 시장에 유통시켰다. 한편 같은 해에 이자성은 서안에서 황제가 되었으며 국호는 '대순', 연호는 '영창' 이라고 했다. 그리고 6부를 세워 '영창통보' 를 주조하게 했다. 중국의 역대 황제들은 개국시에 새로운 화폐를 만들어 자신의 지위를 확인했는데 이자성과 장헌충도 마찬가지였다.

관군의 토벌에 대처하기 위해 고영상은 13개 봉기군의 대소 두령들을 형양에 모아놓고 대책을 논의했다. 이 회의에서 이자성은 몇 갈래로 나누어 출격해야만 적들의 포위를 뚫고 나갈 수 있다고 주장했고, 다들 그의 말에 찬성했다. 그리하여 13개 봉기군은 여섯 갈래로 나뉘어, 적을 견제하는 부대는 적을 견제하고 유동 작전을 하는 부대는 유동 작전을 하면서 적과 싸웠다. 그리하여 고영상과 이자성이 지휘하는 부대와, 장헌충張獻忠이 지휘하는 부대는 동쪽으로 포위망을 뚫고 나왔다.

숭정제와 지방 관리들은 고영상의 봉기군을 눈엣가시로 여기면서 어떻게든 소탕하려고 갖은 방법을 다 동원했다. 결국 고영상은 서안을 공격하다가 주질盩厔(섬서성 주지현) 산골짜기에 매복해 있던 섬서 순무 손전정孫傳庭의 복병에게 목숨을 잃게 되었다. 다행히도 이자성은 부대를 거느리고 포위망을 뚫고 나올 수 있었으나 대장을 잃은 봉기군 군사들은 비통함에 젖어 있었다. 그들은 고영상이 가장 신임하던 장수이자 지용을 겸비한 장수인 이자성을

이자성이 쓰던 칼

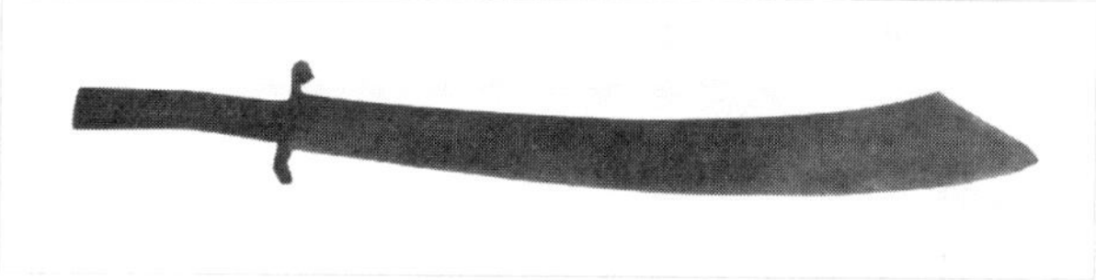

구리 인장 '공정부둔전청리사계' 높이는 8.9센티미터이며, 도장 면은 각 변의 길이가 7.9센티미터이다. 1959년에 북경시 왕부정에서 출토되었다. 이 구리 도장은 이자성의 대순 정권이 주조한 인신印信으로서 전문 둔전 일을 맡아보는 정부 기관의 도장이다. 인면에는 '공정부둔전청리사계工政府屯田清吏司契' 라고 새겨져 있고 뒷면 좌측에는 '영창원년 4월 □일 제조' 라고 새겨져 있으며 우측에는 '우자오백이십팔호宇字伍百貳拾捌號' 라고 새겨져 있다.

틈왕으로 옹립했고 그때부터 틈왕의 이름이 널리 알려지기 시작했다.

이자성의 명망이 높아질수록 조정은 그를 더욱 두려워하고 증오했다. 숭정제는 총독 홍승주洪承疇와 순무 손전정에게 명해 이자성을 포위 토벌하게 했다. 이렇게 위급한 때에 다른 봉기군의 수령들인 장헌충과 나여재羅汝才가 명나라 조정에 투항했고, 이자성의 수하 장수들 중에서도 변절자가 나왔다. 이자성은 매우 위험한 상황에 처하게 되었다.

1638년, 이자성은 감숙에서 섬서로 이동하여 동관을 치려고 했다. 그런데 봉기군의 동향을 미리 탐지한 홍승주와 손전정은 동관 부근의 고산준령에다 세 겹이나 되는 매복선을 치고 동관으로 통하는 큰길만 의도적으로 열어놓았다. 이자성의 군대는 그런 줄도 모르고 진군하다가 적들의 매복에 걸렸다. 봉기군은 며칠 낮 며칠 밤 동안 사투를 벌였고, 수만 명이 목숨을 잃었다.

이자성과 그의 부장 유종민劉宗敏은 부하 17명을 데리고 겨우 포위망을 빠져나왔으며, 천신만고 끝에 섬서성 동남쪽 상락산商洛山에 들어가 잠시 몸을 숨겼다.

이암과 홍낭자

한동안의 확충을 거쳐 강성해진 이자성의 봉기군이 상락산을 떠나 하남으로 진군할 때, 하남에는 큰 가뭄이 들어서 유리걸식하는 백성들이 부지기수였다. 굶주린 백성들은 틈왕이 산에서 나왔다는 소식을 듣고는 앞다투어 봉기군을 찾아왔다.

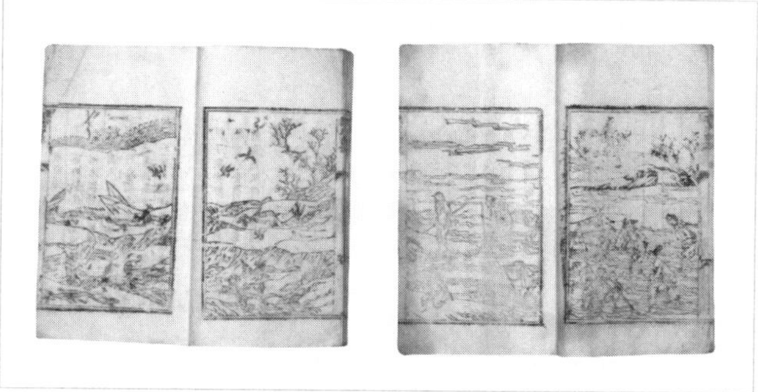

『기민도설饑民圖說』〔명나라〕 명나라 중기와 후기에 황하가 범람하여 황하 중하류 백성들의 생명과 재산 피해가 막심했다. 만력 21년(1593년), 황하의 하남 유역에 심각한 수재가 발생하여 논밭이 잠기고 집이 떠내려가는 바람에 수많은 백성들이 고향을 등지고 객지를 떠돌아다녔다. 그 당시에 형과刑科 우급사중(감찰관리)이던 양동명楊東明은 자신이 목격한 참상을 그림으로 기록해 『기민도설』을 지었으며 이 책과 상주서를 만력제에게 올렸다.

그러던 어느 날, 글 읽는 선비처럼 보이는 젊은이가 백성들을 데리고 틈왕을 찾아왔는데, 그 젊은이는 백성들을 하남 기현杞縣의 옥에서 구해낸 이암李岩이라는 사람이었다.

이암은 기현의 부잣집 아들이었는데 몇 해 전에 기황이 심해 농민들이 굶주리자 자기 집 곳간을 털어 그들을 구제했다. 백성들은 이암의 은덕을 칭송하면서 그를 '이공자李公子'라고 존대했다.

그러나 기아에 허덕이는 백성이 너무 많아서 이암 한 사람의 힘으로는 해결될 일이 아니었다. 이때 어떤 사람이 몇십 명씩 무리를 지어 부잣집들을 찾아가 식량을 구해보자고 제안했다.

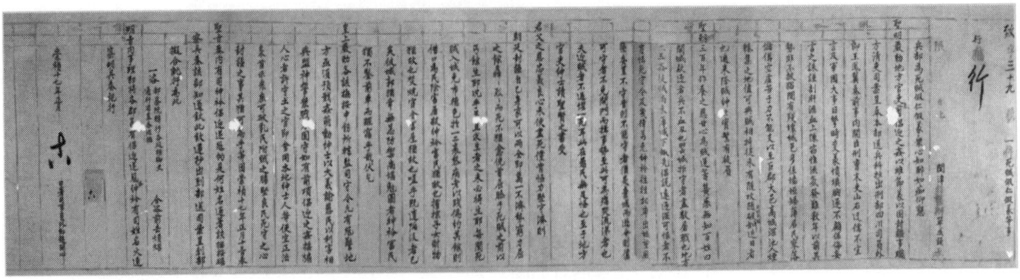

이자성의 활동 상황에 관한 명나라 병부의 기록

그 소식을 들은 부호들은 당황하여 이를 현청에 고발했고, 현령은 아전들을 보내서 이렇게 무리를 지어 부호들을 협박한다면 엄히 다스리겠다며 으름장을 놓았다. 그 말을 듣고 분노한 백성들은 아전들의 멱살을 틀어잡고 혼쭐을 내주었다. 백성들이 폭동을 일으켰다는 소식을 들은 현령은 겁이 나서 현청 밖으로 나오지를 못했다. 그러다가 백성들과 사이가 좋은 이암을 급히 불러 도와 달라고 청했다. 그러자 이암은 이렇게 말했다.

"더욱 큰 소란이 일어나지 않게 하려면 빚 독촉 같은 것은 하지 말고 부호들을 권도勸導하여 굶주리는 백성들에게 식량을 나눠주도록 해야 합니다."

현령은 이암의 말에 동의했으나, 백성들을 달래서 돌려보내자마자 이를 후회했다. 그는 죄를 심리하는 사야師爺에게 명해, 이암이 반역을 일으키기 위해 민심을 매수하고 있다고 모함하는 공문을 올려보냈다.

이자성이 백성들을 구제하기 위해 내준 직금황단포織金黃緞布

그 소식을 들은 백성들은 모두 이암의 앞날을 걱정했다. 이때 인근의 밀림에 한 무리의 농민 봉기군이 있었는데, 두령은 강호에서 무예를 하던 홍낭자紅娘子라는 젊은 여성이었다. 그녀는 이암이 가산을 내어 백성들을 구제했다는 말을 듣고 그를 존경해 왔는데, 그가 위험에 처해 있다는 말을 듣고 가만히 있을 수 없어서 그를 밀림으로 데려왔다. 이암은 아무것도 모르고 따라왔다가, 봉기군에 가담하라고 하자 도망쳐서 집으로 돌아갔다.

연꽃잎 모양의 청화 쟁반(좌) 〔명나라〕

용천요에서 생산한 청유정식로青釉鼎式爐(우) 〔명나라〕

그러나 이암의 집에서는 아전들이 수갑을 들고 기다리고 있었다. 이암은 집에 들어서자마자 결박당해 현청으로 끌려갔다. 이에 홍낭자는 봉기군을 데리고 현청으로 쳐들어갔으며, 백성들도 그녀의 뒤를 따랐다. 그들은 칼과 몽둥이로 감옥을 쳐부수고 이암을 구출해 냈다. 다시는 집으로 돌아갈 수 없게 된 이암은 이런 연유로 인하여 틈왕을 찾아가게 되었던 것이다.

이자성은 그가 부잣집 아들이기는 하지만 탐관오리로 인해 피해를 입은 사람이고, 또한 봉기군에도 글을 아는 인재가 필요했기 때문에 그를 받아들이기로 했다. 이암도 이자성이 진정한 영웅임을 진작부터 알고 있었기 때문에 그를 진심으로 보필하기 시작했다.

후에 이자성은 이암의 건의에 따라, 토지를 골고루 나누어주고 세금을 면해준다는 '균전면부均田免賦'의 구호를 내걸었다. 그리고 장사치로 위장한 봉기군을 관군이 점령한 읍내로 들여보내어 "틈왕의 봉기군은 백성을 사랑하고 보호하는 군대다. 절대로 살인과 약탈을 하지 않는다."는 소문을 퍼뜨리게 했다.

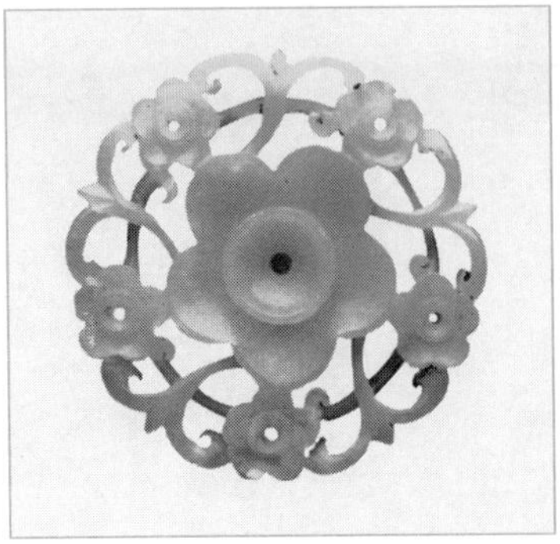

매화 모양의 원형 백옥패
〔명나라 말기〕

관군들의 살인과 약탈에 치를 떨고 있던 백성들은 모두 틈왕이 오기만을 고대했다.

1643년, 이자성은 동관을 쳐부수고 조정의 독사督師, 병부상서 손전정을 죽였다. 그리고 얼마 후 서안을 점령했다.

미인 때문에 머리카락이 관을 찌를 듯 화를 내다

오삼계

1644년, 이자성은 서안에서 정권을 세우고 국호를 대순大順이라 했다. 그리고 얼마 후에 1백만 봉기군을 거느리고 황하를 건넜으며 두 갈래로 나누어 북경으로 진군했다. 석 달도 못 되어 북경성 아래에서 회합하자, 북경 외곽을 지키던 명나라군의 최강 부대인 3대영三大營이 전부 투항했다.

봉기군은 북경성을 맹공격했다.

이튿날 밤, 숭정제는 매산煤山(황궁 뒤에 있는 산, 지금의 북경 경산)으로 도망쳐 수황정壽皇亭 가에 있는 홰나무에 목을 매달아 자살했다. 이로써 중국을 277년 동안 통치했던 명나라 왕조는 막을 내렸다.

대순 정권은 방을 붙여 북경 백성들을 안무하는 한편 명나라 황실 내외척과 탐관오리들을 엄히 다스렸다. 이자성은 수하 장수 유종민과 이과李過에게 명해, 귀족과 관료들이 백성들한테서 수탈한 재물과 돈을 몰수하여 봉기군의 군비를 보충했다.

유종민은 오양吳襄이라는 대관료의 가산도 몰수했는데, 이 오양은 수십만 대군을 거느리고 산해관을 지키고 있던 명나라 총병 오삼계吳三桂의 아버지였다. 오삼계를 투항시킬 수만 있

양모涼帽(좌) (청나라)

난모暖帽(우) (청나라)

다면 큰 위협 하나가 없어지는 것이었다.

오삼계는 산해관 밖 영원 일대에서 청나라군을 막고 있었는데, 아버지로부터 이자성에게 투항하라는 편지를 받자 우선 북경으로 가서 상황이 어떤지 자세히 알아보기로 했다.

난주灤州에 이른 오삼계는 북경에서 도망쳐 나온 사람들을 붙잡고 북경의 상황을 물어보았다. 그러자 부친 오양은 옥에 갇혀 있고 가산은 전부 몰수당했다는 것이 아닌가. 게다가 자신이 총애하는 가희歌姬 진원원陳圓圓마저 봉기군이 끌고 갔다고 하지 않겠는가. 이에 노기충천한 오삼계는 즉시 군사를 돌려 산해관으로 돌아갔다.

오삼계가 투항을 거부했다는 소식을 들은 이자성은 몸소 20여 만 대군을 거느리고 산해관으로 진군했다. 당황한 오삼계는 민족 같은 것은 내동댕이치고 급히 청나라에 구원을 청하는 서한을 보냈다.

당시 청나라는 어린 순치제順治帝 대신에 친왕親王 도르곤이 섭정하고 있었는데, 오삼계의 편지를 받은 도르곤은 기회가 왔다며 기뻐했다. 그는 즉시 구원병을 보내겠다는 답장을 보내고는 십수만 군사를 직접 이끌고 산해관으로 급히 달려갔다.

한편 산해관으로 진군해 온 이자성의 군대는 오삼계의 군대와 격전을 벌이고 있었다. 이자성은 말을 타고 서산에 올라 싸움을 지휘했고, 오삼계의 군대는 성에서 나오자마자 포위를 당했다. 오삼계의 군대는 빠져나가려고 애를 썼으나 포위를 뚫고 나갈 수가 없었고, 맹렬하게 공격해 오는 이자성 군대의 함성이 천지를 요동시켰다.

진원원

그런데 이때 진 뒤에 매복해서 때를 기다리고 있던 도르곤의 대군이 일제히 돌격해 나왔다. 별안간 습격을 받은 봉기군은 어디서 쏟아져 나오는 적들인지 미처 가늠할 사이도 없이 대오가 무너져 갈팡질팡했다.

서산에서 싸움을 지휘하던 이자성이 청나라군이 산해관을 쳐들어왔음을 깨달았을 때는 때가 이미 늦었다. 진을 수습할 가망성이 없게 되자, 이자성은 급히 퇴각 명령을 내렸다. 도르곤과 오삼계의 내외 협공으로 참혹하게 패배한 봉기군은 싸우면서 퇴각했고, 청나라군을 등에 진 오삼계의 군대는 그들을 바싹 추격해 왔다. 봉기군이 북경에 이르러 보니 군사의 대부분이 전멸한 상황이었다.

북경으로 돌아온 이자성은 황궁 대전에서 즉위식을 거행하고 관리들의 경하 인사를 받았으며, 이튿날 새벽에 봉기군을 거느리고 황급히 북경을 벗어나 서안으로 퇴각했다.

오삼계의 직명으로 명명된 '정료대장군定遼大將軍' 동포銅砲 명나라와 청나라의 교체를 직접 목격한 실물이다.

1644년 10월, 도르곤은 순치제를 심양에서 북경으로 데려오고, 북경을 청나라의 도성으로 삼았다. 그때부터 청

명 숭정 때 산해관에 설치한 대포

나라는 중국을 통치하기 시작했다.

이듬해에 청나라군은 두 갈래로 나누어 서안으로 진군했다. 한 갈래는 아지커阿濟格와 오삼계, 상가희尙可喜가 통솔하고 다른 한 갈래는 도도多鐸와 공유덕孔有德이 통솔했다. 이자성은 하는 수 없이 서안을 버리고 양양으로 갔으며, 몇 달 후에 호북 통산현에서 그곳 무장 지주의 기습을 받아 전사했다.

이자성이 북경에서 물러난 후, 장헌충이 사천에서 황제로 즉위했으며 국호를 대서大西라 했다. 1647년에 청나라군은 사천을 공격했으며, 장헌충은 사천 북부 서충현의 봉황산에서 청나라군과 싸우다가 화살을 맞고 전사했다.

이렇게 해서 명나라 말기에 일어났던 두 봉기는 모두 실패로 돌아갔다.

사가법이 양주를 사수하다

숭정제가 북경 매산에서 자살했다는 소식이 명나라 배도陪都 남경에 전해지자 남경의 대신들은 놀라고 두려워서 어찌할 바를 몰라 했다. 그러다가 복왕 주유숭朱由崧을 황제로 옹립했는데, 그가 바로 홍광제弘光帝이다. 역사상에서는 이 남경 정권을 '남명南明' 이라고 한다.

사가법

홍광제 주유숭은 혼용하기 짝이 없는 위인이었다. 봉양 총독 마사영馬士英 등은 홍광제의 우매함을 이용하여 남명의 대권을 장악했다.

남명의 병부상서인 사가법은 원래 주유숭을 황제로 올려놓는 것을 반대했으나 내란을 면하기 위해 할 수 없이 동의했다. 그리고는 자진하여 전선으로 나가 군대를 직접 통솔했다.

그 당시 장강 북안에는 네 갈래의 명나라군이 있었는데 이를 4진四鎭이라고 불렀다. 그런데 이 4진의 장수들은 모두 교만하고 횡포하여 자기 지반을 확장하기 위해 늘 서로 싸웠으며, 군사를 풀어 백성들을 마음대로 죽이곤 했다. 양주로 온 사가법은 4진의 장수들을 찾아다니면서, 다툼을 그만두고 양주 근처에 모여 양주를 지킬 것을 설득했다. 당시 남방 군사들 사이에서 사가법의 위신이 높았기 때문에 4진의 장수들도 그의 말을

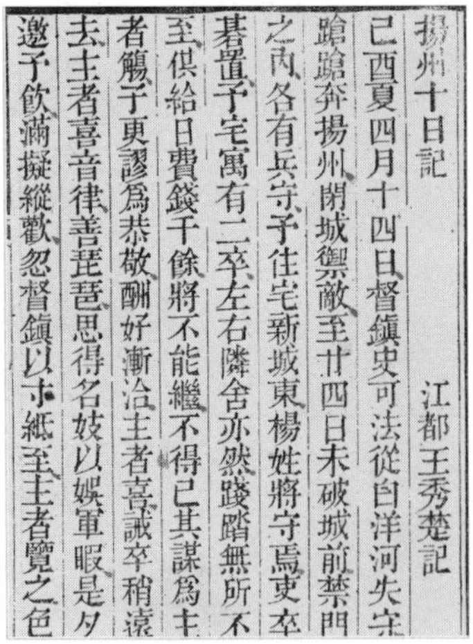

揚州十日記　江都王秀楚記

己酉夏四月十四日督鎮史可法從白洋河失守
踉蹌奔揚州閉城禦敵至廿四日未破城前禁門
之內各有兵守予住宅新城東楊姓將守焉吏卒
碁置予宅寓有二卒左右隣舍亦然踐踏無所不
至供給日費錢千餘將不能繼不得已其謀爲主
者觴予更謬爲恭敬酬好漸洽主者喜誡卒稍遠
去主者喜音律善琵琶思得名妓以娛軍暇是夕
邀予飲滿擬縱歡忽督鎮以赤紙至主者覽之色

『양주십일기揚州十日記』

거역하지 못했다. 사가법은 양주에 있으면서 4진을 지휘했는데 모두들 그를 독사督師라고 불렀다.

얼마 후 청나라 대장 도도가 대군을 거느리고 남으로 내려왔다. 사가법은 4진을 지휘하여 도도의 진격을 여러 차례 물리치고 승리를 거두었다. 그런데 이때 남명 정권 내부에서 내분이 일었다. 무창을 지키던 명나라 장수 좌량옥左良玉이 마사영과 권력을 다투느라고 군대를 거느리고 남경으로 진격했던 것이다. 마사영은 급히 강북 4진을 불러서 좌량옥의 군대를 막게 하고, 홍광제의 이름으로 사가법에게 영을 내려 돌아와서 남경을 지키도록 했다.

사가법은 청나라군이 임박한 상황에서 양주를 떠나서는 안 된다는 것을 잘 알고 있었지만 내란을 평정하기 위해 남경으로 갔으나 그런데 사가법이 장강을 넘자마자 좌량옥의 군대가 패했다는 소식이 들려왔다. 사가법은 급히 군사를 돌려 양주로 달려갔으나 그때 청나라군은 이미 양주 가까이에 와 있었다.

사가법은 긴급 격문을 내어 각 진의 장령들을 양주로 불렀다. 그러나 며칠이 지나도록 아무도 양주를 구원하러 오지 않

불랑기佛郞機 복원도(좌)

요도腰刀(우) 자루는 나무이고, 칼집은 가죽이다.

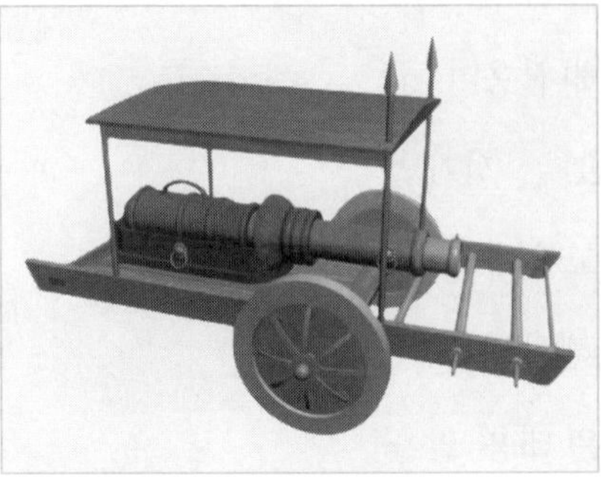

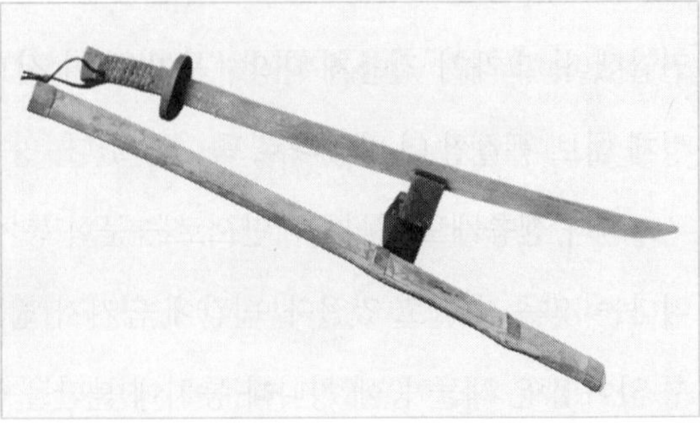

았다. 이제는 오로지 양주 군민의 힘만으로 양주를 지켜야 했다.

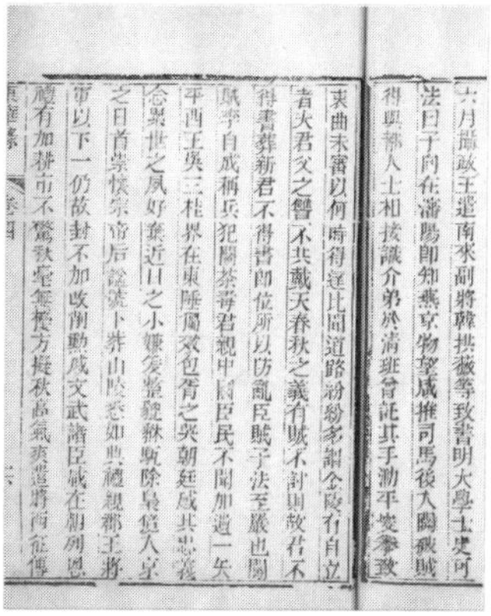
六月攝政王遣南來副將韓拱薇等致書明大學士史可法曰予向在瀋陽即知燕京物望咸推司馬後入關破賊得與都人士相接識介弟於清班曾託其手勒平安拳致衷曲未審以何時得達比聞道路紛紛多謂金陵有自立者夫君父之讐不共戴天春秋之義有賊不討則故君不得書葬新君不得書即位所以防亂臣賊子法至嚴也闖賊李自成稱兵犯闕荼毒君親中國臣民不聞加遺一矢平西王吳三桂界在東陲獨效包胥之哭朝廷感其忠義念累世之夙好棄近日之小嫌爰整貔貅驅除梟獍入京之日首崇懷宗帝后謚號卜葬山陵悉如典禮親郡王將軍以下一仍故封不加改削勳戚文武諸臣咸在朝列恩禮有加耕市不驚秋毫無擾方擬秋高氣爽遣將西征傳

東華錄 卷四

홍광통보弘光通寶(좌)

도르곤이 사가법에게 보낸 서한(우)

양주성에 이른 도도는 먼저 사람을 보내서 사가법에게 투항을 권고했다. 연거푸 다섯이나 보냈는데도 매번 거절을 당하자 독이 잔뜩 오른 도도는 양주성을 겹겹이 포위했다.

양주가 위급해지자 성 안의 겁 많은 장수들은 벌써부터 살 구멍을 찾느라 분주했으며, 이튿날에는 어느 총병과 감군이 군사를 거느리고 성 밖으로 나가 적에게 투항했다. 이는 양주성의 방어력을 크게 약화시켰다. 그러나 성을 끝까지 사수하겠다는 사가법의 결의는 조금도 흔들리지 않았다. 그는 성 안의 관리들을 모아놓고 한마음 한뜻으로 협력하여 적을 막아내자고 격려하고 각자의 임무를 지시했다. 조금의 동요도 없이 침착하게 방어를 지휘하는 사가법을 본 장병들은 큰 감동을 받았고 다들 사가법과 함께 목숨을 내걸고 양주성을 지키겠다고 다짐했다.

도도는 군사들에게 명해 교대로 양주성을 공격하게 했다. 양주성의 백성들은 결사적으로 청나라군의 계속되는 공격을 물리쳤다. 청나라군은 앞줄이 쓰러지면 뒷줄이 밀려나오면서 파도처럼 공격을 해왔다. 정세는 시간이 갈수록 위급해졌다. 도도는 아예 대포로 성을 무너뜨리라고 명령을 내렸다. 사가법이 서문을 지키고 있다는 것을 안 그는 서문 쪽으로 포화를 집중

사가법의 사당 지금의 강소성 양주에 있다.

시켰고, 우박처럼 쏟아지는 포화에 서문의 성벽은 결국 무너지고 말았다.

성을 지키기 어렵게 되자 사가법은 칼을 뽑아 들어 자살하려고 했다. 그러자 수하 장수들이 달려들어 그를 끌어안으며 칼을 빼앗았다. 그러고는 그곳을 뜨지 않으려는 사가법을 억지로 밀고 끌어 동문으로 빠져나왔다. 그런데 그들을 발견한 청나라 군사들이 관복을 입은 사가법을 가리키며 무엇하는 자냐고 외쳤다. 다른 사람들을 연루시키지 않으려고 사가법은 그들을 향해 이렇게 소리쳤다.

"내가 독사 사가법이다! 어서 죽여라!"

1645년 4월, 드디어 양주성이 함락되었다. 청나라군은 비록 양주성은 점령했으나 아군 사상자가 엄청나게 많았다. 도도는 그 보복으로 사가법을 참살했을 뿐만 아니라 양주성 사람들을 도륙했다. 이 무자비한 살육은 열흘이나 계속되었다. 역사상에서는 이 참상을 '양주 10일' 이라고 한다.

양주를 점령한 청나라군은 며칠 후에 남경을 함락시켰다. 남명 정권의 관리들은 투항할 자는 투항하고 도망칠 자는 도망쳤다. 이렇게 해서 남명 정권은 그 짧은 수명을 다했다.

하완순이 홍승주를 꾸짖다

하윤이, 하완순 부자

홍광제의 남명 정권이 와해된 후에 동남 연해 일대에서는 반청反清 세력들이 활약하고 있었다. 1645년 6월, 명나라 관리 황도주黃道周와 정자룡鄭子龍은 복주에서 당왕 주율건周聿鍵을 황제로 옹립했는데, 그가 바로 융무제隆武帝이다. 그런데 장국유張國維와 장황언張煌言 등의 다른 관리들은 소흥에서 노왕魯王 주이해朱以海를 감국으로 옹립했다. 이리하여 두 개의 남명 정권이 공존하게 되었다.

이에 청나라 조정에서는 송산 전투에서 투항해 넘어온 홍승주를 군사 총독으로 임명하여 강남 명나라군을 진압하게 했다.

이때 송강松江(상해시)에서도 선비들이 모여 청나라에 대항하는 일을 모의했는데 그 인솔자는 하윤이夏允彝와 진자룡陳子龍이었다. 하윤이에게는 열다섯 살 된 아들 하완순夏完淳이 있었는데 진자룡의 학생이었다. 어려서부터 많은 책을 읽었으며 재능이 출중한 하완순은 아버지와 스승의 영향으로 반청 투쟁에 가담했다.

그러나 글 읽는 선비 몇 명의 힘만으로는 청나라에 대항할 수 없는 법이었다. 하윤이는 오송의 총병인 오지규吳志葵를 구

청나라 남성의 복장 청나라군은 중원에 진입한 후 민족동화 정책을 추진했다. 중원의 한족들은 머리를 깎지 않고 상투를 틀었지만, 만족 남자들은 앞머리를 밀고 뒷머리를 하나로 땋았다. 청나라는 한족들도 만족의 머리 모양과 복식을 하도록 압박을 가했다. 그래서 당시에 '머리를 보존하려면 머리칼을 남기지 말고 머리칼을 남기려면 머리를 보존할 생각을 하지 말라.' 라는 말이 생겨났다.

국의 도리로 설득시켰으나, 그들의 거사는 청나라군에게 진압당하고 말았다.

청나라군이 오송을 포위 공격할 즈음, 하윤이 부자와 진자룡은 포위망을 뚫고 빠져나가 시골로 내려가 숨었다. 청나라군은 그들을 찾아내려고 혈안이 되었으며, 하윤이를 자수시키려고 온갖 방법을 다 동원했다. 결국 청나라군에게 잡히는 것보다는 죽는 편이 낫다고 생각한 하윤이는 강에 몸을 던져 자살했다. 그는 죽기 전에 하완순에게 자신의 뜻을 이어 청나라에 계속 대항할 것을 당부했다. 아버지가 나라를 위해 목숨을 바치자 하완순은 이를 매우 비통해했으며 복수를 맹세했다.

한 해가 지나 진자룡의 비밀스런 활동으로 청나라 송강 제독提督 오승吳勝이 청나라에 반대하는 군사를 일으켰으나 실패로 돌아가고 말았다. 결국 오승은 자살하고 진자룡은 붙잡혀 살해되었다. 나중에는 반역자의 밀고로 하완순도 붙잡히게 되었으며 청나라군은 그를 남경으로 압송했다.

옥에 있는 80일 동안 하완순은 친구들에게 눈물겨운 서한들을 많이 써보냈는데, 죽음을 두려워한 것이 아니라 중원을 수복하고 민족을 보위하려던 뜻을 실현할 길이 없음을 슬퍼했을 뿐이었다.

하완순을 심문하는 자는 강남 초무招撫를 맡은 홍승주였는데, 그는 이 강남의 이름 높은 신동을 회유하려고 매우 애를 썼다. 홍승주는 부드러운 태도로 이렇게 말했다.

"아직 어린 그대가 반란이 무엇인지 알기나 했겠는가? 필경은 남이 시켜서 한 것이겠지. 본관이 다 알고 있으니 근심할 것 없네. 청나라에 귀순하기만 한다면 벼슬길에 오르도록 도와주겠네."

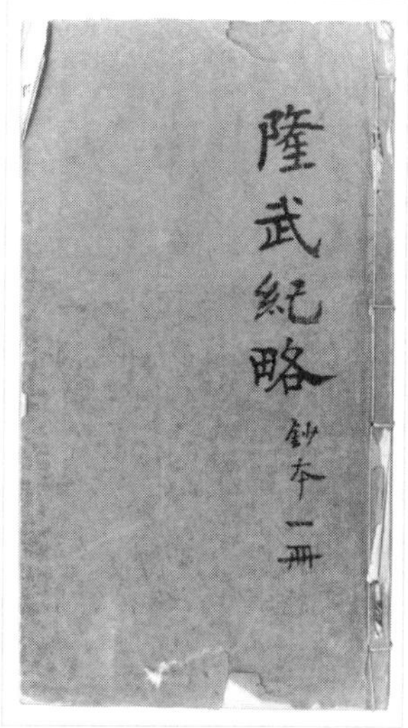

비둘기가 있는 화전 청옥 주전자(좌) 〔청나라〕

융무기략隆武紀略 (우) 〔청나라〕 남명의 융무 정권의 건립에서부터 멸망까지의 과정을 기록한 책이다.

하완순은 당상에 앉아 있는 자가 홍승주라는 사실을 일부러 모르는 척 시치미를 떼고 이렇게 대답했다.

"듣건대 우리 명나라의 영웅 호걸인 홍형구洪亨九(홍승주의 자) 선생은 청나라군과의 송산 전투에서 영용하게 순국하셨소. 그 분의 죽음은 만백성을 감동시켰고, 나도 그 분의 절개를 진심으로 흠모하오. 내 비록 어리지만 나도 그 분의 뒤를 이어 나라를 위해 이 한 목숨 바치려고 할 뿐이오."

하완순의 이 같은 말에 민족의 반역자가 된 홍승주는 얼굴이 붉어지며 아무 말도 하지 못했다. 그러자 곁에 있던 청나라 병사가 하완순의 옆구리를 찔렀다.

"이봐, 눈이 멀었나? 당상에 앉아 계신 이 분이 바로 홍승주 나리이시다."

그러자 하완순은 침을 퉤 하고 뱉었다.

"이게 무슨 얼토당토않은 말이오? 홍승주 나리께서 살아 계시다니? 홍승주 나리는 나라를 위해 순국하셨소. 그래서 숭정제께서 친히 제를 지내시고 조정의 백관들이 대성통곡을 했는데 어느 누가 감히 선열의 이름을 거짓으로 꾸며서 충혼忠魂을 모독하고 있단 말이오?"

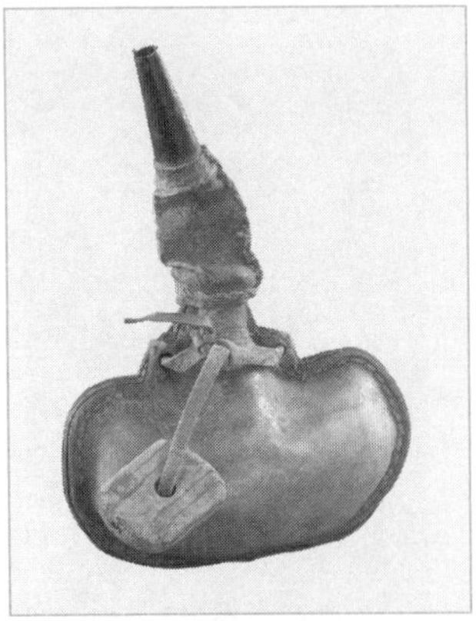

화약 주머니(좌) 〔청나라〕

송화강 돌로 만든 벼루(우)

이렇게 하완순은 홍승주를 마음껏 꾸짖었다. 홍승주는 얼굴빛이 백지장이 되어 아무 말도 하지 못하다가 병사들에게 손짓하여 하완순을 끌고 가게 했다.

1647년 9월, 열일곱 살에 불과한 소년 영웅 하완순은 남경에서 살해되었고, 그의 시신은 송강 근처에 있는 아버지 묘소 곁에 안장되었다.

정성공이 대만을 수복하다

정성공

융무제가 복주에서 정권을 세운 후 대신 황도주黃道周는 융무제를 보필하여 청나라에 빼앗긴 중원을 수복하려고 했다. 그러나 병권을 쥐고 있던 정지룡鄭芝龍이 부귀가 탐나서 청나라에 투항하자 융무 정권은 와해되고 말았다.

정지룡의 아들 정성공鄭成功(복건 남안 사람)은 당시 스물두 살 된 젊은 장수였는데, 아버지가 청나라에 투항하려 할 때 이를 극구 만류했다. 결국 아버지가 투항하자 정성공은 남오도南澳島라는 섬으로 가서 청나라에 대항하는 투쟁을 계속했다.

재능 있는 장수인 정성공의 노력으로 대오는 점차 강대해졌다. 그는 하문廈門에다 수사水師를 건립하고 뜻을 같이하는 장수 장황언과 연합하여 수군 17만을 거느리고 장강을 거슬러 들어가 남경으로 진격했다. 그들은 곧바로 남경성 아래까지 쳐들어갔는데, 정면 승부가 어렵다고 생각한 청나라군은 거짓 투항으로 정성공을 속였다. 정성공은 적들의 간계에 걸려 패하고 말았으며 하문으로 퇴각했다.

하문으로 돌아와 보니 그 사이 청나라군은 이미 복건의 대부

법랑을 박은 누각식 시계
(청나라)

분을 점령했으며, 정성공 군대를 소탕하기 위해 식량 보급로를 차단하기 시작했다. 복건에서는 군사나 군비를 보충할 수 없게 된 정성공은 대만으로 진군하기로 결정했다.

대만은 예로부터 중국의 영토였으나, 명나라 말기에 조정이 부패한 틈을 이용해 네덜란드인들이 쳐들어와 점령하고 있었다.

어렸을 때 아버지를 따라 대만에 갔다가 그곳 백성들의 고난을 직접 목격했던 정성공은 이번 기회에 네덜란드인들을 몰아내고 대만을 수복하리라 결심했다. 그는 수하 장병들을 지휘하여 전선들을 수리하고 군량을 마련하면서 바다를 건너갈 준비를 다그쳤다.

그러던 중에 대만의 네덜란드 군대에서 통역을 맡고 있던 하정빈何廷斌이 하문에 있는 정성공을 찾아왔다. 하정빈은 네덜란드군들의 압박과 모욕을 견디다 못한 대만 백성들이 침략자들을 몰아내려고 벼르고 있으며, 명나라 대군이 진군하기만 하면 백성들의 지지가 있기 때문에 반드시 몰아낼 수 있다고 장담했다. 그러면서 정성공에게 대만의 지도와 네덜란드 군대의 군사 배치 등을 상세히 알려주었다. 믿음직한 정보를 얻게 되자 정성공의 신심은 더욱 커졌다.

정성공 군대가 사용했던 칼

1661년 3월, 정성공은 전선 수백 척에 2만 5천 장정을 싣고 금문金門을 출발했다. 그들은 거센

풍랑을 헤치며 대만해협을 건너 조호潮湖에서 며칠 동안 쉬면서 정돈을 한 후 곧바로 대만으로 진격했다.

네덜란드인들이 항복하는 장면을 그린 그림

정성공의 대군이 쳐들어온다는 소식을 접한 네덜란드군은 황급히 군대를 대만(지금의 대만 동평 지역)과 적감赤嵌(지금의 대만 대남 지역)에 있는 두 성채에 집중시켰다. 그리고 항구에 낡은 배들을 가라앉혀 정성공의 전선들이 들어오는 것을 막으려 했다.

정성공 수군의 길잡이는 하정빈이었는데, 밀물 때를 기다려 신속히 녹이문鹿耳門으로 들어가 대만 상륙을 개시했다.

네덜란드군은 가장 큰 군함을 기세 등등하게 몰고 와서 정성공 군대의 상륙을 막으려고 했다. 정성공은 침착하게 60여 척 전선을 지휘하여 네덜란드 군함을 에워쌌다. 그러고는 60여 척이 일제히 발포하자 난데없는 불벼락을 맞은 네덜란드 군함은 달아나지도 못하고 격침되었다. 나머지 세 척은 상황이 위급하게 되자 황급히 뱃머리를 돌려 달아났다.

이어서 정성공의 군대는 적감성을 맹공격했으나 적군이 결사적으로 항전해서 점령하기가 어려웠다. 그런데 이때 그곳에 사는 대만인 한 사람이 찾아와 묘책을 내놓

채색 그림이 있는 자기 쟁반(좌) [청나라]

정성공 군대가 사용했던 등나무 방패(우)

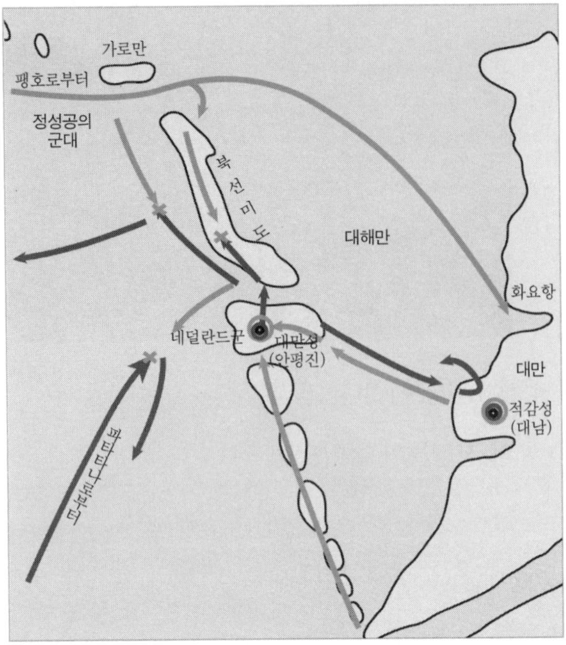

정성공의 대만 수복 약도

았다. 적감성의 물은 모두 성 밖의 고지高地에서 흘러 들어오는데 그 물길만 끊어놓으면 적들은 얼마 버티지 못할 거라는 얘기였다. 정성공은 즉시 그 말대로 적들의 물 공급을 차단했고, 사흘이 채 못 되어 적감성의 네덜란드군은 손을 들고 항복했다.

그러나 대만성에 웅거하고 있는 네덜란드군은 구원병을 기다리며 완강하게 버텼다. 정성공은 장기적으로 포위하는 방법으로 항복을 강요했으나, 8개월이 지나도 항복하지 않자 맹공격을 감행했다. 막다른 골목에 이른 네덜란드군은 하는 수 없이 백기를 들고 항복했다.

1662년 초, 네덜란드군의 우두머리는 정성공의 진영으로 와서 항복서에 조인한 다음 대만을 떠났다. 중국의 보배인 대만은 정성공의 공로로 중국의 품으로 다시 돌아왔다.

이정국이 서남에서 항전하다

구식사

융무제와 노왕, 두 남명 정권이 차례로 멸망한 후에 양광兩廣(광동과 광서)을 지키던 명나라 관리 구식사瞿式耜는 조경肇慶에서 계왕桂王 주유랑朱由榔을 황제로 옹립하고 연호를 영력永曆이라고 했다. 그가 바로 영력제이다.

그런데 1649년에 구식사가 계림성에서 청나라군과 싸우다 전사하여 새로 세운 계왕 정권이 멸망에 직면했을 때 광서에서는 이정국李定國이 영도하는 대서 농민군이 청나라군에 대항했다.

이정국은 원래 장헌충 수하에 있던 네 명의 맹장 중 하나였다. 장헌충은 그 맹장들을 의붓아들로 삼았는데, 맏이는 손가망孫可望이고 둘째가 이정국이었다. 장헌충이 죽자 손가망과 이정국은 농민군 오륙 만을 통솔하여 귀주, 운남으로 남하했다. 그들은 영력제에게 사람을 보내어 서로 연합하여 청나라에 대항할 뜻을 표했다. 형세가 위급해진 영력제는 그들의 요구를 받아들이고 손가망을 진왕으로 봉했다.

송죽매松竹梅 채색 법랑병 (청나라)

그런데 이 손가망이란 자는 야심이 매우 큰 자였다. 영력제를 수중에 넣은 그는 청나라에 대항하는 일은 뒷전으로 미루고 귀양貴陽에서 호의호식하며 향락을 즐겼다. 그러나 청나라에

『오삼계금계왕유랑론吳三桂擒桂王由榔論』 오삼계가 계왕 주유랑을 생포한 일을 논한 책이다.

대항할 뜻을 품은 이정국은 1년 동안 운남에서 3만 명의 정예병을 훈련시켰으며 또한 코끼리 부대를 조직했다. 충분한 준비를 거친 그는 청나라에 대한 본격적인 공격을 감행했다.

이정국이 통솔하는 농민군은 운남, 귀주에서부터 승승장구로 호남까지 진격해 나갔다. 그리고 여러 전략 요새지를 점령한 후에 세 갈래로 나누어 계림으로 진군했다.

계림을 수복한 이정국은 적군을 숙청하는 한편 백성들을 안무했으며 산으로 들어간 남명 관리들을 도로 불러들였다. 그는 남명 관리들을 초청한 주연 자리에서 이렇게 말했다.

"지금의 정세는 남송 말기와 다를 바가 없습니다. 여러분들도 문천상, 육수부, 장세걸 같은 충신들을 경모하지 않습니까? 그들의 충성과 호기는 역사에 길이 남을 것입니다. 우리도 그들처럼 나라에 충성을 다해야 하겠지만 그때와 같은 종말을 맺어서야 안 될 줄 압니다."

니칸의 묘비 지금의 북경시 서남 방산 동감지에 있다.

관리들은 모두 이정국의 호기와 애국심에 감동했다.

승전의 첩보를 받은 영력제는 이정국을 서녕왕西寧王으로 봉했다. 이정국은 이어서 영주, 형양, 장사를 점령하고 악주로 진격했다. 이에 놀란 청나라 조정은 친왕 니칸에게 명해 10만을 이끌고 가서 장사를 되찾게 했다. 적들의 기세가 사나운 것을 본 이정국은 자발적으로 장사를 내놓고 형양으로 퇴각했다. 그러면서 추격해 오는 니칸의 군대를 매복전으로 기습했고, 청나라군은 대패하고 니칸은 칼을 맞아 죽었다.

'정황기 호군 통령 인正黃旗護軍統領印' 인문 (청나라)

이정국이 승리를 거듭하자 야심가인 진왕 손가망은 질투심에 사로잡혔다. 손가망은 국사를 논하자는 구실을 대어 이정국을 불러다 암살하려 했다. 이를 미리 알아차린 이정국은 하는 수 없이 군대를 이끌고 호남에서 물러나 운남으로 돌아왔다.

야심가 손가망은 영력제를 압박하여 황제 자리를 빼앗으려고 했으나, 그러려면 먼저 걸림돌인 이정국을 제거하지 않으면 안 되었다. 그는 14만 대군을 직접 이끌고 운남으로 진격했다. 그런데 손가망의 부하들은 그의 소행을 탐탁해하지 않았으며 전투가 시작되자 오히려 창 끝을 돌려 그를 공격했다. 손가망의 군대는 순식간에 무너졌으며, 막다른 골목에 이른 손가망은 장사로 도망쳐서 청나라군에 투항했다.

손가망의 내란으로 남명 정권의 세력은 크게 약화되었다. 1658년에 오삼계, 홍승주 등이 지휘하는 청나라군이 세 갈래로 나누어 운남과 귀주를 공격했다. 이정국은 군사를 세 갈래로 나누어 적군을 막았으나 결국 실패하고 곤명으로 물러났으며, 영력제와 심복 대신들은 황급히 미얀마로 달아났다.

황제는 미얀마로 달아났지만 이정국은 운남 변경에서 군사를 모집하여 항전을 계속했다. 그는 열세 번이나 사람을 보내어 영력제에게 돌아오라고 간했지만 영력제는 그러지 못했다.

자사크札薩克 보좌 (청나라)

1661년 12월, 오삼계는 직접 10만 군사를 거느리고 미얀마로 들어가 영력제를 내놓으라고 압력을 가했다. 미얀마가 영력제를 내놓자 오삼계는 영력제를 참살했다. 이렇게 해서 남명 정권은 철저히 멸망했다.

십수 년 동안 힘겨운 항전을 계속했으나 복국의 소망을 이루지 못한 이정국은 화병이 나서 죽었다. 임종 때 그는 아들과 부장들을 불러놓고 "황야에서 죽는 목숨이 되더라도 투항은 절대로 하지 말라."고 당부했다.

강희제가 삼번을 평정하다

청 강희제

남명의 마지막 정권이 멸망한 그 해에 청나라 조정에서는 순치제가 병으로 사망하고 아들 현엽玄燁이 즉위했다. 그가 바로 성조聖祖인데 역사상에서는 강희제康熙帝라고 부른다.

강희제는 여덟 살의 어린 나이로 황제가 되었다. 그래서 순치제의 유언에 따라 만주족 대신 네 명이 그를 보필해서 나라 정사를 대신 보았다. 이들 보정대신들 가운데 오오바이라는 자가 있었는데, 병권을 틀어쥔 그는 강희제를 무시하고 권력을 제멋대로 휘둘렀다.

강희제는 열네 살이 되어서야 집정을 하기 시작했다. 그런데 보정대신 스크사하와 원수지간이 된 오오바이는 스크사하를 모함하면서 그를 죽여야 한다고 주장했다. 강희제가 이에 동의하지 않자, 오오바이는 당상에 올라와 주먹을 휘둘러댔다. 강희제는 그 자리에서 오오바이를 죽여버리고 싶었지만 그의 세력이 너무나 막강했기 때문에 억지로 참을 수밖에 없었다. 결국 오오바이는 스크사하를 죽이고 말았다.

그때부터 강희제는 오오바이를 제거할 뜻을 품게 되었다. 강희제는 건장하고 힘이 센 귀족 자제들을 친위대로 선발하여 결

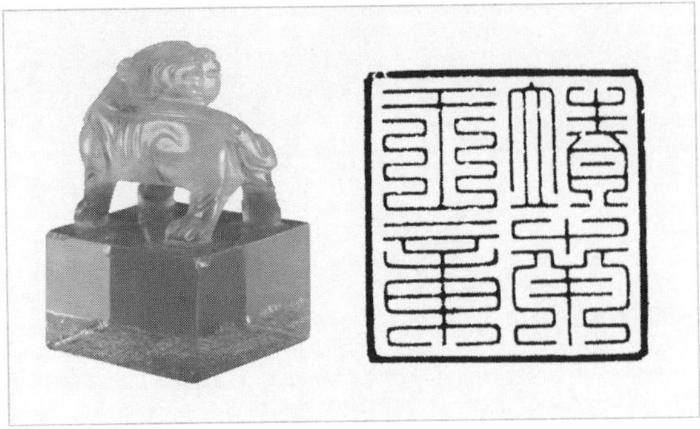

정남왕 인장과 인문

에 두고 매일 같이 씨름을 했다. 오오바이는 입궁할 때마다 황제와 소년 친위대들이 씨름을 하는 것을 보았지만 철없는 소년들의 놀음 정도로만 여겼다.

그러던 어느 날 오오바이는 단독으로 상의할 일이 있으니 속히 입궁하라는 강희제의 어명을 받았다. 오오바이는 여느 날과 마찬가지로 거드름을 피우며 휘적휘적 궁으로 들어갔다. 그런데 내궁 문에 들어서자마자 소년들에게 포박을 당하고 말았다. 소년들은 팔다리를 잡아 비틀며 오오바이를 꼼짝 못하게 했다. 오오바이는 비명을 질렀지만 구하러 오는 사람이 하나도 없었다.

오오바이를 옥에 가둔 후, 강희제는 대신들에게 그의 죄상을 조사하라고 명했다. 그 동안 황제를 능멸하고 독단 전횡하면서 무고한 사람들을 숱하게 죽인 오오바이의 죄상들이 밝혀지자, 대신들은 오오바이 같은 자는 능지처참해야 한다고 입을 모았다. 그러나 강희제는 그를 죽이지는 않고 관직을 모두 박탈시켰다. 오오바이가 제거되자 평소에 교만하던 대신들도 황제 앞에서 고개를 숙이고 고분고분해졌다.

집정 초기에 강희제는 조정을 새롭게 정돈해서 청나라 정권은 점차 강대해졌다. 그러나 강희제에게는 큰 근심거리가 있었으니 바로 남방에 있는 번왕藩王 셋이었다.

번왕들은 모두 청나라에 투항한 명나라 장수들이었는데, 첫 번째는 청나라군을 산해관 안으로 끌어들인 오삼계이고, 두 번

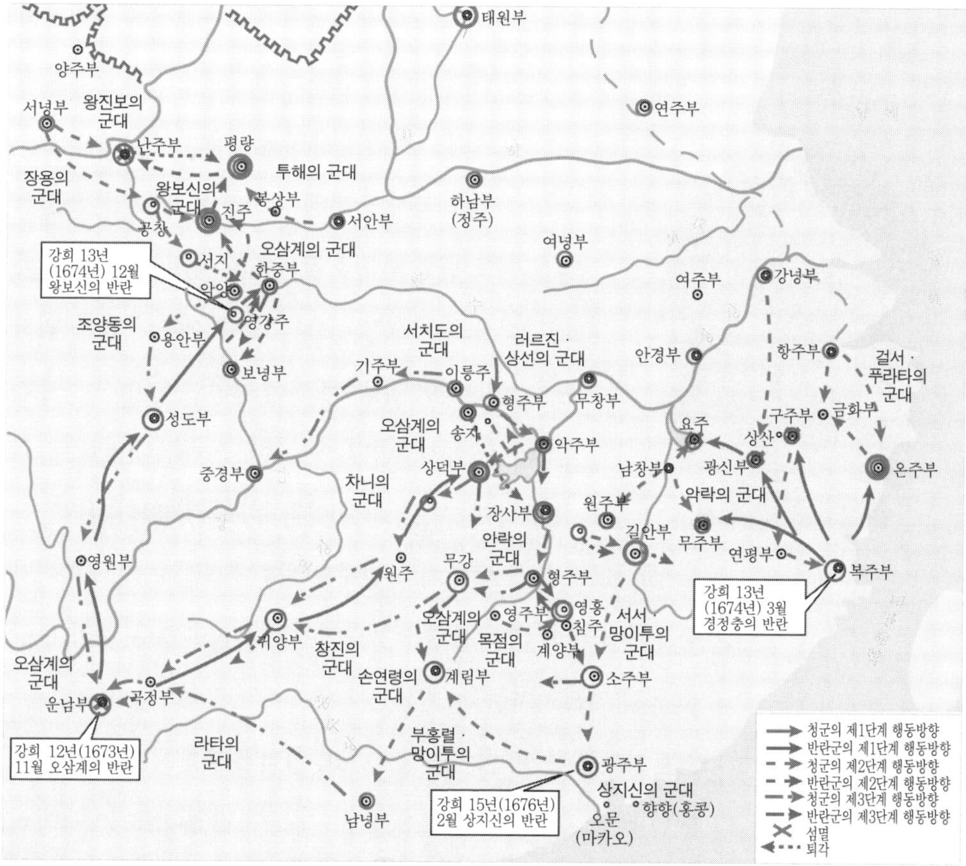

삼번의 난을 평정한 약도

째는 상가희尙可喜, 세 번째는 경중명耿仲明이었다. 그들은 청나라를 도와 남명을 멸망시키고 농민군을 진압한 공로로 왕이 되었는데, 평서왕 오삼계는 운남과 귀주의 방위를 맡고, 평남왕 상가희는 광동의 방위를 맡았으며, 정남왕 경중명은 복건의 방위를 책임졌다. 그래서 이 세 왕을 '삼번三藩'이라고 하는데, '삼번' 중에서도 오삼계의 세력이 가장 컸다.

중국을 통일하는 데 가장 큰 걸림돌이 이들 번왕들이었으며, 그들을 약화시키지 않으면 통일은 유명무실일 뿐이었다. 강희제는 대신들을 소집하여 '철번撤藩', 즉 번왕의 철폐를 논의했

상가희

다. 그러자 대신들은 그러다가 번왕들이 반란이라도 일으키면 어떻게 하느냐고 우려가 대단했다. 그러나 강희제는 이렇게 용단을 내렸다.

"오삼계 등은 일찍부터 야심을 가지고 있었소. 철번을 해도 반란을 일으킬 것이고 철번을 하지 않아도 반란을 일으킬 것이오. 그럴 바에는 우리가 먼저 손을 쓰는 것이 상책이오."

그리고 즉시 '철번'에 관한 조서를 내렸다. 그러자 오삼계는 대노하여 이를 부드득 갈았다.

"청나라가 누구 덕분에 이렇게 번성하게 되었는데 애송이가 황제가 되더니 내 목을 조르겠다고? 어디 두고 보자! 누가 누구의 목을 조르는가를."

오삼계는 즉시 반란을 일으켰고, 서남 일대에서 세력이 막강했던 터라 호남까지 순조롭게 쳐나갈 수 있었다. 그는 광동의 상지신商之信(상가희의 아들)과 복건의 경정충耿精忠(경중명의 손자)에게 함께 반란을 일으키자고 권유했다. 그러자 두 번왕도 오삼계의 세력을 믿고 반란을 일으켰는데, 역사상에서는 이를 '삼번의 난'이라고 한다.

그러나 강희제는 그들의 기세에 조금도 눌리지 않았다. 그는 군사를 모아 오삼계를 집중적으로 토벌하는 한편, 상지신과 경정충에게는 회유 정책을 쓰면서 그들의 번왕 칭호를 철폐한다는 명을 도로 거두어들였다. 이후 형세가 오삼계에게 불리하게 되자 그들은 조정에 투항했다.

오삼계는 점차 세력을 잃어갔으며 고립무원의 처지에 빠지게 되고 말았다. 8년 동안 전쟁을 치렀으나 애초의 뜻과는 달리 갈수록 깊은 궁지에 빠지게 되자 남은 것이라곤 가슴 아픈 회한뿐이었다. 결국 오삼계는 중병에 걸려 숨을 거두었다.

반란을 평정하고 남방을 통일하자 조정에서는 매일 경축연이 벌어졌다. 그런데 이때 러시아군이 동북 변경을 침입했다는 급보가 올라왔다.

알바진의 승리

雅剋薩的勝利

강희제가 열병식 때 입었던 갑옷과 투구

명나라 말기, 명나라와 청나라가 전쟁을 하느라 눈코 뜰 새가 없을 때 러시아는 중국의 흑룡강 지역에 침입하여 사람을 죽이고 재물을 약탈했다. 그 후 청나라는 국내 정세가 좀 안정이 되고 나서야 비로소 군대를 보내 러시아군을 물리치고 흑룡강 북안의 알바진雅剋薩을 되찾아 왔다.

그런데 강희제 대에 이르러 중국 남방의 '삼번'을 평정하는 데 대부분의 병력을 투입하는 바람에 동북 변경의 알바진은 미처 돌볼 새가 없었다. 그때 러시아 탈주범 84명이 알바진에 들어와 보루를 쌓고 강탈을 일삼았다. 그리고 약탈한 수달피 가죽을 바치자 러시아 황제는 그들의 죄를 사면해 주었을 뿐만 아니라 그들의 두령을 알바진의 장관으로 임명했다. 그는 이런 방법으로 중국의 땅 알바진을 영원히 차지하려고 했던 것이다.

한편 '삼번의 난'을 완전히 평정한 강희제는 동북 변경이 침략을 받는다는 소식을 듣고 직접 성경盛京으로 갔다. 그리고 장군 팽춘彭春과 낭담郎淡을 보내어 사냥을 핑계로 변경을 정찰하게 했다.

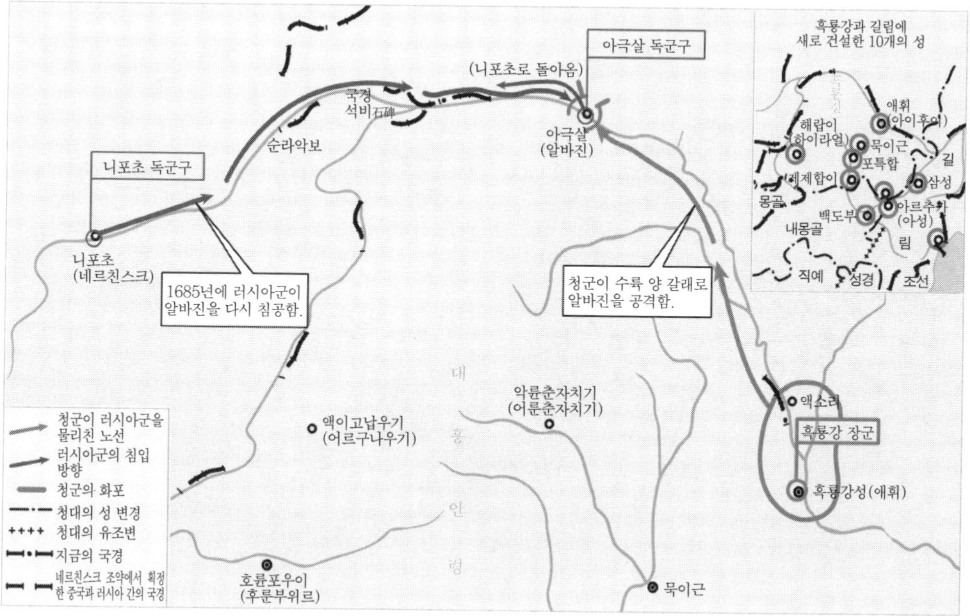

알바진에서 러시아 침략군을 물리친 약도

진격 준비를 다 갖춘 후 강희제는 알바진의 러시아군 사령관에게 편지를 보내, 즉시 알바진에서 물러가라고 명했다. 그러나 러시아군이 물러가기는커녕 오히려 병력을 증가시키자, 마침내 강희제는 진격 명령을 내렸다.

1685년, 강희제는 팽춘을 도통都統으로 삼아 수군과 육군 1만 5천 명을 거느리고 기세 당당하게 진군하여 알바진을 포위하게 했다.

철화총鐵火銃 [청나라]

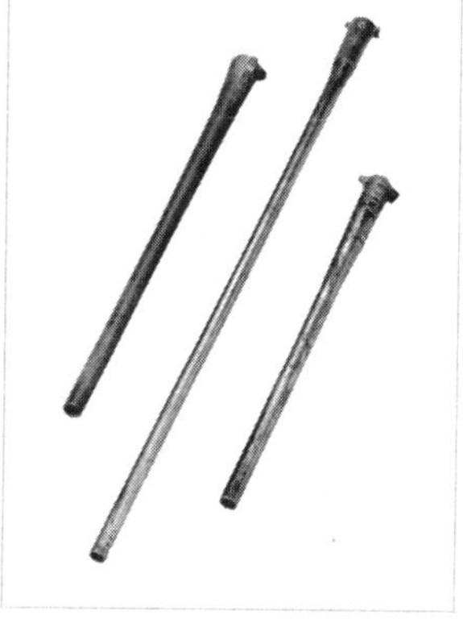

알바진은 성채가 아주 튼튼했다. 지형을 돌아보고 난 팽춘은 성채 남쪽에 흙산을 높이 쌓은 다음에 그 위에서 성 안으로 활을 쏘게 했다. 그리고 성채 북쪽의 후미진 곳에는 화포를 숨겨놓았다가 적들의 경비가 해이해졌을 때 일제히 발포했다. 포탄은 우박처럼 성 안으로 쏟아졌고 적의 성루에서는 불꽃이 일었다.

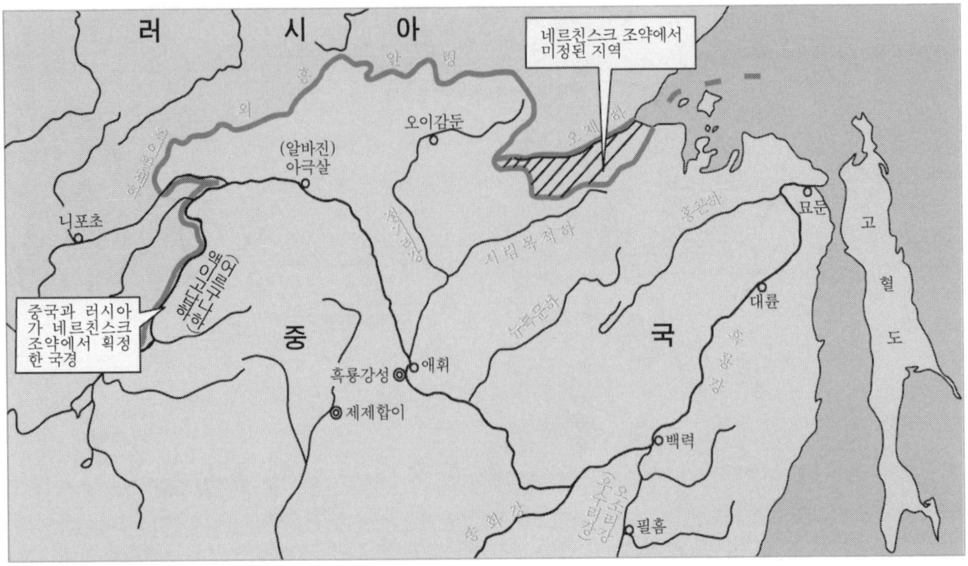

'네르친스크 조약'에서 확정된 중국과 러시아의 국경

날이 밝자 청나라군은 성 아래에 나뭇단을 쌓아놓고 성에 불을 지르려고 했다. 다급해진 러시아군 사령관은 백기를 내걸고 항복했다.

팽춘은 강희제가 사전에 분부한 대로, 항복한 러시아군을 모두 석방시켜 주었고 러시아군의 사령관 토르푸친은 패잔병들을 데리고 황급히 달아났다.

러시아군이 물러가자 팽춘은 군사들에게 명해 알바진의 성채를 모두 허물어버리고 피난을 갔던 백성들을 다시 불러들여 농사를 짓게 했다. 그러고는 군대를 이끌고 애혼성璦琿城으로 돌아갔다. 그러나 러시아군은 청나라군이 철수하자마자 다시 알바진으로 돌아와 성채를 쌓기 시작했다.

어용御用 쌍통화총〔청나라〕

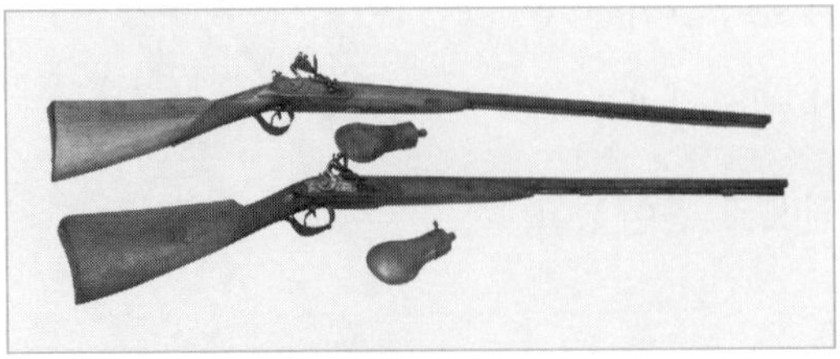

그 소식이 북경으로 전해지자 강희제는 러시아 침략군을 완전히 소

탕시킬 작정을 하게 되었다. 이듬해 여름에 강희제는 흑룡강 장군 싸푸소에게 알바진으로 진군하여 침략자를 소탕하라고 명했고, 한번 놓아주었던 적들이 또다시 기어들어 왔다는 것을 안 청나라군 장병들은 이번에는 깨끗이 없애버리겠다고 단단히 별렀다. 청나라군의 포격은 그 전보다 몇 배나 강했다. 러시아군 사령관 토르푸친은 포탄을 맞아 즉사했고 나머지는 모두 지하실로 숨어들어 고개도 내밀지 못했다. 결국 러시아군은 겨우 150명만이 간신히 살아남았다.

신위무적대장군포神威無敵大將軍砲〔청나라〕 강희 15년(1676년)에 제조된 대포로, 강희제가 직접 이름을 지었다. 이 대포는 알바진 전투에서도 그 위력을 발휘했다.

사태가 이 지경에 이르자 러시아 정부는 급히 북경으로 사신을 보내어 강화를 청했다. 1689년, 청나라와 러시아는 네르친스크에서 강화 교섭을 했으며 '네르친스크 조약'을 체결하기에 이르렀다. 이 조약을 통해 흑룡강 및 오소리강烏蘇里江 유역의 광활한 지역이 중국의 영토라는 것이 재확정되었다.

갈단을 정복하다

噶三征爾丹

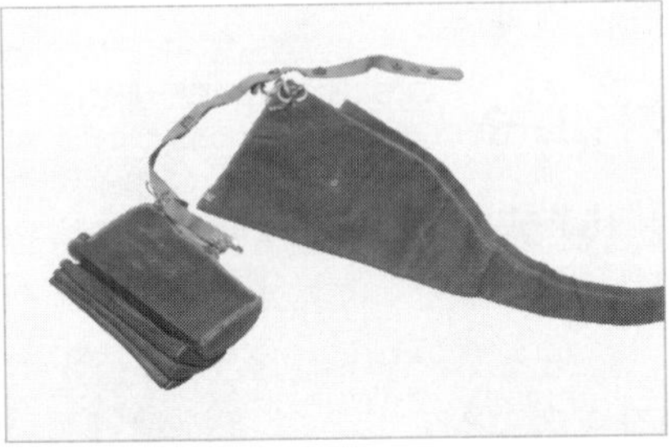

어용 철대撤袋〔청나라〕 철대는 가죽 화살 통이다.

'네르친스크 조약'을 체결한 이듬해에 러시아 황제는 몽골 중가르부의 수령 갈단噶爾丹을 사주하여 막북漠北을 공격하게 했다.

그 당시 몽골은 막남漠南, 막북, 막서漠西의 세 부족으로 나뉘어 있었는데, 막남은 청나라에 복속되어 있었고 나머지는 청나라의 신하를 자칭하고 있었다. 중가르부는 막서의 한 갈래로서 원래는 이리伊犁 일대에서 유목생활을 했으나 갈단이 다스린 뒤부터는 다른 몽골 부락들을 공격하기 시작했다. 갈단은 먼저 막서의 다른 부락을 점령한 후 동쪽에 있는 막북으로 진격했다. 그러자 막북은 막남으로 도망쳐 청나라 조정에 보호를 요청했다. 강희제는 사신을 갈단에게 보내어, 점령한 막북의 땅을 되돌려주고 군사를 물리라고 명했다. 그러나 러시아를 등에 업은 갈단은 군사를 물리기는커녕 오히려 막남으로 대거 진격해 왔다.

우란푸톤 전투 유적지

이에 강희제는 직접 군대를 거느리고 가서 갈단을 정복할 결심을 했다. 1690년, 강희제는 군사를 두 갈래로 나누어 북경

을 출발했다. 무원대장군 복전福全이 이끄는 좌로군은 고북구古北口로 나아가고, 안북대장군 상녕常寧이 이끄는 우로군은 희봉구喜峰口로 나아갔으며, 강희제는 군사를 거느리고 뒤에서 따라오며 전군을 지휘했다.

「북정독운도北征督運圖」〔청나라〕

그런데 좌로군은 갈단과의 첫 싸움에서 참패를 당했고, 갈단의 군대는 파죽지세로 북경에서 7백 리밖에 안 떨어진 우란푸톤烏蘭布通(지금의 내몽골 소오다맹 커스커텅기)까지 쳐들어왔다. 갈단은 득의양양하여 자신과 원수진 사람들을 빨리 내놓으라고 청나라군에 사신을 보내오기도 했다.

강희제는 복전에게 명하여 전력으로 공격하게 했다. 청나라군은 화포와 화총으로 맹렬한 사격을 퍼부은 다음, 보병과 기병이 합동해서 적진으로 돌격해 들어갔다. 이와 동시에 산을 에돌아 적의 배후로 들어갔던 청나라군도 공격을 감행했다. 이렇게 앞뒤로 협공을 받은 갈단의 군대는 수많은 사상자를 내고 막북으로 달아났다.

막북으로 도망쳐 온 갈단은 겉으로는 청나라에 굴복하는 척했지만 암암리에 군사를 모으고 사람들을 막남에 파견해 반란을 선동했다.

용 문양이 있는 강희제의 칼〔청나라〕

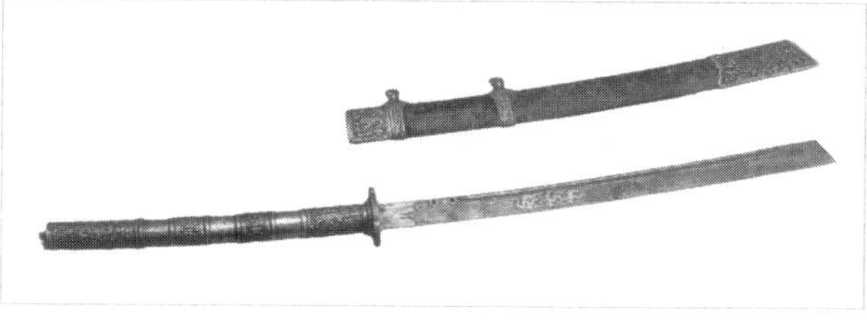

1696년, 강희제는 두 번째로 친정親征을 나섰는데 이번에는 군대를 세 갈래로 나누

강희제의 갑옷과 투구 〔청나라〕

어 진군했다. 흑룡강 장군 싸푸소가 이끄는 군대는 동쪽에서 진군하고, 대장군 비양고費揚古가 이끄는 섬서와 감숙의 군대는 서쪽에서 진군했으며, 강희제가 이끄는 중로군은 독석구獨石口에서 진군했다. 세 갈래 대군은 약정한 시간에 일제히 갈단을 공격하기로 했다.

그런데 강희제의 중로군이 커투科圖라는 곳에 이르렀을 때 적군의 선봉이 나타났다. 그때 청나라의 동서 두 갈래 군대는 아직 먼 곳에 있었으며, 게다가 러시아군이 갈단을 원조하러 온다는 말도 들렸다. 사태가 이렇게 되자 두려움을 느낀 대신들은 잠시 퇴각하는 것이 상책이라고 권했다. 그러자 강희제는 대노해서 이렇게 말했다.

"적군과 싸워보지도 않고 퇴각부터 하다니 그게 무슨 소린가? 천하의 웃음거리가 되려고 하는가? 그리고 우리 중로군이 퇴각하면 적군은 집중해서 서로군을 칠 것인즉 서로군의 처지가 위험해지지 않겠는가?"

그러면서 한치의 동요도 없이 계속 크로룬하로 진군했으며, 사신을 갈단에게 보내서 자신이 직접 대군을 거느리고 싸우러 왔다는 사실을 알렸다. 갈단은 급히 산 위에 올라 청나라군의 진용을 바라보았다. 깃발이 정연하고 군용이 씩씩한 청나라군의 기세가 보통이 아닌 것 같았다. 겁이 덜컥 난 갈단은 도망쳐 달아났다. 강희제는 적군을 추격하는 한편 급히 서로군 대장 비양고에게 명해 적군을 중도에서 막게 했다.

갈단은 닷새 동안 황급히 달아나다 소모도(지금의 몽골인민공화국 울란바토르 동남)에 이르렀는데 그 곳에 비양고의 군대가 있으리라고는 꿈에도 생각하지 못했다. 비양고는 나무가 무성한 곳에 군사를 매복해 놓고 선봉장을 보내 갈단의 군대를 유인한 다음 앞뒤로 협공했다. 갈단의 군대는 대부분이 목숨을 잃거나 투항했으며, 갈단은 기병 몇십 명을 데리고 겨우 도망쳤다.

위원장군포威遠將軍佈炮 (청나라)

두 차례에 걸친 대전으로 갈단은 세력이 현격히 약화되어 있었으나 강희제의 권고를 듣지 않고 끝까지 저항했다. 1년 후에 강희제는 또다시 친정을 했는데, 그 당시 갈단의 근거지인 이리는 갈단의 조카인 체왕아나푸탄이 점령하고 있었다. 청나라군이 온다는 말을 들은 친신들은 두려움에 떨다가 결국 투항했으며, 갈단은 독약을 먹고 자살했다.

그때부터 청나라는 알타이산 동쪽의 막북을 다시 통제하게 되었다. 현지 몽골 귀족의 봉호와 관직을 분봉했으며, 우리야쑤태에 장군부를 세우고 막북을 관할했다.

이후 갈단의 조카 체왕아나푸탄이 티베트(서장)를 점령하자 강희제는 1720년에 대군을 보내어 그를 쫓아내고 달라이 라마 6세를 내세웠다. 그 후 청나라 정부는 라싸에 티베트 대신을 주둔시키고 중앙 정부를 대표하여 달라이, 반첸과 더불어 티베트를 관할하게 했다.

옹정제와 문자옥 文字獄

평상복을 입고 글을 쓰는 강희제

청나라 통치자들은 명나라 문인들에게 두 가지 방법을 썼다. 즉, 청나라에 복종하는 문인들에게는 안무의 방법을, 불복하는 문인들에게는 진압의 방법을 썼다.

강희제가 즉위한 이듬해에 절강 호주의 문인 장정용이 개인적으로 문인들을 모아 『명사明史』를 편찬했다. 그런데 장정용이 죽은 뒤에 어느 관리가 그 책에 청나라 통치자들을 비난하는 내용이 있다고 고발했다. 그러자 조정에서는 장정용의 관을 파헤치고 육시戮屍를 했으며, 그의 아들과 서언을 쓴 사람, 책을 찍은 사람과 책을 판 사람, 심지어는 그곳의 관리까지 모두 70여 명을 죽이거나 귀양을 보냈다. 이런 사건은 글로 인하여 빚어진 것이기 때문에 사람들은 이를 '문자옥文字獄' 이라고 했다.

청나라 성조 강희제의 필적

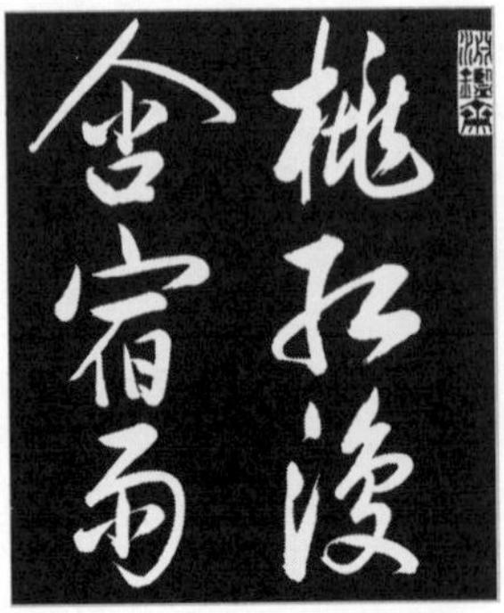

강희제가 죽자 네 번째 아들인 윤진胤禛이 즉위했는데 그가 바로 세종世宗이다. 역사상에서는 옹정제雍正帝라고 부른다. 옹정제 대에는 문자옥이 더욱 심했는데 그 중 가장 유명한 것이 여유량呂留良 사건이다.

여유량은 명나라 말기의 저명한 학자이다. 명나라가 망한 후 반청 투쟁에 가담했으나 결국 실패한 후 고향으로 돌아와 글을 가르쳤다. 그런데 어떤 관리가 자꾸 벼슬을 하라고 천거하자 아예 절로 들어가 머리를 깎고 승려가 되었다. 이후 절에 들어가 책을 썼는데 당연히 청나라 통치를 비난하는 내용을 담고 있었다. 그러나 그 책은 여유량의 사후에도 세상에 별로 알려지지 않았다.

강학하는 옹정제 옹정제는 국자감에서 강학을 여러 번 했으며, 문화가 전제통치를 위해 복무하게끔 했다.

그런데 증정曾靜이라는 호남 사람이 우연히 여유량의 글을 읽고는 그의 학식에 탄복하게 되었다. 그래서 제자인 장희張熙에게 여유량의 고향 절강에 가서 그가 남겨둔 문고가 어디에 있는지를 알아오도록 했다.

절강에 이른 장희는 문고의 행적을 알아냈을 뿐만 아니라 여유량의 제자 둘도 찾게 되었다. 장희는 제자들을 증정에게 소개했으며, 그들 네 사람은 이야기를 하다가 화제가 청나라 통치에 이르자 모두들 분개하여 청나라를 비판했다. 의기투합한 그들은 청나라 왕조를 뒤엎을 방법까지 논의했다.

옹정제가 비준한 상주서들

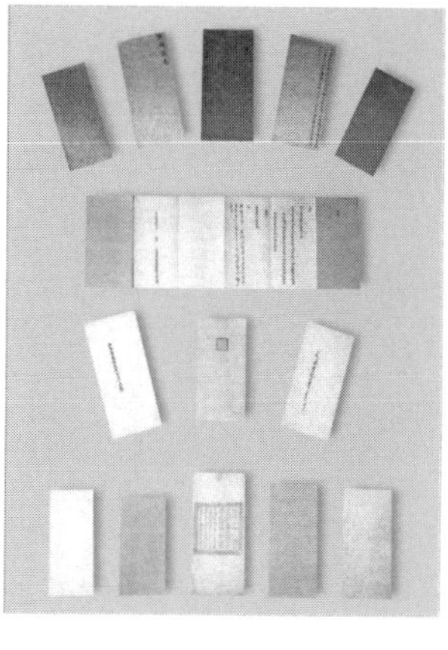

그러나 몇몇 서생의 힘으로는 대사를 이룰 수 없었다. 증정은 막강한 병권을 쥔 섬서 · 감숙의 총독이자 한족 대신인 악종기岳鐘琪를 설득하면 대사를 이룰 수 있다고 생각했다. 그래서 장희에게 편지를 주어 악종기에게 보냈다. 악종기가 편지를 뜯어보니 함께 청나라에 대항하자는 내용을 담고 있었다. 악종기는 속으로 대단히 놀랐

여유량

으나 겉으로는 내색하지 않고 장희를 돌려보냈다. 그 후에 이 사실을 조정에 고발하자, 진노한 옹정제는 즉시 그 서생들을 북경으로 잡아 올려 엄히 문초를 하라는 엄명을 내렸다.

일은 그것으로 끝나지 않고 결국 여유량 가문까지 연루가 되고 말았다. 옹정제는 여유량의 무덤을 파헤치고 목을 잘랐으며, 그러고도 성이 차지 않아 여유량의 후대와 두 제자들을 멸문滅門시켰다. 이외에도 여유량을 존경하고 따르던 적지 않은 서생들이 머나먼 변방으로 귀양을 갔다.

'문자옥' 에는 여유량의 경우처럼 조정에 대항한 사건도 있었지만 적지 않은 경우는 억지로 덮어씌우거나 글자 때문에 생겨난 사건이었다. 한번은 한림관 서준이 상주서에 '폐하陛下'의 '폐陛' 자라고 써야 할 것을 잘못 써서 '폐狴' 자로 썼다. 이에 노한 옹정제는 즉시 서준을 파면시키고 그 뒤를 조사하게 했다. 나중에는 서준의 시에서 '글자를 모르는 청풍淸風은 어이하여 어지럽게 책장을 번지는가' 라는 구절을 찾아내자 이 '청풍' 이 청나라를 빗대어 말한 것이라고 덮어씌웠다. 결국 서준은 청나라 조정을 비방한 죄로 목숨이 달아났다.

건륭제와 『사고전서』

청나라는 강희제와 옹정제의 통치로 경제가 급성장했으며 옹정제의 아들인 고종高宗 홍력弘歷(건륭제乾隆帝라고도 함)이 황제로 있을 때는 이미 부국강병의 국면을 이루고 있었다. 청나라 초기의 '문치무공文治武功'은 이 시기에 이르러 전성기를 이루었다('문으로 다스리고 무로 공을 얻는다'는 '문치무공'은 문과 무가 통합된 통치를 말한다).

조복을 입은 건륭제

1757년, 청나라 조정에 귀순했던 중가르부 귀족 아무르사나가 반란을 일으키자 건륭제는 두 갈래로 진군하여 반란을 평정했다.

건륭제는 할아버지나 아버지처럼 '무'를 중시했을 뿐만 아니라 '문'에도 대단히 신경을 썼다. 문인들을 등용하는 한편 '문자옥'을 만들어 반청 혐의가 있는 문인들을 사정없이 진압했다. 그래서 건륭제 대의 '문자옥'이 강희제나 옹정제 대보다 훨씬 더 많았다.

국화꽃이 그려진 채색 술항아리

그러나 건륭제도 '문자옥'만으로는 문화 통치를 할 수 없다는 것을 잘 알고 있었다. 민간에 숨겨져 있는 헤아릴 수 없이 많은 책들 중에 청나라 통치에 불만을 품은 내용

기윤 (청나라)

이 없을 수 없는데 그것을 어떻게 '문자옥' 만으로 해결할 수 있겠는가?

이에 건륭제는 중국의 모든 책을 합쳐 놓은 전대미문의 방대한 총서叢書를 만들기로 했다. 문화를 중시하는 황제의 태도를 나타내 보임으로써 지식인들을 포섭할 수 있었고, 또한 그 기회에 민간의 장서들을 모두 검열할 수 있어 일석이조였다.

1773년, 건륭제는 어명을 내려 사고전서관을 정식으로 개설하고, 황실의 내외척과 대학사들을 총관으로 임명했다. 그런데 사실 황실의 내외척은 이름만 걸어놓았을 뿐이었고 실제로 편찬을 책임진 관리는 대진戴震, 요내姚鼐, 기윤紀昀과 같은 유명한 학자들이었다. 그들은 편찬할 책의 제목을 『사고전서四庫全書』라고 했다.

이처럼 방대한 총서를 편찬하려면 우선 엄청난 양의 도서를 거둬들여야 했다. 건륭제는 각 성의 관리들에게 각종 도서들을 수집하거나 구입하게 했으며 도서를 바치는 사람에게 상을 내렸다. 도서가 많을수록 상도 많았는데, 그렇게 하자 전국의 도서들이 북경으로 물밀듯이 밀려들었다. 2년 동안 각지에서 올라온 책이 2만여 종이 넘었는데 궁정에 있는 장서들까지 합치

『사고전서』와 녹나무 상자(좌)

『사고전서』(우)

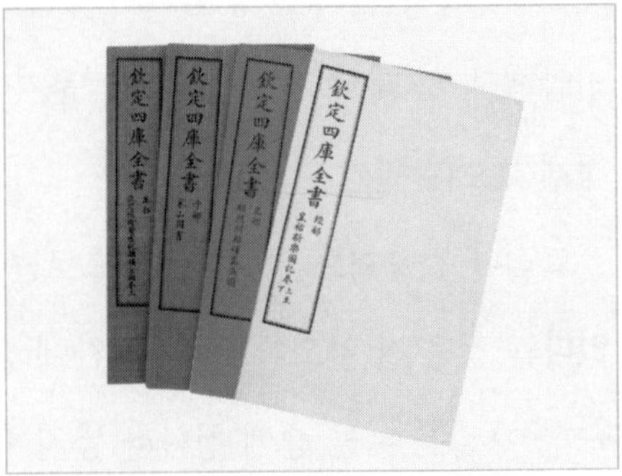

면 어마어마한 양이었다.

도서 수집이 순조로워지자 건륭제는 『사고전서』 편찬자들에게 도서를 검열하게 했다. 청나라 통치자에게 불리한 책은 다 소각해 버렸으며, 명나라 후기 대신들의 상주서에 청나라 황족의 조상에 대한 불손한 말이 실려 있으면 모조리 불태워 버렸다. 불완전한 집계에 따르면 이 과정에서 소각된 도서가 무려 3천여 종이나 된다고 한다.

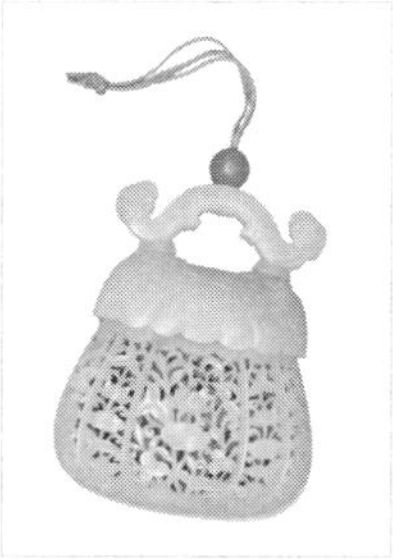

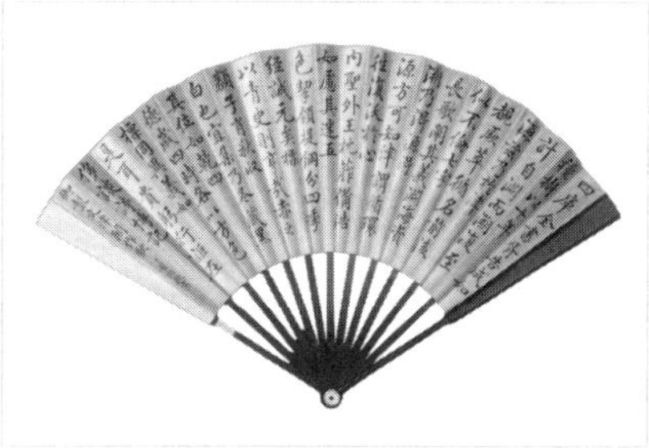

연꽃이 조각된 화전청옥 향낭(좌) 〔청나라〕

어제 문진각 작가선御製文津閣作歌扇(우) 〔청나라〕

드디어 1782년에 『사고전서』가 완성되었다. 그 많은 책들을 편집하고 교열하고 베껴 쓰는 데 무려 10년이란 긴 세월이 걸린 것이다. 이 총서에는 무려 3천5백3종, 7만 9천3백37권이 수록되어 있으며, 건륭제의 동기가 무엇이든지간에 이 『사고전서』는 후세 사람들이 중국의 풍부한 문화 유산을 연구하는 데 크나큰 기여를 했다.

조설근이 『홍루몽』을 쓰다
曹雪芹寫『紅樓夢』

조설근

건륭제 때 해마다 전쟁을 한데다가 황제가 여섯 번이나 강남을 유람하는 바람에 국고가 바닥이 나게 되었다. 그런데다가 관리의 탐욕과 낭비가 날로 심해져 국세國勢도 점점 줄어들었다.

이때 경성에서는 소설 『홍루몽』이 민간에서 널리 유행했는데, 그 책의 지은이가 바로 조설근曹雪芹이었다.

조설근은 원래 귀족 가문의 자손이었다. 그의 증조할아버지 조새曹璽는 강희제의 신임을 받았던 대신이었으며 나중에는 남방으로 가 강녕직조江寧織造의 직책을 맡았다. 강녕은 남방에서 부유한 고장이었으며 '직조'는 황족들의 의복을 만드는 일을 책임진 벼슬이라서 수입이 좋았다. 조새가 죽은 다음에는 조설근의 할아버지 조인曹寅이, 그 다음에는 조설근의 아버지 조부가 이 자리를 세습했다. 조설근의 집은 이렇게 3대째 직조관 벼슬을 지냈으며, 그 동안 가산은 해마다 늘어 남방의 명문 가문으로 부상했다.

그런데 옹정제 대에 이르러 조설근의 가문은 황실 내부의 갈등과 쟁투에 연루되고 말았으며, 아버지 조부는 관직을 박탈당하고 가산을 몰수당했다. 그때 조설근의 나이가 열 살, 철이 들기 시작했을 무렵이었다. 남부러울 것이 없던 부유한 가문을 한순간에 가난뱅이로 만든 이 재앙은 어린 조설근에게 큰 충격을 가져다주었다.

대관원도大觀園圖 일부 〔청나라〕 대관원은 『홍루몽』의 무대이다.

벼슬을 잃은 조설근의 아버지는 가족을 데리고 북경으로 갔다. 그러나 집안 살림은 날이 갈수록 어려워졌고 재난은 해마다 빼놓지 않고 그들 가족을 덮쳤다. 아버지가 죽자, 그나마 북경에서도 살 수 없게 된 그들은 북경 서쪽의 교외로 이사를 갔다. 겨우 얻은 낡은 집에서 조설근은 글을 읽었으며, 멀건 죽을 먹을 때가 많았다.

북경 교외에서 살다 보니 조설근은 빈곤한 백성들을 많이 접하게 되었다. 그런 환경에 있으면서 어렸을 때의 호화로운 생활을 생각하니 감회가 새로웠다. 나중에 그는 자전적 경험을 바탕으로 당시 시대 상황을 반영하는 장편소설 『홍루몽』을 쓰기 시작했다.

『홍루몽』은 가씨賈氏 가문의 홍망성쇠를 다룬 소설이다. 이 귀족 가문 사람들은 소작을 받고 고리高利로 돈을 빌려주는 사회의 기생충들로서 사치와 향락을 일삼으며 돈을 물 쓰듯 했다. 겉으로는 도덕군자인 척했지만 사실은 매우 졸렬한 자들이었다.

「이홍야연도怡紅夜宴圖」〔청나라〕

그런데 소설의 주인공인 가씨 가문의 공자 가보옥과 그의 외사촌

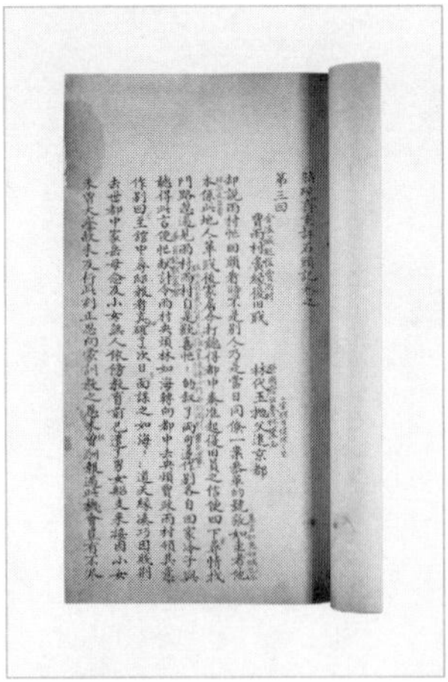

『지석재중평석두기脂硯齋重評石頭記』

누이동생 임대옥은 귀족들의 이런 악습과 봉건 도덕을 반대하는 젊은이들이었다. 그렇지만 봉건의 속박에서 벗어나려는 그들의 저항은 그런 환경에서는 결코 실현될 수 없었다. 결국 임대옥은 병이 들어 죽고 가보옥은 분연히 집을 떠난다. 이와 때를 같이하여 부귀영화를 누리던 귀족 가문도 모래성처럼 무너지고 만다.

조설근은 주인공 가보옥과 임대옥, 그리고 핍박받고 모욕당하는 하녀들을 따뜻한 시선으로 그리면서 봉건 지배계층의 부패와 죄상을 폭로하고 있다.

조설근은 10년에 걸쳐 이 소설을 썼는데, 궁핍한 살림과 밤낮을 가리지 않는 창작으로 인해 몸이 허약해질 대로 허약해졌다. 더구나 소설을 80회까지 썼을 때 자식이 병으로 요절하자 그 충격을 이겨내지 못했으며, 미완성 소설을 그대로 놔둔 채 병상에서 일어나지 못하다가 끝내 세상을 떴다.

조설근이 죽은 다음에 친구들이 『홍루몽』을 필사해서 돌렸는데, 소설을 읽은 사람마다 감동하여 찬사를 아끼지 않았다. 그러면서 이처럼 걸출한 대작을 완성시키지 못한 것을 못내 안

대관원 전경도 (청나라)

타까워했다. 이후 고악高鶚이라는 문인이 나머지 40회를 써서 『홍루몽』은 비로소 구성이 완전한 장편소설이 되었다.

그 후 조설근의 『홍루몽』은 여러 사람들의 손을 거쳐 점점 더 널리 전해졌으며, 세월을 뛰어넘은 고전이 되었다. 『홍루몽』은 중국 고전 소설 중에서 가장 위대한 작품이며, 높은 예술성뿐만 아니라 사실적인 묘사는 중국 봉건사회의 역사와 사회 상황에 대한 깊은 이해와 사색을 이끌어낸다.

대탐관 화신

大貪官和珅

조복을 입은 건륭제 반신상

60년간 황제로 군림한 건륭제는 '문치무공' 을 이루었으며, 이에 몹시 자만해져 칭송하는 말만 듣기 좋아했다. 이때 건륭제에게 갖은 아첨을 다하여 나라 대권을 쥔 총신寵臣이 있었으니 그가 바로 화신和珅이다.

화신은 원래 황제 친위대의 한낱 젊은 교위校尉에 불과했다.

한번은 건륭제가 야외로 나가려고 시종관들에게 의장을 준비하도록 했다. 그런데 황제가 출궁할 때 이용하는 황개黃蓋(햇빛 등을 가리기 위한 양산의 일종)를 찾을 수 없었다.

"도대체 누가 이런 무엄한 짓을 한단 말이냐?"

건륭제의 안색이 좋지 않자, 겁이 난 시종관들은 아무 말도 하지 못했다. 그런데 곁에 있던 젊은 교위 하나가 나서며 이렇게 말했다.

은도금한 되

"의장을 책임진 당사관을 추궁해야 할 줄 아옵니다."

건륭제가 보니 젊은 교위의 외모가 청수하고 언사 또한 또렷한지라 무척 마음에 들었다. 그래서 황개 일은 잠시 잊고 이름이 무어냐고 젊은 교위에게 물었다. 젊은 교위가 화신이라고 대답하자 건륭제는 이어 다른 일을 물어보았는데 답변이 유창하여 흠잡을 데가 없었다.

건륭제는 즉시 화신으로 하여금 친위대를 총관하게 했으며, 나중에는 자기 곁에서 시중을 드는 어전시위御前侍衛를 맡겼다. 약삭빠른 화신은 건륭제가 시키는 일이면 즉시즉시 마음에 들게 해놓았으며, 황제가 찬사만을 듣기 좋아한다는 것을 알고 듣기 좋은 말만 골라서 했다.

건륭제궁중행락도 〔청나라 낭세郎世〕

그리하여 건륭제의 심복이 된 그는 벼슬이 벼락같이 올라갔으며, 10년 만에 대학사가 되었다. 또한 건륭제는 자신의 딸 효공공주를 화신의 아들과 혼인시켰다. 황제와 사돈이 된 화신의 권력은 그야말로 황제의 버금이 되었다.

조정 대권을 쥔 화신은 재산을 모으는 데 혈안이 되어 뇌물을 받는 것은 물론이고 드러내놓고 횡령하거나 백주 대낮에 수탈하는 것도 서슴지 않았다.

지방 관리들의 상납품은 화신의 손을 거쳐 황제에게 올라가곤 했는데 그는 그 중에서 진귀한 것들을 가로채곤 했다. 다행히도 건륭제는 그런 일을 밝히지 않는데다가 사람들은 화신이 두려워서 고발하지 못했기 때문에 한 번도 들통난 적이 없었다. 이렇게 해서 화신의 탐욕은 날이 갈수록 늘어만 갔다.

화신

그런 화신의 비위를 맞추느라 조정 안팎의 관리들은 백성들에게서 수탈해 온 진귀한 보물들을 앞다투어 그에게 바쳤다. 벼슬 높은 자는 벼슬 낮은 자를 괴롭혔고 벼슬 낮은 자는 백성을 괴롭혀서 백성들은 아침을 먹으

해오라기와 연꽃을 그린 채색 봉미존鳳尾尊(좌)

금보다도 더 비싼 청나라 궁정의 식기(우)

면 저녁 끼니가 걱정이었다.

건륭제는 결국 태자 영염永琰에게 황제 자리를 양위했는데, 그가 바로 인종仁宗이며 역사상에서는 가경제嘉慶帝라고 한다.

진작부터 화신의 탐욕을 알고 있던 가경제는 3년 후에 건륭제가 죽자 즉시 그를 체포하여 사사賜死, 즉 자결할 것을 명했다. 그러고는 화신의 가산을 모두 몰수했다.

화신이 부유하다는 것은 다들 알고 있는 사실이었지만 막상 그의 가택을 수색한 사람들은 모두들 놀라서 입을 다물지 못했다. 재산이 아무리 많다 해도 이 정도일 줄은 상상도 하지 못했던 것이다. 화신의 재산 목록에 기재된 금은보화와 희귀한 골동품 등을 추산해 본 결과 무려 8억 냥이 넘었는데, 이는 청나라 조정의 10년 수입액과 맞먹는 액수였다.

화신 부중 화원의 복청 유적지

화신의 재물은 이후 궁으로 옮겨졌으며, 그러자 민간에서는 "화신이 거꾸러지니 가경의 배가 부르네."라는 말이 나돌았다.

민족영웅 임칙서

호문의 아편 소각 기념비

건륭제와 가경제가 통치하는 동안 강성했던 청나라는 점차 국력이 기울게 되었다. 이때 산업혁명을 이룬 영국, 미국, 프랑스 등은 자본주의의 발전으로 인해 광활한 시장과 원료 생산지가 필요했다. 그래서 영국은 중국과의 무역을 시작하게 되었다.

그런데 영국은 자급자족의 자연경제인 중국과의 무역에서 큰 적자를 보게 되었다. 이를 막기 위해 영국은 대량의 아편을 중국에 팔았다. 아편 장사는 이익이 엄청났기 때문이다.

도광제道光帝 대에 이르러 중국 전역, 특히 남방에서는 아편을 사용하는 사람이 많이 생겼으며, 아편은 중국인의 생존을 직접적으로 위협하는 심각한 문제로 대두되었다. 이런 상황에서 임칙서林則徐를 비롯한 몇몇 대신들은 아편을 금지시켜야 한다고 강력히 주장했다. 아편의 해로움을 잘 알고 있던 도광제도 아편 엄금을 결심하고 임칙서를 흠차대신欽差大臣(황제가 특정한 사건을 처리하기 위해 임시로 둔 관직)으로 임

호문의 방위 대포 (청나라)

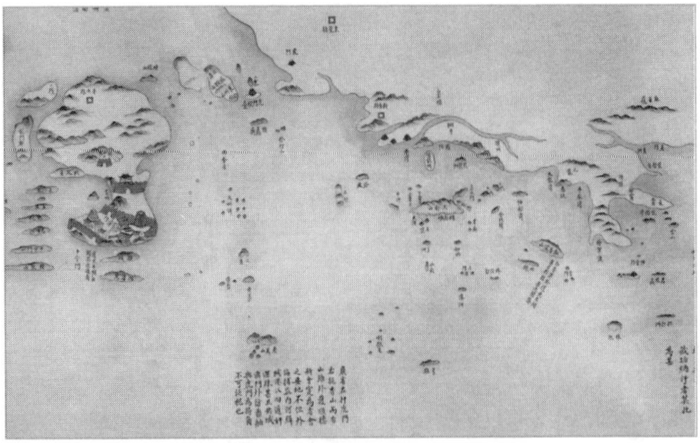

광동해양도 (청나라)

명해 광동으로 내려보냈다.

임칙서는 복건성 후관侯官(지금의 복주) 사람으로, 아버지 임빈일任賓日은 서당에서 글을 가르치는 훈장이었다. 임칙서는 스물일곱 살 때 한림원 서길사庶吉士로 발탁되었는데, 북경에 있는 동안 남방 출신의 청류파淸流派 젊은 경관京官들과 '선남시사宣南詩社' 라는 문학 모임을 결성했다. 이 모임에는 훗날 유명해진 도수陶澍, 황작자黃爵滋, 공자진龔自珍 등이 속해 있었다. 그들은 자주 모여서 시국을 담론하고 치세의 학문을 논하곤 했는데, 이는 나중에 임칙서가 조정의 중요 대신이 되어 큰 업적을 이루는 데 아주 좋은 밑거름이 되었다.

아편의 피해가 심각해지자 도광제는 임칙서를 흠차대신 겸 광동 수군절제사로 임명하여 광주 해구海口의 아편 밀입국 사건을 조사하게 했다. 급히 광주로 내려간 그는 양광 총독 등정정鄧廷楨을 만난 다음에 13행양상十三行洋商을 흠차대신 행원行轅으로 붙잡아들였다. 그때 청나라 정부는 광주 13행양상의 관상官商들에게만 서양인들과의 무역을 허가했는데 이 자들은 암암리에 아편을 밀수하여 배를 불리고 있었다. 임칙서는 그들을 엄하게 심문했다.

청나라 광동 수군의 전선 모형

임칙서

당시 영국의 무역 감독관이었던 엘리엇은 중국 관리들의 일 처리 방식은 늘 용두사미라 처음엔 요란해도 끝엔 흐지부지해질 거라고 생각하고는 아편 엄금에 대한 임칙서의 요구에 시간만 질질 끌며 응하지 않았다. 시간이 흐르면 임칙서의 인내심도 바닥이 나 결국 북경으로 돌아갈 거라고 생각했던 것이다. 여태까지 모든 흠차대신이 그랬던 것처럼 말이다.

그러나 임칙서는 다른 흠차대신들과는 달랐다. 그는 "아편을 없애지 못하면 조정으로 돌아가지 않겠다."는 굳은 의지를 영국 상인들에게 거듭 표명했으며, 교활하게 반항하고 있는 영국 상인들에게 엄한 제재를 가했다. 엘리엇은 부득이 영국 아편상들에게 명해, 밀매하려던 아편을 중국 정부에 바칠 수밖에 없었다.

원래 임칙서는 이 아편들을 호문虎門 밖에 있는 용혈도龍穴島에서 불태우려 했으나 중도에 무슨 일이 날까 봐 사각沙角이라는 곳으로 자리를 옮겼다.

몰수한 아편을 소각하는 날, 임칙서와 등정정은 직접 호문에 가서 아편 소각을 시찰했다. 명령이 떨어지자 산더미처럼 쌓여 있던 아편이 불에 휩싸였으며 검은 연기가 하늘로 치솟았다.

영국은 아편 소각에 대한 보복을 하기 위해, 그리고 봉쇄되어 있는 중국 시장을 강제로 열기 위해 본토와 인도에서 병력을 동원해 중국을 공격했다. 1840년 6월, 영국 함대가 광주 주강珠江 어구에 도착했다. 그러나 임칙서의 방비가 엄하자 잠시 광주를 포기하고 북으로 올라가 절강성 정해定海를 점령했다.

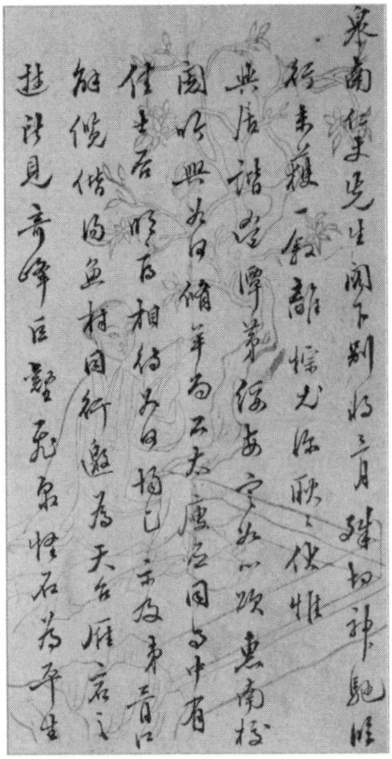

임칙서의 필적

그러고 나서 곧바로 천진으로 올라가 대고구大沽口를 공격했다.

북경과 가까운 대고구가 위험해지자, 목창아穆彰阿 등의 강화파 대신들이 들고일어나 임칙서를 공격했다. 그의 잘못으로 인해 영국이 쳐들어왔으니 그의 죄를 다스리면 영국이 물러갈 것이라고 주장한 것이다. 그리하여 임칙서는 관직을 박탈당하고 신강 이리로 귀양을 갔다. 그러나 영국은 물러가지 않았다. 1842년, 영국은 과주瓜州를 봉쇄하고 진강을 점령했으며 군함을 몰고 남경 하관으로 진격했다. 공포에 휩싸인 청나라 정부는 영국과 화의를 맺었으며 중국 근대사의 첫 번째 불평등 조약인 '남경 조약南京條約'을 체결했다. 이때부터 중국은 반식민지, 반봉건사회로 전락했다.

1845년 10월, 임칙서는 사면 복직되어 섬감陝甘 총독, 운귀雲貴 총독 등을 역임했다.

1850년, 홍수전洪秀全이 반청 운동을 조직하고 있다는 소식을 들은 도광제는 급히 임칙서를 북경으로 불렀다. 그러나 그는 중병에 걸려 있어서 어명을 받들 수가 없었다. 이듬해에 남방에서는 홍수전의 농민 봉기가 일어났다.

태평천국

홍수전

영국은 아편으로 중국을 약탈했고, 무력으로 아편 무역을 보호했다. 굴욕적인 남경 조약이 체결된 후 서양의 물건들은 홍수처럼 중국으로 밀려들었고, 청나라 정부는 전쟁 배상금을 지불하기 위해 백성들을 더욱 가혹하게 수탈했다. 그 중에서도 가장 심한 곳이 광동이었으며, 그리하여 양광(광동과 광서)에서는 태평천국太平天國 농민 봉기가 일어나게 되었다. 그 수령은 홍수전洪秀全이었다.

홍수전은 광동성 화현花縣의 한 중농 가문에서 태어났다. 일곱 살 때부터 마을의 서당에서 공부했으며 천성이 똑똑하고 부지런했다. 열여덟 살 무렵에는 역사학과 문학에 조예가 깊어 근방에 이름이 널리 알려졌다. 이후 양친이 차례로 세상을 뜨자 상을 치르느라 몇 년 간 과거를 보지 못했다. 그러다가 광주로 가서 과거를 보았으나 낙방했으며 그 다음에도 또다시 낙방하고 말았다.

『천조전무제도天朝田畝製度』 표지

그런데 광주에 머물러 있을 때 기독교 서적인 『권세양언勸世良言』을 우연히 얻어 읽어보게 되었다. 색다른 내용에 마음이 끌린 그는 그 책을 가지고 와서 깊이 연구하기

태평천국성보太平天國聖寶

시작했다.

1843년 7월에 홍수전은 친구 풍운산馮云山, 사촌 홍인간洪仁玕과 함께 관록포촌 밖에 있는 석각담의 맑은 냇물에서 세례식을 치른 다음에 종교적 비밀 결사인 '배상제회拜上帝會'를 조직했다. 홍수전은 하느님의 첫째 아들이 예수이므로 자신은 둘째 아들이라고 자칭했으며, 외국을 모방한 신교이기는 하지만 장차 많은 신도들이 모일 거라고 믿었다.

배상제회를 세운 홍수전은 집에 있던 공자와 맹자의 위패를 부숴버렸다. 그리고 풍운산과 함께 광서성 자형산구로 들어가 선교 활동을 했다. 광서의 배상제회가 제대로 조직되자 홍수전은 광동으로 돌아가 2년 동안 『원도구세가原道救世歌』, 『원도성세훈原道醒世訓』, 『원도각세훈原道覺世訓』을 저술했다. 그는 이 저서들에서 평등 사상과 선악의 대립 등을 이야기했다.

이와 때를 같이하여 풍운산은 자형산 지역의 숯 굽는 농민들 속으로 들어갔으며 짧은 기간에 수천 명의 회원을 가질 정도로

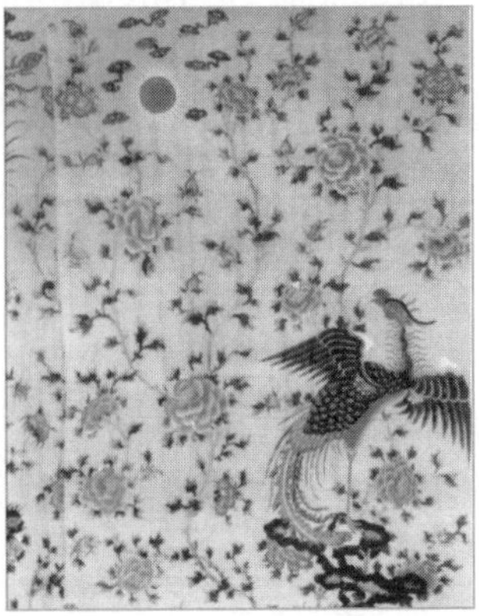
태평천국군의 호의號衣 복원도(좌)

아침햇살과 봉황새를 수놓은 천왕의 휘장(우) 〔청나라〕

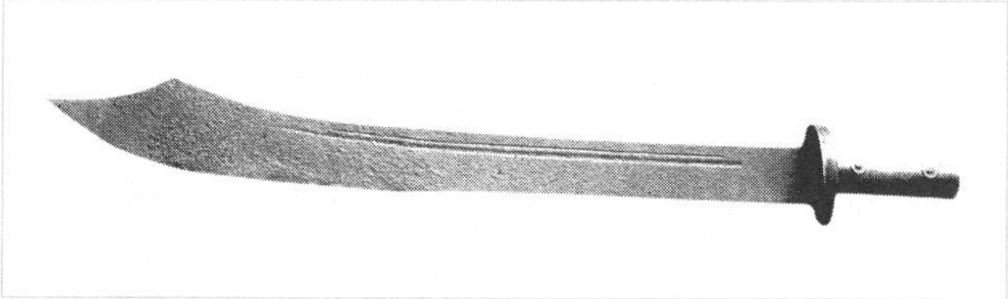

태평군의 참도斬刀(좌)

소매가 좁은 옷을 입은 태평천국 여성(우)

발전하였다. 그리고 점차 홍수전, 풍운산, 양수청楊秀淸, 소조귀肖朝貴, 석달개石達開, 위창휘韋昌輝 등의 지도부가 꾸려지게 되었다.

1850년 1월, 선종宣宗(도광제) 민녕旻寧이 병으로 죽고 문종文宗이 즉위했는데 역사상에서는 함풍제咸豊帝라 한다. 그 해 7월에 홍수전은 전국의 회원들에게 영을 내려, 10월 4일 이전에 계평현 금전촌으로 모이게 했다. 홍수전의 생일에 봉기를 일으킬 계획이었던 것이다.

명령을 받고 금전촌에 모인 회원의 수는 2만 명이 넘었다. 홍수전과 풍운산은 화주산 산사람인 호이황胡以晃의 집에서 봉기를 모의하고 있다가 이를 알고 달려온 관군들에게 포위당하고 말았다. 그러자 양수청은 급히 봉기군을 이끌고 와서 관군을 물리쳤다. 이것이 바로 태평천국 역사에서 유명한 '영주지전迎主之戰'이다.

1851년 1월 11일, 태평천국군은 계획대로 성대한 의식을 거행하고 온 세상에 봉기를 선포했다. 전국 18개 성을 종횡하며 14년 동안 계속되었던 태평천국운동은 이렇게 서막을 열었다.

익왕 석달개의 비운

翼王大渡河敗亡

태평천국의 긴급 공문에 찍는 봉착 '운마원착' (좌)

태평천국 사병의 모자(우)

태평군은 파죽지세로 진군했고, 관군은 중요한 도읍들을 내놓고 달아났다. 몇 년 안에 태평천국은 중국 남부를 거의 다 차지했으며, 남경을 도읍지로 삼고 천경天京이라 개칭했다. 이에 청나라 조정은 풍전등화의 위기에 처하게 되었다. 이렇듯 태평천국이 순조롭게 발전하고 있을 때, 태평군 내부에서 분란이 생겼다. 양수청이 자신을 '만세萬歲'로 봉해 달라고 압력을 가하자 홍수전이 위창휘에게 명해 양수청을 죽여버렸던 것이다. 홍수전은 그런 다음에 위창휘마저도 죽여버렸다. 피비린내 나는 내분이었다.

『태평군목太平軍目』

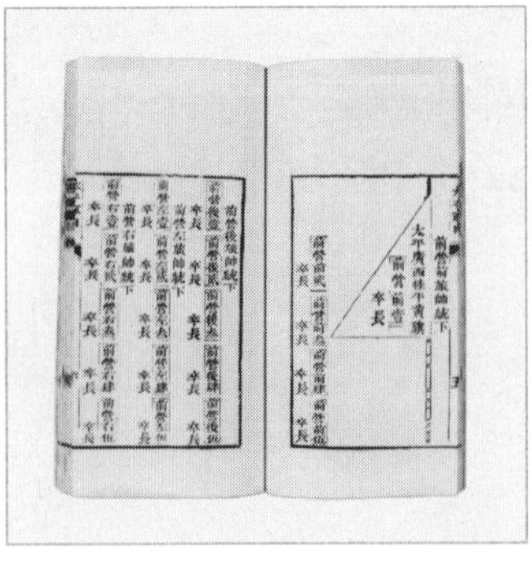

홍수전은 천경을 보위하기 위해 호북 전선에 있는 석달개를 불러들여 성신전통군聖神電通軍 주장으로 임명했다. 양수청을 대신하여 태평천국의 군정 대사를 총관하게 한 것이다. 그러나 양수청에게 크게 당했던 홍수전은 석달개에 대한 경계심을 늦추지 않았다. 그는 동생 홍인달洪仁達과 홍인발洪仁發을 각각 안왕과

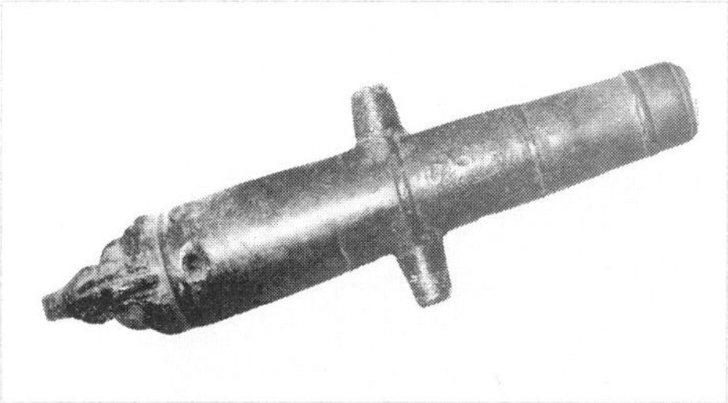

석달개 부하의 쌍칼(좌)

석달개 원정군이 강서성에 남겨놓은 구명대포具銘大砲(우)

복왕에 봉하여 석달개의 세력을 견제하고 약화시키려 했다.

이를 알고 몹시 분개한 석달개는 10만이 넘는 태평군을 이끌고 천경을 떠나버렸다. 그는 먼저 강서, 복건 등지를 전전하며 싸우다가 나중에는 호남, 광서, 사천 일대에서 활동했다. 이 과정 속에서 군대는 역경에 부딪쳤으며 군심은 이반되고 말았다. 위휘웅, 장지공, 노자굉 등의 장수들이 관군에 투항했으며 일부는 고향의 부모와 처자식이 그리워서, 혹은 힘든 전투 생활을 견디다 못해 군대에서 도망쳤다. 그 다음에는 길경원, 주의점 등의 장수들이 석달개의 소침消沈한 정서와 원재元宰 장수모의 전횡이 싫어 홍수전이 있는 천경으로 되돌아갔다.

1863년, 석달개의 군대는 대도하大渡河 남안의 자타지紫打地(석면현 안순장)에서 청나라군과 그곳의 반동 토사土司의 군대에게 포위되었다. 포위를 뚫고 나갈 가망성이 없게 되자, 석달개는 태평천국 성신전통군 주장 익왕翼王의 신분으로 송림 지역의 총령 왕천호王千戶에게 서한을 보냈다. 서한의 내용은, 자신은 관군과 끝까지 싸우겠으며, 아울러 형세를 알고 대국大局을 돌보며 사상자를 덜려거든 하루라도 일찍 군대를 물리라고 권유하는 것이었다.

태평군 호의 '전금화아청사典金靴衙聽使'

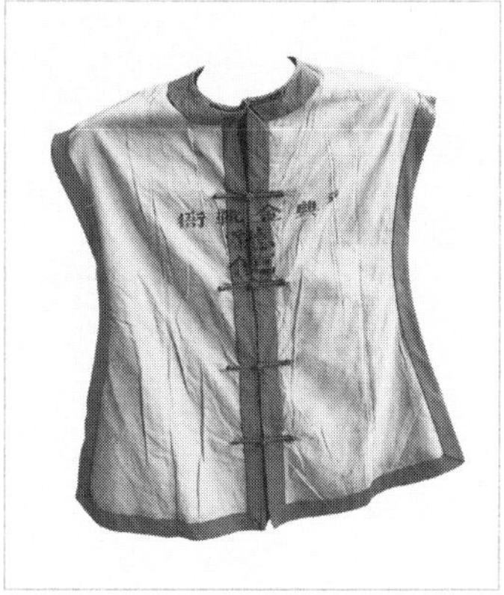

사천성 대도하의 노정교瀘定橋 두 번째로 사천에 진입한 석달개는 그곳에서 청나라군에게 소탕되었다.

그 후, 그는 직접 청나라 진영으로 가서 사천 총독 낙병장駱秉章과 담판을 지었다. 그는 자신의 병사들을 사면시켜서 농사를 짓고 싶은 사람은 집으로 돌려보내고, 군대에 남겠다는 사람은 관군에 넣어 줄 것을 자희황태후에게 청해 달라고 했다. 낙병장은 그 요구를 거절했을 뿐만 아니라 신의를 어기고 야밤에 석달개의 군대를 기습했다. 하룻밤 사이에 2천 명이 넘는 봉기군이 몰살당했으며 소수만이 겨우 포위망을 빠져나올 수 있었다.

석달개는 포로가 되어 성도로 압송되었는데, 낙병장이 자신을 심문하자 이렇게 말했다.

"성공하면 왕이 되고 실패하면 도적으로 몰리는 법이다. 오늘은 네가 나를 죽인다만 후세에는 내가 너를 죽일지도 모를 일이 아니냐?"

석달개를 회유할 수 없게 되자 청나라 조정에서는 그를 능지처참하라고 명했다. 사형을 당할 때 석달개는 처음부터 끝까지 당당했으며 두려운 빛을 보이지도 않았고 신음소리도 내지 않았다. 형장을 지키던 관군들조차 "참으로 대장부이다."라고 감탄할 정도였다. 이때 석달개의 나이는 겨우 서른셋이었다.

석달개의 죽음은 태평천국의 종말이 그리 멀지 않았음을 의미했다.

서태후가 권력을 장악하다

那拉氏奪權

1856년, 제2차 아편전쟁이 발발했다. 영국 · 프랑스 연합군이 애로호 사건과 가톨릭 신부 처형 사건을 구실로 중국을 침략했던 것이다. 그러나 사실 그들의 목적은 중국에서의 권한을 확대하는 것이었다. 1860년, 영국 · 프랑스 연합군은 북경을 침입하여 동양에서 제일 호화로운 궁전인 원명원圓明園에 불을 질렀다. 이에 함풍제는 공친왕 혁흔奕訢을 연합군에 보내어 굴욕적인 '북경 조약'을 체결하게 했다.

서태후의 옥새와 옥새문 (청나라)

함풍제가 황제로 있던 10년간은 참으로 다사다난한 세월이었다. 나라 안에서는 태평천국의 난과 염군捻軍의 난이 일어났고, 나라 밖에서는 영국과 프랑스가 무력으로 이익을 챙겼으며, 러시아는 중국 동북에 있는 1백만 평방킬로미터의 드넓은 땅을 빼앗아 갔으며 심지어는 만주제국의 발상지까지도 가만 놔두지 않았다. 종실의 입장에서는 아이훈 조약만한 치욕이 없었다.

서태후

겹치는 내우외환으로 근심하던 함풍제는 중병이 들어 일어나지 못했다. 1861년 7월, 혼수 상태에서 깨어

공친왕 혁흔

난 함풍제는 얼마 살지 못할 것을 알고 후사를 고민했다. 의귀비懿貴妃(이후의 서태후西太后)는 권세욕이 아주 강한 여자인 데 반해, 황후 유호록씨鈕祜錄氏(이후의 동태후東太后)는 주관이 없는 여자였다. 함풍제는 자신이 죽은 다음에 황궁 여인들이 정권을 장악하는 일이 생기지 않도록 하기 위해, 어린 황제를 보필하는 책임을 협판대학사 겸 상서인 숙순肅順과 이친왕怡親王 재원載垣, 정친왕鄭親王 단화端華 등 8명의 대신들에게 맡겼다. 함풍제는 설령 공친왕이 의귀비를 돕는다 해도 8명의 대신들이 합심하면 그녀의 야망을 쉽사리 물리칠 수 있다고 생각했던 것이다.

그러나 함풍제는 '어상御賞' 과 '동도당同道堂' 이라는 인장 두 개를 남겨놓는 실수를 저질렀고, 이는 황궁 여인들이 수렴청정을 할 수 있는 화근이 되었다. '수렴청정' 이란 태후나 황후가 발(염簾)을 내리고 그 뒤에서 국사를 본 것에서 유래한 말이다.

'어상' 은 함풍제가 황후 유호록씨에게 하사한 개인 인장이고 '동도당' 은 외아들 재순載淳에게 하사한 개인 인장이다. 이 두 인장은 비록 개인 인장이지만 황권을 상징하고 있었다. 함풍제의 뜻은 분명해 보였다. 이 두 인장으로 8명의 대신들을 제어하라는 것이었다.

'어상' 과 '동도당' 글자가 새겨진 옥새와 옥새갑 〔청나라〕

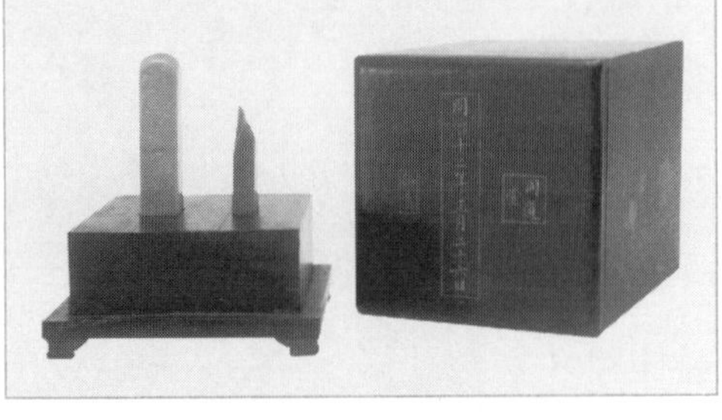

그런데 얼마 후 어리석은 8명의 대신들이 의귀비에게 유리한 주청을 했다. 황

해안당海晏堂 유적지(좌) 영국과 프랑스 연합군은 북경을 점령한 후 '만국의 원림'인 원명원을 불살랐다. 그리하여 지금은 영원한 국치를 상징하는 폐허만이 남아 있다.

법랑으로 만든 코끼리(우) 〔청나라〕

후 유호록씨를 자안황태후慈安皇太后로 모시고 의귀비 나랍씨那拉氏를 자희황태후慈禧皇太后로 모시는 것이 좋겠다는 것이었다. 이리하여 황태후가 된 서태후는 권력욕이 더욱 강해졌으며 암암리에 정변을 준비했다.

이후 서태후와 공친왕 혁흔은 열하熱河의 피서산장避暑山莊에서 함풍제를 조상하는 기회에 숙순을 체포했으며, 같은 날 자금성에서 나머지 7명의 보정대신을 체포했다.

함풍제가 임명한 양찬정무대신襄贊政務大臣, 즉 8명의 대신들 중에서 5명은 신강으로 귀양을 갔고, 재원과 단화는 자결할 것을 명받고 자진했으며, 숙순은 사형을 당했다. 이를 역사상에서는 '신유정변辛酉政變'이라 하며, 나랍씨는 신유정변을 통해 중국의 최고 통치자가 되었다. 그때 그녀의 나이가 스물일곱 살이었다.

무술정변

戊戌政變

평상복을 입은 광서제

1895년부터 1898년까지는 자산계급의 유신변법운동(정치 · 사회 제도의 개혁 운동)이 활발하게 전개되었다. 이것이 최고조에 달한 것이 바로 1898년의 백일유신百日維新인데, 이는 자산계급 개량주의자들이 중심이 된 개혁이었다. 그러나 이 개혁은 봉건적인 보수파의 저항에 부딪혔고, 백일유신은 처음부터 수구파와 유신파 간의 치열한 쟁투로 시작되었다.

수구파의 우두머리인 서태후는 우선 광서제光緒帝에게 압력을 가해서 옹동화翁同龢를 파직시켰다. 옹동화는 광서제의 심복 대신이었으며 그와 유신파 간의 교량 역할을 하던 사람이었다. 그의 파직은 유신파의 세력을 약화시켰다. 서태후는 또다시 광서제에게 압력을 가해서 영록榮祿을 직예총독 겸 북양통상대신으로 임명하여 북양 삼군北洋三軍을 통솔하게 했다. 이렇게 해서 서태후는 북경을 완전히 장악하게 되었으며, 1899년 10월 19일에는 광서제의 명의로 천진에서 군대를 검열한다고 선포했다. 그리고 그 기회를 이용해 정변을 발동하여 광서제를 퇴위시키려 했다.

대학당 편액

사태가 위급해지자 광서제는 유신파의 중요 인물들과

대책을 논의했다. 결국 그들은 위안 스카이袁世凱 군대의 힘을 빌어 이 어려운 국면을 타개할 수밖에 없다는 데 뜻을 같이 했다.

량 치차오(좌)

캉 유웨이(우)

위안 스카이는 당시 영록의 부하이자 북양 삼군의 중요한 장수로, 그의 군대는 천진 부근에 주둔해 있었으며, 그는 천진 소참에서 새로 창립한 신군을 조련하고 있었다. 그런데 광서제의 지위가 위태로워지자 담사동譚嗣同이 위안 스카이한테 찾아가 도움을 청해 보겠다고 자진해 나섰다.

밤늦게 홀로 위안 스카이의 관저를 찾아간 담사동은 광서제의 밀조密詔를 내보이며 유신파들의 계획을 말했다. 그러면서 광서제를 도와 영록과 태후 일당을 제거하자고 설득했다.

"장군만이 황상을 구할 수 있소. 이를 원한다면 전력을 다하고 부귀가 탐난다면 이화원에 달려가 밀고하시오. 그러면 고관대작에 오를 것이오."

그 말에 위안 스카이는 정색을 하며 이렇게 말했다.

"사람을 어떻게 보고 하는 말이시오? 황상은 우리 모두의 성주이신데 황상을 보호하는 책임이 그대에게만 있는 줄 아시오? 내게도 있단 말이오. 내게도 있소."

이튿날 광서제도 위안 스카이를 불러 신정新政을 보호해 달라고 말했다. 궁에

청나라 광서제가 썼던 홍융결정모紅絨結頂帽 검은 비단에 '만수萬壽'를 수놓았다.

황제의 옥새와 옥새문

서 나온 위안 스카이는 황급히 천진으로 되돌아와 이 일을 모두 영록에게 밀고했다. 그러자 영록은 북경의 이화원으로 급히 달려가 서태후에게 이를 보고했다. 위안 스카이는 이 변절로 인해 황태후의 환심을 사서 벼슬이 벼락같이 올라갔다. 그의 붉은 관모는 유신파의 피로 물든 것이었다.

이튿날 새벽, 이화원에서 자금성으로 급히 돌아온 서태후는 광서제를 중남해中南海의 영대瀛臺에다 감금하였다. 그리고 광서제가 중병에 걸렸으므로 자신이 대신 국사를 돌보겠다고 선포했으며, 이와 동시에 유신파와 그러한 경향을 가진 관리들을 대대적으로 잡아들였다. 백일유신 동안 시행되었던 신정은 경사대학당京師大學堂 등 몇 개의 사소한 조치들을 제외하고는 모두 철폐되었다. 이 해가 무술년戊戌年이기 때문에 역사상에서는 이 정변을 '무술정변戊戌政變'이라 한다.

그 소식을 듣고 유신파의 수령인 캉 유웨이康有爲는 천진에서 영국 배를 타고 홍콩으로 도망갔으며, 량 치차오梁啓超는 일본대사관으로 들어가 보호를 받다가 일본으로 망명했다.

1898년 9월 28일, 서태후는 담사동, 강광인康廣仁, 유광제劉光第, 임욱林旭, 양예楊銳, 양심수楊深秀 등 여섯 명을 참살했다. 역사상에서는 이들 여섯 명을 '무술육군자戊戌六君子'라고 한다.

중국 자산계급의 개혁 운동은 이렇게 실패하고 말았다.

서태후가 서안으로 피난을 가다
慈禧太后西逃

서태후의 생일 기념우표

무술정변이 실패한 후 청나라 조정은 더욱 부패가 만연했다. 1900년에는 영국, 미국, 러시아, 독일, 프랑스, 이탈리아, 일본, 오스트리아 등의 8개국 연합군이 중국 북경까지 쳐들어왔다.

7월 19일 밤, 점점 가까워지는 포성 소리에 잠을 이루지 못하고 있던 서태후는 양심전養心殿에 앉아서 수시로 올라오는 급보를 받고 있었다. 그런데 갑자기 재의가 헐레벌떡 뛰어들어와 “큰일났습니다. 서양인들이 쳐들어옵니다.” 하고 외쳤다. 이어서 군기대신 영록이 황급히 들어와, 러시아 카자크 기병이 천단으로 쳐들어왔다고 보고했는데, 천단은 북경 외성의 지척에 있었다. 이에 대경실색한 서태후는 대신들과 함께 북경을 떠나 몽진할 일을 급히 상의했다.

7월 21일 새벽, 변복을 한 서태후와 광서제 그리고 황실 사람들은 마차에 올라 황급히 북경성을 빠져나갔다. 그때 동직문과 제화문은 이미 연합군이 점령했기 때문에 서태후 일행은 경산을 거쳐 지안문 서쪽 길로 빠져나와 서쪽으로 도망쳤다. 그들

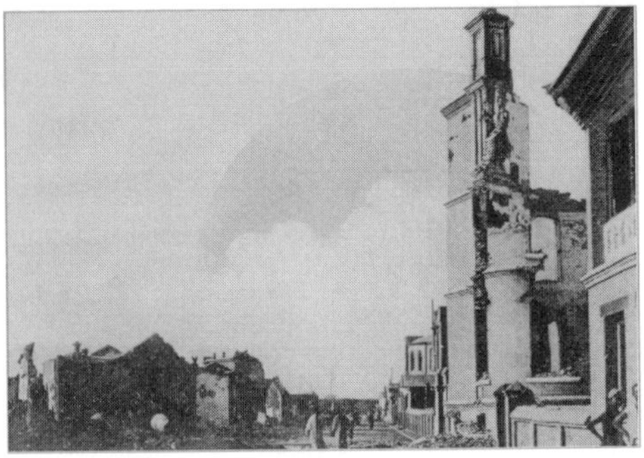

서태후의 청정처聽政處인 이화원 낙수당(좌)

전쟁으로 파괴된 천진 거리(우)

이 덕승문에 이르자 난민들이 밀물처럼 몰려들었다. 서태후의 오빠 계상이 8기군에게 명해 난민들을 막은 후에야 비로소 길을 열고 나갈 수가 있었다.

수많은 인마를 거느린 서태후 일행은 오전에 이화원에 도착했다. 동서 양궁의 사람들이 인수전에 들어가 잠깐 휴식을 취하려고 하는데 지금 당장 출발하라는 서태후의 명이 떨어졌다. 황실 사람과 호송 인원 1천여 명으로 구성된 이 방대한 피난 대오는 황망히 서쪽을 향해 떠났다.

몽진 길에서 서태후 일행은 고생이 막심했다. 먼지가 이는 흙바닥에서 이불도 없이 새우잠을 자야 했고, 여러 날 동안 갈아입지 못한 옷에서는 고약한 냄새가 났다. 그러니 고기는커녕 좁쌀 죽으로 끼니를 때우는 것이 불행 중 다행이었다.

그들은 서안까지 가서야 안도의 한숨을 내쉴 수 있었다. 서안에 이르러 안전과 의식주가 보장되자 여태까지 풀이 죽어 있던 서태후는 다시 기가 살아나 위엄을 차리기 시작했으며 하루빨리 북경으로 돌아갈 생각을 했다. 그래서 경친왕 혁광奕劻에게 명해 북경으로 가서, 직예총독 이홍광과 함께 연합군과 강화 교섭을 하게 했다.

비록 서안으로 도망쳐 온 서태후이지만 그녀의 사치와 탐욕은 여전했으며, 지방 관리들에게 많은 진상품을 요구했다. 서태후 일행이 물 쓰듯 쓰는 경비를 대기 위해 각 성에서는 돈을 올려보내야 했고, 원래 운하로 운송되던 조량漕糧은 길을 바꾸어 한구漢口로 해서 한수, 단강을 거쳐 서안으로 운반되어 왔다. 문헌에 따르면 광서 27년 2월 초까지 서안으로 운반된 돈은 5백만 냥이며, 양식은 1백만 섬이나 되었다고 한다.

구리 받침대가 있는 향수병
서태후는 의식주가 극도로 사치스러웠다. 그녀의 일일 생활비는 약 백은 4만 냥이나 되었고 1년 생활비는 북양 함대 건설비보다 많았다. 이화원을 보수하고 환갑 잔치를 차릴 때가 바로 중일갑오전쟁中日甲午戰爭 직전이었다. 나라의 국고는 국방 건설에 사용되지 못하고 서태후를 비롯한 통치자들에 의하여 탕진되었다.

나라가 그 지경에 이르렀어도 서태후가 먹는 어선御膳은 여전히 진수성찬에 없는 것이 없었다. 고기 요리를 만드는 훈국葷局, 채소 요리를 만드는 소국素局, 밥을 짓는 반국飯局, 차를 끓이는 차국茶局, 떡과 과자 등을 만드는 점심국點心局 등이 여전히 설치되어 있었다. 각 국은 태감이 전문적으로 관리했으며 그 밑에는 수십 명의 요리사들이 있었다. 그리고 서태후의 어선을 장만하는 일은 총관대신인 계록이 총관했는데, 매일 1백여 가지의 요리를 만들어 바치느라 하루에 은 2백 냥이 들었다.

서태후는 서양 열강들로부터 강화를 얻어내기 위해 여러 번 상유上諭를 보냈는데, 그 내용은 이번 중국의 변란은 조정의 뜻이 아니라 우연적으로 발생한 일이지만 우방들에게 피해를 줘서 미안하며, 청나라 조정은 이번 변란을 일으킨 자들을 모조리 숙청할 것이라는 것이었다. 이 상유는 갖은 방법으로 열강들의 환심을 사려는 서태후의 모습을 잘 보여주고 있다.

그리고 서태후는 열강들의 비위를 맞추기 위해 광서제의 명의로 '죄기조'를 내렸으며 거기에는 "중국의 재물로 외국의 환

중국을 침략한 8국 연합군 총사령관 왈더시(좌)

주중 독일 공사 클링더(우)
클링더는 북경 거리에서 중국 의화단을 마음대로 총살하는 만행을 저질러 백성들의 분노를 샀다. 나중에 청나라군에게 사살되었다.

심을 사겠다."는 말까지 있다. 나라의 재물을 바쳐서라도 외국과 화의하겠다는 말이니 침략자들에게 이보다 더 좋은 말이 어디 있겠는가?

1901년 8월 15일, '신축 조약辛丑條約(베이징 의정서)'이 체결되었으며 중국은 전쟁 배상금으로 은 4억 5천만 냥을 내놓기로 했다. 이는 청나라 조정의 12년 수입과 맞먹는 액수였다. '신축 조약'의 체결은 중국이 반식민지, 반봉건사회로 완전히 전락했음을 상징한다.

외국 침략자들과의 '화의'가 달성되자 서태후 일행은 8월 24일에 북경으로 돌아왔다. 북경에서 도망칠 때와는 달리 이번에는 길 양쪽에 초롱을 줄지어 내걸고 백성들은 숨을 죽이고 땅에 엎드려서 환송을 했다. 팔인 대교大轎에 앉은 서태후의 앞에서는 어전 대신들과 시위들이 길을 열었고 그 뒤에서는 북경 난의위鑾儀衛의 범절로 열을 선 수만의 인마와 3천 대가 넘는 마차가 뒤따라왔다. 마차에 실은 것은 서태후와 왕공 대신들의 행장과 뇌물들이었다. 그들의 대열은 마치 큰 승리를 거두고 개선하는 것처럼 기세 등등했다.

서태후의 출순出巡 〔청나라〕

11월 28일에 서태후와 광서제가 돌아오자, 경성의 관리들은 많은 인력

과 재력을 허비하여 어도御道를 새로 닦고 그들을 맞이했다. 그러나 북경성 안의 분위기는 말이 아니었다. 거리에서는 8개국 연합군 병사들만 떠들썩거리며 그들을 바라볼 뿐, 그들 일행을 맞이하는 관리와 백성들은 얼마 되지 않았다. 외국 침략자들의 약탈을 겪은 북경성은 쓸쓸하기만 했다.

중국의 마지막 황제

末代皇帝

감국 섭정왕 옥새와 옥새문 〔청나라〕

34년간 재위한 광서제는 말년에 울화병으로 사망했다. 그가 '붕어' 한 지 2시간도 되지 않아 동생인 순친왕 재풍載灃은 중남해로 불려가 서태후 앞에 부복했다. 그러자 서태후는 이렇게 말했다.

"자네가 아들 둘을 보았으니 경하할 일이지. 그런데 지금 광서제가 죽고 나까지 중병에 걸렸으니 나랏일이 이만저만 걱정이 아닐세. 조정에 하루라도 황제가 없어서는 안 되지 않나. 그래서 자네의 장자 부의溥儀를 황제로 세우고 자네에게는 감국 섭정왕을 하사할 생각이네. 어떤가?"

가뜩이나 유약한 재풍은 날벼락 같은 이 말에 한동안 말을 하지 못하다가 한참만에야 "그 애는…… 그 애는 이제 세 살입니다. 세 살밖에……." 하고 반벙어리 소리를 냈다. 그러자 서태후는 그를 이렇게 설득했다.

붉은 봉황이 그려진 병 〔청나라〕

"천지신명의 뜻이네. 선조들의 위패 앞에서 점을 쳐 지소를 받은 거라고. 두말 말고 내일 부의를 데리고 입궁해 즉위식을 올리도록 하게."

서태후의 결정이 전해진 순친왕부는 발칵 뒤집혔으며, 부의의 할머니는 서태후의 조서를 읽고 까무러치고 말았다. 얼마 후 정신을 차린 그녀는 손자 부의를 끌어안고 눈물을 흘리며 서태후를 욕했다.

유년시절의 부의

"내 아들(광서제)을 데려다 죽인 것도 모자라 손자까지 데려가겠다고? 도대체 우리하고 무슨 원수가 져서 이러는 거냐? 이번에는 죽어도 못 내놓는다."

서태후의 악독함을 잘 알고 있던 그녀는 사랑하는 손자만은 빼앗기지 않겠다며 눈물을 흘리고 악을 썼다. 그러나 부중 사람들은 서태후의 명을 거역할 수 없다는 것을 잘 알고 있었기 때문에 그녀를 다른 곳으로 거의 끌고 가다시피 부축해 갔다. 이때 마침 부의를 데려가려고 태감들이 순친왕부에 당도했다. 그러나 세 살배기 부의는 생면부지의 사람들을 보고는 겁이 나서 입을 비죽거리더니 그만 울음을 터뜨리고 말았다. 아무리 달래도 소용이 없었다. 태감이 안으려고 하면 발길질을 하며 악을 썼다. 한동안 진땀을 빼다가 결국 재풍이 어린 '황제'를 안고 중남해로 들어갔다.

1908년 10월, 태감들이 부의를 황궁으로 데리고 들어간 다음 날에 서태후는 죄 많은 인생을 마쳤다. 그리고 12월 12일에 황궁에서는 새 황제의 즉위식을 거행했다. 그런데 의식이 시작되자마자 황제의 용상에 앉았던 세 살 난 부의가 느닷없이 앙 하고 울음을 터뜨렸다. 옆에 앉아 있던 아버지 재풍은 기겁하여 두 팔로 부의를 안으면서 울면 안 된다고 어르기도 하고 눈을 부라리기도 했다.

섭정왕 재풍

대청은행 백원 태환권兌換券

그래서 겨우 울음소리가 잦아들었는데 문무백관들이 이마를 조아리며 "만세, 만세, 만만세!"를 소리 높여 외치고 동시에 북소리, 징소리까지 일제히 울려 퍼지자 어린 황제는 그만 또 겁에 질려서 발버둥을 치며 울어댔다. 그리고 아무리 해도 울음을 그칠 생각을 하지 않았다. 황제로 등극하는 성대한 의식에서 이게 무슨 망신이람? 재풍은 속이 탔지만, 아무리 자기 아들이라 해도 이젠 황제가 된 이상 엉덩짝을 들고 칠 수도 없는 노릇이었다. 그래서 그는 아들을 달랜답시고 이렇게 말하고 말았다.

"아이고, 제발 좀 고정하십시오. 이제 곧 끝납니다. 좀 있으면 끝난다고요. 그러면 집으로 돌아갈 거예요. 집으로 돌아가고 말고요."

그 말을 들은 문무대신들은 불길한 징조라며 수군거렸다.

"끝이 나다니? 무엇이 끝이 난단 말인가? 즉위식에서 이게 무슨 상서롭지 못한 말인가? 집으로 돌아간다니 이건 또 무슨 말인가?"

가뜩이나 국력이 다해 가고 있다고 근심하고 있는 대신들의 귀에는 "집으로 돌아간다"는 말이 만족의 고향, 즉 발원지인 만주로 돌아간다는 말처럼 불길하게 들렸다. 만주로 돌아간다면 2백70년간 이어져 오던 만족의 통치가 끝난다는 말이 아닌가? 가뜩이나 세 살배기 황제로 인해 우울한 마음에 재풍의 말은 한층 더 어두운 그림자를 드리워 주었다.

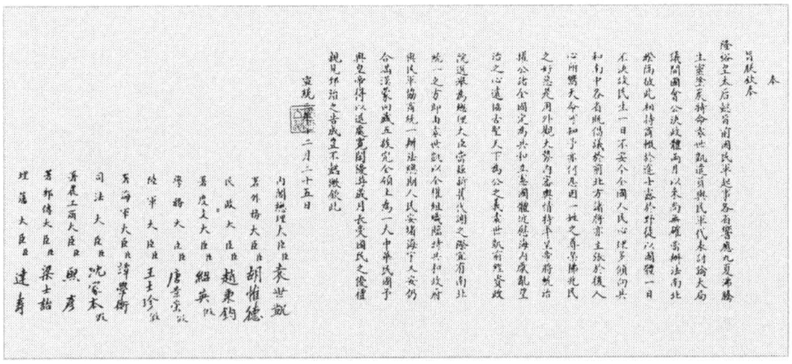

청나라 황제의 퇴위 조서

그런데 역사가 마치 인간들을 조롱이라도 하듯, 대신들의 불안을 자아냈던 재풍의 이 말은 결국 현실이 되고 말았다. 1911년, 부의가 즉위한 지 3년이 못 되어 신해혁명辛亥革命이 발발하자 압력에 견디다 못한 융유태후隆裕太后가 그를 대신해 퇴위를 선포했다. 청나라는 이로써 멸망을 고했다.

황 싱이 무한 봉기를 총지휘하다
黃興多難興邦

황 싱

황 싱의 본명은 황진黃軫이다. 호남성 선화현 용희향 양당촌(장사현 동향)에서 출생했으며, 그의 아버지는 그곳의 이름난 서당 훈장이었다.

천부적으로 총명하고 슬기로운 황 싱은 가정 교육으로 인해 어렸을 때부터 청나라 정부의 무능과 부패를 얼마간 알고 있었다. 또한 평소에 홍수전, 양수청 등 태평천국 영웅들의 이야기를 즐겨 듣고 태평천국 잡사雜史를 몰래 읽곤 해 어린 마음에 반청 의식이 싹트기 시작했다.

청년이 되어서는 열심히 공부하는 한편, 중국을 발전시키고 민족을 구원할 길을 고민하기 시작했다. 그러던 중 학과 성적이 뛰어났던 그는 1902년 봄에 호남 총독 장 즈둥張之洞에게 선발되어 일본으로 유학을 가게 되었다.

중화혁명당 본부 인장

일본에서의 유학은 황 싱의 인생에서 커다란 전환점이었다. 그는 서양의 지식과 혁명 이론을 중국의 상황과 결합시켰으며, 중국을 부강하게 만들려면 부패한 봉건통치를 뒤집어엎어야 한다고 확신하게 되었다. 이때부터 그의 혁명적 인생 길이 시작되었다.

1905년 8월, 쑨 원孫文이 도쿄에서 중국동맹회를 창립

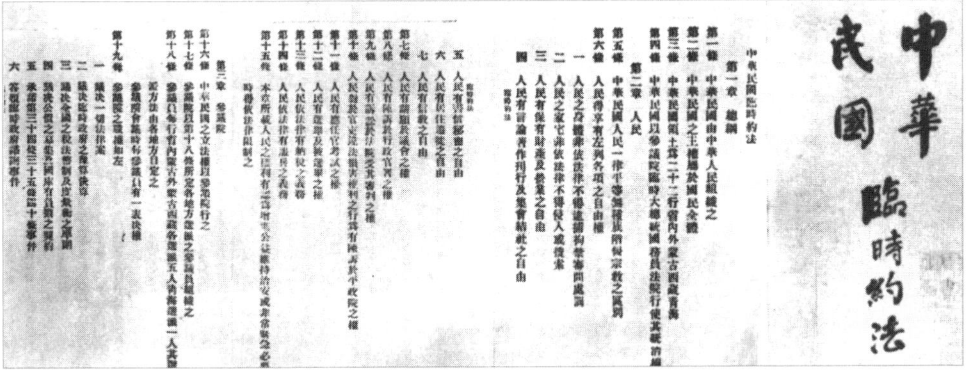
中華民國臨時約法

中華民國臨時約法

第一章 總綱
第一條 中華民國由中華人民組織之
第二條 中華民國之主權屬於國民全體
第三條 中華民國領土為二十二行省內外蒙古西藏青海
第四條 中華民國以參議院臨時大總統國務員法院行使其統治權
第二章 人民
第五條 中華民國人民一律平等無種族階級宗教之區別
第六條 人民得享有左列各項之自由權
一 人民之身體非依法律不得逮捕拘禁審問處罰
二 人民之家宅非依法律不得侵入或搜索
三 人民有保有財產及營業之自由
四 人民有言論著作刊行及集會結社之自由
五 人民有書信秘密之自由
六 人民有居住遷徙之自由
七 人民有信教之自由
第七條 人民有請願於議會之權
第八條 人民有陳訴於行政官署之權
第九條 人民有訴訟於法院受其審判之權
第十條 人民對於官吏違法損害權利之行為有陳訴於平政院之權
第十一條 人民有應任官考試之權
第十二條 人民有選舉及被選舉之權
第十三條 人民依法律有納稅之義務
第十四條 人民依法律有服兵之義務
第十五條 本章所載人民之權利有認為增進公益維持治安或非常緊急必要時得依法律限制之
第三章 參議院
第十六條 中華民國之立法權以參議院行之
第十七條 參議院以第十八條所定各地方選派之參議員組織之
第十八條 參議員每行省內蒙古外蒙古西藏各選派五人青海選派一人其選派方法由各地方自定之
第十九條 參議院之職權如左
一 議決一切法律案
二 議決臨時政府之預算決算
三 議決全國之稅法幣制及度量衡之準則
四 議決公債之募集及國庫有負擔之契約
五 承諾第三十四條第三十五條第四十條事件
六 答覆臨時政府諮詢事件

1912년 3월 11일에 정식으로 공포된 '중화민국 임시약법'

하자 황 싱은 집행부 서무가 되어 조직을 발전시키고 혁명사상을 전파하는 데 발 벗고 나섰다. 그 다음에는 중국 광동으로 건너와서 황화강黃花崗 무장 봉기를 일으켰다.

그는 1백30명의 결사대원을 거느리고 광주총서아문廣州督署衙門, 즉 총독부로 달려갔는데, 총독 장명기를 비롯한 중요 관리들은 벌써 다 어디로 도망갔는지 그림자도 보이지 않았다. 그러자 황 싱의 결사대는 총독부에 불을 질렀다.

총독부를 나오던 황 싱의 결사대는 이준이 보낸 청나라군을 만나 격전을 벌이게 되었다. 그러나 관군의 수가 너무 많아서 퇴각하다 결국 황 싱을 비롯한 몇 명만 빼고 모두 전사하고 말았다.

1911년 10월 10일에는 호북성 무창에서 봉기가 일어났다. 봉기군은 신속히 무한삼진武漢三鎭(무창武昌, 한양漢陽, 한구漢口를 말함)을 해방시켰는데 얼마 지나지 않아 위안 스카이가 관군을 끌고 와서 무한삼진을 포위했다. 이 위급한 상황에 한구로 온 황 싱은 무한전시총사령이란 어려운 직책을 맡아서 결사적으로 항전했다. 11월 20일, 황 싱은 군민들을 지휘하여 펑 궈장馮

쑨 원(두 번째 줄에서 오른쪽 세 번째), 황 싱(두 번째 줄에서 오른쪽 네 번째), 천 치메이陳其美(오른쪽 두 번째) 등이 황 싱의 집에서 찍은 사진

國璋의 북양군과 한양을 쟁탈하는 격전을 벌였다. 적군이 3만이나 투입되어 양군의 전력 대비가 현저했으나 황 싱은 일말의 두려움도 없이 완강하게 저항했다. 그의 지휘 하에 한양 보위전은 24일 동안 계속되었으며, 청나라군의 대부분을 흡인하게 되었다. 결국 청나라의 봉건 통치는 종말을 고했으며 남경에 중화민국中華民國 임시정부가 수립되었다.

1912년 1월 1일에 중화민국 임시정부가 수립되자 황 싱은 육군부 총장이 되었다. 이후 위안 스카이가 양면 수단을 쓰는 바람에 쑨 원은 임시 총통직을 사임했으며 위안 스카이는 혁명의 열매를 가로채어 총통이 되었다. 이로써 남경의 임시정부가 철소되자 황 싱은 외국으로 갔다.

1916년 7월, 다시 상해로 돌아온 황 싱은 혁명을 위해 열심히 활동했지만 결국 지쳐서 병이 들게 되었다. 1916년 10월, 걸출한 자산계급 민주 혁명가 황 싱은 피끓는 가슴에 품었던 그 큰 뜻을 다 펼치지 못하고 상해에서 숨을 거두었다.

토원군討猿軍 총사령 황 싱이 위안 스카이를 토벌하는 과정에 반포한 위임장

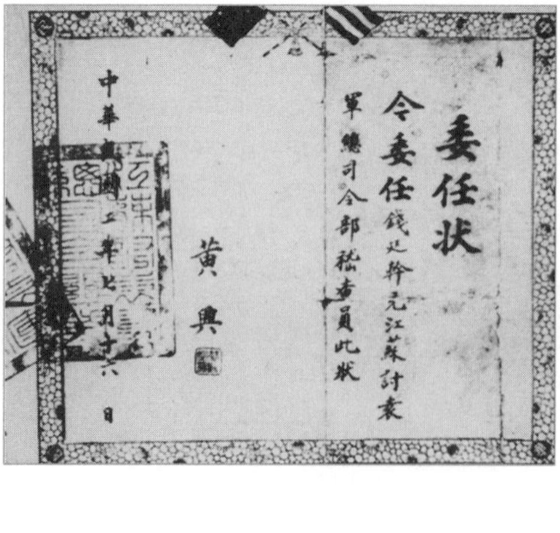

委任狀

令委任錢芄斧元江蘇討袁軍總司令部秘書員此狀

黃興

中華民國二年七月十六日

위안 스카이가 황제를 꿈꾸다

위안 스카이

남경 임시정부가 성립된 후, 위안 스카이는 총통이 되었지만 이에 만족하지 않고 황제가 될 꿈을 꾸었다.

위안 스카이는 하남 항성項城의 지위가 높은 가문에서 태어났다. 갓난아기였을 때부터 이마가 반듯하고 콧날이 오뚝해서 그의 부모가 근방의 이름 있는 관상쟁이들에게 보이니, 관상쟁이들마다 하는 말이 장차 굉장한 부귀영화를 누릴 것이고 그 앞길이 휘황하기 이를 데 없다는 것이었다.

이런 일 때문인지 위안 스카이는 성인이 된 뒤에도 관상쟁이나 점쟁이의 말을 철석같이 믿었다. 일상 생활에서뿐만 아니라 군정 사무를 볼 때도 결정을 내리지 못하면 점쟁이를 불러다 점을 쳤다. 또한 글읽기를 싫어했으며 대신 말을 타고 산천 구경이나 하면서 사주 팔자로 정해져 있다는 그 휘황한 앞길과 공명의 날이 오기를 기다렸다.

위안 스카이의 옥새 '황제지보'와 '중화제국지보'

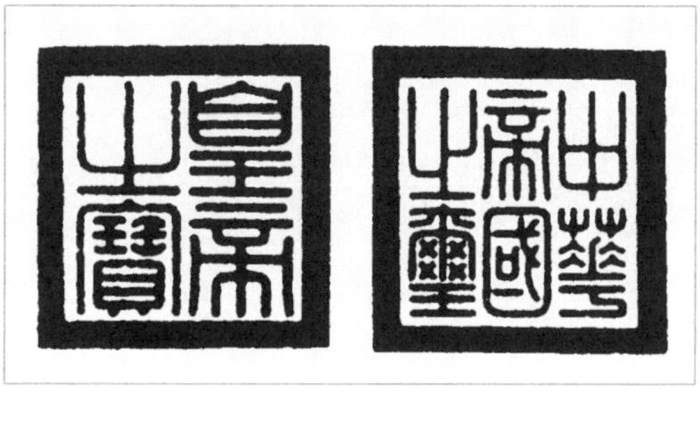

1911년, 무창 봉기가 일어난 다음 날은 마침 위안 스카이의 쉰두 번째

1915년 12월 12일, 위안 스카이는 황위에 오르고 국호를 '중화제국'이라 했다. 그리고 이듬해를 '홍헌' 원년으로 정했다. 이 사진은 위안 스카이가 즉위한 후 천단에서 하늘에 제를 지내는 것을 찍은 것이다.

생일이었다. 원내관袁乃寬, 조병균趙秉鈞, 양사이梁士詒 등의 친신들은 부중으로 몰려와 생일을 경축했는데, 그들은 한 관상쟁이가 금년이 위안 스카이에게는 운수대통한 해라고 말한 걸 알고 있던 터라 온갖 좋은 말을 다 하면서 어서 황제로 올라서야 한다고 입을 모았다.

그런데 위안 스카이는 무창 봉기를 진압한 후에 벼슬이 벼락같이 올라갔다. 흠차대신 호광총독이 되었다가 내각총리가 되고 그 다음에는 임시 총통에서 정식 총통이 되었다.

그러자 위안 스카이는 '관상쟁이 말이 영험 있는 것이 아닌가? 천지신명이 돕지 않으면 이런 벼락 출세가 가당키나 할 법인가? 그렇다면 황제가 되는 것도 팔자에 없는 꿈은 아니리라' 하고 생각하게 되었다.

그러나 돌다리도 두드려 보고 건너라는 속담이 있듯이 만사는 불여튼튼이라, 위안 스카이는 당시 명성이 높던 술사 무비자無非子를 불러다가 괘卦를 보았다.

10월 10일, 위안 스카이가 북경에서 총통으로 취임한 후 각국 사절들과 찍은 사진이다.

무비자는 무려 21일 동안 괘를 보았는데 마지막에 무릎을 탁 치며 하는 말이, 지금 위안 스카이 앞에는 오로지 황제로 올라서는 길밖에 없으니 반드시 금년 안으로 등극대전을 올리도록 해야 한

다는 것이었다. 그 해가 바로 묘년卯年, 위안 스카이에게는 더도 없이 대길한 해라는 것이었다. 그러면서 무비자는, 위안 스카이가 황제로 등극할 때 입을 용포는 무엇을 어떻게 해야 하며 종과 북은 어떻게 해야 한다는 등 아주 사소한 것까지 일일이 주의를 주었다. 그리고 마지막으로 붉은 종이에 글을 써서 위안 스카이에게만 보여주었는데, 바로 '구구九九' 라는 두 글자였다.

위안 스카이가 사무를 보던 거인당居仁堂 내부

하늘의 뜻이 그렇다면 조금도 주저할 필요가 없다고 생각한 위안 스카이는 양도楊度, 손육균孫毓筠, 엄복嚴復, 유사배劉師培, 호영胡瑛, 이섭李燮 등 당대의 유명인들을 위수로 한 주안회籌安會를 조직했다. 이들 여섯 명을 '주안육군자' 라고 하는데 그들은 위안 스카이를 황제로 만드는 데 앞장섰다. 그리고 태자를 꿈꾸던 위안 스카이의 장자 원극정袁克定도 하루 빨리 황위에 오를 것을 재촉했다.

그때 위안 스카이의 친신인 펑 궈장이 이 소식을 듣고서는 급히 남경에서 올라와 그를 말렸다. 그러자 위안 스카이는 펑 궈장에게 새빨간 거짓말을 했다.

"보다시피 몸도 이렇게 좋지 않고 아들놈이란 것도 변변치 못한 주제에 내 무슨 홍심이 있어 황제를 꿈꾸겠나? 그런 말은 믿지 말게."

그러나 위안 스카이는 펑 궈장이 돌아가자 이렇게 투덜거렸다.

"저 자가 제정신이 아니군. 감히 내 앞길을 막으려 하다니."

위안 스카이의 무덤 전경

1916년 신정 때, 위안 스카이는 황제가 되었고 연호를 '홍헌洪憲'이라 했다. 그러나 이를 반대하는 운동의 불길이 전국적으로 타올랐으며, 심지어는 그의 동생들까지 그와의 관계를 단절할 정도였다. 위안 스카이의 부하들인 펑 궈장, 늑운붕勒雲鵬, 이순李純, 주서朱瑞, 탕향명湯薌銘도 이를 반대하는 전보문을 각 성에 보냈고 그를 토벌하는 호국군에 가담했다. 자신이 키운 직속 부대의 장군들마저 이를 반대할 줄은 꿈에도 생각지 못했던 위안 스카이는 그만 절망에 빠져 "끝장이다! 모든 것이 끝장이로다!" 하고 탄식했다.

역사의 흐름을 배반한 위안 스카이의 소행은 혁명당과 호국군은 물론 전 중국 인민의 반대에 부딪혔다. 그리하여 위안 스카이는 인민들의 압력에 견디다 못해 부득이 3월 23일, '홍헌'의 연호를 취소하고 황위에서 물러난다고 선포했다.

위안 스카이의 재위 기간은 83일인데 그 중에서 등극한 날과 퇴위한 날을 빼면 모두 81일이 된다. 그렇다면 무비자가 써준 두 글자 '구구'도 영험을 본 셈이다. '구 곱하기 구'는 80일이 아닌가?

몇 달 후에 위안 스카이는 중국 인민들의 타매 속에 화병으로 세상을 떠났다. 임종 때 그는 아들 원극정을 불러 이렇게 말했다.

"이번 일은 내가 잘못했으니 그 누구를 탓할 것도 없다. 그러나 너는 앞으로 절대 속지 말거라."

그러고는 "내가 속았다, 내가 속았어." 하는 소리를 지르다가 반시간이 못 되어 죄 많은 인생을 끝마쳤다. 무릇 그처럼 역사의 흐름에 역행하려는 자는 역사로부터 무정한 버림을 받게 되는 법이다.

중국 공산당이 창립되다

中國共産黨誕生

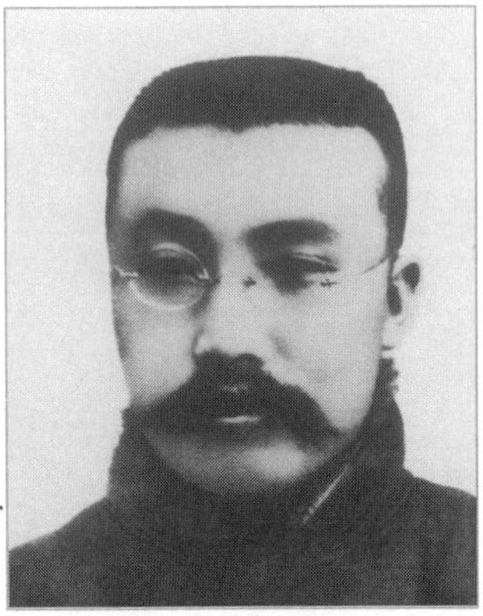

리 다자오 리 다자오(1889~1927)는 하북성 낙정현 사람으로, 자는 수상守常이다. 신문화운동과 5.4운동의 영수 중 한 명이며, 러시아 10월혁명 후 중국에 마르크스 레닌주의를 전파한 중국 공산당의 선구자이다. 1927년 북경에서 장렬히 전사했다.

1921년, 중국 역사상 획기적인 일이 일어났는데 그것은 바로 중국 공산당의 창립이었다.

1919년의 5·4 신문화운동 이후, 마르크스주의가 중국에 널리 전파되었으며 혁명적인 단체와 진보적인 간행물들이 많이 생겨났다. 또한 기초적인 공산주의 사상을 가진 선진적인 인텔리들은 마르크스주의와 러시아 10월혁명의 경험을 연구하고 전파하는 데 열성적이었다. 그 중에 가장 유명한 사람들이 '남진북이南陳北李'였는데, '남진'은 남방 안휘 사람 천 두슈陳獨秀를 말하고 '북이'는 북방 하북 사람 리 다자오李大釗를 말한다. 그들은 『신청년』이라는 잡지를 발행해서 당시 사회를 비판하고 아울러 마르크스주의를 전파했다.

중국의 이 같은 발전은 소련 공산당의 관심을 불러일으켰고, 마침내 코민테른에서는 중국의 마르크스주의자들을 도와 공산당을 창립하기로 결정했다.

1921년 6월 3일, 코민테른의 대표 마링이 '아체라호' 선박을 타고 상해에 도착했으며, 이어서 니콜스키도 상해에 도착했다. 그들은 리 다李達, 이한준李漢俊과 연계하여 중국의 형세를 분

중국 공산당 제1차 전국대표대회가 개최된 장소의 현재 모습(좌) 상해에 있는 프랑스 조계지에 있었으며, 이후 망지로 106호로 개칭되었다. 지금은 흥업로 76호이다.

(우) 1921년 7월 31일 밤, 중국 공산당 제1차 전국대표대회는 프랑스 조계지의 순경들로 인해 중단되었고, 대표들은 절강성 가흥현 남호로 자리를 옮겨 유람선에서 회의를 계속했다. 사진 속의 유람선은 그때의 유람선을 복원한 것이다.

석한 다음, 당 대표대회를 열어 정식으로 중국 공산당 조직을 창립할 것을 건의했다.

1921년 7월, 상해의 프랑스 조계지租界地에 있는 한 건물에서 중국 공산당 제1차 전국대표대회가 개최되었다. 대표는 모두 13명이었는데, 상해 대표로는 리 다와 이한준, 북경 대표로는 장국도張國燾와 유인정劉仁靜, 호남 대표로는 마오 쩌둥毛澤東과 하숙형何叔衡, 호북 대표로는 동필무董必武와 진담추陳譚秋, 산동 대표로는 왕신미王燼美와 등은명鄧恩銘, 광동 대표로는 진공박陳公搏, 그리고 일본 유학생 대표로 주불해周佛海가 참석했다. 천 두슈와 리 다자오는 일이 있어서 참석하지 못했다.

회의의 사회는 장국도가 맡았으며 마오 쩌둥과 주불해가 기록했다. 회의는 초반에는 순조롭게 진행되다가 갑자기 뜻하지 않은 일이 생겨 도중에 중단되고 말았다. 회의가 시작된 지 얼마 되지 않아 회색 두루마기를 입은 중년 남자가 느닷없이 회의 장소에 뛰어들었던 것이다. 신경이 날카로워진 사람들이 누구냐고 다그쳐 묻자 그 남자는 "연합회사의 왕주석을 찾아왔는데요." 하고 얼버무리더니 이어서 "죄송합니다, 제가 잘못 왔습니다." 하고는 급히 돌아서 나가버렸다. 그 남자에 대한 의

혹이 커져만 가자, 마링은 회의를 잠시 중단하자고 결단을 내렸다. 그래서 진공박과 이한준만 남겨놓고 다들 그곳을 떠났다.

과연 10분쯤 지나자 프랑스 조계지의 순경들이 회의장으로 뛰어들어와 이곳저곳을 샅샅이 뒤졌다. 그러나 그들은 사회주의 선전 책자를 보고도 별다른 의심을 하지 않았고, 서랍 안에는 하도 수정을 해서 시커멓게 된 중국 공산당 강령도 있었지만 쓰다 버린 휴지로 알았는지 눈여겨보지 않았다. 결국 아무런 증거도 발견하지 못한 순경들은 투덜거리며 되돌아갔다.

천 두슈 천 두슈(1880~1942)는 안휘성 회녕(안경시) 사람으로 자는 중보仲甫이다. 1915년 9월 상해에서 『청년잡지』를 발간했으며, 신문화운동과 5·4 운동의 수령 중 한 명이다. 중국 공산당이 창립된 1921년 7월부터 1927년 8월까지 중국 공산당 중앙서기를 역임했다. 그러나 제1차 국내혁명전쟁 말기에 우경투항주의로 혁명에 막심한 피해를 초래해서 1927년 총서기직에서 해임되었다.

이런 일이 벌어지자 대표들은 회의 장소를 옮기기로 했다. 그들은 두 무리로 나뉘어 가흥嘉興으로 갔는데, 마링과 니콜스키, 진공박은 일이 있어서 가지 못했다.

가흥에 도착한 대표들은 작은 유람선을 빌렸다. 그리고 사람들의 이목을 받지 않기 위해 호수 구경을 나온 유람객처럼 악기와 마작, 술과 안주를 가지고 배에 올라탔다. 그 날은 마침 보슬비가 내려 호수 위엔 유람객이 별로 없었다. 고요한 호수에 이따금 가벼운 바람이 불어오면서 잔물결을 일으킬 뿐이었다.

청년 시절의 마오 쩌둥

우여곡절 끝에 개최된 중국 공산당 제1차 전국대표대회에서는 중국 공산당 강령을 통과시키고 중국 공산당 중앙기구를 선거했다. 천 두슈는 중앙국 서기, 리 다는 선전주임, 장국도는 조직주임으로 선출되었다. 대회는 오후 6시쯤에 성공적으로 폐막되었다.

중국 공산당의 창립은 중국사에서 천지개벽의 대사였다. 이때부터 공산주의 건설이 목표이고, 마르크스레닌주의가 행동 지침인 노동계급 정당이 나타나 중국 혁명을 올바른 방향으로 이끌어나가기 시작했다.

신문화운동 부조 신문화운동은 현대적인 민주와 과학 의식의 전파를 촉진시켰다. 지금의 북경 천안문 광장 인민영웅기념비 아래 기초벽에 있는 이 부조는 새로운 사조에 부흥해 힘차게 일어나는 젊은이들을 형상화하고 있다.

마오 쩌둥은 "중국 공산당이 있음으로써 중국 혁명의 면모가 일신되었다."고 말했다.

쑨 원의 혁명 투쟁

孫中山絶處逢生

상해에서의 쑨 원

1921년 남하하여 광주로 온 쑨 원은 제2차 호법운동護法運動을 전개했다. 얼마 후 비상 대총통이 된 쑨 원은 진형명陳炯明을 내정총장 겸 육군총장, 월군粤軍 총사령 및 광동성 성장으로 임명했다.

광서의 반란이 평정된 후에 쑨 원은 북벌을 결정했으나 광동과 광서를 독차지할 마음을 먹고 있던 진형명은 북벌을 반대했다. 뿐만 아니라 낙양에 주둔하고 있던 군벌 우 페이푸吳佩孚, 장사를 차지하고 있던 군벌 조항척趙恒惕과 결탁하여 쑨 원의 북벌 준비를 방해했으며 심지어는 호남 독군 조항척으로 하여금 북벌군이 호남을 통과하는 것을 막게 했다. 결국 쑨 원은 1922년 4월 21일에 진형명을 내무총장, 월군 총사령, 광동성 성장직에서 해임시켰으나 진형명은 잘못을 뉘우치지 않고 오히려 무장 반란을 일으킬 준비를

쑨 원이 쓴 '천하위공'

했다.

6월 14일, 진형명이 반란을 준비하고 있다는 소식이 총통부에 전해졌으나, 쑨 원은 그때까지만 해도 정말로 진형명이 배반하리라고는 믿지 않았다.

쑨 원과 마링이 회담한 쑨 원의 응접실

6월 16일의 늦은 밤, 광주 관음산에 자리잡은 총통의 관저인 월수루越秀樓에는 여느 때와 마찬가지로 등불이 밝혀져 있었다. 쑨 원은 그때까지 잠자리에 들지 않고 서류가 쌓여 있는 책상 앞에 앉아서 뭔가를 쓰고 있었다. 그러다가 이따금 눈을 들어 벽에 걸린 북벌 진군 지도를 바라보았다.

두어 시간쯤 지나 쑨 원이 잠자리에 들었을 때 한밤중의 고요함을 깨고 나팔 소리와 총 소리가 들려왔다. 진형명이 반란을 일으킨 것이었다.

침실로 달려온 친위대들이 명령을 기다리자 쑨 원은 이렇게 말했다.

"이런 위급한 판국에 이곳을 떠나면 어떻게 되겠소? 그럴 수 없소. 나는 이곳에 남아 있을 것이오."

황포군관학교 옛터 지금의 광주시 황포에 있다.

사람들이 떠다밀다시피 간곡히 권유한 뒤에야 쑨 원은 비로소 쑹 칭링宋慶齡(사회운동가이자 쑨 원의 아내)과 함께 자리를 옮기는 데 겨우 동의했다. 그러나 쑹 칭링은 자신이 따라가면 쑨 원에게 방해가 될까 봐 자신은 남고

1924년 1월 20일, 중국 국민당 제1차 전국대표대회가 광주에서 개최되었다. 개막식에 참석한 대표 1백65명 중에 공산당원은 24명이었다. 이 대회는 제1차 국공합작의 시작을 의미한다.

쑨 원만 보내려고 했다.

총포 소리가 점점 더 가까워지고 총알이 총통부로 날아들었지만 쑨 원은 여전히 망설이고 있었다. 그러자 사람들은 그에게 억지로 변복을 입혀 변장을 시켰으며, 비서 임직면은 흰 천을 얻어다가 그의 사무용 가방을 보이지 않게 감쌌다. 그러고는 참군 하나가 쑨 원을 부축하여 총통부를 급히 떠났다.

그들 셋이 월수가를 급히 걸어가는데 등뒤에서 고함 소리가 들려왔다.

"서라! 거기 서지 않으면 쏜다!"

진형명의 군사들이었다. 다급한 김에 꾀가 생긴 임 비서는 허리를 굽실거리며 이렇게 말했다.

"장관님, 소인의 노모가 갑자기 아파서 의사 선생님을 모시고 가는 길입니다. 이 사람은 저의 동생입니다."

반란군이 살펴보니 그 중 점잖게 생긴 사람은 의사 같아 보였다. 그래서 "이 난시에 성한 자네들이나 조심하게." 하고 어서 가라고 손짓을 했다.

그 후 쑨 원은 영풍호에 올라 해군을 지휘하며 반란군과 맞서 싸웠으며, 장 제스蔣介石에게 '일이 화급하니 속히 오라'는 전보를 보냈다. 그때 장 제스는 광주에 있지 않고 고향 절강에서 어머니 서거 일주기 제사를 지내고 있었다.

전보를 받은 장 제스는 이때가 더 많은 정치 자본을 얻을 기회라고 생각하고 죽음을 무릅쓰고 광주로 돌아왔다. 그리고는 며칠 후, 쾌속정을 얻어 타고 영풍호로 향했다.

영풍호에 오른 장 제스는 쑨 원의 수하에서 작전을 지휘했는데, 수부들과 같이 갑판도 닦으면서 그들의 사기를 북돋아주었다. 영풍호에서 42일 동안 환난을 같이 하는 과정에서 쑨 원은 장 제스에 대한 신임이 두터워졌으며, 이는 장 제스의 장래를 위한 중요한 바탕이 되었다.

1923년 1월, 쑨 원은 광주로 돌아와 대원수의 직권을 맡았다. 이 사진은 쑨 원의 취임식 광경을 찍은 것이다.

8월 9일, 쑨 원과 장 제스는 영국 포함을 타고 홍콩으로 갔다가 또다시 우송선을 타고 상해로 갔다. 그리고 상해에서 중국 공산당과 소련 공산당의 열정적인 도움을 받아 새로운 힘을 축적했다. 이후 '국공합작', 즉 국민당과 공산당의 연합을 실현하고 황포군관학교를 설립하여 중국 혁명을 발전시켰다.

펑 위샹이 잔여 봉건 세력을 제거하다
馮玉祥掃除余孽

펑 위샹

1912년 2월 12일, 청나라 황제가 공식적으로 사임하자 중화민국 총통이 된 위안 스카이는 청나라 황실에 다음과 같은 특혜를 주기로 했다. 즉, 부의의 청국 황제 존호를 폐지하지 않고 외국 군주로서 대우해 준다는 것, 황실 성원들은 고궁에서 지낼 수 있으며 금위군도 그대로 놔둔다는 것, 그리고 황실의 재산과 종묘는 '국민정부'의 보호를 받는다는 것 등이었다. 이런 특혜 덕분에 부의는 황제로서 고궁에서 편안히 지낼 수 있었으며 '왕공 대신'들은 매일 '만세'를 부르며 조회를 했다. 자금성은 그야말로 '나라 안의 나라'로 엄연히 남아 있었다.

상황이 이렇다 보니 잔여 봉건 세력들이 봉건 왕조를 복벽復辟하는 사건도 여러 번 벌어졌다. 1917년에는 장 쉰張勳이란 자가 '변자군辮子軍', 즉 만청 군대처럼 머리를 뒤로 땋아 내린 병사들을 이끌고 북경으로 올라와 부의를 다시 용상에 올려놓고 12일 동안 이마를 조아리며 만세를 부른 적이 있었다. 이런 한심한 상황은 1924년에 펑 위샹馮玉祥이 '북경정변'을 발동할 때까지 계속되었다.

펑 위샹은 하북 청현 사람으로 가난한 농민의 집에서 태어났다. 열네 살 때 군대에 들어갔으며 신해 혁명 때는 난주 봉기에 가담했다. 쑨 원의 혁명사상을 받아들인 그는 공화제를 옹호하고 혁명과 혁신을 주장했다.

복벽한 후 보좌에 앉은 부의

후에 펑 위샹은 직계군벌直系軍閥 우 페이푸를 따랐는데 제1차 직봉전쟁直奉戰爭(직계군벌과 봉계군벌의 싸움)에서 봉계군벌奉系軍閥 장 쭤린張作霖을 대패시켜 남독군南督軍으로 임명되었다. 그러나 우 페이푸는 펑 위샹의 세력이 더 커질까 봐 그를 제거할 기회를 노리고 있었다. 그러던 중에 펑 위샹에게 남원으로 내려가 군사 훈련을 책임지게 했는데, 이는 사실상 그의 병권을 해제시키는 것이나 다름없었다.

1924년, 제2차 직봉전쟁이 발발했다. 그러자 펑 위샹은 이번에는 장 쭤린과 손을 잡고 직계군벌에 반대하는 '북경정변'을 일으켰으며, 직계군벌 정부의 총통인 차오 쿤曹錕을 잡아 옥에 가두었다. 우 페이푸는 펑 위샹과 장 쭤린의 내외 협공을 받고 대패하여 남으로 밀려갔다.

민주주의 사상을 접한 펑 위샹은 진작부터 부의가 고궁에 남아 있는 것을 안 좋게 생각하고 있었다. 1917년에 장 쉰이 황실을 복벽하려 할 때도 전국에 전보문을 보내서 부의를 자금성에서 쫓아낼 것을 호소했으나 돤 치루이段棋瑞 등이 중간에 가로막아 뜻을 이루지 못했다. 그러나 북경정변이 성공한 지금, 만청 왕조의 잔여 세력인 부의의 '작은 조정'을 그대로 둘 수는 없었다.

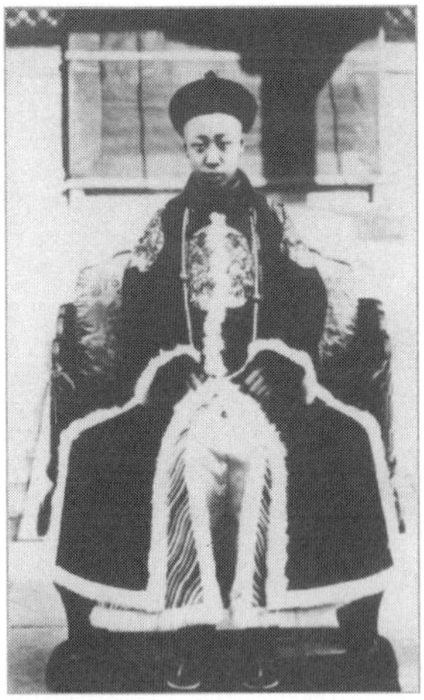
1917년 7월 1일 복벽 때 조복을 입은 부의

1924년 11월 5일 오전, 펑 위샹의 심복 장군 녹종린鹿鐘麟 등은 부의를 쫓아내기 위해 군사를 이끌고 고궁으로 달려갔다.

이때 부의는 완용 '황후'와 함께 과일을 먹으며 한담을 나누고 있었다. 그런데 내무대신 소영紹英이 헐레벌떡 뛰어와 이렇게 말했다.

"아…… 아이고, 황…… 황…… 황상, 야단이 났습니다. 펑 위샹의 군사들이 궁으로 쳐들어왔습니다."

부의에게는 청천벽력 같은 소리였다. 그는 부들부들 떨리는 손으로 소영이 올리는 펑 위샹의 서한을 받았다. 그 서한은 이런 내용이었다.

1. 청나라 황제는 오늘부터 황제 존호를 쓸 수 없으며 오직 법률적으로 중화민국 국민과 동등한 권리를 누릴 수 있을 뿐이다.
2. 상기 조건을 받아들이면 국민정부는 해마다 청나라 황실에 10만 원의 가용을 보조해 주고, 또 2백만 원을 내주어 만주족 빈민들을 우선적으로 받아들이는 북경빈민공장을 창설하게 한다.
3. 청나라 황실은 오늘 안으로 고궁에서 나가야 한다. 이후의 거주지는 자유롭게 선택할 수 있다.
4. 청나라 황실의 사유재산 외에 모든 공유재산은 국민정부의 소유로 한다.

혼례복을 입은 부의의 희빈 문수

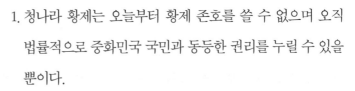

부의는 큰 재앙이 닥쳐왔다는 것을 직감했으나 지금 당장 급하게 떠나기가 아쉬워서 시간을 좀더 달라고 사정했다. 그러나 녹종린은 전혀 사정을 봐주지 않았다.

"똑바로 말하시오. 계속 여기서 황제 노릇을 하겠다는 거요? 그럼 우리도 방법이 있소. 저 경산 위에 있는 대포는 조금도 사정이 없다는 것을 아시오."

장 쭤린

녹종린은 '용의 종자'라고 자처하는 이 황실 사람들을 속히 쫓아내려고 이렇게 엄포를 놓았다. 그런데 그 말을 듣고 달려온 황실의 내외척들은 금방이라도 포탄이 날아와 터질 것처럼 대성통곡을 했다. 부의도 하는 수가 없었든지 "나가라면 나가는 거지 울고만 있으면 어쩌겠소." 하고 탄식을 했다.

부의를 고궁에서 쫓아낸 평 위샹의 행동은 전국적으로 즉시 큰 논란을 불러일으켰다. 북양 군벌과 관료 정객들, 그리고 청나라 황실의 잔여 세력들은 평 위샹을 비방 공격했다. 돤 치루이는 평 위샹을 '인정머리 없는 인간'이라고 공격했으며 장 쭤린은 부의를 도로 '황제'로 올려야 한다고 주장했다. 이와는 반대로 진보 세력들은 평 위샹이 신해혁명이 남겨놓은 청나라 왕조의 꼬리를 깨끗이 잘라버렸다고 칭송하면서 모두들 기뻐했다. 부의가 고궁을 떠난 그 다음 날 북경 시민들은 폭죽을 터뜨리며 이 경사를 축하했다.

북경정변 후 평 위샹은 국사를 함께 논의하기 위해 쑨 원을 북경으로 청했으나, 북양 군벌의 각 실력파와 제국주의 열강들의 반대로 인해 일이 뜻대로 되지 않았다. 어쩔 수 없이 평 위샹은 돤 치루이를 올려놓았는데 돤 치루이가 '선후회의善后會議'

라는 것을 열어 쑨 원이 호소하는 '국민회의'를 억누르는 바람에 펑 위샹의 기대는 물거품이 되었다.

북경정변을 발동하여 부의를 고궁에서 쫓아낸 펑 위샹의 의거는 신해혁명이 완성하지 못했던 것을 최후로 완성했으며, 따라서 중국사의 발전을 앞당겼다.

정강산의 회합

井岡山會師

1928년 4월, 주 더朱德와 천 이陳毅는 남창 봉기군과 호남 남부의 농민군을 거느리고 영강寧岡 농시礱市에 도착했다.

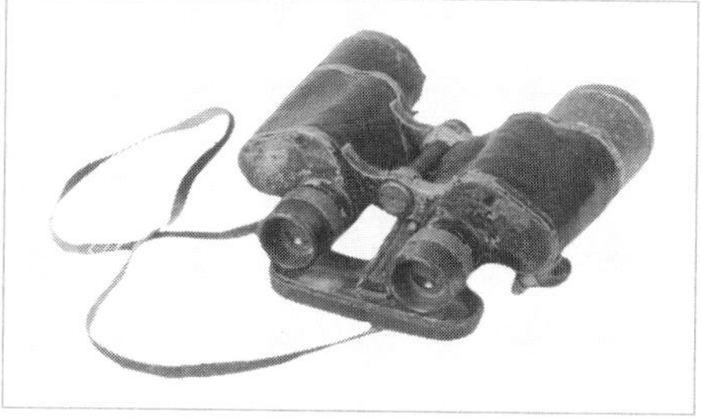

주 더가 정강산에서 전투를 지휘할 때 사용하던 망원경

4월 말, 마오 쩌둥은 공농혁명군工農革命軍을 거느리고 호남 강서 변경에서 농시로 돌아왔다.

이로써 두 무장 혁명군은 정강산井岡山에서 성공적으로 회합하게 되었다. 이는 전국적인 혁명 고조를 앞당기는 데 아주 큰 의미가 있는 회합이었다.

남창 봉기군은 1927년 8월 1일에 봉기를 일으켰다가 철수했다. 마오 쩌둥은 이 무장 혁명군의 동향에 관심을 갖고 있었지만 적들이 원천 봉쇄했기 때문에 그 소식을 듣지 못하고 있었다. 그러다가 영현酃縣 수구진에서 유격전을 할 때에야 비로소 주 더가 이끄는 군대가 광동성 조주와 산두 일대에 도착했다는 것을 알았다.

남창 봉기를 재현한 유화

남창 봉기군의 행적을 알게 된 마오 쩌둥은 간부회의를 소집하여 이 희소식을 모두

광주농민운동강습소

에게 알렸다.

"남창 봉기는 국민당 반동파에 처음으로 무력으로 저항한 의거입니다. 이 군대는 우리 공산당의 중요한 무장 역량이니 우리는 반드시 그들과 연계를 취해야 합니다."

그런데 이때 하장공何長工도 주 더가 운남 군벌 범석생의 16군에 있다는 소식을 듣고 즉시 길을 떠나서 주 더와 천 이의 대오를 찾았다.

이튿날 주 더는 하장공에게 편지 한 통을 주며 말했다.

"속히 정강산으로 가서 마오 쩌둥 동지에게 이 편지를 전해 주시오. 우리는 지금 상남 봉기를 준비하고 있소."

정강산을 찾아온 하장공에게서 주 더의 상황을 들은 마오 쩌둥은 그의 무장 대오에 더욱 관심을 갖게 되었다. 얼마 후 주 더는 호남성 남부에서 봉기를 일으켰으나 불행히도 실패하고 말았다. 주 더의 부대는 적들의 추격을 피해 호남과 강서 변경으로 이동했다.

① 허 룽 ② 예 팅 ③ 주 더
④ 류 보청

① ② ③ ④

그때 마오 쩌둥은 영현 수구진에 있었는데, 주 더의 소식을 듣자마자 즉시 군사를 거느리고 가서 그를 지원했다. 마오 쩌둥의 엄호를 받아 주 더의 부대는 영강 농시로 무사히 올 수 있었다. 이후 엄호 임무를 완성한 마오 쩌둥도 공농혁명군을 거느리고 농시로 돌아왔다.

정강산으로의 진군을 재현한 유화

"주 더 동지는 지금 용강 서원에서 마오 대표(마오 쩌둥)를 기다리고 있습니다."

수하의 보고를 들은 마오 쩌둥은 용강 서원으로 갔다. 용강 서원 어귀에서 기다리고 있던 주 더와 천 이는, 마오 쩌둥을 보자 마중을 나왔다. 마오 쩌둥도 걸음을 재촉하여 다가갔다. 이윽고 그들은 두 손을 힘차게 마주잡았다.

이는 중국 혁명사에서 가장 빛나는 순간 중 하나였다. 이때부터 마오 쩌둥과 주 더는 중국의 무장 투쟁을 함께 이끌었다.

정강산에서 합세한 이 두 갈래 대오의 군사들은 서로 다른 고장에서 태어나고 서로 다른 방언을 썼지만 모두 정강산 혁명 근거지를 발전시키겠다는 공통된 염원을 가지고 있었다.

얼마 후 정강산에서 중국 공농홍군 제4군中國工農紅軍第四軍이 창립되었으며, 마오 쩌둥은 당 대표로 임명되고 주 더는 군장, 천 이는 정치부 주임으로 임명되었다.

정강산에서의 회합을 재현한 유화

이 군대를 약칭해서 '홍4군' 이라고 하는데 '홍4군' 의 창립은 정강산 근거지에 새로운 발전을 가져왔다. 마오 쩌둥과 주더의 영도로 공농홍군은 '공농 무장 투쟁' 의 길을 걸으면서 국민당과 무력으로 싸우는 한편, 토호들의 땅을 가난한 농민들에게 나누어주는 토지 개혁을 실시했다. 그리하여 정강산 근거지는 날로 커지고 강력해졌다.

적수를 네 번 건너다

四渡赤水

중앙 혁명 근거지는 한동안 잘되어 나갔으나 구 소련에서 온 왕명王明이란 자의 그릇된 지휘로 인해 잘못되어 가기 시작했다. 이후 장 제스는 1백만 군대를 동원하여 중앙 혁명 근거지에 대한 제5차 토벌을 감행했다. 결국 홍군은 장 제스군의 토벌을 막아내지 못하고 힘겨운 장정의 길을 떠나게 되었다.

준의遵義에 도착한 홍군은 왕명의 잘못된 지휘를 청산하고 마오 쩌둥을 홍군의 지도자로 추대했다. 그리하여 중국 혁명은 올바른 길로 들어서게 되었고 홍군의 기상도 새로워지게 되었다. 하지만 3만밖에 남지 않은 홍군은 수십만 적군의 추격과 포위 속에서 아직 벗어나지 못하고 있었다.

마오 쩌둥은 적군이 포위망을 완전히 형성하기 전에 제1방면군을 지휘하여 의빈宜賓과 노주瀘州 사이, 또는 의빈의 상류에서 장강을 건너 사천에 있는 제4방면군과 합세하여 새로운 혁명 근거지를 세우려고 했다.

1월 하순, 마오 쩌둥이 지휘하는 제1방면군은 적수赤水 강변에 있는 토성에서 귀주 군벌의 세 연대를 물리치고 적수를 건너 사천 남부로 들어갔다.

홍군의 제1방면군이 장강을 건너 북으로 올라와 제4방면군과 합세하려는 의도를 간파한 장 제스는 급히 사천 군벌에게 명하여 우세한 병력으로 귀주에서 사천으로 들어오는 길을 막게 했다. 그리고 장 제스의 직계 부대인 주혼원, 오기위의 종대도 호남에서 홍군을 막으러 달려왔다.

1935년 5월 26일에 펑 더화이彭德懷, 양상곤이 이끄는 홍3군단은 누산관을 점령했다. 이 사진은 누산관의 전경을 찍은 것이다.

상황이 이렇게 되자 마오 쩌둥은 강을 건너려던 원래 계획을 포기하고 군대를 돌려 운남 찰서 지역으로 진군했다.

그러자 장 제스도 여러 갈래 군대들에 명하여 찰서 지역을 향해 진군하게 했다. 홍군을 찰서 지역에서 포위 섬멸할 계획이었던 것이다. 그러나 마오 쩌둥의 영명한 지휘로 홍군은 그곳을 벗어나 다시 사천 남부로 왔다. 그리하여 태평도와 이랑탄에서 두 번째로 적수를 건넌 홍군은, 장 제스의 군대를 멀리 장강 양안에 떼어놓고 다시 귀주로 들어왔다.

귀주로 다시 들어온 홍군은 동신을 신속히 점령했다. 그러자 귀주 군벌 왕가열은 급히 준의로 달려와 홍군 토벌을 지휘했다. 그는 두 개 사단을 준의와 동신 사이에 배치하여 누산관婁山關을 지키려고 했다.

준의회의 유적지 1935년 1월, 중국 공산당 정치국은 귀주성 준의에서 확대회의를 열고 마오 쩌둥의 홍군 및 중국 공산당에서의 영도적 지위를 확립시켰다. 마오 쩌둥의 영도하에 홍군과 중국 공산당은 가장 위급한 상황을 슬기롭게 벗어났으며, 준의회의는 중국 공산당사에서 생사 존망과 관련되는 전절점이었다.

당시 누산관은 왕가열의 한 개 사단이 지키고 있었는데 홍군 제3군단은 한 갈래 군대를 파견해 누산관의 좌측 고지인 점금산點金山을 맹공격했다. 제3군단의 홍군 전사들은 용감히 싸워 마침내 누산관의 관문인 점금산을 점령했다.

누산관을 점령한 홍군은 승세를 타 준의성으로 진격하여 왕가열의 나머지 군사들을 제거했으며, 왕가열은 수종 몇 명만을 데리고 황급히 도망쳤다.

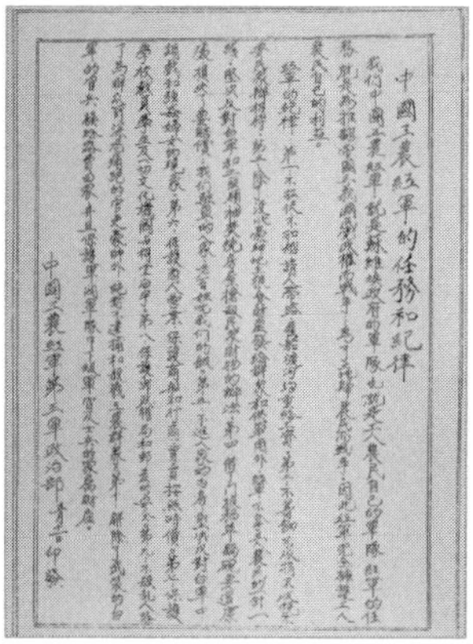
中國工農紅軍的任務和紀律

1932년 가을, 상악서 소비에트구는 제4차 반反토벌작전에서 실패했다. 그래서 홍3군은 상악 변구와 귀주성 동쪽으로 후퇴하여 금동 소비에트구를 창립했다. 이 사진은 홍3군의 고시문이다.

준의를 또다시 홍군에게 빼앗기자 좌불안석이 된 장 제스는 급히 비행기를 타고 중경으로 와서 작전을 지휘했다. 그는 남수북공南守北攻, 즉 '남쪽에서는 막고 북쪽에서는 공격' 하는 전략으로 홍군을 준의, 압계鴨溪 지역에서 소멸하려고 꾀했다.

적의 간계를 간파한 마오 쩌둥은 장계취계將計就計로, 준의 지역을 일부러 떠나지 않고 배회했다. 더 많은 적들이 포위하러 오게끔 유인하려 했던 것이다. 그러면서 일부 병력을 내어 동신, 누산관, 준의 일선의 유리한 지형을 이용해 방어를 함과 동시에 주력을 보내서 국민당 주혼원의 군대와 운동전運動戰을 벌였다. 그러다가 장 제스의 군대가 가까이 오자 갑자기 군대를 돌려 모태茅台에서 세 번째로 적수를 건너 사천 남부의 고인古藺 지역으로 들어갔다.

장 제스는 홍군이 또다시 장강을 건너는 줄 알고 급히 병력을 새로 배치하여 홍군의 도강을 막으려 했다. 그런데 장 제스군이 홍군의 북상을 막으려고 사천 남부와 귀주 북부에 집결하자 마오 쩌둥이 지휘하는 홍군은 갑자기 방향을 돌려 사천 서부로 해서 다시 귀주로 향했다. 홍군은 적의 주력을 멀리 떼어 놓고 이랑탄, 태평도 일대의 나루터에서 네 번째로 적수를 건넜다.

3월 말, 계속 남하하던 홍군은 오강烏江을 건너 귀양으로 진

1933년 9월, 장 제스는 1백만 군대를 이끌고 중앙 소비에트 구에 대한 제5차 포위 토벌을 감행했다. 이 사진은 홍군 토벌에 나선 국민당군을 찍은 것이다.

군했다. 당시 장 제스는 귀양에서 전투를 독려하고 있었는데 홍군의 선두가 귀양 근교에 이르렀다는 보고를 듣고는 대경실색하여 급히 운남 군벌의 군대를 불러 귀양을 보호하게 했다. 이는 마오 쩌둥의 "운남의 군대만 불러낼 수 있으면 이번 전투에서는 승리한다"는 작전 계획과 맞아떨어졌다. 마오 쩌둥은 홍군 주력을 지휘하여 신속히 귀양과 용리龍里 사이로 해서 상금湘黔 도로를 넘었다. 이렇게 적을 멀리 떨어뜨린 마오 쩌둥은 군사를 지휘하여 운남으로 진군했다. 당시 운남의 적군들은 귀주에 가 있었기 때문에 홍군은 날개가 돋친 듯 가벼운 마음으로 하루에 1백여 리씩 행군하여 국민당군의 포위망을 벗어났다.

이 '사도적수四渡赤水' 전투에서 마오 쩌둥의 지휘를 받은 홍군은 기묘한 운동전으로 국민당군의 포위에서 벗어났으며, 이는 이후의 대장정을 성공적으로 이끌 좋은 시작이 되었다.

서안사변

西安事變

1931년 9월 18일, 만주사변滿洲事變을 일으킨 일본은 중국에 대한 침략을 다그쳤다. 하지만 장 제스의 국민당은 '양외필선안내攘外必先安內'(밖을 막으려면 안을 먼저 안정시켜야 한다) 정책을 고집하면서 일본보다는 홍군을 토벌하는 데 힘썼다.

장 쉐량

장 제스는 홍군을 토벌함과 동시에 자기 직계 군대가 아닌 다른 군대들의 역량을 약화시키려는 목적으로 동북군과 서북군을 섬서 북부로 옮겨 공산당군을 토벌하는 전쟁의 선두에 서게 했다.

그런데 동북군과 서북군은 마오 쩌둥이 지휘하는 공산당군에게 누차 패해 사기가 약해져 있었다. 게다가 홍군은 항일민족통일전선공작, 즉 내전을 그만두고 다 같이 일본 침략자를 물리치자는 공작을 적극적으로 벌였다. 그리하여 동북군, 서북군들 사이에서는 항일사상이 고양되기 시작했다.

'하매협정何梅協定'에 대한 소식과 그에 대한 성토문

喪權辱國之
何應欽梅津協定全文
無異將河北省及平津兩市完全斷送
國人對於此類秘密協定決誓不承認

그러나 장 제스는 전국적인 규모의 항일구망운동抗日救亡運動이나, 동북군과 서북군의 항일 정서에는 아랑곳없이 '양외필선안내' 정책만 고집했다. 그리고 1936년 10월에 동북군과 서북군에게 압박을 가해 홍군에 대한 포위 토벌

서안사변 담판에 참여한 중국 공산당 대표 왼쪽부터 친방셴, 예 젠잉葉劍英, 저우 언라이周恩來이다.

을 다그치려는 목적으로 비행기를 타고 서안으로 날아왔는데, 이번에는 자신이 직접 홍군과의 싸움을 지휘할 작정이었다.

서안에 온 장 제스는 경호대 1개 연대를 데리고 임동臨潼의 화청지華清池라는 곳에 자리를 잡았다.

장 제스가 서안에 오자, 장 쉐량張學良과 양 후청楊虎城은 그에게 항일을 간곡히 권했다. 공산당 토벌을 포기하고 나라와 민족의 생존을 위해 공산당과 연합하여 일본 침략자를 물리치자고 권하면서 자신들 동북군과 서북군은 항일의 초전선으로 나아가 일본인들이 침략하여 점령한 국토를 수복하겠다고 한 것이다. 심지어 동북군 사령관인 장 쉐량은 장 제스 앞에서 '곡간哭諫', 즉 통곡을 하면서 간언하기도 했지만 오히려 장 제스의 꾸중만 들었을 뿐이었다.

이렇게 되자 장 쉐량과 양 후청은 '병간兵諫', 즉 장 제스가 항일하도록 무력으로 압력을 가하기로 결정했다.

1936년 12월 2일에 장 제스가 낙양에서 서북군의 수뇌들과 함께 찍은 사진이다. 앞줄 왼쪽부터 양 후청, 장 제스, 쑹 메이링, 양 후청의 부인, 장 쉐량, 소력자邵力子(섬서성 주석)이다.

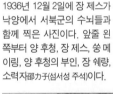

그들은 사전에 모의하여, 양 후청의 서북군은 서안 성내에 있는 장 제스의 친신들과 장 제스 계통의 무장을 해제시키는 임무를 맡고, 장 쉐량의 동북군은 임동으로 가서 장 제스를 사로잡기로 했다.

서안사변 이후 서안의 각계 각층 인사 수만 명이 혁명공원에 모여, 장 쉐량과 양 후청의 8대 정치 주장을 옹호하는 집회와 시위를 했다.

12월 12일 새벽 5시에 총소리가 서안성 안의 조용한 대기를 가르자 서북군은 헌병대의 무장을 신속히 해제시켰다. 모든 일이 순조로웠다.

동북군에서는 백봉상과 유계오가 군대를 거느리고 임동으로 갔다가 장 제스의 경호대와 격전이 벌어졌다. 한동안의 격전 끝에 방어선을 돌파한 동북군 장병들은 장 제스의 침실로 돌격해 들어갔다. 그런데 그 사이에 어디로 도망갔는지 장 제스가 보이지 않았다. 의복이며 가방이 그대로 있었고 이불에도 온기가 남아 있었다. 또한 장 제스의 전용차도 그대로 있었다. 장 제스가 그리 멀리 가지 못했다고 판단한 장 쉐량은 주위를 샅샅이 뒤지게 했다. 나중에 그들은 화청지 뒷산에 숨어 있는 장 제스를 찾아냈다.

날이 밝자 서안성에서는 선전차가 돌아다니면서 '장 제스를 붙잡았다'는 제목이 찍힌 전단지를 도처에 뿌렸다. 집에서 뛰쳐나와 앞다투어 전단지를 읽는 서안 시민들의 얼굴에서는 희색이 돌았다.

장 제스를 나포한 후, 동북군과 서북군의 장군들 중 상당수가 장 제스를 아예 죽여버리자고 주장했다. 장 쉐량과 양 후청

서안사변 직전의 양 후청과
장 쉐량

은 중앙 공산당 사람들을 불러 이 일을 상의하기로 했다.

12월 17일, 중국 공산당에서는 저우 언라이周恩來를 위수로 하는 대표단을 서안에 파견했다. 저우 언라이는 장 제스와 양 후청에게 당시의 형세를 면밀히 분석하고 서안사변을 평화적으로 해결할 것을 제안했고, 결국에는 장 제스도 어쩔 수 없이 공산당 토벌을 포기하고 함께 항일하겠다는 것을 전 중국 국민들에게 알렸다. 이렇게 해서 서안사변은 평화적으로 해결되었다.

서안사변 이후 장 쉐량은 장 제스를 남경까지 직접 호송했는데 남경에 도착하자마자 장 제스는 신의를 저버리고 장 쉐량을 잡아 가두었다.

서안사변은 중국 항일투쟁의 전환점이다. 이때부터 공산당과 국민당은 연합하여 항일민족통일전선을 결성했으며 일본 침략자를 몰아내는 어려운 전쟁을 시작했다(국공합작國共合作).

대아장 혈전

대아장 전투를 지휘할 때의 이종인

1937년 7월 7일, 일제는 북경에서 노구교蘆溝橋 사건을 일으키고 중국에 대한 전면적인 침략 전쟁을 시작했다. 기고만장한 일제는 석 달이면 중국을 멸망시킬 수 있다고 떠들어댔다.

반년 안에 일제는 중국의 북평(북경), 천진, 석가장, 상해, 남경 등의 대도시들을 비롯한 광활한 지역을 점령했으며, 이듬해 봄에는 진포로津浦路(천진과 남경을 연결한 철로) 남과 북으로 밀고 나오면서 서주徐州를 점령하려 했다. 서주와 무한을 점령하여 국민정부를 투항하게 하고 중국을 멸망시키겠다는 것이 일제의 전략이었다. 이런 위급한 상황에 이종인李宗仁은 제5전구의 사령관으로서 일본군의 침략을 저지하는 책임을 맡게 되었다.

1938년 3월 중순, 일본의 이소야磯谷 부대는 방부蚌埠 방면에서 오는 원군을 기다리지 않고 성급하게 대아장으로 진격해 왔다. 일거에 서주를 점령하고 진포로를 열겠다는 것이 그들의 목적이었다. 이종인은 손연중의 제2집단군으로 하여금 대아장을 사수하게 하고 탕은백의 제20군단으로 하여금 신속히 남하하여 일본군을 협공하게 했다.

1937년 7월 8일, 중국 공산당 중앙위원회는 「일본군의 노구교 공격에 대한 중국 공산당의 통전」을 전국에 배포하여 일제에 항거할 것을 호소했다.

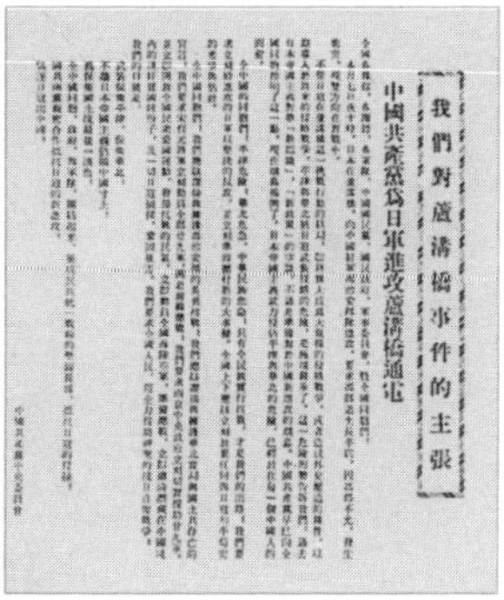

我們對蘆溝橋事件的主張

中國共產黨為日軍進攻蘆溝橋通電

1937년 7월 29일, 북평(지금의 북경)이 일본군에게 점령당했다. 위의 사진은 8월 8일에 일본군이 영정문 성루를 줄지어 오르고 있는 광경을 찍은 것이다.

그런데 제20군단이 대아장 일선의 일본군에 대한 포위망을 좁히고 있을 때, 임기臨沂 방면에서 달려온 사카모토 부대가 갑자기 그들의 배후에 나타났다. 이 돌발 사태에 제20군단은 먼저 사카모토 부대부터 물리치기로 했다. 이와 때를 같이하여 제5전구의 제75군인 주암周岩의 부대도 작전에 투입되었다. 이리하여 제20군단과 제75군은 북으로부터 동에 이르는, 사카모토 부대에 대한 호선형의 포위 태세를 형성했다.

사카모토 부대가 와서 제20군단의 병력을 견제하는 바람에 이소야 부대는 마음놓고 전력을 다해 대아장을 공격했다.

4월 1일, 이소야 부대는 대아장 동쪽에 있는 중국군의 제27사단 진지를 향해 맹렬한 공격을 개시했다. 일본군의 맹공격 앞에서도 황초송黃樵松 사단장師團長은 일말의 두려움 없이 장병들을 지휘하여 결사 항전하며 진지를 사수했다.

이때 대아장 안에서도 치열한 전투가 계속되었다. 중국군의 사상자는 자꾸만 늘어가는데 새로운 병력을 보충받을 수도 없는 상황이어서 수많은 장병들이 부상당한 몸을 치료하지도 못하고 계속 싸웠다. 중국군 사상자는 날이 갈수록 많아지고 진지는 점점 줄어들었다. 일본군은 대아장을 3분의 2나 점령했고, 대아장의 애국적 장병들은 진지를 지키기 위해 일본군과 육박전을 벌이기 시작했다.

4월 1일, 중국군의 제27사단 158연대 제3대대의 생존자 57명은 수성사령 왕관무王冠武에게 가서, 나가서 싸우게 해 달라고 자진해서 청했다.

"민족의 존엄을 위하여, 죽어간 전우들의 원수를 갚기 위하여, 27사단의 명예를 위하여 저희는 결사대를 조직하여 적의 후방을 공격하고자 합니다. 그래서 정면에서 적을 공격하는 아군과 합심하여 적군을 협공하고 성 서북 쪽을 수복하겠습니다. 임무를 완성하지 못하면 살아 돌아오지 않겠습니다."

1937년 9월 25일, 팔로군 115사단은 평형관에서 일본군을 기습하여 대승을 거뒀다. 위의 사진은 115사단의 기관총 진지이다.

나라를 위해 헌신하는 그 마음에 감동한 왕관무는 눈물을 머금고 이를 허락했다.

어둠이 깃들자, 57명의 결사대원들은 포화의 엄호를 받으며 번개처럼 적진으로 돌격해 들어갔다. 수류탄 터지는 소리, 총소리, 돌격의 함성과 일본군들의 아우성 소리로 혼란한 속에서 결사대원들은 모두 목숨을 내걸고 일본군들을 무찔렀다. 중상을 입고 쓰러진 결사대원은 목숨이 다해가는 와중에도 수류탄의 도화선을 당겨 적의 목숨을 앗았다. 이때 정면에서 공격하던 부대가 들어와 일본군을 협공했다. 자정까지 이어진 혈전 끝에 중국군은 성 서북 쪽을 탈환했다.

4월 6일, 탕은백이 지휘하는 제20군단이 이종인의 명을 받고 대아장 북쪽에 도착했으며, 이종인도 대아장 부근으로 달려와 일본군에 대한 총공격을 지휘했다. 이종인의 총공격 명령이 떨어지자, 장병들은 맹렬한 기세로 일본군에 대한 총공격을 개시했다. 대아장에 기어들어 그물에 든 고기 신세가 된 일본군은 모조리 섬멸당했다.

일본군에 항거하며 상해를 지키고 있는 국민혁명군 제5군단

대아장 전투에서 공격을 개시하는 중국군

이때 임기 방면에서는 장자충張自忠, 방병훈龐炳勛의 군대가 그곳에 있는 일본군을 대파하고 임기성을 장악했다. 이리하여 대아장의 혈전은 중국군의 대승으로 끝을 맺게 되었다.

대아장 전투의 승리는, 항일전쟁 초기에 있었던 팔로군의 평형관 대첩 이후로 중국군이 일본군을 싸워 이긴 또 하나의 중대한 승리였다. 그리고 항일전쟁의 정면 방어를 맡은 국민당으로 말하자면 가장 장렬하고 가장 정채精彩로운 승리였다. 대아장의 승리는 속전속결로 중국을 멸망시키려던 일제의 백일몽을 산산조각냈으며 중국 국민들의 항일 의지를 고무시켰다.

환남사변

예 팅 신사군 군장 예 팅이다. 환남사변 때 국민당군과 담판하다가 포로가 되고 말았다.

항일전쟁이 일본군과의 대치 단계에 진입한 후, 장 제스는 또 항일에는 힘을 쓰지 않고 오히려 공산당의 항일 무장인 팔로군八路軍과 신사군新四軍을 없애려고 했다.

1940년 11월 14일, 국민당 군령부軍令部는 「황하 이남의 공산 비적을 소탕할 작전 계획」을 비밀리에 제정했으며, 제3전구와 제5전구의 국민당군 주력은 일본군과의 싸움을 피하고 역량을 집중하여 팔로군과 신사군을 1942년 2월 이전에 황하 이북으로 몰아내는 일에만 힘쓸 것을 규정했다.

1940년 12월 3일, 국민당 군령부장 서영창徐永昌은 환남, 즉 안휘 남부에 있는 신사군을 소탕할 작전 배치를 획책하고 환남 신사군에게 다음과 같은 영을 내렸다. 북으로 이동하는 환남의 신사군은 진강鎭江을 건너 북으로 가서는 안 된다. 오직 강남의 원래 있던 곳에서 장강을 건너거나 아니면 국민당이 따로 지정한 노선을 따라 북으로 이동해야 한다. 이는 환남 신사군을 소탕하려는 음험한 계교였다.

군령부의 계획과 배치에 따라 국민당 제3전구 사령장관 고축동顧祝同은 환남에 7개 사단과 1개 여단, 총 8만 명의 군사를

1941년 1월 4일, 신사군은 명령대로 북으로 가던 도중 국민당군에게 포위당하고 말았다. 군장 예 팅은 포로가 되고, 부군장 샹 잉과 참모장 주자곤은 변절자에게 살해당했으며, 정치부 주임 원국평은 전투 중에 목숨을 잃었다. 이 사진은 명령을 받고 북상하여 모림진에 이른 신사군을 찍은 것이다.

집결시켰다. 그리고 상관운상上官雲相은 자루형 매복 진지를 설치하고 북으로 이동하는 환남 신사군이 그곳으로 들어오기를 기다렸다.

공산당 중앙에서는 큰 판국을 고려하여 환남의 신사군을 북으로 이동시키라는 국민당의 요구에 동의하고, 환남 신사군의 책임자 샹 잉項英에게 북쪽으로 이동할 준비를 다그치라는 영을 내렸다. 그리고 더불어 국민당군이 환남 지역에 대군을 집결시키고 있는 상황도 알려주었다.

1941년 1월 4일, 환남 신사군은 비를 맞으며 북상을 시작했다. 당시 9천 명 남짓한 환남 신사군은 3종대를 편성했다.

6일 새벽, 신사군 노3단(연대)의 사복반 운령雲嶺 산자락에서 국민당군의 제40사단 제120연대의 한 수색중대를 만나 격렬한 전투를 벌였다.

매복하고 있던 국민당군은 엄청난 규모의 군사로 포위망을 좁혀 들어왔으며 고령高嶺, 동산銅山, 고탄高坦 등지에서 격렬한 싸움이 벌어졌다. 신사군 군부에서는 긴급회의를 열어 먼저 성담星潭을 공격해 점령한 다음 그곳을 통해 포위를 뚫고 나가기로 결정했다.

1941년 1월, 환남 경현 누림 지역에서 국민당군은 장 제스의 명령대로 공산당의 신사군을 기습했다. 이 사진은 그때 포위를 뚫고 나온 신사군을 찍은 것이다.

7일 저녁, 신사군은 격전 끝에 성담을 점령했다. 병사들이 승세를 타서 계속 추격하려

고 하는데 샹 잉이 갑자기 퇴각 명령을 내렸다. 그래서 피의 대가로 빼앗은 성담을 국민당에게 도로 내주게 되었다.

① 환남사변 중에 희생된 신사군 부군장 샹 잉 ② 정치부 주임 원국평 ③ 참모장 주자곤

12일 오후, 매우 긴급한 상황에서 신사군은 연대 이상 군관들이 모여 긴급회의를 했다. 회의에서 신사군 군장 예 팅葉挺은 즉시 흩어져 포위를 뚫고 나가라는 명령을 내렸으며 나중에 집결할 지점을 통지했다.

13일 새벽, 신사군 군부는 두 갈래로 나뉘어 포위를 뚫고 나가기 시작했다. 예 팅, 요수석饒漱石이 한 갈래를 통솔하고 샹 잉, 원국평袁國平, 주자곤周子昆이 다른 한 갈래를 통솔했다. 그런데 이때 상관운상이 제3차 총공격을 감행했다. 신사군의 역량을 보존하기 위해 군장 예 팅은 적군 진영으로 들어가 고축동과 담판을 했다. 그러나 고축동은 비열하게도 예 팅을 옥에 가두었고, 샹 잉이 통솔하는 신사군도 포위를 돌파하지 못하고 대관산에 한 달이 넘게 숨어 있었다. 이후 샹 잉의 부관 유후총劉厚總은 변절하여 샹 잉과 주자곤을 쏴 죽이고 국민당군으로 넘어갔다.

환남사변 때 저우 언라이가 「신화일보」에 쓴 제사

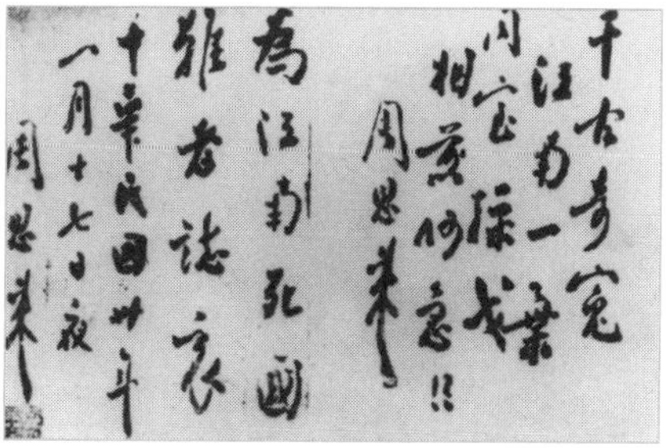

환남사변에서 9천 명의 환남 신사군은 8만이 넘는 국민당군과 7일 밤낮을 싸웠다. 결국 2천 명이 겨우 포위를 뚫고 나왔으며 3천여 명이 장렬하게 전사하고 3천6백여 명이 사로잡히거나 실종되었다.

국민당군은 사로잡은 신사군 관병들을 강서성 상요 집중영에 가두었다. 사진은 집중영의 형구인 참농站籠이다. 참농 안은 사람 한 명이 간신히 서 있을 정도로 좁았다.(좌)

환남사변이 일어난 후 전 국민은 국민당군의 이런 만행에 대해 분개했다. 사진은 진찰기변구의 군민들이 국민당 반대 시위를 하는 장면이다.(우)

환남사변 이후, 장 제스는 신사군을 '반란군'으로 선포했으며, 군장 예 팅을 군사재판에 넘겨버렸다.

국민당 장 제스의 비열한 동족 상잔을 통탄하며 저우 언라이는 「신화일보」에 "나라를 위해 순국한 강남의 애국 충렬들을 애도한다"는 제사題辭와 '강남 일엽에 천고의 원한이 맺혔구나. 동실同室의 상잔은 왜 그리도 참혹한가'라는 만사輓詞를 썼다. 며칠 후 중국 공산당 중앙군사위원회에서는 신사군을 재건한다는 사실을 선포하고 천 이陳毅를 대리 군장으로, 류 사오치劉少奇를 정치위원으로 임명했다. 그리고 신사군을 7개사로 확대 편성했다.

환남사변으로 국민당은 국내외 여론의 거센 반감을 불러일으켰다. 미국과 구 소련 등 동맹국들도 장 제스의 소행을 비난했으며, 국민당 내부의 일부 장군들도 장 제스의 동족 상잔에 불만이 많았다. 전국 국민들의 반대는 말할 것도 없었다. 장 제스는 환남사변으로 인해 고립무원의 처지가 되었다.

연안 보위전

1945년 8월 15일, 일제는 무조건 항복을 선언했다. 공산당 해방구의 군민들 얼굴에는 승리의 웃음꽃이 피고 중국의 대지에는 경축의 북소리가 하늘 높이 울려 퍼졌다. 그런데 이때 국민당은 공산당을 소탕하는 내전을 일으켰다.

연안 비행장에서 환송하는 병사와 국민들에게 모자를 휘두르며 작별을 고하는 마오 쩌둥의 모습

1946년 6월에 장 제스는 203개 사단, 430만 군대를 이끌고 공산당 해방구에 대한 전면적인 공격을 발동했다. 그러나 1947년 2월에 이르러 국민당군은 인민해방군의 반격을 받아 67개 여단, 61만 병력을 잃어버리게 되어 해방구를 전면 공격할 힘이 모자라게 되었다. 그러나 장 제스는 공산당을 소탕하려는 마음을 버리지 않고 '중점 공격' 을 감행했다. 즉, 산동 해방구와 중국 공산당이 전국 국민의 혁명 투쟁을 지휘하는 중심인 연안延安, 이 두 곳을 중점적으로 공격한 것이다.

연안을 사수할 것을 선서하는 인민해방군

1947년 3월 11일, 장 제스의 명령을 받은 '서북왕' 호종남胡宗南은 6개 사단과 15개 여단, 약 15만 병력을 거느리고 마홍규馬鴻逵 부대, 등보산鄧寶山 부대와 함께

섬감녕 근거지를 포격한 호종남 군대에 항의하는 연안 군민들

연안을 공격해 왔다.

당시 연안에 있는 서북야전군西北野戰軍은 6개 여단, 2만 5천 명의 병력밖에 없었고 탄알도 총 한 자루마다 10개씩밖에 없었다. 그들은 이런 병력과 무기를 가지고 장 제스 국민당군에서 무기와 장비가 가장 좋은 호종남의 군대를 물리쳐야만 했다. 장 제스의 정예군 중에서도 정예군인 호종남의 군대는 총 군비의 4분의 3이라는 막대한 군비로 무장된 군대였다.

쌍방의 역량이 너무나 현저하게 차이가 나는 상황이어서 마오 쩌둥은 연안을 자발적으로 내놓고 퇴각할 것을 명령했다. 이튿날 호종남의 군대 중에서도 '천하 제일 여단' 이라고 자칭하는 제1사 제1여단이 비행기의 엄호를 받으며 텅 빈 연안으로 들어왔다. 그리고 호종남은 즉시 남경에 있는 장 제스에게 승전보를 보냈다.

"아군은 칠 일 밤낮의 격전 끝에 19일 아침에 제1여단이 연안을 드디어 점령했습니다. 적군 5만 명을 사로잡고 무기와 탄환도 수없이 노획했는데 지금 정리 중에 있습니다."

희색이 만면해진 장 제스는 즉시 표창령을 내려 호종남을 상장으로 승격시켰다. 남경과 서안에서는 이 '승리의 대첩' 을 경축하느라 떠들썩했다.

펑 더화이가 이끄는 서북야전군은 공산당 중앙을 엄호하며 연안을 벗어났으며, 연안에서 동쪽으로 25킬로미터쯤 떨어진 청화폄에다 국민당군 정편 31여단을 섬멸할 매복권을 만들어놓았다.

24일 오전 9시에 국민당군의 정편 31여단이 청화폄으로 기세 등등하게 행군해 들어왔다. 대부대는 아무런 방비도 없이 열을 지어 왔는데, 한 시간 만에 31여단이 해방군이 벌려놓고 있는 '자루' 안으로 다 들어왔다. 두 개의 적색 신호탄이 하늘을 수놓자 매복해 있던 해방군이 일제히 돌격해 내려갔다. 적군을 길이 7킬로미터, 너비 2, 3백 미터밖에 안 되는 골짜기에 몰아넣은 해방군은 1시간 47분이라는 짧은 시간 안에 31여단을 전부 섬멸했다. 호종남의 정편 31여단을 섬멸한 다음, 펑 더화이는 적군 135여단이 호종남의 주력군으로부터 5킬로미터쯤 떨어진 곳에 있다는 정보를 입수하고 이 135여단을 '섬멸할' 작전 계획을 세웠다. 4월 14일 펑 더화이가 영도하는 해방군은 135여단을 기습하여 135여단 4천7백여 명을 섬멸하고 여단장 맥종우麥宗禹를 생포했다.

중국공산당 중앙, 중앙군사위원회 영도기관의 이전을 엄호하기 위해 전선으로 가는 서북해방군

두 번의 승리를 거둔 다음, 펑 더화이는 소부대 몇에 대부대의 번호를 사용하게 하여 황하가 흐르는 동북쪽으로 보냈다. 그들은 황하 나루터 여러 곳에다 배들을 대대적으로 집중시키면서 연안의 해방군이 황하를 건너 동쪽으로 이동하려는 것처럼 보이게 했다. 그것을 본 호종남은 동소董釗, 유감劉戡에

기복이 심하고 골짜기가 많은 서북 고원

연안에서 철수하는 마오 쩌둥, 저우 언라이, 임필시

게 명해 주력부대 9개 여단을 두 갈래로 나누어 연안 서북에 있는 수덕을 공격하게 했다. 이때를 이용해, 펑 더화이는 서북야전군 주력부대를 이끌고 달려가 호종남의 후방 공급지인 반룡蟠龍을 포위했다. 반룡이 포위됐다는 소식을 들은 호종남은 황급히 북진했던 주력부대를 남으로 돌려 반룡을 구원하도록 했다.

반룡을 지키는 국민당군은 제1사 제167여단과 섬서자위군 제3총대인데 모두들 장비가 좋았다. 게다가 반룡은 지형이 험해서 진격하기는 어려워도 방어하기는 쉬운 곳이었다.

5월 2일 23시, 서북야전군은 총공격을 시작했다. 전투는 이튿날 오후 4시까지 계속되었는데 서북야전군은 여러 번 공격에서 실패하고 사상자를 많이 냈다. 펑 더화이는 공격을 잠시 멈추고 전군이 함께 작전 방안을 토론하게 했다. 그리하여 마지막으로 '대호작업對壕作業'으로 적진을 돌파하는 방법을 택했다. 4일 오후 12시, '대호작업'을 끝낸 해방군은 다시 공격을 개시했다. 그리하여 12시간도 못 되는 사이 반룡을 점령하여 국민당군 6천3백 명을 섬멸하고 수많은 군사 물자들을 노획했다. 5월 9일, 호종남의 주력 9개 여단이 반룡에 도착했을 때 성은 텅 비어 있었다.

연안 보위전에서의 이 세 번의 승리는 서북야전군이 방어에서 공격으로 넘어가는 전환점이었다. 펑 더화이가 이끄는 서북야전군은 다른 지역 해방군의 도움을 받으며 전쟁의 주도권을 점차 장악했으며, 마침내 호종남의 군대를 소탕하고 1948년 4월 21일에 연안을 수복했다.

중국 인민이 일어나다 中國人民站起來了

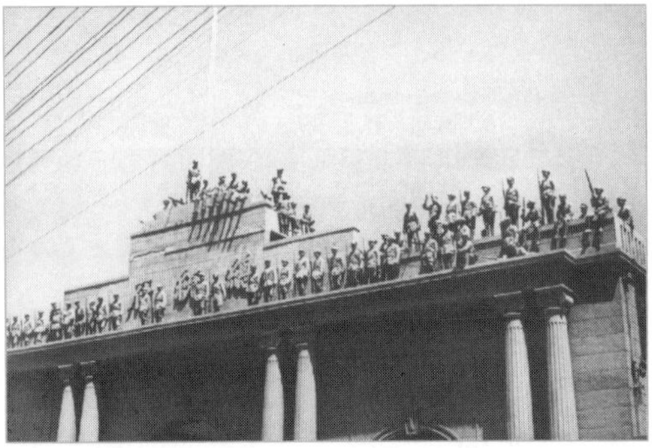

1949년 4월 23일, 중국인민해방군이 남경을 점령했다. 이로써 20여 년 동안 지속되던 국민당 통치는 작별을 고했다. 사진은 입성한 부대가 남경 '대총통부'를 점령하는 장면이다.

1949년, 1백만 인민해방군이 장강을 건너 남경을 해방시켰다. 이로써 장 제스 정권은 대륙에서만큼은 멸망을 고했다.

7월 1일, 중국 공산당 창립 기념일이 지난 후에 중공에서는 저우 언라이를 주임으로 하고 펑 전, 녜 룽전聶榮臻, 린 보취, 이유한 등을 부주임으로 하는 개국대전開國大典 준비위원회를 구성했다.

1949년 10월 1일, 중국 역사상 획기적인 시각이 닥쳐왔다. 오후 2시, 중남해에서는 중앙인민정부위원회 제1차 회의를 열고 정 · 부주석의 취임을 선포했다. 린 보취가 비서장으로, 저우 언라이가 정무원(국무원) 총리 겸 외교부장으로, 마오 쩌둥이 중앙인민정부 주석 겸 군사위원회 주석으로, 주 더가 인민해방군 총사령관으로, 선 쥔루가 최고인민법원장으로, 나영환이 최고인민검찰서 검찰장으로 취임했다.

오후 3시, 마오 쩌둥과 중앙인민정부의 주요 관리들이 천안문 성루에 올랐다. 천안문 광장에 모인 30만 군민들의 환호 소리가 우레처럼 터져 나왔다. 천안문 광장에서는 색색 깃발이 바람에 나부꼈으며 10월의 맑은 하늘 아래의 꽃들도 기쁨으로 설레는 것 같았다.

린 보취가 대전의 개시를 선포했다.

마오 쩌둥은 천안문 성루에서 전 세계에 장엄하게 선고했다.

동희문의 「개국대전開國大典」(1951년) 1949년 10월 1일 오후 3시, 북경 천안문 광장에서 중화인민공화국 개국 대전이 성대히 거행되었으며 마오 쩌둥은 '중국 인민은 일어섰다' 라고 엄숙하게 선포했다.

중화인민공화국 중앙인민정부가 수립되었다.

중국 인민은 일어섰다!

장엄한 선고는 전파를 타고 전 중국에, 전 세계에 널리 메아리치며 퍼져나갔다.

임시 국가인 「의용군행진곡」이 울려 퍼지는 가운데 마오 쩌둥은 천안문 광장에 있는 중앙 게양대의 단추를 눌렀다. 붉은 오성기가 서서히 하늘로 올라가고 54문의 예포가 28방을 일제히 울렸다. 예포 소리는 봄의 도래를 알리는 봄 우레처럼 사람들의 심금을 울리며 천지간에 메아리쳤다.

깃발 게양이 끝난 후, 마오 쩌둥 주석은 중앙인민공화국 중앙인민정부 공보를 선포했다. 공보에서는 국민당 반동정부는 이미 종결되고 중앙인민정부가 중화인민공화국의 유일한 합

1949년 6월 15일부터 19일까지 신정치협상회의 준비위원회 제1차 회의가 북경에서 소집되었다. 이 회의에서는 준비위원회 주임으로 마오 쩌둥, 부주임으로 저우 언라이, 이제심, 선 쥔루, 궈 모뤄郭沫若, 진숙통 등이 천거되었다. (좌)

1949년 10월 1일 주 더는 녜룽전과 함께 중국인민해방군 육 · 해 · 공군을 검열했다. (우)

1949년 9월 21일부터 30일까지 중국인민정치협상회의 제1차 전체회의가 북경에서 개최되었다.

법 정부임을 선포했다. 그 다음, 비서장 린 보취가 열병식 개시를 선포했다. 군복을 위엄 있게 차려 입은 주 더가 천안문 성루를 내려와 지프를 타고 금수교를 지났다.

「3대 규율 8항 주의」, 「군대와 백성」 등을 연주하는 우렁찬 군악 소리 속에서 주 더 총사령관은 녜 룽전 총지휘의 배석을 받으며 육 · 해 · 공군을 검열했다. 그리고 다시 천안문 성루로 올라, '중국인민해방군 총사령부 명령' 을 선포했다. 명령에서는 인민해방군은 승승장구로 진군하여 국민당군의 잔여 세력을 깨끗이 숙청하고 아직 해방하지 못한 국토를 완전히 해방하며 동시에 토비들과 반혁명 비도들을 철저히 숙청할 것을 호소했다.

열병식은 두시간 남짓 진행되었다. 동원된 장병들은 1만 6천 명이 넘었고 대포 수십 문에 탱크 수십 대, 그리고 비행기도 17대가 동원되었다. 이 두 시간의 열병식은 중국인민해방군의 수십 년간의 전투적인 과정에 대한 압축이며 밝은 미래에 대한 예시라고도 할 수 있었다.

열병식이 끝나자 군중들의 대오가 천안문 앞을 행진했다. 그들은 새로운 중국의 지도자들에게 경의를 표했으며 오성기를 바라보며 환성을 올렸다. '마오 주석 만세!' 하는 구호 소리가 천지를 요동시켰다.

밤에는 북경시 만인萬人 등불놀이가 있었다. 화려한 불빛이 북경성을 비추고 시민들은 노래하고 춤추며 중화인민공화국의 수립을 밤새도록 경축했다.